Couverture inférieure manquante

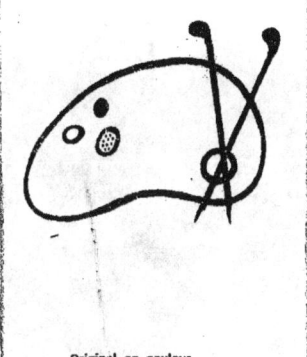 Original en couleur NF Z 43-120-8

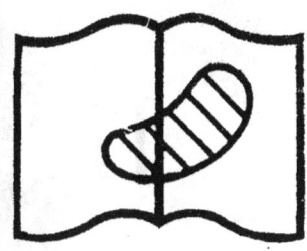 Illisibilité partielle

CH. DICKENS

LES

TEM ES

LES
TEMPS DIFFICILES

OUVRAGES DU MÊME AUTEUR

QUI SE VENDENT A LA MÊME LIBRAIRI

Œuvres de Charles Dickens, traduites de l'anglais, sous l direction de P. Lorain. 28 vol.

Aventures de M. Pickwick. 2 vol.
Barnabé Rudge. 2 vol.
Bleak-House. 2 vol.
Contes de Noël. 1 vol.
David Copperfield. 2 vol.
Dombey et fils. 3 vol.
La petite Dorrit. 2 vol.
Le Magasin d'antiquités. 2 vol.
Nicolas Nickleby. 2 vol.
Olivier Twist. 1 vol.
Paris et Londres en 1793. 1 vol.
Vie et aventures de Martin Chuzzlewit. 2 vol.
Les grandes Espérances. 2 vol.
L'Ami commun. 2 vol.
Le Mystère d'Edwin Drood. 1 vol.

Dickens et Collins : L'Abîme, traduit de l'anglais, pai Mme Judith. 1 vol.

COULOMMIERS. — Typog. PAUL BRODARD.

CH. DICKENS

LES
TEMPS DIFFICILES

ROMAN ANGLAIS

TRADUIT AVEC L'AUTORISATION DE L'AUTEUR

SOUS LA DIRECTION DE P. LORAIN

PAR WILLIAM HUGUES

PARIS
LIBRAIRIE HACHETTE ET Cie
79, BOULEVARD SAINT-GERMAIN, 79

1880
Tous droits réservés.

LES TEMPS DIFFICILES.

CHAPITRE PREMIER.

La seule chose nécessaire.

« Or, ce que je veux, ce sont des faits. Enseignez des faits à ces garçons et à ces filles, rien que des faits. Les faits sont la seule chose dont on ait besoin ici-bas. Ne plantez pas autre chose et déracinez-moi tout le reste. Ce n'est qu'au moyen des faits qu'on forme l'esprit d'un animal qui raisonne : le reste ne lui servira jamais de rien. C'est d'après ce principe que j'élève mes propres enfants, et c'est d'après ce principe que j'élève les enfants que voilà. Attachez-vous aux faits, monsieur! »

La scène se passe dans une salle d'école nue, monotone et sépulcrale, et le petit doigt carré de l'orateur donnait de l'énergie à ses observations en soulignant chaque sentence sur la manche du maître d'école. L'énergie était encore augmentée par le front imposant de l'orateur, mur carré qui avait les sourcils pour base, tandis que les yeux trouvaient un logement commode dans deux caves obscures, ombragées par le mur en question ; l'énergie était encore augmentée par la bouche large, mince et sévère de l'orateur ; l'énergie était encore augmentée par le ton inflexible, dur et dictatorial de l'orateur ; l'énergie était encore augmentée par les cheveux de l'orateur, lesquels se hérissaient sur les côtés de sa tête chauve, ainsi qu'une plantation de pins destinée à préserver du vent la surface luisante du crâne, couverte d'autant de bosses que la croûte d'un chausson de pommes, comme si cette tête eût à peine trouvé assez de place dans ses magasins pour loger tous les faits solides entassés à l'intérieur. L'allure obstinée, l'habit carré, les jambes carrées, les épaules carrées de l'orateur, voire même sa cravate, dressée à le prendre à la gorge avec une étreinte peu accommodante, comme un fait opiniâtre; tout contribuait à augmenter encore l'énergie.

« Dans cette vie, nous n'avons besoin que de faits, monsieur, rien que de faits! »

L'orateur et le maître d'école, et le troisième personnage adulte qui se trouvait en scène, reculèrent un peu pour mieux envelopper dans un coup d'œil rapide le plan incliné où l'on voyait rangés en ordre les petits vases humains dans lesquels il n'y avait plus qu'à verser des faits jusqu'à ce qu'ils en fussent remplis à pleins bords.

CHAPITRE II.

Le massacre des innocents.

« Thomas Gradgrind, monsieur! L'homme des réalités; l'homme des faits et des calculs; l'homme qui procède d'après le principe que deux et deux font quatre et rien de plus, et qu'aucun raisonnement n'amènera jamais à concéder une fraction en sus; Tho—mas Gradgrind, monsieur (appuyez sur le nom de baptême Thomas), Tho—mas Gradgrind! avec une règle et des balances, et une table de multiplication dans la poche, monsieur, toujours prêt à peser ou à mesurer le premier colis humain venu, et à vous en donner exactement la jauge. Simple question de chiffres que cela, simple opération arithmétique! Vous pourriez vous flatter de faire entrer quelque absurdité contraire dans la tête d'un Georges Gradgrind, ou d'un Auguste Gradgrind, ou d'un John Gradgrind, ou d'un Joseph Gradgrind (tous personnages fictifs qui n'ont pas d'existence), mais non pas dans celle de Thomas Gradgrind; non, non, monsieur, impossible! »

C'est en ces termes que M. Gradgrind ne manquait jamais de se présenter mentalement, soit au cercle de ses connaissances intimes, soit au public en général. C'est en ces termes aussi que Thomas Gradgrind, remplaçant seulement par les mots *filles et garçons* celui de *monsieur*, vient de se présenter lui-même, Thomas Gradgrind, aux petites cruches alignées devant lui pour être remplies de faits jusqu'au goulot.

Et vraiment, tandis qu'il les contemple curieusement du fond de ces caves ci-dessus mentionnées, il a lui-même l'air d'une espèce de canon bourré, jusqu'à la gueule, de faits qu'il s'apprête à envoyer, au moyen d'une seule explosion, bien au delà des régions que connaît l'enfance. Il a l'air d'une batterie galvanique chargée de quelque mauvaise préparation mécanique destinée à remplacer dans l'esprit des enfants la jeune et tendre imagination qu'il s'agit de réduire en poudre.

« Fille numéro vingt, dit M. Gradgrind indiquant carrément, avec son index carré, la personne désignée ; je ne connais pas cette fille. Qui est cette fille ?

— Sissy Jupe, monsieur, répondit le numéro vingt, rougissant, se levant et faisant une révérence.

— Sissy ? Ce n'est pas un nom, ça, dit M. Gradgrind. Vous ne vous nommez pas Sissy, vous vous nommez Cécile.

— C'est papa qui me nomme Sissy, monsieur, répondit l'enfant d'une voix tremblante et avec une nouvelle révérence.

— Il a tort, répliqua M. Gradgrind. Dites-le-lui. Cécile Jupe : voilà votre nom.... Voyons un peu.... Que fait votre père ?

— Il est écuyer, artiste au cirque, s'il vous plaît, monsieur. »

M. Gradgrind fronça le sourcil, et, d'un geste de sa main, repoussa cette profession inconvenante.

« Nous ne voulons rien savoir de ces choses-là ici. Il ne faut point nous parler de ces choses-là ici. Votre père dompte les chevaux vicieux, n'est-ce pas ?

— Oui, monsieur, s'il vous plaît ; quand nous trouvons quelque chose à dompter, nous le domptons dans le manége.

— Il ne faut pas nous parler de manége ici ; c'est entendu.

Désignez votre père comme un dompteur de chevaux. Il soigne aussi les chevaux malades, sans doute ?

— Oui, monsieur.

— Très-bien. C'est un vétérinaire, un maréchal ferrant et un dompteur de chevaux. Donnez-moi votre définition du cheval. »

(Grande terreur éprouvée par Sissy Jupe à cette demande.)

« Fille numéro vingt incapable de définir un cheval ! s'écria M. Gradgrind pour l'édification de toutes les petites cruches en général. Fille numéro vingt ne possédant aucun fait relatif au plus vulgaire des animaux ! Allons, qu'un des garçons me donne sa définition du cheval. Bitzer, la vôtre ? »

L'index carré, après s'être promené çà et là, était venu soudain s'abattre sur Bitzer, peut-être parce que celui-ci se trouvait par hasard exposé au même rayon de soleil qui, s'élançant par une des croisées nues d'une salle badigeonnée de façon à faire mal aux yeux, répandait une vive clarté sur Sissy ; car les filles et les garçons étaient assis sur toute l'étendue du plan incliné en deux corps d'armée compactes divisés au centre par un étroit espace, et Sissy, placée au coin d'un banc sur le côté exposé au soleil, profitait du commencement d'un rayon dont Bitzer, placé au coin d'un banc du côté opposé et à quelques rangs plus bas, attrapait la queue. Mais, tandis que la jeune fille avait des yeux et des cheveux si noirs, que le rayon, lorsqu'il tombait sur elle, paraissait lui donner des couleurs plus foncées et plus vives, le garçon avait des yeux et des cheveux d'un blond si pâle, que ce même rayon semblait lui enlever le peu de couleur qu'il possédait. Les yeux ternes de l'écolier eussent à peine été des yeux, sans les petits bouts de cils qui, en provoquant un contraste immédiat avec quelque chose de plus pâle qu'eux, dessinaient leur forme Ses cheveux, presque ras, pouvaient passer pour une simpl continuation des taches de rousseur qui couvraient son front et son visage. Son teint était si dépourvu de fraîcheur et de santé, que l'on soupçonnait qu'il devait saigner blanc lorsque par hasard il se coupait.

« Bitzer, reprit M. Thomas Gradgrind, votre définition du cheval ?

— Quadrupède ; herbivore ; quarante dents, dont vingt-quatre molaires, quatre canines et douze incisives. Change de robe au printemps ; dans les pays marécageux, change aussi de sabots. Sabots durs, mais demandant à être ferrés Age reconnaissable à diverses marques dans la bouche. »

Ainsi, et plus longuement encore, parla Bitzer.

« Maintenant, fille numéro vingt, dit M. Gradgrind, vous voyez ce que c'est qu'un cheval. »

Elle fit sa révérence et aurait rougi davantage si elle avait pu devenir plus rouge qu'elle ne l'était depuis le commencement de l'interrogatoire. Bitzer cligna des deux yeux à la fois en regardant Thomas Gradgrind, attrapa la lumière sur les extrémités frémissantes de ses cils, de façon à les faire ressembler aux antennes d'une foule d'insectes affairés, porta son poing fermé à son front couvert de taches de rousseur, et, après avoir ainsi salué, se rassit.

Le troisième personnage s'avance alors. Un fier homme pour rogner et disséquer les faits, que ce personnage ; c'était un employé du gouvernement ; un vrai pugiliste à sa manière, toujours prêt à la boxe, ayant toujours un système à faire avaler au public, bon gré mal gré, à l'instar d'une médecine, toujours visible à la barre de son petit bureau officiel, prêt à combattre toute l'Angleterre. Pour continuer en termes de boxe, c'était un vrai génie pour en venir aux mains n'importe où et n'importe à quel propos, enfin un crâne fini. Dès son entrée dans l'arène, il endommageait le premier venu avec le poing droit, continuait avec le poing gauche, s'arrêtait, échangeait les coups, parait, assommait, harassait son antagoniste (toujours défiant toute l'Angleterre), le poussait jusqu'à la corde d'enceinte, et se laissait tomber sur lui le plus gentiment du monde afin de l'étouffer ; il se faisait fort de lui couper la respiration de façon à rendre l'infortuné incapable de reprendre la lutte à l'expiration du délai de rigueur. Aussi avait-il été chargé par les autorités supérieures de hâter la venue du grand millénaire pendant lequel les commissaires doivent régner ici-bas.

« Très-bien, dit ce monsieur en souriant gaiement et en se croisant les bras. Voilà un cheval. Maintenant, garçons et filles, laissez-moi vous demander une chose. Tendriez-vous votre chambre d'un papier représentant des chevaux ? »

Après un instant de silence, une moitié des enfants cria en chœur : « Oui, m'sieu ! » Sur ce, l'autre moitié, lisant dans

le visage du monsieur que « oui » avait tort, cria en chœur :
« Non, m'sieu ! » ainsi que cela se fait d'habitude à ces sortes
d'examen.

— Non, cela va sans dire. Et pourquoi non ? »

Nouveau silence. Un gros garçon peu dégourdi, avec une respiration sifflante, s'avisa de répondre qu'il ne tendrait la chambre d'aucune espèce de papier, parce qu'il aimerait mieux la peindre.

— Mais puisqu'*il faut* la tendre de papier, insista le monsieur avec quelque peu de vivacité.

— Il faut la tendre de papier, ajouta Thomas Gradgrind, que cela vous plaise ou non. Ne nous dites donc pas que vous ne la tendrez pas. Qu'entendez-vous par là ?

— Je vais vous expliquer, dit le monsieur après un autre silence non moins lugubre, pourquoi vous ne devez pas tendre une salle d'un papier représentant des chevaux. Avez-vous jamais vu des chevaux se promener sur les murs d'un appartement dans la réalité, en fait ? Hein ?

— Oui, m'sieu ! d'une part. Non, m'sieu ! de l'autre.

— Non, cela va sans dire, reprit le monsieur, lançant un regard indigné vers le côté qui se trompait. Or, vous ne devez voir nulle part ce que vous ne voyez pas en fait ; vous ne devez avoir nulle part ce que vous n'avez pas en fait, ce qu'on nomme le goût n'est qu'un autre nom du fait. »

Thomas Gradgrind baissa la tête en signe d'approbation.

« C'est là un principe nouveau, une découverte, une grande découverte, continua le monsieur. Maintenant, je vais vous donner encore une question. Supposons que vous ayez à tapisser un plancher. Choisirez-vous un tapis où l'on aurait représenté des fleurs ? »

Comme on commençait à être convaincu que *non* était la réponse qui convenait le mieux aux questions de ce monsieur, le chœur des *non* fut très-nombreux. Quelques traînards découragés dirent *oui*. De ce nombre fut Sissy Jupe.

« Fille numéro vingt ! » s'écria le monsieur, souriant avec la calme supériorité de la science.

Sissy rougit et se leva.

« Ainsi donc, vous iriez tapisser votre chambre, ou la chambre de votre mari, si vous étiez une femme et que vous eussiez un mari, avec des images de fleurs, hein? demanda le monsieur. Pourquoi cela?

— S'il vous plaît, monsieur, j'aime beaucoup les fleurs, répliqua l'enfant.

— Et c'est pour cela que vous poseriez dessus des tables et des chaises et que vous vous plairiez à voir des gens avec de grosses bottes les fouler aux pieds?

— Cela ne leur ferait pas de mal, monsieur; cela ne les écraserait pas, et elles ne se flétriraient pas, s'il vous plaît, monsieur. Elles seraient toujours les images de quelque chose de très-joli et de très-agréable, et je pourrais m'imaginer....

— Oui, oui, vraiment? Mais justement vous ne devez pas vous imaginer, s'écria le monsieur, enchanté d'être si heureusement arrivé où il voulait en venir. Voilà justement la chose. Vous ne devez jamais vous imaginer.

« Vous ne devez jamais, Sissy Jupe, ajouta Thomas Gradgrind d'un ton solennel, vous permettre d'imaginer quoi que ce soit.

— Des faits, des faits, des faits! reprit l'autre; et des faits, des faits, des faits! répéta Thomas Gradgrind.

— En toutes choses vous devez vous laisser guider et gouverner par les faits, dit le monsieur. Nous espérons posséder avant peu un corps délibérant composé de commissaires amis des faits, qui forceront le peuple à respecter les faits et rien que les faits. Il faut bannir le mot Imagination à tout jamais. Vous n'en avez que faire. Vous ne devez rien avoir, sous forme d'objet d'ornement ou d'utilité, qui soit en contradiction avec les faits. Vous ne marchez pas en fait sur des fleurs: donc on ne saurait vous permettre de les fouler aux pieds sur un tapis. Vous ne voyez pas que les oiseaux ou les papillons des climats lointains viennent se percher sur votre faïence: donc on ne saurait vous permettre de peindre sur votre faïence des oiseaux et des papillons étrangers. Vous ne rencontrez jamais un quadrupède se promenant du haut en bas d'un mur: donc vous ne devez pas représenter des quadrupèdes sur vos murs. Vous devez affecter à ces usages, continua le monsieur, des combinaisons et des modifications (en couleurs primitives) de toutes les figures mathématiques susceptibles de preuve et de démonstration. Voilà en quoi consiste notre nouvelle découverte, voilà en quoi consiste le fait. Voilà en quoi consiste le goût. »

L'enfant fit la révérence et s'assit. Elle était très-jeune, et l'aspect positif sous lequel le monde venait de se présenter à elle parut l'effrayer.

« Maintenant, si M. Mac Choakumchild, dit le monsieur, veut bien donner sa première leçon, je serais heureux, monsieur Gradgrind, d'accéder à votre désir et d'étudier sa méthode. »

M. Gradgrind remercia. « Monsieur Mac Choakumchild, quand vous voudrez. »

Sur ce, M. Mac Choakumchild commença dans son meilleur style. Lui et quelque cent quarante autres maîtres d'école avaient été récemment façonnés au même tour, dans le même atelier, d'après le même procédé, comme s'il se fût agi d'autant de pieds tournés de pianos-forte. On lui avait fait développer toutes ses allures, et il avait répondu à des volumes de questions dont chacune était un vrai casse-tête. L'orthographe, l'étymologie, la syntaxe et la prosodie, la biographie, l'astronomie, la géographie et la cosmographie générale, la science des proportions composites, l'algèbre, l'arpentage et le nivellement, la musique vocale et le dessin linéaire, il savait tout cela sur le bout de ses dix doigts glacés. Il était arrivé par une route rocailleuse jusqu'au très-honorable conseil privé de Sa Majesté (section B), et avait effleuré les diverses branches des mathématiques supérieures et de la physique, ainsi que le français, l'allemand, le latin et le grec. Il savait tout ce qui a trait à toutes les forces hydrauliques du monde entier (pour ma part, je ne sais pas trop ce que c'est), et toutes les histoires de tous les peuples et les noms de toutes les rivières et de toutes les montagnes, et tous les produits, mœurs et coutumes de tous les pays avec toutes leurs frontières et leur position par rapport aux trente-deux points de la boussole. Ah! vraiment il en savait un peu trop, M. Mac Choakumchild. S'il en eût appris un peu moins, comme il en aurait infiniment mieux enseigné beaucoup plus!

Il se mit à l'œuvre, dans cette leçon préparatoire, à la façon de Morgiana dans les *Quarante voleurs,* regardant dans chacun des récipients rangés devant lui, et les examinant l'un après l'autre, afin de voir le contenu. Dis-moi donc, bon Mac Choakumchild, lorsque tout à l'heure l'huile bouillante de ta science aura rempli jusqu'aux bords chacune de ces jarres, seras-tu bien sûr, chaque fois, d'avoir complétement tué le voleur Imagination? Seras-tu bien sûr de ne l'avoir pas simplement mutilé et défiguré?

CHAPITRE III.

Une crevasse.

M. Gradgrind, en quittant l'école pour rentrer chez lui, éprouvait une satisfaction assez vive. C'était son école, et il voulait qu'elle devînt une école modèle; il voulait que chaque enfant devînt un modèle, à l'instar des jeunes Gradgrind, qui tous étaient des modèles.

Il y avait cinq jeunes Gradgrind, et pas un d'eux qui ne fût un modèle. On leur avait donné des leçons dès leur plus tendre enfance; ils avaient suivi autant de cours qu'un jeune lièvre a fait de courses. A peine avaient-ils pu courir seuls qu'on les avait forcés à courir vers la salle d'étude. Leur première association d'idées, la première chose dont ils se souvinssent était un grand tableau où un grand ogre sec traçait à la craie d'horribles signes blancs.

Non qu'ils connussent, de nom ou par expérience, quoi que ce soit concernant un ogre. Le fait les en préserve! Je ne me sers du mot que pour désigner un monstre installé dans un château-école, ayant Dieu sait combien de têtes manipulées en une seule, faisant l'enfance prisonnière et l'entraînant par les cheveux dans les sombres cavernes de la statistique.

Nul petit Gradgrind n'avait jamais vu un visage dans la lune; il était au fait de la lune avant de pouvoir s'exprimer distinctement. Nul petit Gradgrind n'avait appris la stupide chanson : « Scintille, scintille, petite étoile, que je voudrais savoir ce que tu es! » Nul petit Gradgrind n'avait jamais éprouvé la moindre curiosité à cet égard, chaque petit Gradgrind ayant, dès l'âge de cinq ans, disséqué la grande Ourse comme un professeur de l'Observatoire, et manœuvré le grand Chariot comme pourrait le faire un conducteur de locomotive. Nul petit Gradgrind n'avait jamais songé à établir aucun rapport entre les vraies vaches des prairies et la fameuse vache aux cornes ratatinées qui fit sauter le chien qui tourmentait le chat qui tuait les rats qui mangeaient l'orge, ou cette autre vache encore plus fameuse qui a avalé Tom Pouce : aucun d'eux n'avait entendu parler de ces célébrités ; toutes les vaches qu'on leur avait présentées n'étaient que des quadrupèdes herbivores, ruminants, à plusieurs estomacs.

Ce fut vers sa demeure positive, nommée Pierre-Loge, que Thomas Gradgrind dirigea ses pas. Il s'était complétement retiré du commerce de la quincaillerie en gros avant de construire Pierre-Loge, et il était en train de chercher une occasion convenable pour faire dans le parlement une figure arithmétique. Pierre-Loge s'élevait sur une lande, à un mille ou deux d'une grande ville qui aura nom Cokeville dans le présent livre, guide véridique des voyageurs.

Pierre-Loge formait un trait bien régulier sur la surface du pays. Pas le moindre déguisement sous la forme d'une ombre ou d'un ton adouci dans ce fait bien caractérisé du paysage. Une vaste maison carrée, avec un lourd portique qui assombrissait les principales croisées, comme les lourds sourcils du maître ombrageaient ses yeux. Une maison dont le compte avait été établi, additionné, balancé et ratifié. Six croisées de ce côté de la porte, six de l'autre côté ; total douze croisées sur cette façade, douze croisées sur l'autre façade ; vingt-quatre en tout avec le report pour les deux façades : une pelouse et un jardin, avec une avenue en bas âge, le tout réglé comme un livre de comptabilité botanique. Le gaz et la ventilation, le drainage et le service des eaux, tout cela de première qualité. Crampons et traverses de fer à l'épreuve du feu du haut en bas ; des moufles mécaniques à l'usage des servantes, pour monter et descendre à chaque étage leurs brosses et leurs balais ; en un mot, tout enfin à cœur que veux-tu ?

Tout ? ma foi, oui ; je le présume. Les petits Gradgrind avaient, en outre, des collections pour servir à l'étude des diverses sciences. Ils avaient une petite collection conchyliologique, une petite collection métallurgique et une petite collection minéralogique. Tous les spécimens en étaient rangés par ordre de famille et étiquetés, et les morceaux de pierre et de minerai qui les composaient paraissaient avoir été arrachés de la masse primitive au moyen de quelque instrument aussi atrocement dur que leur propre nom ; en un mot, pour paraphraser la légende oiseuse de *Pierre Piper*, laquelle n'avait jamais pénétré dans cette pépinière de jeunes modèles, je m'écrierai : « Si les voraces petits Gradgrind désiraient encore quelque chose, dites-moi, au nom du ciel, ce que les voraces petits Gradgrind pouvaient désirer de plus ? »

Leur père poursuivait son chemin dans une situation d'esprit allègre et satisfaite. C'était un père affectueux, à sa façon ; mais il se fût sans doute décrit (s'il eût été forcé, ainsi que Sissy Jupe, de donner une définition), comme « un père éminemment pratique. » Il n'entendait jamais sans orgueil ces mots : *éminemment pratique*, qui passaient pour s'appliquer spécialement à lui. A chaque meeting tenu à Cokeville, et quel que fut le motif de ce meeting, on était sûr de voir quelque Cokebourgeois profiter de l'occasion pour faire allusion à l'esprit éminemment pratique de son ami Gradgrind. Cela plaisait toujours à l'ami éminemment pratique. Il savait bien que ce n'était que son dû, mais cela le flattait tout de même.

Il venait d'atteindre, sur les confins de la ville, un terrain neutre, qui, sans être ni la ville ni la campagne, était pourtant l'une et l'autre, moins les agréments de chacune, lorsqu'un bruit de musique envahit ses oreilles. Le zing-zing et le boum-boum de l'orchestre attaché à un établissement hippique qui avait élu domicile en ces lieux, dans un pavillon de planches, était en plein charivari. Un drapeau flottant au sommet du temple annonçait au genre humain que le cirque de Sleary sollicitait son patronage. Sleary en personne, statue moderne de puissante dimension, surveillait sa caisse et recevait l'argent dans une guérite ecclésiastique d'une architecture gothique très-primitive. Mlle Joséphine Sleary, ainsi que l'annonçaient plusieurs longues bandes d'affiches imprimées, ouvrait en ce moment le spectacle par son gracieux exercice équestre des *Fleurs tyroliennes*. Entre autres merveilles divertissantes, mais toujours strictement morales, qu'il fallait voir pour les croire, signor Jupe devait cette après-midi mettre en lumière les talents récréatifs de son merveilleux chien savant, Patte-alerte. Il devait également exécuter son incroyable tour de force, lancer soixante-quinze quintaux de métal par-dessus sa tête, sans discontinuer, d'arrière en avant, de façon à former en l'air une fontaine de fer solide ; tour de force qui n'a jamais auparavant été tenté dans ce pays ni dans aucun autre, et qui a arraché des applaudissements si fanatiques à des foules enthousiastes, qu'on ne pouvait se dispenser de le répéter, pour l'agrément du genre humain. Le signor Jupe devait encore égayer ce spectacle varié par ses chastes plaisanteries et reparties Shakspeariennes. Enfin, pour terminer la representation, il devait paraître dans son rôle favori de M. William Bouton, tailleur de Tooley-Street, dans la dernière des dernières nouveautés, la risible hippo-comediette du Voyage du tailleur a Brentford.

Il va sans dire que Thomas Gradgrind ne prêta aucune attention à ces frivolités, mais poursuivit son chemin, comme il convient à un homme pratique, balayant de sa pensée ces insectes tapageurs, bons tout au plus pour la maison de correction. Mais bientôt un détour de la route le conduisit auprès de la baraque, et, derrière la baraque, étaient rassemblés divers enfants qui, dans diverses attitudes furtives, essayaient d'entrevoir les merveilles défendues du cirque.

Il s'arrêta court. « Allons, dit-il, ne voilà-t-il pas ces vagabonds qui débauchent la jeune populace d'une école modèle ! »

Se trouvant séparé de la jeune populace par un espace couvert d'herbe rabougrie et de gravats, il tire son lorgnon de la poche de son gilet afin de voir s'il y a là quelque enfant dont il connaisse le nom, pour lui intimer l'ordre de déguerpir. Mais, quel phénomène ! il n'en peut croire ses yeux. Qui donc voit-il alors ? Sa propre fille, sa métallurgique Louise, regardant de toutes ses forces par un trou percé dans une planche de sapin ; son propre fils, son mathématique Tom, par terre, à quatre pattes, afin de contempler sous la toile rien que le sabot du gracieux exercice des *Fleurs tyroliennes*

Muet de surprise, M. Gradgrind s'approche de l'endroit où sa famille se déshonore ainsi, pose la main sur l'épaule de chaque coupable, et dit :

« Louise!! Thomas!! »

Tous deux se redressèrent rouges et déconcertés. Mais Louise regarda son père avec plus de hardiesse que n'osa le faire Thomas. A vrai dire, Thomas ne le regarda pas du tout, et se résigna à se laisser remorquer comme une machine.

« Au nom du ciel! mais c'est le comble de la paresse et de la folie! s'écria M. Gradgrind, qui les prit chacun par une main pour les emmener; qu'êtes-vous venus faire ici?

— Voir à quoi cela pouvait ressembler, répliqua brièvement Louise.

— A quoi cela pouvait ressembler?

— Oui, père. »

On remarquait chez les deux enfants un air d'ennui et de mauvaise humeur, surtout chez la jeune fille; néanmoins, sur le visage de celle-ci, à travers le mécontentement, on voyait poindre une flamme qui n'avait rien à éclairer, un feu qui n'avait rien à consumer, une imagination affamée qui se maintenait en vie tant bien que mal; le tout contribuant pourtant à animer l'expression de ce visage, non pas de la vivacité naturelle à l'insouciante jeunesse, mais d'éclairs incertains, avides et vagues, qui avaient quelque analogie pénible avec les changements qu'on observe sur les traits d'un aveugle cherchant son chemin à tâtons.

Ce n'était encore qu'une enfant de quinze à seize ans; mais on prévoyait qu'à une époque peu éloignée elle deviendrait femme tout d'un coup. Le père songea à cela en la regardant. Elle était jolie. « Elle aurait pu se montrer volontaire (pensa-t-il dans son esprit éminemment pratique), si elle eût été autrement élevée.

« Thomas, bien que le fait me saute aux yeux, j'ai peine à croire que vous, avec votre éducation et vos moyens, vous ayez entraîné votre sœur à un spectacle pareil!

— Père, c'est moi qui ai entraîné Tom, dit Louise avec vivacité. C'est moi qui l'ai engagé à venir.

— Je suis peiné de l'apprendre. Je suis vraiment peiné de l'apprendre. Au reste cela ne diminue en rien les torts de Thomas, et ne fait qu'augmenter les vôtres. »

Elle regarda de nouveau son père; mais pas une larme ne coula le long de sa joue.

« Vous ici ! Thomas et vous, pour qui s'est ouvert le cercle des sciences; Thomas et vous que l'on peut regarder comme des jeunes gens remplis de faits; Thomas et vous, qui avez été dressés à une exactitude mathématique; Thomas et vous, ici ! s'écria M. Gradgrind; dans une position aussi dégradante ! J'en suis abasourdi !

— J'étais fatiguée, père. Voilà bien longtemps que je suis fatiguée, dit Louise.

— Fatiguée? Et de quoi? demanda le père étonné.

— Je n'en sais rien; fatiguée de tout, je crois.

— Pas un mot de plus. Vous tombez dans l'enfantillage, répliqua M. Gradgrind. Je ne veux plus rien entendre. »

Il n'ouvrit plus la bouche qu'après avoir parcouru en silence un demi-mille environ; alors il s'écria d'un ton grave :

« Que diraient vos meilleurs amis, Louise? Vous souciez-vous si peu de leur bonne opinion? Que dirait M. Bounderby ? »

A la mention de ce nom, Louise dirigea sur son père un coup d'œil furtif, profond et scrutateur. Celui-ci n'en vit rien; car, lorsqu'il la regarda, elle avait déjà baissé les yeux.

« Que dirait, répéta-t-il quelques instants après, que dirait M. Bounderby? » Tout le long de la route, jusqu'à Pierre-Loge, tandis qu'avec une gravité indignée il ramenait les deux inculpés, il répétait par intervalles : « Que dirait M. Bounderby? » comme si M. Bounderby eût été Croquemitaine.

CHAPITRE IV.

Monsieur Bounderby.

Puisque M. Bounderby n'était pas Croquemitaine, qui donc était-il?

Eh bien ! M. Bounderby était aussi près d'être l'ami intime de M. Gradgrind qu'il est possible à un homme complétement dépourvu de sentiment de se rapprocher, par une parenté spirituelle, d'un autre homme non moins dépourvu de sentiment. Oui, M. Bounderby en était aussi près que cela, ou, si le lecteur le préfère, aussi loin.

C'était un homme fort riche : banquier, négociant, manufacturier, que sais-je encore? Un homme gros et bruyant, avec un regard à dévisager les gens, et un rire métallique. Un homme fabriqué d'étoffe grossière qui semblait s'être étirée à mesure pour se prêter à son développement. Un homme à la tête et au front boursouflés, avec de grosses veines aux tempes, et la peau si tendue sur le visage, qu'elle paraissait lui tenir, bon gré mal gré, les yeux ouverts, et lui relever les paupières. Un homme qui avait toujours l'air gonflé comme un ballon qui va prendre son essor. Un homme qui ne pouvait jamais se vanter assez à son gré d'être le fils de ses œuvres. Un homme qui ne se lassait jamais de proclamer, d'une voix qui semblait sortir d'une trompette d'airain, son ancienne ignorance et son ancienne misère. Un vrai fanfaron d'humilité.

Plus jeune d'une ou deux années que son ami à l'esprit éminemment pratique, M. Bounderby paraissait pourtant le plus âgé. A ses quarante-sept ou quarante-huit ans, on aurait pu ajouter un autre sept ou un autre huit sans étonner personne. Il n'avait plus beaucoup de cheveux. Je croirais volontiers qu'ils s'étaient envolés au vent de ses paroles, et que ceux qui restaient, tout hérissés et en désordre, ne se trouvaient dans un si triste état que parce qu'ils étaient constamment exposés au souffle bouffi de ses vanteries tumultueuses.

Dans le salon symétrique et bien rangé de Pierre-Loge, debout sur le tapis de la cheminée, le dos au feu, M. Bounderby faisait, au profit de Mme Gradgrind, certaines remarques à l'occasion de son propre anniversaire de naissance. Il s'était installé devant la cheminée, un peu parce que c'était une froide après-midi de printemps, bien que le soleil brillât de tout son éclat : un peu parce que Pierre-Loge était hantée encore par la fraîcheur, l'été n'ayant pas encore bien essuyé les plâtres; un peu aussi parce qu'il occupait là une position avantageuse d'où il pouvait dominer Mme Gradgrind.

« Je n'avais pas de souliers à mes pieds. Quant aux bas, j'en ignorais jusqu'au nom. Je passai la journée dans un fossé et la nuit dans une étable à cochons. Voilà comment j'ai célébré mon dixième anniversaire. Non que le fossé fût un logement bien nouveau pour moi, car je suis né dans un fossé. »

Mme Gradgrind, vrai paquet de châles, petite, maigre, blanche avec des yeux lilas, d'une faiblesse incomparable au moral et au physique, qui passait son temps à prendre des médecines qui ne lui faisaient rien, et qui, dès qu'elle manifestait la moindre velléité d'un retour à la vie, se voyait immanquablement étourdie par la chute de quelque fait bien lourd, que son mari lui lançait à la tête, Mme Gradgrind témoigna l'espérance qu'au moins le fossé était sec?

« Non! trempé comme une soupe. Un pied d'eau pour le moins, dit M. Bounderby.

— De quoi donner un rhume à un enfant de deux mois!

— Un rhume? Mais je suis né avec une inflammation du poumon et, si je ne me trompe, de toutes les autres parties de mon individu sujettes à l'inflammation, répliqua M. Bounderby. Pendant des années, madame, j'ai été un des plus misérables petits êtres que l'on ait jamais vus. J'étais si mal portant, que je ne faisais que geindre et gémir. J'étais si déguenillé et si sale, que vous ne m'auriez pas touché avec des pincettes. »

Mme Gradgrind regarda les pincettes d'un air languissant, c'est tout ce qu'elle pouvait faire en conscience, dans son état de faiblesse.

« Comment ai-je pu résister à tout cela, je n'en sais rien, dit Bounderby. Il fallait que je fusse déterminé. J'ai eu un caractère déterminé tout le reste de ma vie, et je suppose que je l'avais déjà à cette époque. Dans tous les cas, vous voyez ce que je suis devenu, madame Gradgrind, et cela sans avoir personne à en remercier que moi-même. »

Mme Gradgrind espéra humblement et faiblement que la mère de M. Bounderby....

« *Ma* mère? Elle m'a planté là, madame! » dit Bounderby.

Mme Gradgrind, selon son habitude, fut étourdie du coup, retomba dans son apathie et ne dit plus rien.

« Ma mère m'a laissé à ma grand'mère, reprit M. Bounderby, et, autant que je puis m'en souvenir, ma grand'mère était la plus méchante et la plus exécrable femme qui ait jamais vécu. Si, par le plus grand des hasards, il m'arrivait d'attraper une pauvre paire de souliers, elle me les ôtait des pieds et les vendait pour avoir de quoi boire. Combien de fois l'ai-je vue, cette bonne grand'mère, passer au lit la grasse matinée et boire ses quatorze petits-verres d'eau-de-vie avant déjeuner ! »

Mme Gradgrind, souriant faiblement et ne donnant aucun autre signe de vie, ressembla plus que jamais à la silhouette d'une petite ombre chinoise dans une lanterne magique mal éclairée.

« Elle tenait une petite boutique d'épicerie, poursuivit Bounderby, et m'éleva dans une boîte à œufs. Tel fut le berceau de mon enfance ; une vieille boîte à œufs. Dès que je fus assez grand pour me sauver, je m'empressai naturellement de le faire. Alors je devins un petit vagabond ; et au lieu de n'avoir qu'une vieille grand'mère pour me battre et m'affamer, je fus battu et affamé par une foule de gens de tout âge. Ces gens avaient raison ; ils auraient eu tort d'agir autrement. J'étais une gêne, un embarras, une vraie peste. Je le sais parfaitement bien. »

L'orgueil qu'il éprouvait d'avoir, à une époque quelconque de son existence, mérité une assez grande distinction sociale pour être signalé comme une gêne, un embarras et une peste, ne se tint pour satisfait que lorsqu'il eut répété trois fois ces premiers titres de sa glorieuse jeunesse.

« J'étais destiné à me tirer de là, je suppose, madame Gradgrind. Enfin, que j'y fusse destiné ou non, madame, je m'en tirai, quoique personne ne m'ait tendu la perche. Vagabond d'abord, puis saute-ruisseau, puis encore en vagabondage, puis homme de peine, commis, directeur, associé-gérant, Josué Bounderby de Cokeville : voilà par où j'ai passé pour arriver là. Josué Bounderby de Cokeville a appris ses lettres aux enseignes des boutiques ; il est parvenu à savoir l'heure d'un cadran à force d'étudier l'horloge du clocher de Saint-Giles, à Londres, sous la direction d'un ivrogne estropié, voleur de profession et mendiant incorrigible. Allez parler à Josué Bounderby de vos écoles de district, et de vos écoles modèles et de vos écoles normales et de tout votre micmac d'écoles, et Josué Bounderby de Cokeville vous répondra franchement, cela est bel et bon ; mais lui, il n'a joui d'aucun avantage de ce genre, et commencez-moi par former des hommes qui aient la tête dure et les poings solides, l'éducation qui a fait Josué Bounderby ne conviendra pas à tout le monde, il le sait bien, mais telle a été néanmoins son éducation ; vous pourrez lui faire avaler de l'huile bouillante, mais vous ne le forcerez jamais à supprimer les faits de sa biographie. »

Après cette péroraison chaleureuse, Josué Bounderby de Cokeville se tut. Il se tut au moment même où son ami éminemment pratique, toujours accompagné des deux jeunes complices, entrait dans le salon. En apercevant l'orateur, l'ami éminemment pratique s'arrêta et lança à Louise un regard de reproche qui disait clairement : « tenez ! justement, le voilà, votre Bounderby ! »

« Ah çà ! s'écria Bounderby, qu'y a-t-il donc ? Pourquoi notre jeune Thomas a-t-il l'air si grognon ? »

Il parlait du jeune Thomas, mais il regardait Louise.

« Nous cherchions à voir ce qui se passait dans le cirque, murmura Louise d'un ton hautain, sans lever les yeux, quand papa nous a attrapés.

— Oui, madame Gradgrind, dit le mari de cette dame avec beaucoup de dignité, et je n'aurais pas été plus étonné de surprendre mes enfants en train de lire un volume de poésie.

— Bonté divine ! pleurnicha Mme Gradgrind. Louise et Thomas, comment pouvez-vous ?... Vous m'étonnez ! Vraiment il y a de quoi faire regretter aux gens d'avoir jamais eu des enfants. Pour un peu, je serais tentée de dire que je serais heureuse de n'en pas avoir. Et alors je voudrais bien savoir ce que vous seriez devenus. »

Cette réflexion judicieuse ne parut pas produire une impression très-favorable sur M. Gradgrind. Il fronça les sourcils avec impatience.

« Comme si, dans l'état actuel de ma pauvre tête, vous ne pouviez pas aller regarder les coquillages, les minéraux et les autres choses qu'on vous a achetées, au lieu de courir après les cirques ! continua Mme Gradgrind. Vous savez aussi bien que moi qu'on ne donne pas aux jeunes personnes des professeurs de cirque, ni des collections de cirques et qu'on ne les mène pas à des cours de circologie. Je voudrais bien savoir alors en quoi les cirques peuvent vous intéresser? Vous avez pourtant assez à faire, si c'est de l'occupation qu'il vous faut. Dans l'état actuel de ma pauvre tête, je ne pourrais seulement pas me rappeler les noms de la moitié des faits que vous avez à étudier.

— C'est justement à cause de cela! dit Louise d'un air boudeur.

— Ne me dites pas que c'est à cause de cela, car c'est une mauvaise raison, reprit Mme Gradgrind. Allez tout de suite apprendre un peu de quelque chosologie. »

Mme Gradgrind n'étant pas un personnage scientifique, congédiait d'ordinaire ses enfants et les renvoyait à leurs études, avec cette vague injonction qui les laissait libres de choisir leur travail.

A vrai dire, la provision de faits amassée par Mme Gradgrind était déplorablement restreinte; mais M. Gradgrind, en l'élevant à la haute position matrimoniale qu'elle occupait, avait été influencé par deux motifs. 1° la dame ne laissait rien à désirer sous le rapport des chiffres; 2° il n'y avait chez elle aucune espèce de *bêtise*. Par *bêtise*, il entendait l'imagination; et en vérité, il est probable qu'elle était aussi pure de tout alliage de ce genre que peut l'être une créature humaine qui n'a pas encore atteint la perfection d'un idiotisme absolu.

Lorsque Mme Gradgrind se trouva seule en présence de son mari et de M. Bounderby, cette simple circonstance suffit pour étourdir de nouveau l'admirable dame, sans qu'il fût besoin d'aucune collision avec un autre fait. Elle s'éteignit donc encore une fois sans que personne fît attention à elle.

« Bounderby, dit M. Gradgrind en approchant une chaise du feu, vous vous êtes toujours trop intéressé à mes jeunes gens, surtout à Louise, pour que j'aie besoin de m'excuser avant de vous confier que cette découverte m'a beaucoup, beaucoup peiné. Je me suis systématiquement dévoué, vous ne l'ignorez pas, à l'éducation de la raison chez mes enfants. La raison, vous savez, est la seule faculté à laquelle doive s'adresser l'éducation. Et cependant, Bounderby, l'événement imprévu de tantôt, tout insignifiant qu'il peut être, donnerait à penser qu'il s'est glissé dans l'esprit de Thomas et de Louise quelque chose qui est.... ou plutôt qui n'est pas.... je ne sache pas que je puisse m'exprimer mieux qu'en disant : quelque chose qu'on n'a jamais pu avoir l'intention de développer en eux et où leur raison n'est pour rien.

— Le fait est qu'il n'y a pas de raison pour contempler avec intérêt un tas de vagabonds, répliqua Bounderby. Quand j'étais moi-même un vagabond, personne ne me regardait avec intérêt ; pas si bête.

— Il s'agit donc, dit le père éminemment pratique, les yeux fixés sur le feu, de savoir ce qui a pu provoquer cette vulgaire curiosité.

— Je vais vous dire ce qui l'a provoquée : Une imagination désœuvrée.

— J'espère bien qu'il n'en est rien, dit l'éminemment pratique ; j'avoue toutefois que cette crainte m'est venue aussi à l'esprit avant de rentrer.

— Une imagination désœuvrée, Gradgrind, répéta Bounderby. Une mauvaise chose pour tous ceux qui en sont affligés, mais une bigrement mauvaise chose pour une fille comme Louise. Je demanderais pardon à Mme Gradgrind des expressions un peu fortes dont je me sers, si elle ne savait pas bien que je ne suis pas bien raffiné. Quiconque s'attend à me trouver des manières raffinées, compte sans son hôte Je n'ai pas reçu du tout une éducation raffinée.

— Ne se pourrait-il pas, dit M. Gradgrind, rêvant avec ses mains dans ses poches et son regard caverneux toujours fixé sur le feu, ne se pourrait-il pas qu'un professeur ou un domestique eût suggéré quelque chose? Thomas ou Louise n'auraient-ils pas lu quelque chose en dépit de toutes nos précautions? Quelque futile livre de contes n'aurait-il pas pénétré dans la maison? Car enfin, dans des esprits formés d'après une méthode pratique, à la règle et au cordeau, depuis le berceau jusqu'à ce jour, c'est là un phénomène si curieux, si incompréhensible!...

— Attendez un instant, dit Bounderby, toujours debout devant le feu et si gonflé dans son humilité vaniteuse qu'il semblait qu'elle allait faire explosion aux dépens des meubles circonvoisins. Vous avez à l'école une de ces petites filles de saltimbanques?

— La nommée Cécile Jupe, répliqua M. Gradgrind, regardant son ami de l'air d'un homme qui a quelque chose à se reprocher.

— Bon, attendez un instant! s'écria de nouveau Bounderly. Comment y est-elle entrée?

— Le fait est que, pour ma part, je viens de voir cette fille pour la première fois. N'étant pas de la ville, elle a dû s'adresser spécialement ici, à la maison, pour se faire admettre à l'école, et.... oui, vous avez raison, Bounderby, vous avez raison....

— Bon, attendez un instant! s'écria encore une fois Bounderby. Louise a vu cette fille le jour où elle est venue ici?

— Bien certainement Louise l'a vue, car c'est elle qui m'a fait part de sa requête. Mais Louise l'a vue, je n'en doute pas, en présence de Mme Gradgrind.

— Que s'est-il passé, je vous prie, madame Gradgrind? demanda Bounderby.

— Oh! ma pauvre santé! répliqua Mme Gradgrind. La petite désirait aller à l'école et M. Gradgrind désirait que les petites filles y allassent, et Louise et Thomas ont tous les deux assuré que la petite désirait y aller et que M. Gradgrind désirait que les petites filles y allassent; je ne pouvais pas les contredire, le fait étant exact!

— Eh bien, voulez-vous m'en croire, Gradgrind? dit M. Bounderby. Envoyez promener cette petite, et c'est une affaire faite!

— Vous m'avez presque convaincu.

— Faites-le tout de suite! dit Bounderby. Telle a été ma devise dès ma plus tendre enfance. Quand l'idée me vint de quitter ma grand'mère et ma boîte à œufs, je les quittai tout de suite. Faites comme moi. Faites-le tout de suite!

— Êtes-vous disposé à faire un petit tour? demanda son ami. J'ai l'adresse du père. Peut-être ne vous serait-il pas désagréable de venir faire un petit tour avec moi jusqu'à la ville?

— Pas le moins du monde, dit M. Bounderby; tant que vous voudrez, pourvu que ce soit tout de suite! »

Sur ce, M. Bounderby jeta son chapeau sur sa tête. Il se coiffait toujours ainsi, ce qui indiquait un homme qui avait été beaucoup trop occupé à faire son chemin pour apprendre à mettre son chapeau ; et, les mains dans les poches, il gagna l'antichambre : « Je ne porte jamais de gants, avait-il coutume de dire. Je n'ai pas grimpé à l'échelle sociale avec des gants ; ils m'auraient trop gêné pour monter haut. »

Comme il avait une minute ou deux à perdre dans l'antichambre, en attendant que M. Gradgrind allât chercher l'adresse à l'étage supérieur, M Bounderby ouvrit la porte de la salle d'étude des enfants et jeta un coup d'œil dans cet appartement au plancher tapissé, lequel, malgré les bibliothèques et les collections scientifiques et une infinité d'instruments savants et philosophiques, avait plutôt l'air d'un salon de coiffeur pour la coupe des cheveux. Louise, la tête paresseusement appuyée contre la fenêtre, regardait au dehors sans rien voir, tandis que le jeune Thomas contemplait le feu avec des reniflements vindicatifs. Adam Smith et Malthus, les deux Gradgrind cadets, étaient absents ; ils assistaient, sous escorte, à un cours quelconque. La petite Jeanne, après avoir fabriqué sur son visage un beau masque de terre glaise humide avec ses larmes et le crayon d'ardoise dont elle s'était frotté la figure, avait fini par s'endormir sur des fractions décimales.

« C'est bon, Louise ; c'est bon, Thomas, dit M. Bounderby. Vous ne le ferez plus. Je réponds que votre père a fini de gronder. Eh bien, Louise, ça vaut un baiser, hein ?

— Vous pouvez en prendre un, si vous voulez, monsieur Bounderby, répliqua Louise, qui s'en vint avec un silence plein de froideur, après avoir lentement traversé la chambre, lui présenter la joue d'un air peu gracieux et en détournant le visage.

— Toujours mon enfant gâté, n'est-ce pas, Louise ? » dit M. Bounderby.

Il partit là-dessus ; mais elle, elle resta à la même place, essuyant avec un mouchoir la joue qu'il venait de baiser ; elle la frotta et refrotta si bien qu'elle en avait la peau tout en feu. Cinq minutes après, elle la frottait encore.

« A quoi penses-tu donc, Lou ? grommela son frère. Tu vas finir par te faire un trou dans la figure, à force de te frotter.

— Tu peux enlever le morceau avec ton canif, si tu veux, Tom ; je te promets de ne pas pleurer pour ça ! »

CHAPITRE V.

La tonique.

Cokeville, où se dirigèrent MM. Gradgrind et Bounderby était un des triomphes du Fait; cette cité avait échappé à l contagion de l'Imagination avec autant de bonheur que Mme Gradgrind elle-même. Puisque Cokeville est la tonique, donnons l'accord avant de continuer notre air.

C'était une ville de briques rouges, ou plutôt de briques qui eussent été rouges si la fumée et les cendres l'avaient permis; mais, telle qu'elle était, c'était une ville d'un rouge et noir peu naturels qui rappelaient le visage enluminé d'un sauvage. C'était une ville de machines et de hautes cheminées, d'où sortaient sans trêve ni repos d'interminables serpents de fumée qui se traînaient dans l'air sans jamais parvenir à se dérouler. Elle avait un canal bien noir et une rivière qui roulait des eaux empourprées par une teinture infecte, et de vastes bâtiments percés d'une infinité de croisées, qui résonnaient et tremblaient tout le long du jour, tandis que le piston des machines à vapeur s'élevait et s'abaissait avec monotonie, comme la tête d'un éléphant mélancolique. Elle renfermait plusieurs grandes rues qui se ressemblaient toutes, et une foule de petites rues qui se ressemblaient encore davantage, habitées par des gens qui se ressemblaient également, qui sortaient et rentraient aux mêmes heures, faisant résonner les mêmes pavés sous le même pas, pour aller faire la même besogne; pour qui chaque jour était l'image de la veille et du lendemain, chaque année le pendant de celle qui l'avait précédée ou de celle qui allait suivre.

En somme, ces attributs étaient inséparables de l'industrie qui faisait vivre Cokeville; mais, en revanche, elle ajoutait, disait-on, au bien-être de l'existence, des bienfaits qui se répandaient sur le monde entier et des ressources supplémentaires à ces élégances de la vie qui font plus de la moitié de la grande dame devant laquelle on ose à peine prononcer le nom de la cité enfumée. Les autres traits de la physionomie de Cokeville avaient quelque chose de plus local. — Les voici :

Vous n'y aperceviez rien qui ne rappelât l'image sévère du travail. Si les membres de quelque secte religieuse y élevaient une église (ainsi que l'avaient fait les membres de dix-huit sectes religieuses), ils en faisaient une espèce d'entrepôt de piété en briques rouges, surmonté parfois (mais seulement sur des modèles d'un style excessivement orné) d'une cloche suspendue dans une cage à perroquet. La solitaire exception à cette règle était la *Nouvelle Église*, édifice aux murs enduits de stuc, ayant un clocher carré au-dessus de la porte, terminé par quatre tourelles peu élevées qui ressemblaient à des jambes de bois enjolivées. Toutes les inscriptions monumentales étaient peintes de la même façon, en lettres sévères, noires et blanches. La prison aurait aussi bien pu être l'hôpital, l'hôpital aurait pu être la prison, l'hôtel de ville aurait pu être l'un ou l'autre de ces monuments ou tous les deux, ou n'importe quel autre édifice, vu qu'aucun détail de leur gracieuse architecture n'indiquait le contraire. Partout le fait, le fait, rien que le fait dans l'aspect matériel de la ville; partout le fait, le fait, rien que le fait dans son aspect immatériel. L'école Mac Choakumchild n'était rien qu'un fait, et l'école de dessin n'était rien qu'un fait, et les rapports de maître à ouvrier n'étaient rien que des faits, et il ne se passait rien que des faits depuis l'hospice de la maternité jusqu'au cimetière; enfin tout ce qui ne peut s'évaluer en chiffres, tout ce qui ne peut s'acheter au plus bas cours et se revendre au cours le plus élevé, n'est pas et ne sera jamais, *in sæcula sæculorum. Amen.*

Une ville si dévotement consacrée au fait, et si heureuse à le faire triompher sur toute la ligne, devait naturellement se trouver dans un état fort prospère? Eh bien, non, pas précisément. Non? Croiriez-vous ça?

Non. Cokeville ne sortait pas de ses propres fourneaux aussi complétement pure que l'or soumis à l'épreuve du feu. D'abord il y avait là un mystère des plus embarrassants : Qui donc faisait partie des dix-huit sectes religieuses de l'endroit? Car, quels que fussent les adhérents, les classes ouvrières n'appartenaient à aucune. C'était étrange de se promener par la ville un dimanche matin et de remarquer combien peu d'ouvriers répondaient à la barbare discordance de ces cloches qui carillonnaient à rendre fous les gens nerveux et les malades. Il y en avait bien peu de *ceux-là* qui quittassent leurs quartiers ou leurs chambres malsaines, ou les coins de rue où ils flânaient, à regarder d'un air ennuyé les fidèles allant à l'église ou au temple, comme si c'eût été là une affaire qui ne les concernait en rien. Et ce n'était pas seulement les étrangers qui remarquaient ce fait, car il existait à Cokeville même une association indigène, dont les membres élevaient la voix, à chaque session de la chambre des communes, demandant, à grand renfort de pétitions indignées, un acte du parlement qui contraignît les gens à devenir pieux bon gré mal gré. Puis venait la Société de tempérance, qui se plaignait de ce que ces mêmes gens s'obstinaient à se griser; qui démontrait, dans des rapports avec tableaux à l'appui, qu'ils se grisaient en effet, et qui prouvait jusqu'à l'évidence, dans des assemblées où l'on ne buvait que du thé, que nulle considération humaine ou divine (sauf une médaille de tempérance) ne saurait décider ces gens à ne plus se griser. Puis venait l'aumônier de la prison, un très-habile homme, ma foi! avec encore d'autres rapports et tableaux à l'appui, qui démontrait que ces gens s'obstinaient à fréquenter d'ignobles repaires, cachés aux regards du public, où ils entendaient d'ignobles chansons et regardaient d'ignobles danses, dans lesquelles ils avaient quelquefois l'audace de figurer, et où le nommé A. B., âgé de vingt-quatre ans et condamné à dix-huit mois de reclusion, affirmait lui-même (non qu'il eût jamais mérité d'inspirer une confiance particulière) qu'il avait commencé à se perdre, attendu que ledit A. B. était parfaitement convaincu que, sans cela, il fût resté un spécimen moral du premier numéro. Puis venaient M. Gradgrind et M. Bounderby, qui traversent en ce moment Cokeville, personnages éminemment pratiques, qui pourraient, au besoin, fournir d'autres rapports avec tableaux à l'appui, résultant de leur expérience personnelle et corroborés par des cas à leur connaissance, desquels il ressortait clairement que ces mêmes gens étaient un tas de mauvaises gens, messieurs; qu'ils ne vous sauraient aucun gré de tout ce que vous pourriez faire pour eux, messieurs; qu'ils étaient toujours inquiets, messieurs, ne sachant pas ce qu'ils voulaient; qu'ils se nourrissaient de ce qu'il y avait de meilleur, et n'achetaient que du beurre frais; ils exigeaient que leur café fût du pur moka et refusaient un morceau de viande, si ce n'était pas un morceau de choix, première catégorie; sans compter qu'ils se montraient éternellement mécontents et intraitables. Bref, la morale était celle d'une ancienne chanson avec laquelle on endort les enfants :

> Il y avait une fois une bonne femme, croiriez-vous cela?
> Qui ne pouvait pas vivre sans boire et manger,
> Boire et manger, et tous les jours :
> Et encore cette bonne femme n'était JAMAIS contente.

Voyez un peu, n'est-ce pas singulier cette analogie entre l'état moral de la population de Cokeville et celui des petits Gradgrind? Tenez, je vais vous dire, aucun de nous, pour peu qu'il jouisse de son bon sens et connaisse ses chiffres, n'ignore à l'heure qu'il est que, depuis plusieurs vingtaines d'années, on a, de propos délibéré, cessé de tenir compte d'un élément essentiel dans l'éducation des classes ouvrières de Cokeville. Tout le monde sait que ces classes conservent une certaine dose d'imagination qui demandait à être cultivée afin de se développer sainement, au lieu d'être forcée à lutter et à se faire jour dans des convulsions; qu'en raison directe de la durée et de la monotonie de leur travail, elles sentent croître en elles le désir de quelque soulagement physique, de quelque délassement qui encourage la bonne humeur et la gaieté et leur permette de l'exhaler au dehors; de quelque jour de fête reconnu, quand ce ne serait que pour danser honnêtement au son d'un orchestre animé; de quelque tarte légère (ce n'est pas M. Mac Choakumchild qui aurait mis la main à la pâte); et ce désir, il faut y satisfaire raisonnablement, sinon les choses iront mal, tant qu'on n'aura pas réussi à supprimer les lois qui ont présidé à la création du monde.

« Cet homme demeure à *Pod's End*, et je ne sais pas au juste où se trouve *Pod's End*, dit M. Gradgrind. De quel côté est ce faubourg, Bounderby? »

M. Bounderby savait que c'était quelque part dans le bas de la ville; mais il n'en savait pas davantage. Ils s'arrêtèrent donc un moment et regardèrent autour d'eux.

Presque au même instant, une enfant que Gradgrind reconnut, tourna le coin de la rue, courant à perdre haleine et le visage effrayé.

« Holà ! s'écria-t-il, arrêtez. Où allez-vous ? Arrêtez ! »

Fille numéro vingt s'arrêta alors, toute palpitante, et fit une révérence.

« Pourquoi demanda M. Gradgrind courez-vous ainsi les rues d'une façon inconvenante ?

— J'étais.... j'étais poursuivie, monsieur, répliqua la jeune fille d'une voix haletante, et je voulais m'échapper.

— Poursuivie ? répéta M. Gradgrind. Qui donc a pu vous poursuivre ? »

Cette question reçut une réponse imprévue et subite dans la personne de l'écolier incolore, Bitzer, qui tourna le coin avec une rapidité si impétueuse et qui s'attendait si peu à rencontrer un obstacle sur le trottoir, qu'il donna en plein dans le gilet de M. Gradgrind et rebondit jusqu'au milieu de la rue.

« Que signifie une pareille conduite ? dit M. Gradgrind. A quoi pensez-vous ? Comment osez-vous vous précipiter contre.... tout le monde.... de cette façon ? »

Bitzer ramassa sa casquette que la récente collision avait fait tomber; puis, reculant et saluant avec son poing fermé, en forme de politesse, se justifia en disant que c'était un accident.

« Est-ce après vous qu'il courait, Jupe ? demanda M. Gradgrind.

— Oui, monsieur, répondit-elle à contre-cœur.

— Non, ça n'est pas vrai, m'sieu ! s'écria Bitzer. C'est elle qui a commencé par se sauver. Mais ces écuyers ne sont pas enragés pour mentir, m'sieu; ils sont connus pour cela.... Vous savez bien que les écuyers ne sont pas enragés pour mentir. » S'adressant à Sissy : « C'est aussi connu dans la ville, ne vous en déplaise, m'sieu, que la table de Pythagore est inconnue aux écuyers. »

Bitzer avait cherché à adoucir M. Bounderby au moyen de cette dernière accusation.

« Il m'a tant effrayée, dit la jeune fille, avec ses vilaines grimaces !

— Oh ! s'écria Bitzer. Oh ! si on peut ! Vous ressemblez bien à vos amis, vous ! Vous êtes bien une écuyère. Je ne l'ai pas seulement regardée, m'sieu. Je lui ai demandé si elle saurait définir cheval demain, et j'ai offert de le lui apprendre, et elle s'est sauvée, et j'ai couru après, m'sieu, afin de lui dire ce qu'elle doit répondre quand on lui demandera sa définition…. Faut-il que vous soyez écuyère pour dire de pareilles faussetés !

— On ne peut toujours pas dire que sa profession n'est pas connue à l'école, remarqua M. Bounderby. Dans huit jours, vous auriez eu toute la classe rangée autour du cirque, à regarder les saltimbanques par-dessous la toile.

— Je commence à le croire, répliqua son ami. Bitzer, montrez-nous les talons et rentrez chez vous. Jupe, restez ici un moment. Que je vous prenne à courir encore de cette façon, et vous aurez de mes nouvelles par l'entremise du maître d'école. Vous me comprenez ?... Bitzer ? allons, disparaissez. »

L'écolier cessa de cligner ses yeux, salua de nouveau en portant son poing à son front, regarda Sissy, se retourna et battit en retraite.

« Maintenant, dit M. Gradgrind, conduisez-nous, monsieur et moi, vers votre père ; nous allons chez lui…. Que portez-vous dans cette bouteille ?

— De l'eau-de-vie, dit M. Bounderby.

— Oh ! non, monsieur ; ce sont les neuf huiles.

— Les quoi ?

— Les neuf huiles, monsieur, pour frotter papa. »

Alors M. Bounderby reprit avec un éclat de rire bref et bruyant :

« Et pourquoi diable frottez-vous papa avec neuf huiles ?

— Nos écuyers se servent toujours de cela, monsieur, quand ils se sont fait mal dans le cirque, répliqua Sissy, qui regarda par-dessus son épaule afin de voir si son persécuteur avait disparu. Ils attrapent bien des mauvais coups dans leur état, vous savez.

— Ils n'ont que ce qu'ils méritent, dit M. Bounderby ; cela leur apprendra à faire un métier de paresseux. »

Elle regarda M. Bounderby avec un mélange de surprise et d'effroi.

« Par saint Georges! dit M. Bounderby, j'étais plus jeune que vous de quatre ou cinq ans, que j'étais couvert, moi aussi, de meurtrissures, et dix huiles, vingt huiles, quarante huiles, n'auraient pas été capables de les guérir. Je ne les attrapais pas à faire des poses, moi, mais à force d'être bousculé. Je ne dansais pas sur la corde, moi; je dansais sur la terre ferme, moi, quoiqu'on me fît danser à coups de corde ! »

M. Gradgrind était assez dur, mais il était loin d'être aussi rude que M. Bounderby. Il n'était pas méchant, à tout prendre ; il aurait même pu rester très-bon, sans une grosse erreur de calcul qu'il avait commise, bien des années auparavant, en établissant la balance de son caractère. Tout en descendant par une ruelle, il dit d'un ton qu'il cherchait à rendre encourageant :

« Et nous voici à *Pod's End*, hein, Jupe?

—Oui, monsieur, c'est ici ; et s'il vous plaît, monsieur, voici la maison. »

Elle s'arrêta, vers l'heure du crépuscule, devant la porte d'un méchant petit cabaret, éclairé intérieurement par des lueurs rougeâtres et blafardes; on aurait dit que ce bouge sale et misérable, à défaut d'autres pratiques, se serait mis à boire son fonds, et que, selon le sort commun à tous les ivrognes, il n'en avait pas pour longtemps à se voir au bout de son rouleau.

« Il n'y a qu'à traverser la salle commune, monsieur, et à monter un escalier, si vous voulez bien, monsieur; attendez un instant que j'aie allumé une chandelle. Si vous entendez aboyer un chien, ce n'est que Patte-alerte, n'ayez pas peur, il ne mord pas.

— Patte-alerte et les neuf huiles, hein ! dit M. Bounderby entrant le dernier avec son rire métallique. Pas mal, pas mal du tout pour un homme positif qui s'est fait tout seul ! »

CHAPITRE VI.

Le cirque de Sleary.

Le cabaret en question avait nom « les Armes de Pégase. » Il aurait été mieux nommé les jambes de Pégase [1]; quoi qu'il en soit, au-dessous du cheval ailé de l'enseigne, on lisait en caractères romains AUX ARMES DE PÉGASE. Plus bas encore, dans un cartouche ondoyant, le peintre avait tracé d'une main légère le quatrain suivant, qui n'était pas tout à fait selon les règles les plus exactes de la poésie:

> Bonne orge fait de bonne bière;
> Entrez, la nôtre est bien nourrie.
> Bon vin fait de bonne eau-de-vie;
> Venez en prendre un petit verre.

Dans un cadre accroché au fond de l'obscur petit comptoir, on voyait un autre Pégase, un Pégase théâtral, avec des ailes de vraie gaze superposées, un corps tout constellé d'étoiles de papier doré et un harnais éthéré représenté par du cordonnet de soie rouge.

Comme il faisait déjà trop sombre dans la rue pour qu'on pût distinguer l'enseigne, et comme il ne faisait pas encore assez clair dans le cabaret pour qu'on pût distinguer le tableau, M. Gradgrind et M. Bounderby n'eurent pas occasion de se formaliser de ces attributs mythologiques. Ils suivirent l'enfant et gravirent, sans rencontrer personne, quelques marches d'un escalier assez roide qui débouchait dans un des coins de la salle commune, puis ils s'arrêtèrent dans l'obscurité, pendant que Sissy allait chercher sa chandelle. Ils s'attendaient à chaque minute à entendre la voix de Patte-alerte; mais lorsque l'enfant et la chandelle apparurent à la fois, ce célèbre chien savant n'avait pas encore aboyé.

1. Il y a ici un jeu de mots intraduisible, *arms* en anglais signifiant à la fois *armes* et *bras*.

« Papa n'est pas dans notre chambre, monsieur, dit l'écolière avec un visage étonné. Mais si vous voulez bien entrer un instant, je ne tarderai pas à le trouver. »

Ils entrèrent; et Sissy, ayant avancé deux chaises, s'éloigna d'un pas rapide et léger. C'était une pauvre chambre à coucher misérablement meublée. Le bonnet de coton orné de deux plumes de paon et d'une queue de perruque en guise de mèche, coiffure dans laquelle signor Jupe avait, cette après-midi même, égayé un spectacle varié par « ses chastes plaisanteries et reparties shakspeariennes, » ce bonnet était accroché à un clou; mais on n'apercevait aucune autre portion de la garde-robe du clown, aucun autre indice du clown lui-même ou de ses occupations. Quant à Patte-alerte, le respectable ancêtre de ce très-savant quadrupède, au lieu de s'embarquer à bord de l'arche, aurait tout aussi bien pu en avoir été exclu par accident, car l'auberge des Armes de Pégase, muette à son endroit, ne fournissait nulle preuve du contraire; rien n'y révélait à l'œil ou à l'ouïe l'existence d'un chien.

Ils entendirent les portes de plusieurs chambres s'ouvrir et se refermer à l'étage supérieur, tandis que Sissy allait de l'une à l'autre en quête de son père; et bientôt après des voix qui exprimaient la surprise. Elle redescendit l'escalier quatre à quatre, revint en courant, ouvrit une vieille malle de cuir délabrée et mangée aux vers, la trouva vide, et regarda autour d'elle, les mains jointes, le visage plein de terreur.

« Il faut que papa soit retourné au cirque, monsieur. Je ne sais pas ce qu'il peut avoir à faire là-bas, mais il doit y être; je le ramènerai dans un instant. »

Et la voilà partie, sans chapeau, laissant flotter derrière elle sa longue et noire chevelure d'enfant.

« A-t-elle perdu la tête? dit M. Gradgrind. Dans un instant? Mais il y a plus d'un demi-mille d'ici à la baraque! »

Avant que M. Bounderby eût eu le temps de répondre, un jeune homme parut sur le seuil de la porte, se présenta, à défaut de lettre d'introduction, avec la formule « Vous permettez, messieurs? » et entra, les mains dans les poches. Son visage, rasé de très-près, maigre et jaune, était ombragé par une profusion de cheveux noirs, brossés en rouleau autour de sa tête, avec la raie au milieu du front. Ses jambes étaient très-robustes, mais plus courtes qu'il ne convient à des jambes bien proportionnées. Si ces jambes étaient trop courtes, par compensation, sa poitrine et ses épaules étaient trop larges. Il portait un habit à la Newmarket, un pantalon collant, et un châle roulé autour du cou; il sentait l'huile à quinquet, la paille, la pelure d'orange, le fourrage et la sciure de bois, et avait l'air d'une espèce de centaure très-étrange, produit de l'écurie et du théâtre. Personne n'eût pu indiquer avec précision où commençait l'homme, où finissait le cheval. Ce monsieur était désigné sur l'affiche sous le nom de M. E. W. B. Childers, si justement renommé pour son saut prodigieux dans le rôle du chasseur sauvage des *Prairies américaines*, exercice très-populaire, où un jeune garçon, doué d'une taille exiguë et d'une figure de vieillard, qui l'accompagnait en ce moment, représentait son fils en bas âge, condamné à être porté, la tête en bas, sur l'épaule de son père, qui le retient par un seul pied, ou à galoper, la tête soutenue dans le creux de la main paternelle et les jambes en l'air, selon la méthode un peu violente adoptée, comme chacun sait, par les chasseurs sauvages qui veulent témoigner de la tendresse à leur progéniture. Orné de fausses boucles, de guirlandes, d'ailes, plâtré de blanc de perles et de carmin, cet enfant plein d'avenir se trouvait tout à coup transformé en un Cupidon assez gracieux pour faire les délices de la partie maternelle d'un public payant; mais dans l'intimité, où il se distinguait par un habit d'une coupe élégante, un peu prématurée pour son âge supposé enfantin, et par une voix très-rauque, il redevenait tout ce qu'il y a de plus jockey.

« Vous permettez, messieurs? dit M. E. W. B. Childers parcourant la chambre d'un coup d'œil. C'est vous qui demandez Jupe?

— C'est nous, dit M. Gradgrind. Sa fille est allée le chercher, mais je ne puis attendre; je vous prierais donc de vous charger d'une commission pour lui.

— Voyez-vous, mon ami, intervint M. Bounderby, nous sommes de ceux qui connaissent la valeur du temps, et vous, vous êtes de ceux qui ne la connaissent pas.

— Je n'ai pas, répliqua M. Childers après avoir regardé

M. Bounderby des pieds à la tête, l'honneur de vous connaître, *vous*; mais si vous voulez me donner à entendre que votre temps vous rapporte plus d'argent que ne m'en rapporte le mien, je serais assez disposé à croire, rien qu'à en juger par les apparences, que vous ne vous trompez pas.

— Et moi, je serais assez disposé à croire que, lorsque vous avez gagné de l'argent, vous savez le garder, ajouta Cupidon.

— Kidderminster, tais ton bec! » dit M. Childers.

(Maître Kidderminster, tel était le nom mortel de Cupidon).

« Pourquoi vient-il ici pour se ficher de nous, alors! s'écria maître Kidderminster faisant preuve d'un tempérament très-irritable. Si vous tenez tant à vous ficher de nous, eh bien! passez au bureau, aboulez votre argent et donnez-vous en à cœur joie.

— Kidderminster, tais ton bec! Monsieur (à M. Gradgrind), c'est à vous que j'adressais la parole. Vous savez ou vous ne savez pas, car peut-être ne vous êtes-vous pas trouvé bien souvent au nombre de nos spectateurs, que, depuis quelque temps, ce pauvre Jupe fait four à presque toutes les représentations.

— Fait.... quoi? demanda M. Gradgrind implorant d'un coup d'œil l'aide du tout-puissant Bounderby.

— Fait four.

— Il a refusé quatre mètres de calicot hier soir, dit maître Kidderminster; il a fait la planche au lieu de piquer des têtes, et de plus il a crampé d'une façon mollasse.

— C'est-à-dire qu'il n'a pas fait ce qu'il devait; qu'il a refusé de sauter par-dessus les banderoles et n'a pas osé passer à travers les cerceaux; qu'il a manqué ses tours de force, interpréta M. Childers.

— Oh! dit M. Gradgrind, c'est là ce que vous appelez faire four?

— Oui, c'est là le terme général, répondit M. E. W. B. Childers.

— Neuf huiles, Patte-alerte, faire four, refuser quatre mètres de calicot, cramper!... Hé, hé! exclama Bounderby avec son rire le plus métallique, drôle de société, ma foi, pour un homme qui ne doit son élévation qu'à lui-même!

— Baissez-vous alors! riposta Cupidon Bon Dieu! Si vous vous êtes élevé aussi haut que ça, faites un effort et baissez-vous un peu, je vous en supplie!

— Voilà un garçon bien désagréable! dit M. Gradgrind, qui se tourna vers Cupidon en fronçant les sourcils d'une façon imposante.

— Nous aurions invité un jeune homme bien élevé pour nous tenir compagnie si vous nous aviez prévenus de votre visite, répliqua maître Kidderminster sans se laisser intimider. Quel dommage que vous ayez oublié de faire afficher un spectacle demandé, puisque vous êtes si difficile! Quand vous vous mettez à danser sur la tête des gens, il vous faut du chanvre joliment roide, dites donc!

— Que veut dire ce petit malhonnête, demanda M. Gradgrind qui contemplait Cupidon avec une sorte de désespoir, que veut dire ce petit malhonnête avec son chanvre roide?

— Allons! va-t'en voir dehors si j'y suis! dit M. Childers en poussant son jeune ami hors de la chambre, un peu à la façon du chasseur des *Prairies américaines*. Chanvre roide ou chanvre lâche, peu importe, cela signifie seulement corde roide ou corde lâche.... Vous alliez me donner une commission pour Jupe?

— Oui.

— Dans ce cas, reprit vivement M. Childers, mon opinion est qu'il ne la recevra jamais. Le connaissez-vous beaucoup?

— Moi? je ne l'ai jamais vu.

— Eh bien, je commence à croire que vous ne le verrez pas. Il est parti; la chose me paraît assez claire.

— Vous croyez donc qu'il a abandonné sa fille?

— Oui, dit M. Childers avec un signe de tête affirmatif, je crois qu'il a décampé. On a appelé Azor hier soir, on l'a appelé avant-hier soir, on l'a encore appelé aujourd'hui, chaque fois à son intention. Depuis quelque temps, Jupe s'y prend toujours de façon à faire appeler Azor, et il ne peut pas s'y habituer.

— Et pourquoi.... appelle-t-on.... si souvent Azor à son intention? demanda M. Gradgrind en s'arrachant les mots avec beaucoup de solennité et de répugnance.

— Parce que ses attaches commencent à se roidir, parce

qu'il commence à se rouiller, dit Childers. Comme pître, il peut encore briller; mais cela ne suffit pas pour se tirer d'affaire.

— Pître? répéta Bounderby. Bon! voilà que cela recommence!

— Comme parleur, si vous aimez mieux, dit M. E. W. B. Childers, qui jeta cette explication par-dessus son épaule avec un air de dédain et en imprimant une secousse à ses longs cheveux, qui tremblèrent tous à la fois. Or, c'est un fait remarquable, monsieur, que cet homme a moins souffert en entendant les coups de sifflet qu'en apprenant que sa fille sait qu'on a appelé Azor.

— Bon! interrompit Bounderby. Voilà qui est bon, Gradgrind! Un homme qui aime tant sa fille qu'il vient de la planter là! Voilà qui est diantrement bon! Ha! ha! Eh bien, vous saurez une chose, jeune homme : je n'ai pas toujours occupé la haute position où je me trouve; je vois plus loin que le bout de mon nez. Vous serez peut-être étonné d'apprendre que moi, ma propre mère m'a planté là. »

E. W. B. Childers déclara, en y mettant beaucoup de malice, que cela ne l'étonnait pas le moins du monde.

« Très-bien, poursuivit Bounderby. Je suis né dans un fossé, et ma mère m'a planté là. Croyez-vous que j'excuse sa conduite? Non. L'ai-je jamais excusée? Jamais. Quel nom pensez-vous que je lui donne à cause de cette conduite? Je la nomme probablement la plus mauvaise femme qui ait jamais vécu, mon ivrognesse de grand'mère exceptée. Il n'y a pas l'ombre d'orgueil héréditaire chez moi, pas l'ombre d'imagination, pas l'ombre de toutes ces bêtises sentimentales. J'appelle une bêche une bêche, et il n'est ni crainte ni faveur qui m'empêche d'appeler la mère de Josué Bounderby de Cokeville ce que je l'aurais appelée si elle avait été la mère de Pierre, Jacques ou Paul. J'en agis de même avec l'individu en question. Je dis que c'est un déserteur, un vaurien et un vagabond. Voilà ce qu'il est, en bon français.

— Qu'il soit ce qu'il voudra, en bon français ou en bon anglais, cela m'est parfaitement égal, riposta M. E. W. B. Childers faisant volte-face. Je raconte à votre ami ce qui est arrivé; s'il ne vous plaît pas de m'écouter, vous pouvez vous donner de l'air. Vous faites joliment votre tête, dites donc;

mais vous pourriez au moins aller la faire dans votre propre maison, gronda E. W. B. Childers avec une ironie sévère. Ne la faites pas trop ici, à moins qu'on ne vous en prie bien fort. Vous avez une maison à vous, je n'en doute pas?

— Hé! hé! cela se pourrait bien, répondit M. Bounderby faisant sonner son argent.

— Alors, ne pourriez-vous pas vous contenter de faire votre tête dans votre propre maison? continua M. Childers. Celle-ci, voyez-vous, n'est pas des plus solides, et elle pourrait crouler. »

Après avoir encore une fois regardé M. Bounderby de la tête aux pieds, il parut le considérer comme un homme jugé et se retourna vers M. Gradgrind.

« Il n'y a pas une heure, Jupe a donné une commission à sa fille, et, quelques minutes après, on l'a vu se glisser dehors lui-même, le chapeau rabattu sur les yeux et un paquet enveloppé dans un mouchoir sous son bras. C'est égal, jamais elle ne voudra croire que son père s'est sauvé et l'a plantée là.

— Et pourquoi, je vous prie, demanda M. Gradgrind, ne voudra-t-elle jamais le croire?

— Parce que les deux ne faisaient qu'un, parce qu'ils ne se quittaient pas, parce que, jusqu'à ce jour, Jupe a toujours eu l'air d'adorer sa fille, » dit M. Childers, qui s'avança de quelques pas pour regarder dans la malle vide.

M. Childers, ainsi que maître Kidderminster, marchait d'une façon assez excentrique, les jambes plus écartées que la généralité des hommes, avec une roideur de genoux affectée ou du moins exagérée. Cette manière de marcher étai commune à tous les écuyers de la troupe Sleary et était censée indiquer qu'ils passaient leur vie à cheval.

« Pauvre Sissy! Il aurait mieux fait de la mettre en apprentissage, dit M. Childers en imprimant à sa chevelure une nouvelle secousse, après avoir terminé son inspection de la malle vide. Elle aurait au moins un état.

— Un pareil sentiment vous fait honneur, à vous qui n'avez jamais été en apprentissage, répliqua M. Gradgrind d'un ton approbateur.

— *Moi?* J'ai commencé mon apprentissage à l'âge de sept ans

— Oh! vraiment? dit M. Gradgrind se repentant de la bonne opinion qu'il venait de se laisser extorquer. J'ignorais que les jeunes gens fussent dans l'habitude de faire l'apprentissage de....

— De la paresse, intercala Bounderby avec un bruyant éclat de rire. Ni moi, ventrebleu! Ni moi non plus!

— Son père a toujours eu l'idée, continua Childers feignant une ignorance complète de l'existence de Bounderby, que Sissy devait recevoir une belle éducation, qu'elle allait apprendre le diable et son train. Comment cette idée lui est venue à la tête, je n'en sais rien ; je sais seulement qu'elle n'en est plus sortie. Il lui a fait enseigner un petit bout de lecture par-ci, un petit bout d'écriture par-là, et un petit bout de calcul ailleurs, pendant les sept dernières années. »

M. E. W. B. Childers tira une de ses mains de sa poche, se caressa le visage et le menton, et regarda M. Gradgrind d'un air qui annonçait beaucoup d'inquiétude mêlée d'un peu d'espoir. Dès le commencement de l'entrevue, il avait cherché à se concilier les bonnes grâces de ce personnage, dans l'intérêt de l'enfant abandonnée.

« Lorsque Sissy a été reçue à l'école, poursuivit-il, son père était gai comme Polichinelle. Pour ma part, je ne comprenais pas trop pourquoi, attendu que nous ne sommes jamais stationnaires, n'étant partout que des oiseaux de passage. Je suppose néanmoins qu'il avait déjà résolu de nous brûler la politesse; il a toujours été un peu timbré, et il aura pensé que, lui parti, sa fille se trouverait casée. Si par hasard vous étiez venu ici ce soir pour lui annoncer que vous vouliez rendre quelque petit service à sa fille, dit M. Childers se caressant de nouveau le menton et regardant M. Gradgrind avec le même air d'indécision, ce serait très-heureux et très à propos.... Oh! très-heureux et très à propos.

— Je venais au contraire, répliqua M. Gradgrind, lui annoncer que les relations de la petite rendaient sa présence à l'école peu désirable et qu'elle ne devait plus s'y montrer. Pourtant, si son père l'a vraiment abandonnée sans s'être entendu avec elle, je.... Bounderby, un mot, s'il vous plaît? »

Sur ce, M. Childers se retira poliment, de son pas équestre, vers le palier, où il resta debout, se caressant le visage et sifflant tout bas. Tandis qu'il occupait ainsi ses loisirs, il entendit divers lambeaux de la conversation de M. Bounderby, tels que : « Non, je vous dis *non*. N'en faites rien. Pour rien au monde, croyez-moi. » Ces phrases de M. Gradgrind, dites d'un ton beaucoup moins élevé, lui parvinrent également : « Mais quand ce ne serait que pour montrer à Louise à quoi aboutit un genre d'occupation qui a excité chez elle une si vulgaire curiosité ! Envisagez la question, Bounderby, sous ce point de vue. »

Cependant les divers membres de la troupe Sleary descendirent un à un des régions supérieures où se trouvait leur quartier général, et se rassemblèrent sur le palier, d'où, après s'être promenés en causant entre eux et avec M. Childers, ils s'insinuèrent peu à peu dans la chambre, y compris E. W. B. Childers lui-même. Il y avait parmi eux deux ou trois jolies femmes, avec leurs deux ou trois maris et leurs deux ou trois mères et leurs huit ou neuf petits enfants, lesquels servaient à monter une féerie dans l'occasion. Le père d'une de ces familles avait l'habitude de balancer le père d'une autre famille au bout d'une longue perche ; le père de la troisième famille formait souvent, avec les deux autres pères, une pyramide dont maître Kidderminster était le sommet et lui la base ; tous les pères savaient danser sur un tonneau qui roule, marcher sur des bouteilles, jongler avec des couteaux et des boules, faire tournoyer des cuvettes, monter à cheval sur n'importe quoi, sauter par-dessus tout sans s'arrêter à rien. Toutes les mères savaient danser bravement sur un fil d'archal ou une corde roide, et exécuter des exercices sur des chevaux sans selle ; aucune d'elles n'éprouvait le moindre embarras à laisser voir ses jambes ; l'une d'elles, seule dans un char grec, conduisait à grandes guides un attelage de six chevaux, et se présentait ainsi dans toutes les villes où la troupe daignait s'arrêter. Tous cherchaient à se donner des airs de francs mauvais sujets et de fins matois. Leurs toilettes de ville n'étaient pas très-soignées ; leurs arrangements domestiques n'étaient pas des plus méthodiques, et la littérature combinée de toute la troupe n'aurait produit qu'un assez pauvre échantillon de correspondance épistolaire sur un sujet quelconque. Néanmoins, on remarquait chez ces gens-là un grand fonds de douceur et de bonté enfantine, une inaptitude particulière pour tout ce qui ressemble à l'intrigue, et un empressement inépuisable à s'aider et à se consoler les uns les autres, qualité qui méritait peut-être autant de respect, mais à coup sûr, autant d'indulgence dans ses intentions charitables, que les vertus journalières de toute autre classe de la société.

M. Sleary apparut le dernier. C'était, on l'a déjà dit, un gros homme ; ajoutons qu'il avait un œil fixe et un autre œil errant comme une planète, une voix [(s'il est permis de la nommer ainsi) dont les efforts ressemblaient à ceux d'un soufflet crevé, un visage flasque et des idées un peu troubles dans une tête qui n'était jamais ni complétement sobre ni complétement avinée.

« Mozieur, dit M. Sleary qui avait un asthme et dont la respiration était beaucoup trop rapide et trop difficile pour lui permettre de prononcer toutes les lettres, votre zerviteur ! Voilà une vilaine affaire. Vous zavez que mon clown et zon chien zont zuppozés avoir pris la clef des champs ? »

Il s'était adressé à M. Gradgrind, qui répondit :

« Oui.

— Eh bien, mozieur, continua-t-il en ôtant son chapeau dont il frotta la coiffe avec un mouchoir qu'il gardait à cet effet dans l'intérieur, auriez-vous l'intenzion de faire quelque choze pour zette pauvre petite, mozieur ?

— J'aurais une proposition à lui faire, dès qu'elle sera de retour, répondit M. Gradgrind.

— Tant mieux, mozieur ! Non que je zois dézireux de me débarrazer de l'enfant ; mais je ne veux pas non plus empêcher le bien qu'on pourrait lui faire. Je ne demande pas mieux que de la garder comme apprentie, quoiqu'à zon âge il zoit déjà un peu tard pour commenzer. Ma voix est un peu enrouée, mozieur, et zeux qui n'y zont pas habitués ne me comprennent pas fazilement ; mais zi, comme moi, vous aviez été refroidi et échauffé, échauffé et refroidi, puis refroidi et réchauffé dans le zirque, lorzque vous étiez jeune, votre voix n'aurait pas duré plus longtemps que la mienne.

— C'est possible, dit M. Gradgrind.

— Allons, choizizzez votre liqueur, mozieur ! Que puis-je vous offrir ? Zera-ze du xérès ? Choizizzez votre liqueur, mozieur ! dit M. Sleary avec une aisance hospitalière.

— Merci, je ne prendrai rien, répliqua M. Gradgrind.

— Ne dites pas merzi, mozieur. Votre ami ne refuzera pas. Si vous n'avez pas encore pris votre nourriture, acceptez un verre d'abzinthe. »

A ce moment, sa fille Joséphine, jeune et jolie blonde, qui, à deux ans, avait été attachée sur un cheval, et, à douze, avait fait un testament qu'elle portait toujours sur elle et où elle déclarait que, si on voulait respecter le dernier vœu d'une mourante, on la ferait conduire à sa tombe par les deux poneys gris-pommelé, s'écria :

« Chut, père ! La voilà qui revient ! »

Puis arriva Sissy Jupe, qui s'élança dans la chambre comme elle en était sortie. Et, lorsqu'elle les vit tous rassemblés, qu'elle lut dans leurs yeux, à ne pas s'y méprendre, que son père n'était pas avec eux, elle poussa un cri lamentable et chercha un refuge dans les bras d'une dame d'un talent remarquable sur la corde roide, laquelle (elle était enceinte) s'agenouilla par terre afin de dorloter sa petite camarade et de pleurer avec elle.

« Z'est une honte ! Z'est une infamie, zur mon âme ! s'écria Sleary.

— Oh ! mon père, mon bon père, où donc es-tu allé ? Tu es parti croyant me faire du bien, je le sais ! Tu es parti dans mon intérêt, j'en suis sûre ! Comme tu seras malheureux et abandonné, sans moi, pauvre, pauvre père, jusqu'à ce que tu te décides à revenir ! »

C'était si touchant de l'entendre répéter une foule de choses de ce genre, le visage levé au ciel et les bras étendus comme si elle cherchait à retenir l'ombre du fugitif et à l'embrasser, c'était si touchant, que personne ne prononça un mot jusqu'au moment où M. Bounderby, impatienté, prit l'affaire en main.

« Ah çà, bonnes gens ! dit-il, nous gaspillons le temps d'une façon déplorable ! Il faut que cette enfant sache bien ce qui en est. Qu'elle l'apprenne de moi, si vous voulez, qui ai été planté là par mes propres parents. Dites donc, petite.... je ne sais pas son nom ! Votre père s'est enfui ; il vous a abandonnée ; et vous ne devez plus espérer le revoir tant que vous vivrez. »

Ils se souciaient si peu du Fait dépouillé d'artifice, ces

braves gens, et ils étaient tellement démoralisés à cet égard, qu'au lieu d'admirer le bon sens de l'orateur, ils jugèrent à propos de s'en indigner. Les hommes murmurèrent : « A la porte! » et les femmes : « Brute! » et M. Sleary crut devoir se dépêcher de donner à M. Bounderby, en aparté, l'avis suivant :

« Dites donc, mozieur ; à parler franchement, mon opinion est que vous ferez bien de brizer là, zans tarder. Ze ne zont pas de méchantes gens que mes penzionnaires, mais ils zont habitués à être un peu vifs dans leurs mouvements, et zi vous ne zuivez pas mon conzeil, diable m'emporte zi je pourrais les empêcher de vous flanquer par la fenêtre ! »

Cette insinuation amicale ayant calmé l'ardeur de M. Bounderby, M. Gradgrind put enfin placer son exposé éminemment pratique du fait en question.

« Peu importe, dit-il, qu'on doive s'attendre à voir revenir un jour ou l'autre la personne dont il s'agit, ou que le contraire soit plus probable. Il est parti, et pour le moment il n'y a guère d'espoir de le voir reparaître. Tout le monde, je crois, est d'accord sur ces points?

— Accordé, mozieu. Ne zortez pas de là ! dit Sleary.

— Je poursuis. Moi qui étais venu pour annoncer au père de cette pauvre fille, Jupe, qu'on ne pouvait plus la recevoir à l'école, à cause de diverses considérations pratiques (que je n'ai pas besoin d'analyser) qui s'opposent à l'admission de tout élève dont les parents ont embrassé telle ou telle profession, je suis prêt, vu le changement de circonstances qu'on m'annonce, à faire une offre à cette enfant. Je consens à me charger de vous, Jupe, à vous élever et à subvenir à vos besoins. La seule condition (outre votre bonne conduite, s'entend) que je vous impose en échange, c'est de décider, à l'instant, si vous voulez m'accompagner ou rester ici. Si vous m'accompagnez, j'exigerai aussi qu'il soit bien entendu que vous n'aurez plus aucune relation avec vos amis ici présents. Ces conditions renferment un résumé succinct de la question.

— En même temps, reprit Sleary, il faut que je dize auzzi un mot, afin que les deux côtés de la bannière zoient également vizibles. Zi vous voulez, Zézile, devenir mon apprentie, vous connaizzez la nature du travail et vous connaizzez vos camarades. Emma Gordon, zur le zein de laquelle vous repozez en ze moment, zera une mère pour vous, et Zoz'phine, une zœur. Je ne prétends pas appartenir moi-même à la famille des anzes, et z'il vous arrivait de perdre l'équilibre, je ne dis pas que je vous épargnerais les gros mots ou que je ne zurerais pas après vous; mais ze que je prétends, mozieur, z'est qu'il ne m'est pas encore arrivé, dans mes moments de bonne ou de mauvaize humeur, de maltraiter un de mes chevaux, tout en jurant un peu après eux, et je ne compte pas commenzer, à mon âge, à maltraiter une écuyère. Je n'ai jamais brillé comme orateur, mozieur, et j'ai dit ce que j'avais à dire. »

La dernière partie de ce discours s'adressait à M. Gradgrind, qui l'écouta en inclinant la tête d'un air plein de gravité, puis répliqua :

« La seule observation que j'aie à vous faire, Jupe, afin d'influencer votre décision, c'est qu'une bonne éducation pratique est une chose très-désirable et dont votre père lui-même (à ce qu'on me dit) semble avoir, en ce qui vous concerne, senti et compris l'importance. »

Ces dernières paroles firent sur elle une impression visible. Elle cessa ses violents sanglots, se détacha un peu 'Emma Gordon et regarda en face M. Gradgrind. Tous ses camarades furent frappés du soudain changement qui venait de s'opérer en elle, et poussèrent ensemble une espèce de soupir qui voulait dire :

« Elle ira !

— Réfléchissez bien avant de prendre un parti, Jupe, dit par forme d'avertissement préalable M. Gradgrind; je ne vous dis que cela. Réfléchissez bien avant de prendre un parti.

— Lorsque père reviendra, cria l'enfant qui fondit de nouveau en larmes après un instant de silence, comment pourra-t-il jamais me retrouver, si je m'en vais?

— Vous pouvez être bien tranquille, dit M. Gradgrind avec le plus grand calme (il calculait toute l'affaire comme il eût fait une addition); vous pouvez être bien tranquille, Jupe, quant à cela. En pareil cas, votre père, je présume, devra commencer par retrouver monsieur....

— Zleary. Z'est mon nom et je n'en rougis pas. Connu

d'un bout à l'autre de l'Angleterre pour n'avoir jamais laizzé un zou de dette derrière lui.

— Devra commencer par retrouver M. Sleary qui lui indiquera alors le nom de la personne chez qui vous êtes. Je n'aurais pas le droit de vous retenir contre la volonté de votre père, et M. Jupe n'aura pas beaucoup de peine à découvrir, à un moment donné, l'adresse de M. Thomas Gradgrind de Cokeville. Je suis assez connu.

— Azzez connu, répéta M. Sleary avec un geste d'assentiment et en faisant rouler son œil errant. Vous êtes un de zeux qui empêchez un fameux tas d'argent de tomber dans ma caizze.... Mais il ne z'agit pas de za pour le moment. »

Il y eut un nouveau silence, puis Sissy s'écria en pleurant, le visage caché dans ses mains :

« Oh! donnez-moi mes affaires, donnez-moi bien vite mes affaires, et laissez-moi partir avant que mon cœur se brise! »

Les femmes mirent un triste empressement à rassembler les effets de leur camarade, ce qui fut bientôt fait, car ils n'étaient pas nombreux, et à les placer dans un panier qui voyageait depuis longtemps avec la troupe. Durant ces préparatifs, Sissy, toujours assise par terre, continua à sangloter et à se cacher les yeux. M. Gradgrind et son ami Bounderby se tenaient non loin de la porte, prêts à emmener l'enfant. M. Sleazy se tenait au milieu de la chambre, entouré de ses écuyers, absolument comme il se fût tenu au milieu du cirque pendant un exercice de sa fille Joséphine. Il ne lui manquait que sa chambrière.

Le panier ayant été emballé au milieu du silence général, elles lissèrent les cheveux de Sissy, lui apportèrent et lui mirent son chapeau. Puis elles se pressèrent à ses côtés et se penchèrent sur elle, dans des poses très-naturelles, l'embrassant sur le front et la serrant dans leurs bras; ensuite on amena les enfants pour lui dire adieu; oh! les bonnes femmes, bien simples d'esprit et bien sottes peut-être; mais quel bon cœur!

« Eh bien, Jupe, dit M. Gradgrind, si vous êtes tout à fait décidée, venez. »

Mais elle avait encore à faire ses adieux à la partie masculine de la troupe, et il fallut que chacun d'eux ouvrît les bras (car en présence de M. Sleary tous les écuyers affectaient des poses théâtrales) et lui donnât le baiser du départ, excepté toutefois maître Kilderminster, dont la jeune nature n'était pas exempte d'une dose de misanthropie, et qui en outre avait nourri certains projets matrimoniaux que personne n'ignorait ; il s'était donc retiré d'avance dans un accès de mauvaise humeur. M. Sleary était destiné à compléter le dernier tableau. Écartant les bras, il la prit par les deux mains et voulut la faire sauter à plusieurs reprises, à l'instar des professeurs d'équitation lorsqu'ils offrent des félicitations à une écuyère qui vient d'exécuter avec succès un exercice hippique ; mais il ne rencontra aucune élasticité chez Sissy, qui se tint devant lui en pleurant.

« Adieu, ma chère ! dit Sleary, vous ferez fortune, je l'ezpère, et aucun de vos pauvres camarades ne zongera à vous importuner, je le parierais ! Je voudrais que votre père n'eût pas emmené zon chien ; z'est gênant de ne pas avoir le chien zur l'affiche. Mais bah ! Patte-alerte n'aurait rien fait qui vaille zans zon maître, de fazon que za revient au même, après tout ! »

Sur ce, il examina attentivement Sissy avec son œil fixe, tout en surveillant la troupe avec son œil mobile, l'embrassa et la présenta, par habitude, à M. Gradgrind comme à un cheval.

« La voilà, mozieur ! dit-il après avoir passé l'inspection de l'enfant, comme s'il venait de l'ajuster sur sa selle, et elle vous fera honneur. Adieu, Zézile !

— Adieu, Cécile ! adieu, Sissy ! Dieu te bénisse, chère ! » s'écrièrent une foule de voix de tous les coins de la chambre.

Mais l'œil du professeur d'équitation avait aperçu la bouteille des neuf huiles que Sissy serrait contre sa poitrine, et il intervint de nouveau en disant :

« Laizez là votre bouteille, ma chère ; z'est lourd à porter et za ne vous zervira à rien maintenant. Donnez-moi za.

— Non, non ! s'écria-t-elle avec un nouvel accès de douleur. Oh ! non. Je veux la garder pour père. Il en aura besoin quand il reviendra. Il ne songeait pas à s'en aller lorsqu'il m'a dit d'aller la chercher. Laissez-moi la garder pour lui, s'il vous plaît !

— Comme vous voudrez, ma chère (vous voyez, mozieur). Allons, adieu, Zézile ! Mes dernières paroles zont : Ne manquez pas aux termes de votre engagement, obéizzez à mozieur et oubliez-nous. Mais zi, lorzque vous zerez grande et mariée et riche, vous rencontrez par hazard une troupe d'écuyers, ne vous montrez pas dure avec eux, ne faites pas la fière avec eux; protégez-les en leur demandant un zpectacle, zi vous le pouvez et zongez que vous pourriez faire pis. Il faut que le monde z'amuze d'une manière ou d'une autre, mozieur, continua Sleary, rendu plus poussif que jamais par cette débauche de paroles; on ne peut pas toujours travailler, on ne peut pas toujours apprendre. Tâchez de tirer parti de nous au lieu de nous pousser à mal par vos mépris.

« J'ai toujours gagné ma vie à faire de l'équitation, mais je conzidère que je vous explique la philozophie de la choze, quand je vous dis : Mozieur, tâchez de nous faire servir à quelque chose, au lieu de ne nous montrer que mépris. »

Cette leçon de la philosophie slearienne fut donnée du haut de l'escalier aux gentlemen qui le descendaient; et l'œil fixe du philosophe, ainsi que son œil errant, eurent bientôt perdu de vue les trois personnages et le panier qui disparurent dans les ténèbres de la rue.

CHAPITRE VII.

Madame Sparsit.

Comme M. Bounderby était célibataire, une dame sur le retour présidait aux soins de son ménage, moyennant une certaine rétribution annuelle. Cette dame avait nom Mme Sparsit; et je vous assure qu'elle occupait un rang fort distingué parmi la valetaille attelée au char de M. Bounderby, où se carrait d'un air triomphal ce fanfaron d'humilité.

Car non-seulement Mme Sparsit avait vu des jours meilleurs, mais elle était alliée à de grandes familles. Elle avait une grand'tante, encore vivante, nommée lady Scadgers. Défunt M. Sparsit, dont elle était la veuve, avait été, du côté de sa mère, ce que Mme Sparsit appelait « un Powler. » Il arrivait parfois à des étrangers sans instruction et d'une intelligence bornée d'ignorer ce que c'était qu'un Powler ; il y en avait même qui avaient l'air de se demander si ce mot désignait une profession, un parti politique ou une secte religieuse. Les esprits plus élevés, cependant, savaient très-bien que les Powlers étaient les représentants d'une antique lignée, qui allaient chercher leurs ancêtres trop loin pour ne pas se perdre quelquefois en route, ce qui leur était arrivé assez fréquemment, en effet, grâce au turf, à la roulette, aux prêteurs juifs et aux faillites.

Feu M. Sparsit, qui descendait des Powler par sa mère, avait donc épousé cette dame, qui descendait elle-même des Scadgers par son père. Lady Scadgers (vieille femme énormément grasse, ayant un appétit désordonné pour la viande de boucherie et une jambe mystérieuse qui, depuis quatorze ans, refusait de sortir du lit), avait arrangé ce mariage à une époque où ledit Sparsit venait d'atteindre sa majorité et se faisait principalement remarquer par un corps très-maigre, faiblement soutenu sur des jambes aussi longues que grêles et surmonté de si peu de tête que ce n'est pas la peine d'en parler. Il avait hérité de son oncle une fort jolie fortune qu'il avait engagée jusqu'au dernier sou avant de la toucher, et qu'il trouva moyen de dépenser encore deux fois de suite, immédiatement après. Aussi, lorsqu'il mourut à l'âge de vingt-quatre ans (la scène est à Calais : la maladie, l'eau-de-vie), il laissa sa veuve, dont il avait été séparé peu de temps après la lune de miel, dans une position de fortune assez précaire. La veuve inconsolable, plus âgée que lui de quinze ans, ne tarda pas à être à couteaux tirés avec lady Scadgers, la seule parente qui lui restât ; et elle consentit à entrer en condition moyennant salaire, un peu pour vexer milady, un peu pour se procurer des moyens d'existence. La voilà, dans ses vieux jours, malgré ce superbe nez à la Coriolan et ces épais sourcils noirs qui avaient fait la conquête de M. Sparsit, la voilà donc faisant en ce moment le thé de M. Bounderby, tandis que Monsieur s'assied pour déjeuner.

Bounderby eût été un conquérant et Mme Sparsit une

princesse captive traînée à sa suite comme un des accessoires de son cortége triomphal, qu'il n'aurait pas pu faire, à propos d'elle, plus de bruit qu'il n'en faisait. Autant sa vanité le poussait à déprécier sa propre origine, autant cette même vanité lui faisait exalter celle de Mme Sparsit. De même qu'il ne voulait pas admettre que sa propre jeunesse eût été marquée par une seule circonstance heureuse; de même il se plaisait à embellir la jeune existence de Mme Sparsit d'une auréole de bien-être, semant des charretées de roses sur le chemin qu'avait parcouru cette dame.

« Et pourtant, monsieur, avait-il coutume de dire toujours, par manière de conclusion, comment cela a-t-il fini, après tout? La voilà qui, pour cent livres [1] par an (je lui donne cent livres, ce qu'elle a la bonté de trouver généreux), tient la maison de Josué Bounderby de Cokeville! »

Il fit même ressortir si souvent ce contraste vivant, que des tiers s'emparèrent de cette arme et parvinrent à la manier aussi avec beaucoup d'adresse, car c'était un des traits les plus désespérants du caractère de Bounderby, que non-seulement il embouchait sa propre trompette, mais qu'il encourageait les autres à lui en répéter les échos. On ne pouvait l'approcher sans gagner son mal de vantardise contagieuse. Des étrangers, qui partout ailleurs se montraient assez modérés, se levaient tout à coup à la fin d'un banquet de Cokebourgeois, et portaient Bounderby aux nues dans des discours d'une éloquence rampante. Selon eux, Bounderby représentait à la fois les insignes de la royauté, le drapeau de l'Angleterre, la grande charte, John Bull, l'*habeas corpus*, les droits de l'homme. « La maison d'un Anglais est son château fort, » l'Église et l'État,... Dieu protége la reine : tout cela se résumait en Bounderby. Et quand un de ces orateurs citait dans sa péroraison (ce qui arrivait tous les jours) ce distique bien connu :

> Les princes et les lords peuvent tomber par terre,
> Le souffle qui les fit peut aussi les défaire,

les auditeurs demeuraient tous plus ou moins convaincus qu'il s'agissait de Mme Sparsit.

---

[1]. 2500 francs.

« Monsieur Bounderby, dit Mme Sparsit, vous êtes bien plus long à déjeuner qu'à l'ordinaire, ce matin?

— Mais, madame, répondit-il, c'est que je songe à cette lubie de Tom Gradgrind (Tom Gradgrind, d'un ton plein de sans-gêne et d'indépendance, comme si quelqu'un eût constamment pris à tâche de lui offrir des sommes folles pour lui faire dire Thomas, mais sans y réussir), à cette lubie de Tom Gradgrind, qui s'est mis dans la tête d'élever la petite saltimbanque.

— Justement la petite, dit Mme Sparsit, attend qu'on lui dise si elle doit aller tout droit à l'école ou commencer par se rendre à Pierre-Loge.

— Il faut qu'elle attende, madame, répondit Bounderby, jusqu'à ce que je sache moi-même ce qu'elle doit faire. Nous ne tarderons pas à voir arriver Tom Gradgrind, je présume. S'il désire qu'elle reste encore un jour ou deux chez nous, elle pourra y rester, cela va sans dire, madame.

— Il va sans dire qu'elle pourra y rester, si vous le désirez, monsieur Bounderby.

— Hier soir, j'ai offert à Tom Gradgrind de faire dresser un lit quelque part pour la petite, afin qu'il eût une nuit à réfléchir avant de se décider à établir des relations entre Louise et la fille de signor Jupe.

— Vraiment, monsieur Bounderby? C'est très-prudent de votre part! »

Le nez coriolanesque de Mme Sparsit subit une légère dilatation des narines, et ses sourcils noirs se contractèrent, tandis qu'elle sirotait une gorgée de thé.

« Il me paraît assez clair à moi, dit Bounderby, que la petite chatte ne tirera aucun avantage d'une pareille société.

— Parlez-vous de la jeune Mlle Gradgrind, monsieur Bounderby?

— Oui, madame, je parle de Louise.

— Comme vous parliez seulement d'une petite chatte, dit Mme Sparsit, et qu'il était question de deux petites filles, je ne saisissais pas bien laquelle des deux vous vouliez dire.

— Louise, répéta M. Bounderby, Louise, Louise.

— Vous êtes tout à fait un second père pour Louise, monsieur. » Mme Sparsit avala encore un peu de thé; et, tandis qu'elle penchait de nouveau ses sourcils froncés au-dessus des vapeurs de sa tasse, son visage classique semblait occupé à une évocation des divinités infernales.

« Si vous aviez dit que je suis un second père pour Tom, je veux dire le jeune Tom, et non pas mon ami Tom Gradgrind, vous auriez été plus près de la vérité. Car je vais employer le jeune Tom dans mon bureau. Je vais le couver sous mon aile, madame.

— Vraiment? N'est-il pas un peu jeune pour cela, monsieur? »

Le « monsieur » de Mme Sparsit, adressé à M. Bounderby, était un terme de grande cérémonie, destiné plutôt dans sa pensée à se donner un air d'importance qu'à servir de titre honorifique à son bourgeois.

« Je ne vais pas le prendre tout de suite; il faut d'abord qu'on ait fini de le bourrer de science, qu'il ait achevé son éducation, dit Bounderby. Par le lord Harry! à tout compter, il en aura eu bien assez! Comme il ouvrirait de grands yeux, ce garçon, s'il savait combien il entrait peu de connaissances dans ma tête à moi, lorsque j'avais son âge. (Le jeune Tom, par parenthèse, ne pouvait l'ignorer, on le lui avait répété assez souvent.) C'est extraordinaire combien j'ai de difficulté à parler d'une foule de choses avec le premier venu sur un pied d'égalité. Voilà, par exemple, que je perds ma matinée à vous parler de faiseurs de tours. Est-ce qu'une femme comme *vous* peut connnaître ces gens-là? A l'époque où la permission de faire des tours dans la boue eût été pour moi une bonne aubaine, le gros lot dans la loterie de la vie, vous étiez aux Italiens; vous sortiez de l'Opéra, en robe de satin blanc et couverte de bijoux, éblouissante et radieuse, quand je n'avais pas seulement deux sous pour acheter la torche qui devait vous éclairer jusqu'à votre voiture.

— Il est certain, monsieur, répondit Mme Sparsit avec une dignité triste mais sereine, que j'ai été de fort bonne heure une des habituées de l'Opéra italien.

— Et ma foi, pour ce qui est de cela, j'ai moi-même été un habitué de l'Opéra, dit Bounderby; seulement je restais du mauvais côté de la porte. Le pavé de ses arcades est un lit assez dur, je vous le garantis. Des gens comme vous, madame, accoutumés dès l'enfance à coucher sur de l'édredon, n'ont aucune idée de l'excessive dureté d'un lit de pavés. Il faut en avoir essayé. Non, non, ce n'est pas la peine de parler de faiseurs de tours à une dame de votre rang. Je devrais plutôt vous parler de danseurs étrangers, du quartier fashionable de Londres, de fêtes, de lords, de ladies et d'honorables.

— J'aime à croire, monsieur, répliqua Mme Sparsit avec une résignation décente, qu'il n'est pas nécessaire que vous m'entreteniez de pareilles choses. J'aime à croire que j'ai appris à me soumettre aux vicissitudes de la vie. J'aime mieux entendre le récit instructif de vos épreuves, que vous ne sauriez me redire assez souvent, et s'il m'inspire un vif intérêt, je n'ai pas en cela un grand mérite et je me garderai bien d'en tirer vanité; car j'ai lieu de croire que tout le monde y prend le même plaisir.

— Il se peut, madame, dit son patron, qu'il existe des gens assez obligeants pour dire qu'ils aiment à écouter, malgré la grossière franchise de son langage, tout ce que Josué Bounderby de Cokeville a dû subir d'épreuves. Mais vous, madame, vous êtes bien forcée d'avouer que vous êtes née dans le sein de l'opulence. Voyons, vous savez que vous êtes née dans le sein de l'opulence?

— Je ne saurais, répliqua Mme Sparsit secouant la tête, je ne saurais le nier, monsieur. »

M. Bounderby fut obligé de quitter la table, et de se poser devant le feu, afin de la mieux considérer, tant il était ravi du relief qu'elle lui donnait.

« Et vous fréquentiez la société la plus huppée? Une société diantrement élevée, ajouta-t-il en se chauffant les mollets.

— C'est vrai, monsieur! répliqua Mme Sparsit avec une affectation d'humilité exactement contraire à celle de M. Bounderby, ce qui écartait tout danger d'un conflit.

— Vous comptiez parmi les gens de la plus haute volée, et tout le reste, dit M. Bounderby.

— Oui, monsieur, répliqua Mme Sparsit avec un certain air de veuvage social. Cela est d'une vérité incontestable. »

M. Bounderby, ployant les genoux, embrassa littéralement ses propres jambes en signe de satisfaction et se mit à rire tout haut. Mais on annonça M. et Mlle Gradgrind : il reçut le premier avec une poignée de main et la seconde avec un baiser.

« Pourrait-on faire venir Jupe ici, Bounderby? demanda M. Gradgrind.

— Certainement. »

Jupe arriva. En entrant, elle fit une révérence à M. Bounderby et à son ami Tom Gradgrind et à Louise également; mais, dans son trouble, elle eut le malheur d'oublier Mme Sparsit. Le tempétueux Bounderby, ayant remarqué cette omission, jugea à propos de faire les observations suivantes :

« Ah çà, je vous dirai une chose, ma fille. Cette dame, que vous voyez près de la théière, se nomme Mme Sparsit. Cette dame occupe ici la place de maîtresse de maison. Conséquemment, s'il vous arrive encore une fois d'entrer dans une chambre quelconque de cette maison, vous n'y ferez qu'un séjour très-court, si vous ne vous conduisez pas envers madame avec tout le respect dont vous êtes susceptible. Vous saurez que je me moque comme de l'an quarante de la façon dont vous pouvez agir à mon égard; car je n'ai pas la prétention d'être quelque chose. Loin d'avoir des parents haut placés, je n'ai pas de parents du tout, et je sors de l'écume de la société. Mais je tiens essentiellement à ce que vous agissiez comme il faut envers cette dame; vous la traiterez avec déférence et respect, ou bien vous ne serez pas reçue chez moi.

— J'aime à croire, Bounderby, dit M. Gradgrind d'un ton conciliant, que Jupe n'est coupable que d'une simple inadvertance.

— Mon ami Tom Gradgrind croit être sûr, madame Sparsit, dit Bounderby, que cette petite n'est coupable que d'une simple inadvertance. Ça me paraît fort probable. Mais vous savez très-bien, madame, que je ne permets pas qu'on vous manque de respect, même par inadvertance.

— Vous êtes bien bon, monsieur, répliqua Mme Sparsit secouant sa tête avec sa pompeuse humilité. Ce n'est pas la peine d'en parler. »

Sissy, qui, pendant ce colloque, s'était faiblement excusée avec des yeux pleins de larmes, fut adjugée à M. Gradgrind par un geste du maître de la maison. Elle se tint immobile, le regard fixé sur son protecteur, et Louise, de son côté, demeura auprès de son père, l'air froid et les yeux baissés, tandis que celui-ci reprenait :

« Jupe, je me suis décidé à vous emmener chez moi et à vous employer, lorsque vous ne serez pas occupée à l'école, auprès de Mme Gradgrind, qui ne jouit pas d'une bonne santé. J'ai expliqué à Mlle Louise (voilà Mlle Louise) la terminaison malheureuse, mais naturelle, de votre récente carrière ; et il est expressément entendu que vous devez oublier tout votre passé et n'y plus faire aucune allusion. C'est à dater d'aujourd'hui seulement que commence votre histoire. Vous êtes restée ignorante, je le sais. »

— Oui, monsieur, très-ignorante, répondit-elle avec une révérence.

— J'aurai la satisfaction de vous faire donner une éducation positive ; et pour tous ceux avec qui le hasard vous mettra en rapport, vous serez une preuve vivante des avantages du système qui doit y présider. Vous allez être relevée et restaurée. Vous aviez coutume, sans doute, de faire la lecture à votre père et aux gens parmi lesquels je vous ai trouvée ? demanda M. Gradgrind, qui lui avait fait signe de se rapprocher et avait baissé la voix avant de formuler cette question.

— Je ne lisais que pour papa et pour Patte-alerte, monsieur. Pardon, je voulais dire pour papa, mais Patte-alerte était toujours là.

— Laissons là Patte-alerte, Jupe, dit M. Gradgrind dont les sourcils s'étaient déjà refrognés. Ce n'est pas la question. Vous aviez donc coutume de faire la lecture à votre père ?

— Oh! oui, monsieur, mille et mille fois. C'étaient les plus heureux jours.... oh! monsieur, les plus heureux de tous les jours que nous avons passés ensemble ! »

Ce ne fut qu'en ce moment, lorsque sa douleur éclata, que Louise la regarda.

« Et quels ouvrages, demanda M. Gradgrind parlant encore plus bas, lisiez-vous à votre père, Jupe ?

— Des contes de fées, monsieur, et l'histoire du Nain, du Bossu et des Génies, sanglota-t-elle, et du....

— Chut ! dit M. Gradgrind, cela suffit. Ne soufflez plus mot de ces sottises dangereuses. Bounderby, voici un beau sujet pour une éducation réglée, et je suivrai l'opération avec le plus vif intérêt.

— Soit, répondit Bounderby, je vous ai déjà donné mon avis ; je n'aurais pas fait comme vous. Mais fort bien, fort bien. Puisque vous le voulez, *très*-bien ! »

Ce fut ainsi que M. Gradgrind et sa fille emmenèrent Cécile Jupe à Pierre-Loge, et tout le long de la route, Louise ne prononça pas une seule parole, ni bonne ni mauvaise. M. Bounderby, de son côté, s'en fut à ses occupations journalières. Quant à Mme Sparsit, elle se recueillit à l'ombre de ses formidables sourcils, et resta toute la nuit à méditer dans la profonde obscurité de cette retraite.

CHAPITRE VIII.

Il ne faut jamais s'étonner.

Donnons de nouveau la tonique, avant de continuer notre air.

Lorsqu'elle avait une demi-douzaine d'années de moins, Louise avait été surprise commençant un jour une conversation avec son frère par ces mots: « Tom, je m'étonne que.... » Et sur ce, M. Gradgrind, qui était la personne qui avait surpris ce début de conversation, s'était montré et avait dit : « Louise, il ne faut jamais s'étonner ! »

Cette phrase renfermait le ressort de l'art mécanique et mystérieux de cultiver la raison sans s'abaisser à prendre souci des sentiments ou des affections. Au moyen de l'addition, de la soustraction, de la multiplication et de la division, arrangez tout d'une façon quelconque et ne vous étonnez jamais.

Amenez-moi, dit Mac Choakumchild, cet enfant qui sait à peine marcher, et je vous garantis qu'il ne s'étonnera jamais. »

Or, outre un grand nombre d'enfants qui savaient à peine marcher, il se trouvait y avoir dans Cokeville toute une population d'enfants qui marchaient vers le monde infini depuis bien longtemps déjà, depuis vingt, trente, quarante, cinquante ans et plus. Ces enfants monstres étant des êtres qui ne pouvaient promener leurs grands corps au milieu d'aucune société humaine sans causer beaucoup d'alarme, les dix-huit sectes religieuses ne discontinuaient pas de s'égratigner réciproquement le visage et de s'arracher mutuellement les cheveux, sous prétexte de s'entendre sur la meilleure méthode à suivre pour arriver à les améliorer. Peine perdue ! N'est-ce pas une chose étonnante, lorsqu'on songe combien les moyens qu'on employait étaient heureusement adaptés au but que l'on se proposait? Cependant, bien qu'ils différassent d'opinion sur tous les autres points concevables ou inconcevables (surtout sur les points inconcevables), elles se montraient à peu près d'accord pour défendre à ces malheureux enfants de jamais s'étonner. Secte numéro un leur disait qu'ils devaient tout croire sur parole. Secte numéro deux disait qu'ils devaient tout juger d'après les formules de l'économie politique. Secte numéro trois écrivait pour eux de petites brochures aussi lourdes que du plomb, démontrant comme quoi le grand enfant bien sage arrivait invariablement à la caisse d'épargne, tandis que le grand enfant qui se conduisait mal arrivait invariablement à la déportation. Secte numéro quatre, faisant de lugubres efforts pour être amusante (rien que d'en parler les larmes vous en viennent aux yeux), essayait de cacher sous une prose enjouée des trappes scientifiques où il était du devoir de ces grands enfants de se laisser choir. Mais, par exemple, il y avait une chose sur laquelle toutes les sectes étaient d'accord, c'est qu'il ne faut jamais s'étonner.

Cokeville possédait une bibliothèque dont l'accès était facile pour tous. M. Gradgrind se tourmentait beaucoup l'esprit de ce qui se lisait dans cette bibliothèque; c'était même un sujet sur lequel des petites rivières de rapports avec tables à l'appui allaient, à époque fixe, se jeter dans cet orageux océan de rapports où personne n'a jamais pu plonger à une certaine profondeur sans en revenir fou. C'était un fait bien décourageant, un fait bien triste, les lecteurs de cette bibliothèque persistaient à s'étonner ! Ils s'étonnaient à propos de la nature humaine, à propos des passions humaines, des espérances humaines, des craintes, des luttes, des triomphes et des défaites, des soucis, des plaisirs, des peines de la vie et de la mort de certains hommes et de certaines femmes vulgaires! Quelquefois, après quinze heures de travail, ils se mettaient à lire des récits fabuleux concernant des hommes et des femmes qui leur ressemblaient plus ou moins, et concernant des enfants qui ressemblaient plus ou moins aux leurs. Au lieu de demander Euclide, ils pressaient Daniel de Foë contre leur cœur, et ils avaient le mauvais goût de trouver Goldsmith plus amusant qu'un traité d'arithmétique. M. Gradgrind avait beau étudier constamment, soit par écrit soit autrement, ce problème excentrique, il ne pouvait réussir à s'expliquer comment on arrivait à ce résultat inconcevable.

« Je suis las de la vie que je mène, Lou. Je la déteste cordialement et je déteste tout le monde, excepté toi, dit ce dénaturé jeune Thomas Gradgrind dans la salle qui ressemblait à un salon de coiffure, vers l'heure du crépuscule.

— Tu ne détestes pas Sissy, Tom?

— Je déteste d'être obligé de l'appeler Jupe. Et elle me déteste de son côté, dit Tom d'un ton maussade.

— Pas du tout, Tom, je t'assure.

— Ce n'est pas possible autrement, dit Tom. Il est clair qu'elle doit nous haïr et nous détester tous tant que nous sommes. Ils ne lui laisseront pas de repos qu'ils ne l'aient assommée, je crois. Elle est déjà devenue aussi pâle qu'une figure de cire et aussi ennuyée que moi. »

Ainsi s'exprimait le jeune Thomas, assis devant le feu à califourchon sur une chaise, les bras sur le dossier, et son visage grognon appuyé sur ses bras. La sœur était assise au coin le plus obscur de la cheminée, regardant tantôt son interlocuteur, tantôt les brillantes étincelles qui tombaient de la grille dans l'âtre.

« Quant à moi, dit Tom, ébouriffant ses cheveux dans tous les sens avec ses deux mains maussades, je suis un âne, voilà tout ce que je suis. Je suis aussi obstiné qu'un âne, je suis plus bête qu'un âne, je ne m'amuse pas davantage, je ne regrette qu'une chose, c'est de ne pas pouvoir lancer des ruades comme lui.

— Pas à mon adresse, n'est-ce pas, Tom?

— Non Lou ; je ne voudrais pas te faire du mal, à toi. J'ai commencé par faire une exception en ta faveur. Je ne sais pas ce que je ferais sans toi dans cette vieille geôle aussi gaie que.... la peste. » Tom s'était arrêté un moment afin de chercher des mots suffisamment flatteurs et expressifs pour désigner le toit paternel, et l'heureuse comparaison qu'il venait de trouver parut apporter un léger soulagement à son esprit agacé.

« Vraiment, Tom ? Est-ce que tu penses réellement ce que tu dis là ?

— Oui, parbleu, je le pense. Mais à quoi bon parler de cela ! répondit Tom se frottant le visage avec la manche de son habit, comme pour mortifier sa chair et la mettre à l'unisson de son esprit.

— Je te demandais ça, Tom, dit sa sœur après avoir continué quelque temps à regarder les étincelles, parce qu'à mesure que j'avance en âge et que je grandis, je reste souvent assise ici devant le feu à m'étonner et à regretter de ne pouvoir réussir à te réconcilier avec notre genre de vie. Je n'ai pas appris ce qu'on apprend aux autres filles. Je ne puis pas te jouer un air ni te chanter une chanson. Je ne puis causer avec toi de façon à te désennuyer, car il ne m'arrive jamais de voir un spectacle amusant ni de lire un de ces livres amusants, dont ce serait un plaisir et un délassement de causer avec toi, lorsque tu es fatigué.

— Ma foi, ni moi non plus, je ne suis pas plus avancé que toi sous ce rapport ; et je suis une mule par-dessus le marché, ce que tu n'es pas. Comme père était décidé à faire de moi un freluquet ou une mule, et comme je ne suis pas un freluquet, il est clair que je dois être une mule.... aussi ne suis-je pas autre chose, dit Tom d'un ton rageur.

— C'est bien dommage, dit après un nouveau silence et d'un air rêveur Louise, toujours cachée dans son coin obscur ; c'est grand dommage, Tom ; c'est très-malheureux pour toi et pour moi.

— Oh ! toi, dit Tom, tu es une fille, Lou, et une fille se tire toujours d'affaire mieux qu'un garçon. Je ne m'aperçois pas qu'il te manque rien. Tu es le seul plaisir que je connaisse. Tu égayes jusqu'à ce trou où nous sommes, et tu fais de moi tout ce que tu veux.

— Tu es un cher frère, Tom ; et tant que je croirai pouvoir te rendre la vie plus douce, je regretterai moins mon ignorance. Et pourtant, Tom, si on ne m'a pas appris à te désennuyer, on m'a enseigné une foule de choses que j'aimerais autant ne pas savoir. »

Elle se leva et l'embrassa, puis retourna à son coin.

« Je voudrais pouvoir rassembler tous les faits dont on nous parle tant, dit Tom montrant les dents d'un air plein de rancune, et tous les chiffres et tous les gens qui les ont inventés ; et je voudrais pouvoir placer dessous mille barils de poudre afin de les envoyer tous au diable du même coup ! C'est égal, quand j'irai demeurer chez le vieux Bounderby, je prendrai ma revanche !

— Ta revanche, Tom ?

— Je veux dire que je m'amuserai un peu à aller voir quelque chose et entendre quelque chose. Je me dédommagerai de la façon dont j'ai été élevé.

— Ne te fais pas illusion, Tom ; M. Bounderby a les mêmes idées que papa ; il est seulement beaucoup plus dur et loin d'être aussi bon.

— Oh ! s'écria Tom en riant, qu'est-ce que ça me fait ? Je trouverai bien moyen de mener et d'amadouer le vieux Bounderby ! »

Leurs ombres se dessinaient sur le mur ; mais celles des grandes armoires de la chambre se mêlaient ensemble sur le plafond, comme si le frère et la sœur eussent été abrités par une sombre caverne ; ou bien, une imagination fantastique (si pareille trahison eût pu pénétrer dans ce sanctuaire des faits) y aurait peut-être vu l'ombre de leur sujet de conversation et de l'avenir menaçant qu'il présageait.

« Quel est donc ton grand moyen pour amadouer et mener les gens, Tom ? Est-ce un secret ?

— Oh ! dit Tom, si c'est un secret, il n'est pas bien loin. C'est toi. Tu es l'enfant gâtée de Bounderly, sa favorite ; il ferait tout au monde pour toi. Quand il me dira de faire quelque chose qui ne me va pas, je lui répondrai : « Ma sœur Lou sera peinée et surprise, monsieur Bounderby. Elle me disait toujours que vous seriez plus indulgente que cela. » Si ce moyen-là ne suffit pas pour l'obliger à baisser pavillon, c'est que rien n'y peut réussir. »

Après avoir attendu quelque observation en réponse à ses paroles, Tom, voyant qu'il n'en recevait pas, tomba de tout le poids de son ennui dans le temps présent et se tortilla en bâillant, autour des barreaux de sa chaise, ébouriffant de plus en plus sa chevelure ; enfin, il leva la tête et demanda :

« Est-ce que tu dors, Lou ?

— Non, Tom ; je regarde le feu.

— Il paraît que tu y vois bien des choses que je n'y ai jamais vues, dit Tom. Encore un avantage que les filles ont sur nous, je suppose.

— Tom, demanda sa sœur d'une voix lente et d'un ton étrange, comme si elle eût cherché à lire dans le feu une question qui n'y était pas très-clairement écrite, l'idée de quitter la maison pour aller chez M. Bounderby te cause-t-elle une grande satisfaction ?

— En allant chez lui, répondit Tom se levant et poussant sa chaise de côté, je quitterai la maison, c'est déjà quelque chose.

— Entrer chez lui, répéta Louise du même ton, c'est quitter la maison ! Oui, c'est bien quelque chose.

— Ce n'est pas que je ne sois très-fâché, Lou, de te laisser, et de te laisser ici. Mais, tu sais, il faudra toujours que je m'en aille, bon gré mal gré, et autant vaut que j'aille où ton influence me sera utile, qu'ailleurs où j'en perdrais le bénéfice. Tu comprends ?

— Oui, Tom. »

La réponse s'était fait attendre si longtemps, quoiqu'elle n'annonçât aucune indécision, que Tom venait de s'approcher et de s'appuyer derrière la chaise de Louise, afin de contempler, du même point de vue, le feu qui absorbait la pensée de sa sœur, pour voir s'il n'y avait pas quelque chose à y voir qui expliquât la distraction de Louise.

« Ma foi, sauf que c'est du feu, dit Tom, il me paraît aussi stupide et aussi vide que tout ce qui nous entoure. Qu'est-ce que tu y vois donc ? Pas un cirque, hein ?

— Je n'y vois rien de bien particulier, Tom. Mais, depuis que je le regarde, je me demande avec étonnement ce que nous deviendrons, toi et moi, lorsque nous serons grands.

— Voilà que tu t'étonnes encore ! dit Tom.

— J'ai des pensées si rebelles, répliqua Louise, j'ai beau faire, elles sont toujours à s'étonner.

— Eh bien, je vous prie, Louise, dit Mme Gradgrind qui avait ouvert la porte sans qu'on l'eût entendue, de n'en rien faire. Au nom du ciel, fille inconsidérée, n'en faites rien, ou cela ne finira jamais avec votre père. Et vous aussi, Thomas, c'est vraiment honteux, lorsque ma pauvre tête ne me laisse pas un moment de repos, de voir un garçon élevé comme vous l'avez été et dont l'éducation a coûté tant d'argent, de voir un garçon comme vous encourageant sa sœur à s'étonner, lorsqu'il sait que son père a expressément défendu qu'elle se permît de s'étonner jamais. »

Louise nia que Tom eût participé en quoi que ce fût à ses torts; mais sa mère l'interrompit par cette réplique concluante :

« Louise, comment pouvez-vous me dire cela dans l'état actuel de ma santé! Car, à moins que vous n'y ayez été encouragée, il est moralement et physiquement impossible que vous vous soyez permis de le faire!

— Je n'y ai été encouragée par rien, mère, si ce n'est par le feu, par les étincelles rouges que je voyais tomber de la grille, blanchir et s'éteindre. Alors j'ai songé combien, après tout, ma vie serait courte et que je serai morte avant d'avoir fait grand'chose.

— Sornettes! dit Mme Gradgrind devenant presque énergique. Sornettes! Ne vous tenez pas là à me dire en face de pareilles sottises, Louise, quand vous savez très-bien que si cela arrivait aux oreilles de votre père, cela n'en finirait pas. Après toute la peine qu'on a prise avec vous! Après tous les cours que vous avez suivis et les expériences que vous avez vues! Après que je vous ai entendue moi-même, à l'époque où mon côté droit s'est tout à fait engourdi, débiter à votre maître une foule de choses sur la combustion et la calcination et la calorification, je dirai même sur toutes les espèces d'*ation* capables de rendre folle une pauvre malade. Et après tout cela, vous venez me parler d'une façon si absurde à propos d'étincelles et de cendres! Je voudrais, pleurnicha Mme Gradgrind, prenant une chaise et lançant son argument le plus écrasant, avant de succomber sous ces ombres trompeuses de faits, oui, je voudrais vraiment ne jamais avoir eu d'enfants. Vous auriez vu, alors, si vous auriez pu vous passer de moi!

CHAPITRE IX.

Les progrès de Sissy.

Grâce à M. Mac-Choakumchild et à Mme Gradgrind, Sissy Jupe passa d'assez vilains quarts d'heure, et durant les premiers mois de son épreuve elle ne fut pas sans ressentir de très-fortes envies de se sauver de la maison. Tout le long du jour, il lui tombait une telle grêle de faits et la vie en générale lui était présentée comme dans un cahier de corrigés si bien réglé, si fin et si serré, qu'elle se serait sauvée infailliblement sans une pensée unique qui la retint.

C'est triste à avouer; mais ce frein moral qui la retint n'était le résultat d'aucune formule arithmétique; bien au contraire, Sissy se l'imposait volontairement en dépit de tout calcul, bien qu'il fût en contradiction directe avec toute table de probabilités qu'eût pu dresser sur de telles données un teneur de livres expérimenté. La jeune fille croyait que son père ne l'avait pas abandonnée; elle vivait dans l'espoir de le voir revenir, et dans la persuasion qu'il serait plus heureux de savoir qu'elle était restée chez M. Gradgrind.

La déplorable ignorance avec laquelle Jupe s'accrochait à cette pensée consolante, repoussant la certitude, bien autrement consolante et basée sur des chiffres solides, que son père était un vagabond sans cœur, soulevait chez M. Gradgrind une pitié mêlée de surprise. Qu'y faire, cependant? Mac-Choakumchild déclarait qu'elle avait un crâne épais où il était difficile de faire entrer les chiffres; que, dès qu'elle avait eu une notion générale de la conformation du globe, elle avait témoigné aussi peu d'intérêt que possible, lorsqu'il s'était agi d'en connaître les mesures exactes; qu'elle acquérait les dates avec une lenteur déplorable, à moins que, par hasard, elles n'eussent trait à quelque misérable circonstance historique; qu'elle fondait en larmes lorsqu'on lui demandait d'indiquer de suite (par le procédé mental) ce que coûteraient deux cent quarante-sept bonnets de mousseline, à un franc quarante-cinq centimes chaque ; qu'elle occupait dans l'école la dernière place qu'il était possible d'occuper ; qu'après avoir étudié pendant huit jours les éléments de l'économie politique, elle avait été reprise par une petite commère de trois pieds de haut pour avoir fait à la question : « Quel est le premier principe de cette science ? » l'absurde réponse : « Faire aux autres ce que je voudrais qu'on me fît. »

M. Gradgrind remarqua, en secouant la tête, que tout cela était bien triste ; que cela démontrait la nécessité de lui broyer sans désemparer l'intelligence dans le moulin de la science, en vertu des systèmes, annexes, rapports, procès-verbaux et tables explicatives depuis A jusqu'à Z ; et qu'il fallait que Jupe travaillât ferme. De façon que Jupe, à force de travailler ferme, en devint toute triste sans en devenir plus savante.

« Que je voudrais donc être à votre place, mademoiselle Louise ! dit-elle un soir que Louise avait essayé de lui rendre un peu plus intelligibles les faits qu'elle devait débrouiller pour le lendemain.

— Vraiment ?

— Oh ! je le voudrais de tout mon cœur, mademoiselle Louise. Je saurais tant de choses ! Tout ce qui maintenant me donne tant de peine, me paraîtrait si facile alors.

— Vous n'y gagneriez peut-être pas grand'chose. »

Sissy répondit humblement, après avoir un peu hésité :

« Je ne pourrais toujours pas y perdre. »

Mlle Louise répliqua qu'elle n'en répondrait pas.

Les rapports qui existaient entre les deux jeunes filles étaient si restreints (soit parce que l'existence des habitants de Pierre-Loge se déroulait avec une régularité mécanique trop monotone pour ne pas décourager toute intervention humaine, soit à cause de la clause qui défendait toute allusion à la carrière antérieure de Sissy), qu'elles se connaissaient à peine. Sissy, fixant sur le visage de Louise ses grands yeux noirs étonnés, resta indécise, ne sachant si elle devait en dire davantage ou garder le silence.

« Vous êtes plus utile à ma mère et de meilleure humeur que je ne saurais jamais l'être, reprit Louise. Vous êtes de meilleure humeur avec vous-même que je ne le suis avec moi.

— Mais, s'il vous plaît, mademoiselle Louise, plaida Sissy ; je suis... oh ! je suis bête ! »

Louise, avec un rire plus franc que d'habitude, lui dit qu'elle ne tarderait pas à devenir plus savante.

« Vous ne savez pas, dit Sissy en pleurant à moitié, comme je suis bête. Pendant tout le temps de la classe, je ne fais pas autre chose que des fautes. M. et Mme Mac-Choakumchild m'interrogent constamment, et toujours, toujours je me trompe. Je ne peux pas m'en empêcher. Il paraît que cela me vient tout naturellement.

— M. et Mme Mac-Choakumchild ne se trompent jamais, eux, je suppose, Sissy ?

— Oh ! non, répliqua-t-elle vivement. Ils savent tout.

— Racontez-moi donc quelques-unes de vos fautes.

— J'ose à peine, tant j'en suis honteuse, reprit Sissy avec répugnance. Aujourd'hui même, par exemple, M. Mac-Choakumchild nous donnait des explications sur la prospérité naturelle....

— Nationale ; je crois qu'il a dû dire nationale, reprit Louise.

— Oui, vous avez raison.... Mais est-ce que ce n'est pas la même chose ? demanda-t-elle timidement.

— Puisqu'il a dit nationale, vous ferez aussi bien de dire comme lui, répliqua Louise avec sa sécheresse et sa réserve habituelles.

— Prospérité nationale. Par exemple, nous a-t-il dit, cette salle que vous voyez représente une nation. Et dans cette nation, il y a pour cinquante millions d'argent. Cette nation ne jouit-elle pas d'une grande prospérité ? Fille numéro vingt, n'est-ce pas là une nation prospère et ne devez-vous pas vous féliciter ?

— Et qu'avez-vous répondu ? demanda Louise.

— Mademoiselle Louise, j'ai répondu que je ne savais pas. J'ai cru que je ne pouvais pas savoir si la nation prospérait ou ne prospérait pas, ou si je devais ou non me féliciter, avant de savoir qui avait l'argent et s'il m'en revenait une part. Mais ça ne faisait rien à l'affaire. Ça n'était pas dans les chiffres, dit Sissy en s'essuyant les yeux.

— Vous avez commis là une grande erreur, remarqua Louise.

— Oui, mademoiselle Louise, je le sais maintenant. Alors M. Mac-Choakumchild a dit qu'il allait me donner encore un moyen de me rattraper. « Cette salle, a-t-il dit, représente une ville immense et renferme un million d'habitants, et parmi ces habitants il n'y en a que vingt-cinq qui meurent de faim dans les rues chaque année. Quelle remarque avez-vous à faire sur cette proportion? » Ma remarque, je n'ai pas pu en trouver une meilleure, a été que je pensais que cela devait paraître tout aussi dur à ceux qui mouraient de faim, qu'il y eût un million d'habitants ou un million de millions. Et je me trompais encore.

— C'est évident.

— Alors M. Mac-Choakumchild a dit qu'il allait me donner encore une chance : voici la gymnastique.... a-t-il dit.

— La statistique, dit Louise.

— Oui, mademoiselle Louise (ça me rappelle toujours la gymnastique, et c'est encore là une de mes erreurs); la statistique des accidents arrivés en mer. Et je trouve, dit M. Mac-Choakumchild, que, dans un temps donné, cent mille personnes se sont embarquées pour des voyages au long cours, et il n'y en a que cinq cents de noyées ou de brûlées. Combien cela fait-il pour cent? Et j'ai répondu, mademoiselle, et Sissy se mit à sangloter pour de bon, comme pour témoigner l'extrême repentir que lui causait la plus grave de ses erreurs; j'ai répondu que cela ne faisait rien....

— Rien, Sissy?

— Oui, mademoiselle; rien du tout aux parents et aux amis de ceux qui avaient été tués. Je n'apprendrai jamais, dit Sissy. Et ce qu'il y a de pis dans tout cela, c'est que, bien que mon pauvre père ait tant désiré de me faire apprendre quelque chose, et bien que j'aie grande envie d'apprendre parce qu'il le désirait, j'ai peur de ne pas aimer les leçons. »

Louise continua à regarder la jolie et modeste tête qui s'abaissait honteuse devant elle, jusqu'à ce que Sissy la releva pour interroger le visage de son interlocutrice. Alors celle-ci lui demanda :

« Votre père était donc bien savant lui-même, pour désirer de vous faire donner tant d'instruction? »

Sissy hésita avant de répondre, et fit voir si clairement qu'elle sentait qu'on s'aventurait sur un terrain défendu, que Louise ajouta :

« Personne ne nous entend, et d'ailleurs, personne ne pourrait rien trouver à redire à une question si innocente.

— Non, mademoiselle, répondit Sissy après avoir reçu cet encouragement et en secouant la tête ; papa ne sait presque rien. C'est tout au plus s'il peut écrire, et c'est à peine si la plupart des gens peuvent lire son écriture, excepté moi, qui la lis couramment.

— Et votre mère ?

— Papa m'a dit qu'elle était très-savante. Elle est morte quand je suis née. C'était.... Sissy parut un peu nerveuse en faisant cette terrible confidence, c'était une danseuse.

— Votre père l'aimait-il ? »

Louise faisait ces demandes avec cet intérêt vif, étourdi, désordonné, qui lui était propre ; intérêt qui, se sentant proscrit, s'égarait de droite et de gauche pour aller se cacher dans quelque asile solitaire.

« Oh ! oui, aussi tendrement qu'il m'aime. Père a commencé à m'aimer par amour pour elle. Il m'emportait partout avec lui, lorsque je pouvais à peine marcher. Depuis nous n'avions jamais été séparés.

— Et pourtant il t'abandonne maintenant, Sissy ?

— Uniquement pour mon bien. Personne ne comprend père, personne ne le connaît aussi bien que moi. Quand il m'a quittée pour mon bien (il ne m'aurait jamais quittée pour le sien), je suis sûre que c'est une épreuve qui lui a presque brisé le cœur. Il n'aura pas une seule minute de bonheur jusqu'à ce qu'il revienne.

— Dites-moi encore quelque chose de lui, dit Louise, je ne vous en parlerai plus. Où demeuriez-vous ?

— Nous voyagions par tout le pays, et n'avions pas de demeure fixe. Père est un clown. »

Sissy prononça à voix basse l'affreux monosyllabe.

— Pour faire rire le monde ? dit Louise avec un signe de tête pour indiquer qu'elle comprenait le mot.

— Oui. Mais quelquefois le monde ne voulait pas rire, et alors mon père se mettait à pleurer. Depuis quelque temps le monde ne riait presque plus, et père revenait tout désespère. Père ne ressemble pas aux autres gens. Ceux qui ne le connaissaient pas aussi bien que moi et qui ne l'aimaient pas autant que moi, pouvaient croire que sa tête était un peu dérangée. Quelquefois on lui jouait des tours ; mais on ne savait pas le mal que ça lui faisait, et comme il se désespérait ensuite lorsqu'il restait seul avec moi !

— Et vous étiez sa consolation au milieu de tous ses ennuis ? »

Sissy répondit par un signe de tête affirmatif, tandis que les larmes inondaient son visage, puis elle ajouta :

« Je l'espère, car il me le répétait sans cesse. C'est parce qu'il était devenu si craintif et si tremblant, et parce qu'il savait qu'il n'était qu'un pauvre homme faible et ignorant (ce sont ses propres paroles), qu'il tenait à ce que j'apprisse beaucoup, afin de ne pas lui ressembler. Je lui faisais souvent la lecture pour lui redonner du courage, et il aimait beaucoup à m'écouter. C'étaient de mauvais livres, je ne dois jamais en parler ici, mais nous ne savions pas cela.

— Et il les aimait ? demanda Louise, dont l'œil scrutateur était resté fixé sur Sissy.

— Oh ! beaucoup ! Bien des fois ils lui ont fait oublier ses peines. Et bien, bien souvent, le soir, il ne pensait plus à ses chagrins, et se demandait seulement si le sultan permettrait à la dame d'achever son histoire, ou s'il lui ferait couper la tête avant qu'elle l'eût achevée.

— Et votre père a toujours été bon pour vous, jusqu'à la fin ? demanda Louise, se mettant en contravention avec le grand principe, car elle s'étonnait de plus en plus.

— Toujours ! toujours ! répliqua Sissy joignant les mains. Meilleur, beaucoup meilleur que je ne pourrais le dire ! Il ne s'est fâché qu'un seul soir, et ce n'était pas contre moi, mais contre Patte-alerte. Patte-alerte (elle prononça à voix basse ce terrible fait) est son chien savant.

— Pourquoi s'est-il fâché contre le chien ? demanda Louise.

— Père, peu de temps après être revenu du cirque, avait dit à Patte-alerte de sauter sur le dos des deux chaises et de se tenir allongé, deux pieds sur l'une, deux pieds sur l'autre : c'est un de ses tours. Il regarda père et n'obéit pas sur-le-champ. Tout avait été de travers avec père ce jour-là, et il n'avait pas contenté le public. Il s'écria que le chien lui-même voyait qu'il se faisait vieux et n'avait pas pitié de lui. Alors il battit le chien et j'eus peur. Père, lui dis-je, je t'en prie, ne fais pas de mal à cette bête qui t'aime tant ! Oh ! père, arrête, et que le bon Dieu te pardonne ! Il s'arrêta, mais le chien était en sang et père s'assit sur le plancher avec le chien dans ses bras et se mit à pleurer pendant que le chien lui léchait le visage. »

Louise vit qu'elle sanglotait ; elle alla vers elle, l'embrassa, lui prit la main et s'assit auprès d'elle.

« Racontez-moi, pour finir, comment votre père vous a quittée, Sissy. Puisque je vous en ai tant demandé, je puis bien vous adresser cette dernière question. Tous les torts, s'il y en a, seront pour moi et non pour vous.

— Chère mademoiselle Louise, dit Sissy en se couvrant les yeux et toujours sanglotant ; je suis rentrée de l'école cette après-midi-là, et j'ai trouvé pauvre père qui venait aussi de rentrer du cirque. Il se balançait sur sa chaise devant le feu, comme s'il était souffrant. Et je lui demandai : « T'es-tu fait mal, père ? (ça lui arrivait quelquefois comme aux autres), et il répondit : « Un peu, chérie. » Et quand je vins à me pencher et à regarder son visage, je vis qu'il pleurait. Plus je lui parlais, plus il se cachait le visage ; et d'abord il trembla de tous ses membres et ne dit rien que : « Ma chérie ! et mon amour ! »

Au même instant, Tom arriva en flânant, et contempla les deux jeunes filles avec un sang-froid qui dénotait que sa propre personne avait seule le privilége de l'intéresser, et qu'il ne faisait pas grand abus de ce privilége pour le quart d'heure.

« Je suis en train d'adresser quelques questions à Sissy, Tom, dit sa sœur, tu n'as pas besoin de t'en aller ; seulement laisse-nous causer encore une minute ou deux, mon cher Tom.

— Oh ! très-bien ! répliqua Tom. Mais le vieux Bounderby est en bas ; et je voulais te demander de descendre au salon, parce que si tu descends, il y a vingt à parier que Bounderby m'invitera à dîner ; et si tu ne descends pas, il n'y a rien à parier du tout.

— Je descendrai dans un instant.

— Je vais t'attendre, dit Tom, pour être sûr que tu n'oublieras pas. »

Sissy reprit en baissant un peu la voix :

« Enfin, pauvre père me dit qu'on n'avait pas été content de lui ce jour-là, que maintenant on n'était plus jamais content de lui ; que c'était une honte et un déshonneur de lui appartenir, et que je me serais beaucoup mieux tirée d'affaire sans lui. Je lui dis toutes les choses affectueuses qui me vinrent au cœur, et petit à petit il se calma. Alors je m'assis à côté de lui et je lui racontai ce qui s'était passé à l'école, tout ce qu'on y avait dit, tout ce qu'on y avait fait. Quand je n'eus plus rien à raconter, il mit ses bras autour de mon cou et m'embrassa à plusieurs reprises. Puis, il me pria d'aller chercher un peu de cette drogue dont il se servait, pour frotter la petite meurtrissure qu'il s'était faite, et de la prendre au bon endroit, qui se trouve à l'autre bout de la ville ; enfin, après m'avoir embrassée encore une fois, il me laissa partir. Quand je fus au bas de l'escalier, je remontai afin de lui tenir compagnie un petit moment de plus, j'entr'ouvris la porte et je lui dis : « Cher père, faut-il emmener Patte-alerte ? » Père secoua la tête en me disant : « Non, Sissy, non ; ne prends rien avec toi de ce qu'on sait m'avoir appartenu, ma chérie ; » je le laissai assis au coin du feu. C'est bien sûr alors que la pensée lui sera venue, pauvre, pauvre père ! de s'en aller essayer de faire quelque chose pour mon bien ; car, lorsque je suis revenue, il était parti.

— Dis donc ! n'oublions pas le vieux Bounderby, Lou ! grommela Tom d'un ton de remontrance.

— Je n'ai plus rien à vous raconter, mademoiselle Louise, si ce n'est que je garde la bouteille pour lui et que je suis bien sûre qu'il reviendra. Chaque lettre que je vois dans les mains de M. Gradgrind me coupe la respiration et me donne des éblouissements, parce que je me figure toujours qu'elle vient de père, ou de M. Sleary qui donne de ses nouvelles. Car M. Sleary a promis d'écrire dès qu'il en aurait, et il n'y a pas de danger qu'il manque à sa promesse.

— Allons, Lou, n'oublions pas le vieux Bounderby ! dit Tom en sifflant avec impatience. Il sera parti, si tu ne fais pas attention ! »

A dater de ce jour, chaque fois que Sissy faisait une révérence à M. Gradgrind en présence de ses enfants, et lui disait d'une voix un peu tremblante : « Je vous demande bien pardon, monsieur, de vous ennuyer comme je fais.... mais.... n'auriez-vous pas reçu quelque lettre qui m'intéresse? » Louise interrompait le travail du moment, quel qu'il fut, et attendait la réponse avec tout autant d'anxiété que Sissy. Et lorsque M. Gradgrind répondait invariablement : « Non, Jupe, je n'ai reçu aucune lettre de ce genre, » le tremblement qui agitait les lèvres de Sissy se répétait sur les traits de Louise et son regard compatissant accompagnait Sissy jusqu'à la porte. M. Gradgrind profitait toujours de ces occasions pour faire la leçon en remarquant, dès que Jupe avait disparu, que, si elle avait été prise à temps et élevée d'une façon convenable, elle se serait démontré, d'après des principes irréfutables, la folle absurdité des espérances fantastiques qu'elle se plaisait à entretenir. Car il ne se doutait pas, le malheureux, qu'une espérance fantastique pût s'emparer de l'esprit avec autant de force et de ténacité qu'un fait réel.

Mais, s'il ne le savait pas, sa fille s'en était bien aperçue. Quant à Tom, il arrivait, comme bien d'autres étaient arrivés avant lui, à ce résultat triomphal du calcul qui consiste à ne s'occuper que du *numéro un*, c'est-à-dire de soi-même. Et pour Mme Gradgrind, si elle parlait jamais de cela, c'était pour dire, en se dégageant un peu de toutes les couvertures et les châles où elle était tapie comme une marmotte humaine :

« Bonté divine, comme ma pauvre tête est tracassée et tourmentée d'entendre cette fille Jupe demander avec tant d'insistance, coup sur coup, après ses ennuyeuses lettres! Ma parole d'honneur, il paraît que je suis consacrée, destinée et condamnée à vivre au milieu de choses qui ne finissent jamais. C'est vraiment fort extraordinaire, mais il semble que je ne doive jamais voir la fin de quoi que ce soit. »

Vers cet endroit de son discours, elle sentait se fixer sur elle le regard de M. Gradgrind; et sous l'influence de ce fait glacial, elle rentrait bien vite dans sa torpeur.

CHAPITRE X.

Etienne Blackpool.

J'ai la faiblesse de croire que le peuple anglais est condamné à un labeur aussi rude qu'aucun des autres peuples pour lesquels luit le soleil; c'est une idiosyncrasie, une faiblesse personnelle, si vous voulez, qui doit faire trouver naturel que je prenne aux travailleurs un intérêt tout particulier.

Dans le quartier le plus laborieux de Cokeville; derrière les fortifications les plus intimes de cette laide citadelle d'où des amas de briques superposées avaient inexorablement chassé la nature, tout en retenant prisonnière une atmosphère de miasmes et de gaz méphitiques; au centre de ce labyrinthe de cours étroites entassées les unes auprès des autres, et de rues resserrées les unes contre les autres, après être venues au monde une à une, pressées qu'elles étaient de répondre au besoin de tel ou tel individu; le tout ensemble composant une famille dénaturée qui se bouscule, s'écrase et se heurte de cruelle façon; tout au fond et dans le coin le plus malsain de ce vaste récipient insalubre, où les cheminées, étouffées par le manque d'air, avaient dû prendre une foule de formes rabougries et recourbées, comme si chaque maison voulait annoncer, au moyen de cette enseigne, quelle espèce de gens on pouvait s'attendre à voir naître à l'intérieur; parmi la vile multitude de Cokeville, qu'on nomme, en terme générique, les Bras (race de gens que certaines personnes verraient de meilleur œil, si la Providence eût jugé à propos de ne lui accorder que des bras, ou, tout au plus, comme aux mollusques qui peuplent les bords de la mer, un estomac par-dessus le marché), habitait un certain Étienne Blackpool, âgé de quarante ans.

Étienne paraissait en avoir davantage, mais il avait mené

une vie très-laborieuse. On a dit que toute existence a ses roses et ses épines ; mais ici, par suite d'une méprise dont Étienne avait été victime, il fallait qu'un autre eût accaparé les roses de l'ouvrier, tandis que l'ouvrier avait eu la mauvaise chance d'accaparer les épines de l'autre en sus de la part qui lui revenait en propre. Il avait eu, pour me servir de son expression, un tas de malheurs. On ne le nommait communément que le vieil Étienne, ce qui était une sorte d'hommage rendu au chagrin qui lui avait valu cette vieillesse prématurée.

C'était un homme un peu courbé, avec un front ridé, l'air songeur, une grosse tête encadrée dans de longs et rares cheveux gris de fer. Le vieil Étienne aurait pu passer pour un homme très-intelligent parmi les gens de sa condition. Il n'en était rien pourtant. Il ne prenait pas rang parmi ces Bras remarquables qui, mettant bout à bout les rares intervalles de loisir de bien des années, parviennent à posséder quelque science difficile ou à acquérir des connaissances qui ne semblent pas de leur condition. Il ne comptait pas parmi les Bras qui savent prononcer des discours ou présider une assemblée. Des milliers de ses camarades savaient s'exprimer mieux que lui dans l'occasion. C'était un bon tisserand au métier mécanique et un homme d'une parfaite intégrité. Était-il quelque chose de mieux encore? Quelles étaient ses autres qualités, si toutefois il en possédait d'autres? Laissons-le se charger de nous l'apprendre lui-même.

Toutes les lumières de ces grandes fabriques, qui la nuit, quand elles étaient éclairées, ressemblaient à des châteaux enchantés (c'est du moins ce que disaient les voyageurs par train express), venaient de s'éteindre, et les cloches avaient sonné pour annoncer la fin de la journée de travail et ne sonnaient plus jusqu'à demain ; et les Bras, hommes et femmes, garçons et filles, s'en retournaient chez eux en faisant résonner le pavé sous leurs pas. Le vieil Étienne attendait dans la rue, en proie à cette étrange sensation qu'amenait chaque fois la suspension du mouvement de la mécanique, sensation singulière, en effet, qui lui faisait croire que le mouvement marchait ou s'arrêtait chaque soir dans sa tête, comme dans la mécanique.

« Je ne vois pas encore Rachel! » se dit-il.

Il pleuvait, et bien des groupes de jeunes femmes passèrent auprès de lui, avec leurs châles ramenés par-dessus leurs têtes nues et retenus sous le menton, afin de protéger leur visage contre la pluie. Il fallait qu'il connût bien Rachel, car un seul coup d'œil dirigé sur chacun de ces groupes suffisait pour lui montrer qu'elle n'en faisait point partie. Enfin, il n'en passa plus ; alors il s'éloigna à son tour, murmurant d'un ton découragé :

« Allons, je l'ai encore manquée ! »

Mais il n'avait pas parcouru la longueur de trois rues, qu'il aperçut devant lui une autre de ces figures à moitié cachées sous leur enveloppe, et l'examina avec tant d'attention que peut-être il lui eût suffi d'en voir l'ombre douteuse réfléchie sur le pavé humide pour la lui faire reconnaître, si ses mouvements précipités ne la lui avaient pas dérobée. Marchant alors d'un pas plus rapide à la fois et moins bruyant, il s'élança ainsi jusqu'à ce qu'il fût arrivé tout près de cette femme, puis il reprit sa première allure, et appela « Rachel ! »

Elle se retourna, se trouvant alors sous la clarté d'une lampe ; et, soulevant un peu son capuchon, laissa voir un visage ovale, à la physionomie agréable, au teint brun et délicat, animé par une paire d'yeux d'une grande douceur et embelli par des cheveux noirs lissés avec soin. Ce visage n'avait plus l'éclat de la jeunesse, c'était celui d'une femme de trente-cinq ans.

« Ah, mon garçon, c'est toi ? » Après avoir prononcé ces paroles, accompagnées d'un sourire facile à lire dans ses traits, mais mieux encore dans ses doux yeux, elle ramena son capuchon et ils firent route ensemble.

« Je croyais que tu étais derrière moi, Rachel ?
— Non.
— Tu es partie de bonne heure ce soir ?
— Quelquefois je pars un peu plus tôt, Étienne ; quelquefois un peu plus tard. On ne peut jamais compter sur l'heure à laquelle je rentrerai.
— Ni sur l'heure à laquelle tu sors non plus, à ce qu'il me paraît, Rachel ?
— Non, Étienne. »

Il la regarda avec une expression qui annonçait une certaine contrariété, mais aussi une respectueuse et patiente conviction qu'elle avait toujours raison, quoi qu'elle fît. Cette expression n'échappa point à Rachel, car elle posa une main légère sur le bras de son compagnon, comme pour l'en remercier.

« Nous sommes de si bons amis, mon garçon, et de si vieux amis, et nous commençons à devenir si vieux, nous-mêmes....

— Toi, Rachel ? tu es aussi jeune que jamais.

— Nous serions bien embarrassés de vieillir l'un sans l'autre, Étienne, tant que nous aurons à vivre, répondit-elle en riant; mais, dans tous les cas, nous sommes de si vieux amis, que ce serait grand péché et grand dommage de nous cacher l'un à l'autre une parole de bonne vérité. Il vaut mieux que nous ne nous promenions pas ensemble. Oh! le temps viendra, oui. Il serait vraiment trop cruel d'en perdre l'espérance, dit-elle avec une douce gaieté qu'elle cherchait à communiquer à son ami.

— C'est cruel tout de même, Rachel.

— Tâche de ne pas y penser, et cela te paraîtra moins dur.

— Il y a longtemps que je tâche, et cela n'en va pas mieux. Mais tu as raison ; on pourrait jaser, même sur ton compte. Tu as été une telle consolation pour moi, Rachel, tu m'as fait tant de bien, tes paroles de joie m'ont si souvent relevé, que ta volonté est ma loi. Ah! oui, ma fille, une bonne et douce loi! Meilleure que bien des lois véritables!

— Ne te tourmente pas de ces choses-là, Étienne, répondit-elle vivement et avec un peu d'inquiétude dans le regard. Laisse donc les lois tranquilles.

— Oui, oui, dit-il en hochant lentement la tête à plusieurs reprises. Laissons-les tranquilles, laissons tout tranquille. C'est un gâchis, et voilà tout.

— Toujours un gâchis! » dit Rachel en lui touchant encore doucement le bras, comme pour le tirer de la rêverie pendant laquelle il mordait, tout en marchant, les longs bouts de sa cravate nouée négligemment autour de son cou. Ce contact produisit un effet immédiat. Il laissa retomber le bout du mouchoir qu'il tenait entre ses dents, tourna vers elle un visage souriant et reprit d'un ton de bonne humeur :

« Oui, Rachel, ma fille, toujours un gâchis. Je ne sors pas de là. J'en reviens toujours au gâchis. Alors je me mets à y patauger et je ne puis plus m'en tirer. »

Ils avaient déjà fait quelque chemin et se trouvaient non loin de leurs demeures. Celle de la femme était la plus proche. Rachel habitait une de ces nombreuses petites rues à l'usage desquelles l'entrepreneur des funérailles le plus en vogue (il tirait une assez jolie petite somme des pauvres pompes funèbres de ce voisinage) tenait une échelle noire, pour aider ceux qui avaient enfin fini de monter et de descendre à tâtons des escaliers trop étroits, à se glisser plus commodément hors de ce monde par les fenêtres. Elle s'arrêta au coin, et lui donnant une poignée de main, lui souhaita le bonsoir.

« Bonsoir, Rachel, ma chère ; bonsoir ! »

Elle descendit la rue obscure avec sa tournure simple mais soignée, et sa démarche sereine et modeste. Il la suivit des yeux jusqu'à ce qu'elle eût disparu dans une humble maison près de là. Peut-être n'y avait-il pas une seule ondulation de ce châle grossier qui n'eût son intérêt aux yeux d'Étienne; pas un son de cette voix qui ne réveillât un écho au fond de son cœur.

Lorsqu'il l'eut perdue de vue, il poursuivit son chemin pour rentrer chez lui, regardant par moments le ciel où les nuages se chassaient rapides et impétueux. Mais voilà que le temps s'éclaircit, la pluie a cessé, la lune qui brille regarde avec curiosité au fond des longues cheminées de Cokeville afin de voir les vastes fourneaux placés au-dessous, et dessine sur les murs intérieurs des fabriques des ombres gigantesques de mécaniques en repos. Le front de l'ouvrier paraissait s'éclaircir en même temps que le ciel à mesure qu'il avançait.

Sa demeure, située dans une rue assez semblable à la première, sauf qu'elle était encore plus étroite, se trouvait au-dessus d'une petite boutique. Comment se pouvait-il faire qu'il y eût des gens qui daignassent acheter ou vendre les misérables petits jouets mêlés dans la montre à des journaux d'un sou, à des morceaux de lard (on y voyait jusqu'à un gigot de porc qui devait être mis en loterie le lendemain)?

c'est ce qu'il nous importe peu de savoir pour le moment. Etienne chercha sur une planche son bout de chandelle, l'alluma à un autre bout de chandelle brûlant sur le comptoir, sans déranger la maîtresse du magasin endormie dans sa boutique, gagna l'escalier et remonta chez lui.

Son chez lui se composait d'une chambre dont plusieurs des locataires précédents n'étaient pas sans avoir fait connaissance avec l'échelle noire dont j'ai déjà parlé; elle semblait aussi bien tenue, dans ce moment, que pouvait l'être un pareil appartement. Dans un coin, sur un vieux bureau, on voyait divers livres et quelques pages d'écriture; l'ameublement était suffisant; l'atmosphère en était viciée, mais la chambre était propre.

Comme il se dirigeait vers la cheminée afin de poser la chandelle sur une table à trois pieds qui se trouvait auprès, quelque chose le fit trébucher. Il se recula en abaissant la lumière, et ce quelque chose alors se souleva et prit la forme d'une femme assise à terre.

« Bonté divine, femme! s'écria-t-il en reculant de quelques pas, comment, te voilà revenue encore une fois! »

C'était bien une femme, mais quelle femme! Une créature perdue, ivre, à peine capable de se maintenir dans la position qu'elle venait de prendre en appuyant à terre une main dégoûtante de saleté, tandis que, de l'autre main, elle faisait des efforts si mal dirigés pour écarter de son visage ses cheveux emmêlés, qu'elle ne réussissait qu'à s'aveugler davantage avec la boue qui les souillait; une créature si repoussante dans ses haillons, ses souillures et ses éclaboussures, mais si doublement repoussante dans son infamie morale, que c'était une honte rien que de la voir.

Après avoir laissé échapper un ou deux jurons d'impatience et s'être stupidement griffé les cheveux avec la main dont elle n'avait pas besoin pour se soutenir, elle parvint à les écarter de façon à entrevoir l'ouvrier. Puis, toujours assise, elle se balança le corps en avant et en arrière, et avec son bras impuissant fit des gestes qui semblaient destinés à accompagner un éclat de rire, bien que le visage conservât son expression endormie et hébétée.

« Eh! mon garçon? C'est donc toi? »

Quelques sons rauques qui cherchaient à exprimer ces

mots sortirent enfin du gosier de la femme avec une intonation moqueuse, puis sa tête retomba sur sa poitrine.

« Revenue ? cria-t-elle au bout de quelques minutes, comme si Étienne venait seulement de prononcer ce mot. Oui ! et je reviendrai encore. Je reviendrai encore et encore et toujours. Revenue ? Oui, me voilà revenue. Et pourquoi pas ? »

Ranimée par la violence insensée avec laquelle elle avait crié ces paroles, elle réussit non sans peine à se relever enfin et se tint debout, les épaules appuyées contre le mur ; laissant pendre à son côté, par la bride, un fragment de chapeau qui semblait avoir été ramassé sur un tas de fumier, et cherchant, en le regardant, à donner à sa figure une expression de mépris.

« Je reviens vendre encore tout ce que tu as et puis je reviendrai encore et je recommencerai vingt fois ! cria-t-elle avec un mouvement qui tenait de la menace et de l'orgie d'une danse bachique. Ote-toi de là ! (Étienne, le visage caché dans ses mains, s'était assis au bord du lit.) Ote-toi de là ! C'est mon lit et j'ai le droit de m'y coucher. »

Elle s'avança en trébuchant, il l'évita en frissonnant, le visage toujours caché, et passa à l'autre bout de la chambre. Elle se jeta sur le lit où bientôt on l'entendit ronfler. Lui, il se laissa tomber sur une chaise qu'il ne quitta qu'une seule fois pendant toute la nuit. Ce fut pour jeter une couverture sur cette femme comme s'il eût trouvé que les mains dont il se couvrait la figure ne suffisaient pas pour la lui cacher, même au milieu de l'obscurité.

CHAPITRE XI.

Pas moyen d'en sortir.

Les palais enchantés s'illuminent tout à coup avant que la pâle matinée ait encore permis de voir les monstrueux serpents de fumée qui se traînent au-dessus de Cokeville. Le bruit des sabots sur le trottoir, le rapide tintement de cloches et toutes les machines que nous avons comparées à des éléphants mélancoliques, polies et huilées pour le monotone travail de la journée, recommencent leurs lourds exercices

Étienne est penché sur son métier, calme, attentif, jamais distrait. Il forme, ainsi que les hommes occupés devant cette forêt de métiers, un étrange contraste avec la bruyante, violente, fracassante mécanique à laquelle il travaille. N'ayez pas peur, bonnes gens qui craignez tout, n'ayez pas peur que l'art parvienne jamais à faire oublier la nature. Placez n'importe où, à côté l'un de l'autre, l'ouvrage de Dieu et l'ouvrage des hommes, et le premier, quand même il ne serait représenté que par une petite troupe d'ouvriers, de gens de rien, gagnera en dignité à cette comparaison.

Tel atelier occupe tant de centaines d'ouvriers et une machine de la force de tant de chevaux. On sait, à une livre près, ce que peut faire la machine; mais tous les calculateurs de la dette nationale réunis ne sauraient me dire ce que peut, pendant une seule seconde, pour le bien ou le mal, pour l'amour ou pour la haine, pour le patriotisme ou la révolte, pour la décomposition de la vertu en vice ou la transfiguration du vice en vertu, l'âme d'un seul de ces calmes travailleurs, aux visages paisibles, aux mouvements réguliers et qui ne sont que les très-humbles serviteurs de cette machine brute. Il n'y a pas le moindre mystère dans la machine; il y a un mystère à jamais impénétrable dans le plus abject de ces hommes. Si donc nous réservions notre arithmétique pour les objets matériels et si nous cherchions d'autres moyens pour gouverner ces terribles quantités inconnues? Qu'en pensez-vous?

Le jour grandit et se fit voir au dehors en dépit du gaz flamboyant à l'intérieur. On éteignit les lumières et on continua à travailler. La pluie commença à tomber et les serpents de fumée, se soumettant à la malédiction première encourue par toute leur race, se traînèrent à fleur de terre. Dans la cour aux débarras, la vapeur du tuyau de décharge, le fouillis de barriques et de vieilles ferrailles, les amas luisants de charbon, les cendres entassées partout, étaient recouverts d'un voile de brouillard et de pluie.

Étienne quitta le chaud atelier pour s'exposer, hagard et fatigué, au vent humide dans les rues froides et boueuses. Il s'éloigna de ses camarades et de son quartier, sans prendre autre chose qu'un peu de pain, qu'il mangeait tout en se dirigeant vers la colline où demeurait son patron. Ce gentleman habitait une maison rouge ayant des volets noirs à l'extérieur et des stores verts à l'intérieur, une porte d'entrée noire, exhaussée de deux marches blanches, où le nom de Bounderby (en lettres qui lui ressemblaient beaucoup) se lisait sur une plaque de cuivre, au-dessous de laquelle une boule du même métal qui servait de poignée avait l'air d'un point sous un I.

M. Bounderby était en train de goûter. Étienne avait compté là-dessus. — Le domestique voudrait-il bien dire à son maître qu'un des ouvriers demandait à lui parler? — En réponse à cette ambassade, arriva un message requérant le nom de l'ouvrier. — Étienne Blackpool. — Il n'existait aucun sujet de plainte contre Étienne Blackpool; oui, il pouvait se présenter.

Voilà Étienne Blackpool dans la salle à manger. M. Bounderby (qu'il connaissait à peine de vue) goûtait avec une côtelette et du xérès. Mme Sparsit tricotait au coin du feu, dans l'attitude d'une amazone à cheval sur une selle de dame, avec le pied dans un étrier de coton. La dignité et les occupations de Mme Sparsit ne lui permettaient pas de goûter. Elle surveillait ce repas en sa qualité officielle, mais elle n'y touchait pas et montrait dans l'expression majestueuse de ses dédains qu'elle regardait le goûter comme une faiblesse.

« Voyons, Étienne, dit M. Bounderby, qu'est-ce qu'il y a? Qu'est-ce qui peut vous amener ici, vous? »

Étienne fit un salut. Non pas un salut servile, ces ouvriers des fabriques ne connaissent pas ça ! Ma foi, non, monsieur, vous ne les y attraperez pas, quand ils seraient restés vingt ans chez vous ! seulement pour faire un bout de toilette en l'honneur de Mme Sparsit, il rentra les deux pendeloques de sa cravate sous son gilet.

« Ah çà, voyons ! continua M. Bounderby en prenant un peu de xérès, vous ne nous avez jamais donné de tracas; vous n'avez jamais fait partie des mauvaises têtes; vous n'êtes pas de ceux comme il y en a tant, qui voudraient qu'on les fît monter dans une voiture à quatre chevaux et qu'on les nourrît de soupe à la tortue et de gibier avec une cuiller d'or (M. Bounderby prétendait toujours que c'était là le seul et unique but de tout ouvrier qui ne se trouvait pas heureux comme un roi) : et, par conséquent, je suis déjà bien sûr que si vous êtes venu ici, ce n'est pas pour vous plaindre ; j'en suis bien persuadé d'avance.

— Non, monsieur, ce n'est pas du tout pour ça que je suis venu, bien sûr. »

M. Bounderby parut agréablement surpris, nonobstant la ferme conviction qu'il venait d'exprimer.

« Très-bien, dit-il. Vous êtes un bon ouvrier et je ne m'étais pas trompé. Voyons donc de quoi il est question. Puisqu'il ne s'agit pas de ça, voyons de quoi il est question. Qu'avez-vous à dire? Parlez, mon garçon. »

Étienne jeta par hasard un coup d'œil du côté de Mme Sparsit.

« Je puis m'éloigner, monsieur Bounderby, si vous le désirez, » dit cette dame, toujours prête à s'immoler et faisant le geste de retirer son pied de l'étrier.

M. Bounderby l'en empêcha en tenant une bouchée de côtelette en suspens avant de l'avaler, et en étendant la main gauche. Puis, retirant sa main et avalant sa bouchée de côtelette, il dit à Étienne :

« Ah çà, vous savez, cette bonne dame est bien née, très-bien née. Vous ne devez pas supposer, parce qu'elle tient ma maison, qu'elle n'est pas montée très-haut sur l'arbre social.... je dirai même jusqu'au sommet de l'arbre social! Or, si vous avez quelque chose à dire qui ne doive pas se dire devant une femme bien née, madame quittera la chambre. Si ce que vous avez à dire peut se dire devant une femme bien née, madame restera où elle est.

— Monsieur, j'espère que je n'ai jamais rien dit qu'une femme bien née ne pût entendre, depuis que je suis né moi-même, fut la réponse, accompagnée d'une légère rougeur.

— Très-bien, dit M. Bounderby repoussant son assiette et s'enfonçant dans son siége. En avant, marche!

— Je suis venu, commença Étienne levant, après un moment de réflexion, les yeux qu'il avait tenus jusque-là fixés sur le plancher, vous demander un conseil. J'en ai grand besoin. Je me suis marié il y aura seize longues et tristes années le lundi de Pâques. C'était une jeune ouvrière, assez jolie, et sa réputation n'était pas mauvaise. Eh bien! elle ne tarda pas à tourner mal. Pas par ma faute. Dieu sait que je n'ai pas été pour elle un mauvais mari.

— J'ai déjà entendu parler de cela, dit M. Bounderby. Elle s'est mise à boire, a cessé de travailler, vendu vos meubles, engagé jusqu'à vos effets, enfin elle a fait le diable à quatre

— J'y ai mis beaucoup de patience.

(Cela prouve que vous êtes un sot, à mon avis, dit M. Bounderby en toute confidence à son verre.)

« J'y ai mis beaucoup de patience ; j'ai essayé de la ramener mille et mille fois, tantôt d'une manière, tantôt d'une autre ; j'ai essayé de tout. Combien de fois, en rentrant, me suis-je aperçu que tout ce que j'avais au monde avait disparu! combien de fois ai-je trouvé ma femme étendue par terre, ivre-morte! Ça ne m'est pas arrivé une fois, ni deux fois, mais vingt fois! »

Chaque ligne de son visage se creusait davantage tandis qu'il parlait, et fournissait un touchant témoignage de ce qu'il avait souffert.

« De mal en pis, de pis en pis. Elle me quitta. Elle descendit aussi bas que possible et se perdit de toutes les façons. Elle revint, elle revint, elle revint. Que pouvais-je faire pour l'en empêcher? Je m'étais promené des nuits entières dans la rue avant de vouloir rentrer. Je suis allé jusqu'au pont avec l'idée de me jeter à l'eau et d'en finir. J'en ai eu tant à endurer, que j'ai vieilli bien jeune. »

Mme Sparsit, continuant d'avancer doucement à l'amble avec ses aiguilles à tricoter, souleva ses sourcils à la Coriolan, et hocha la tête comme pour dire :

« Les grands ont leurs épreuves aussi bien que les petits. Vous n'avez qu'à diriger votre humble regard de mon côté. »

« Je l'ai payée pour qu'elle se tînt éloignée de moi. Voilà cinq ans que je la paye. J'ai encore pu rassembler quelques meubles dans mon logis. J'ai vécu pauvrement et tristement, mais au moins je ne rougissais, je ne tremblais pas de honte à chaque minute de ma vie. Hier soir, je suis retourné chez moi ; je l'y ai trouvée! Elle y est encore! »

Dans l'excès de son malheur et dans l'énergie de sa douleur, il se redressa un moment et un éclair de fierté illumina son regard. L'instant d'après, il se tint comme il s'était tenu depuis le commencement de l'entrevue, les épaules aussi voûtées que d'habitude, son visage rêveur tourné vers M. Bounderby avec une expression bizarre, moitié finesse et moitié embarras, comme si son esprit eût été occupé à débrouiller quelque problème fort difficile; son chapeau dans sa main gauche crispée et appuyée sur la hanche. Sa main droite lui servait à appuyer ce qu'il disait par des gestes énergiques, quoique modérés par un sentiment de convenance naturel; quelquefois elle restait immobile quand l'ouvrier s'interrompait, mais toujours étendue et parlante, même quand il ne disait rien.

« Il y a longtemps, vous savez, que j'étais informé de tout cela, dit M. Bounderby, sauf la dernière scène. C'est une mauvaise affaire; voilà ce que c'est : vous auriez mieux fait de rester garçon, au lieu de vous marier. Enfin il est un peu tard maintenant pour vous dire ça.

— Était-ce une union mal assortie, monsieur, sous le rapport de l'âge? demanda Mme Sparsit.

— Vous entendez ce que demande cette dame? Était-ce une union mal assortie sous le rapport de l'âge, que cette vilaine affaire où vous vous êtes engagé? dit Bounderby.

— Elle n'a pas même cette excuse-là. J'avais vingt et un ans; elle en avait près de vingt.

— Vraiment, monsieur? dit Mme Sparsit en regardant son patron avec beaucoup de calme. J'aurais cru, à voir cette union si malheureuse, qu'elle avait sans doute été mal assortie sous le rapport de l'âge. »

M. Bounderby lança à la bonne dame un regard de côté qui avait quelque chose d'un peu penaud. Pour se donner du courage, il prit un verre de xérès.

« Eh bien, pourquoi ne continuez-vous pas? demanda-t-il alors en se tournant avec une certaine irritation vers Étienne Blackpool.

— Je suis venu vous demander, monsieur, comment je puis me débarrasser de cette femme? »

Étienne mit encore plus de gravité dans l'expression de son visage attentif.

Mme Sparsit laissa échapper une exclamation étouffée, pour indiquer qu'elle avait été moralement froissée.

« Que voulez-vous dire? s'écria Bounderby se levant pour s'appuyer le dos contre la cheminée. Qu'est-ce que vous venez me chanter là? Vous l'avez prise, selon les termes de l'écriture qu'on vous a lue le jour de vos noces, *pour le bien comme pour le mal*[1].

— Il faut que je me débarrasse d'elle. Je ne peux pas supporter ça davantage. Si j'ai pu vivre si longtemps de la sorte, je le dois à la pitié et aux paroles de consolation de la meilleure fille qui soit dans ce monde ou dans l'autre. Heureusement, car sans elle je serais devenu fou à lier.

— Il voudrait être libre pour épouser la femme dont il vient de parler; je le crains, monsieur, remarqua Mme Sparsit à mi-voix et très-peinée de la profonde immoralité du peuple.

— Oui, c'est ce que je veux. La dame a raison. C'est ce que je veux. J'allais y arriver. J'ai lu dans les journaux que les gens comme il faut (c'est trop juste, je ne leur en veux pas pour cela) ne sont pas liés assez solidement, quoiqu'ils se prennent aussi *pour le bien comme pour le mal*, pour ne pas pouvoir se dégager d'une union malheureuse et se remarier. Et pourtant, quand ils ne s'accordent pas pour cause d'incompatibilité d'humeur, ils ont des chambres plus qu'il ne leur en faut, ils peuvent vivre séparément; nous autres, nous n'avons qu'une chambre et nous ne pouvons pas. Quand ça ne suffit pas, ils ont de l'or ou d'autres valeurs, et ils peuvent se dire : « Voilà pour toi, voilà pour moi, » et s'en aller chacun de leur côté ; nous, nous ne pouvons pas non plus. Avec tout ça, ils peuvent se désunir pour des torts moins grands que ceux dont je souffre ; pour lors, il faut que je me débarrasse de cette femme, et je veux savoir le meilleur moyen.

— Il n'y a pas de moyen, répondit M. Bounderby.

— Si je lui fais du mal, monsieur, il y a une loi pour me punir?

— Certainement.

— Si je l'abandonne, il y a une loi pour me punir?

— Certainement.

---

[1]. *For better for worse*, paroles de la liturgie de l'église protestante d'Angleterre.

— Si j'épouse l'autre chère fille, il y a une loi pour me punir?

— Certainement.

— Si je vis avec elle sans l'épouser, mettant que pareille chose puisse arriver, et ça n'arrivera jamais, elle est trop honnête pour ça, il y a une loi pour me punir dans chaque innocent petit être qui m'appartiendrait?

— Certainement.

— Alors, au nom du ciel, dit Étienne Blackpool, montrez-moi la loi qui peut me venir en aide.

— Hum!... Il y a dans ces relations sociales un caractère de sainteté, dit M. Bounderby, qui.... qui.... bref, il faut la garder, cette sainteté.

— Non, non, monsieur. On ne la garde pas comme ça; pas comme ça. C'est comme ça qu'on la détruit. Je ne suis qu'un tisserand; je n'étais pas plus haut que ça que je travaillais déjà dans une fabrique; mais j'ai des yeux pour voir et des oreilles pour entendre. Je lis dans les journaux, au compte rendu de chaque assise, de chaque séance, et vous le lisez aussi, je le sais, avec terreur, que l'impossibilité supposée de se désunir à aucun prix, à aucune condition, ensanglante le pays et provoque, dans les ménages pauvres, des luttes, des meurtres et des morts subites. Il faudrait nous faire bien connaître notre droit. Je suis dans une triste position, et je voudrais, sans vous commander, connaître la loi qui peut me venir en aide.

— Eh bien, écoutez un peu, dit M. Bounderby mettant ses mains dans ses poches; cette loi *existe.* »

Étienne, reprenant son attitude tranquille et prêtant toute son attention, fit un signe de tête.

« Mais elle n'est pas faite pour vous du tout, du tout. Elle coûte de l'argent, beaucoup d'argent.

— Combien pourrait-elle bien coûter? demanda tranquillement Étienne.

— D'abord, vous auriez à intenter un procès devant la cour des docteurs en droit canonique, puis vous auriez à intenter un autre procès devant la cour des plaids communs, puis vous auriez à intenter un troisième procès devant la chambre des lords, et ensuite il faudrait obtenir un acte du parlement qui vous permît de vous remarier, et, en admettant que la chose marchât comme sur des roulettes, cela vous coûterait, je suppose, de vingt-cinq à trente-cinq mille francs environ, dit M. Bounderby, peut-être le double.

— Il n'y a pas d'autre loi?
— Aucune.
— Alors, monsieur, dit Étienne devenu tout pâle et faisant geste de sa main droite comme pour permettre aux quatre vents de disperser toutes les lois possibles, c'est un gâchis. C'est un vrai gâchis d'un bout à l'autre, et plus tôt je serai mort, mieux ça vaudra. »

(Mme Sparsit est de nouveau découragée par l'impiété des gens du peuple.)

« Bah! bah! N'allez pas dire des bêtises, mon brave homme, reprit M. Bounderby, à propos de choses que vous ne comprenez pas, et n'allez pas appeler les institutions de votre pays un gâchis, ou bien vous vous trouverez dans un véritable gâchis vous-même, un de ces quatre matins. Les institutions de votre pays ne sont pas votre affaire, et la seule chose à laquelle vous soyez tenu, c'est de vous occuper de votre ouvrage. Vous n'avez pas pris femme *pour le bien comme pour le mal* pour la garder ou la planter là à votre choix; vous l'avez prise pour ce qu'elle était. Si elle a mal tourné, ma foi, tout ce que l'on peut dire, c'est qu'elle aurait pu mieux tourner.

— C'est un gâchis, répéta Étienne hochant la tête tandis qu'il gagnait la porte. C'est un vrai gâchis, pas autre chose.

— Ah çà, écoutez un peu! reprit M. Bounderby en manière d'adieu. Ce que j'appellerai vos opinions sacriléges ont tout à fait choqué cette dame. Je vous l'ai déjà dit, c'est une dame bien née et qui, ainsi que je vous ne l'ai pas encore dit, n'est pas sans avoir eu elle-même ses infortunes matrimoniales, sur le pied de quelques dizaines de milliers de livres.... dizaines de milliers de livres!... » Il répéta ce chiffre avec un air de gastronome affriandé. « Or, jusqu'à présent, vous avez toujours été un ouvrier rangé ; mais j'ai dans l'idée, je vous le dis franchement, que vous entrez dans une mauvaise voie. Vous avez sans doute prêté l'oreille à quelque étranger subversif (il n'en manque pas dans les environs), et ce que vous avez de mieux à faire, c'est de sortir de là. Vous savez.... (ici, les traits de M. Bounderby exprimèrent une finesse merveilleuse); je vois plus loin que le bout de mon nez; un peu plus loin que bien des gens, peut-être car on m'a tenu le nez contre la meule : on m'en a fait voir de dures, quand j'étais jeune! J'entrevois des symptômes de soupe à la tortue et de gibier avec une cuiller d'or dans tout ceci. Oui, je les entrevois, cria M. Bounderby hochant la tête avec une astuce obstinée. Par le lord Harry, je les entrevois! »

Étienne répondit, avec un hochement de tête bien différent et un gros soupir :

« Merci, monsieur ; je vous souhaite le bonjour. »

Et il laissa M. Bounderby se gonflant d'orgueil devant son propre portrait accroché au mur de la salle à manger, tandis que Mme Sparsit continuait à chevaucher doucement, un pied dans l'étrier, la mine toujours on ne peut plus attristée par les vices des gens du peuple.

CHAPITRE XII.

La vieille.

Le pauvre Étienne descendit les marches blanches, fermant derrière lui la porte noire ornée d'une plaque de cuivre au moyen du bouton de même métal, auquel il fit ses adieux en le frottant avec la manche de son habit, lorsqu'il eut remarqué que la chaleur de sa main en avait terni l'éclat. Il traversa la rue, les yeux fixés à terre, et il s'éloignait ainsi tout tristement, lorsqu'il sentit une main se poser sur son épaule.

Ce n'était pas la main qui lui eût été le plus nécessaire dans un pareil moment, la main qui avait le pouvoir de calmer le trouble orageux de son âme, comme celle d'un Dieu de sublime amour et de sublime patience avait eu, en s'étendant, le pouvoir d'apaiser la mer irritée. Mais néanmoins c'était une main de femme qui l'arrêtait. Ce fut sur une vieille femme, grande et encore bien conservée, quoique ridée par le temps, que tomba le regard de l'ouvrier, lorsqu'il s'arrêta et se retourna. Elle était très-proprement et très-simplement mise; elle avait à ses souliers de la boue des campagnes; on voyait qu'elle arrivait d'un voyage. L'agitation de ses manières, au milieu du bruit inaccoutumé des rues, le second châle qu'elle portait déplié sur son bras, le lourd parapluie et le petit panier, les gants trop larges avec leurs doigts trop longs auxquels ses mains n'étaient pas habituées, tout annonçait une campagnarde, vêtue de sa modeste toilette du dimanche et faisant à Cokeville une apparition rare comme les beaux jours. Il vit tout cela d'un seul coup d'œil, avec la rapide perspicacité des gens de sa classe, et, pour mieux entendre ce qu'elle avait à lui dire, il pencha vers elle son visage avec cette expression d'attention concentrée qu'on voit sur la figure d'un sourd, ou, ce qui revient au même, d'un des nombreux ouvriers obligés, comme Étienne, de travailler constamment des yeux et des mains au milieu d'un tapage assourdissant.

« Pardon, monsieur, dit la vieille, mais ne vous ai-je pas vu sortir de la maison que voilà? (désignant la maison de M. Bounderly). Je crois que c'est vous, à moins que je n'aie eu la mauvaise chance de perdre de vue la personne que je suivais.

— Oui, madame, répliqua Étienne, c'est moi.

— Avez-vous.... Vous excuserez la curiosité d'une vieille femme.... Avez-vous vu le monsieur?

— Oui, madame.

— Et quelle mine avait-il, monsieur, avait-il l'air robuste, hardi, franc et décidé? »

Tandis qu'elle parlait, se redressant et relevant la tête pour mieux figurer ses paroles par son attitude, Étienne cru se rappeler qu'il avait déjà vu cette vieille femme-là quelque part, et qu'elle ne lui avait pas plu.

« Oui! répliqua-t-il en la regardant avec plus d'attention, il avait l'air de tout cela.

— Et bien portant, dit la vieille, aussi frais qu'une pomme d'api?

— Oui, répondit Étienne. Il était en train de boire et de manger; gros et gras comme un bourdon, et presque aussi retentissant.

— Merci ! dit la vieille avec une joie infinie, merci ! »

C'était certainement la première fois qu'il voyait cette vieille. Cependant il avait comme un vague souvenir d'avoir vu, au moins en rêve, quelque vieille qui lui ressemblait.

Elle se mit à marcher à côté de lui, et l'ouvrier, se prêtant avec bonté à l'humeur de sa compagne, lui parla de choses et d'autres :

« Cokeville est un endroit bien actif et bien populeux n'est-ce pas ? »

Ce à quoi elle répondit :

« Oh, pour ça, oui ! terriblement actif.

— Vous arrivez de la campagne, à ce que je vois?

— Mais oui, répondit-elle, par le train express, ce matin. J'ai fait quarante milles par le train express, ce matin, et je vais les recommencer cette après-midi. J'ai fait neuf milles à pied ce matin avant d'arriver à la station, et si je ne rencontre personne en route pour me voiturer un petit bout de chemin, je m'en retournerai de même ce soir. Ça n'est pas déjà si mal, monsieur, pour mon âge ! dit la voyageuse communicative, les yeux brillants d'orgueil.

— Ma foi, non. Mais il ne faut pas recommencer trop souvent, madame.

— Non, non, une fois par an, répondit-elle secouant la tête. Je dépense mes économies à ça, une fois par an. Je viens régulièrement pour me promener dans les rues et voir le monsieur.

— Rien que pour le voir?

— Cela me suffit, répliqua-t-elle avec beaucoup d'animation et d'intérêt ; je ne demande rien de plus ! Je me suis promenée par ici, de ce côté de la rue, pour voir sortir le monsieur, ajouta-t-elle, tournant de nouveau la tête du côté de la maison de M. Bounderby ; mais il est en retard cette année, et je ne l'ai pas vu ; c'est vous qui êtes sorti à sa place. Alors, puisque je suis obligée de m'en retourner sans l'entrevoir, moi qui n'étais venue que pour cela, au moins je vous ai vu, et vous, vous avez vu le monsieur, et il faudra que je me contente de ça. » En prononçant ces derniers mots, elle regarda Étienne comme pour fixer dans sa mémoire les traits du tisserand, et ses yeux devinrent moins brillants.

Tout en faisant de larges concessions à la diversité des

goûts, et sans vouloir se révolter contre les patriciens de Cokeville, l'ouvrier trouva si étrange qu'on s'intéressât à ce point à M. Bounderby et qu'on se donnât tant de peine pour le voir, que la chose l'intrigua beaucoup ; mais en ce moment ils passaient devant l'église, et lorsque Étienne eut levé les yeux vers l'horloge, il pressa le pas.

« Est-ce que vous allez à votre ouvrage ? demanda la vieille pressant aussi le pas, sans que cela l'incommodât le moins du monde.

— Oui, et je n'ai que le temps tout juste. »

Quand il eut dit où il travaillait, la vieille devint plus surprenante que jamais.

« Est-ce que vous n'êtes pas bien heureux ? lui demanda-t-elle.

— Pour ce qui est de ça, nous avons chacun nos peines, madame. »

Il éluda ainsi la question parce que la vieille paraissant convaincue qu'il devait être parfaitement heureux, il n'avait pas le courage de la détromper. Il savait qu'il ne manquait pas de peines dans le monde ; et si la vieille, après avoir vécu aussi longtemps, pouvait le croire exempt de sa part d'affliction, eh bien ! tant mieux pour elle, qu'est-ce que cela lui faisait à lui ?

« Oui, oui ! vous avez vos peines, là-bas, chez vous, c'est là ce que vous voulez dire ? reprit-elle.

— Parfois ; de temps à autre, répondit-il d'un ton léger.

— Mais, avec un maître comme le vôtre, vos peines ne vous suivent pas jusque dans l'atelier ? »

Non, non. Elles ne le suivaient pas jusque-là, à ce que dit Étienne. Là tout était ordonné, rien ne clochait. Cependant il n'alla pas jusqu'à ajouter, même pour faire plaisir à la vieille, qu'il y avait là comme une image de la justice divine ; quoique j'aie entendu, dans ces derniers temps, élever des prétentions presque aussi magnifiques.

Ils se trouvaient maintenant dans l'obscur chemin de traverse qui menait à la fabrique, et les ouvriers arrivaient en foule. La cloche tintait, le serpent déroulait de nombreux replis et l'éléphant s'apprêtait à se mettre en marche. L'étrange vieille admirait tout, jusqu'au son de la cloche.

C'était la plus charmante cloche qu'elle eût jamais entendue, dit-elle : elle avait un son imposant.

Elle demanda à Étienne, qui s'arrêta avec bonhomie pour lui donner une poignée de main avant d'entrer, depuis combien de temps il travaillait là ?

« Depuis douze ans, répondit-il.

— Il faut que je baise la main qui a travaillé pendant douze ans dans cette belle fabrique ! » s'écria-t-elle. Et, quoi qu'il fît pour l'en empêcher, elle saisit sa main et la porta à ses lèvres. Indépendamment de son âge et de sa simplicité, il fallait que cette femme eût en elle quelque secrète harmonie dont il ne se rendait pas compte, car, même en baisant la main, chose étrange ! elle avait un je ne sais quoi de naturel et d'avenant ; il fallait que ce fût elle pour donner à sa conduite singulière un air si sérieux, un caractère à la fois touchant et ingénu.

Il y avait au moins une demi-heure qu'il tissait en pensant à cette vieille, quand, obligé de faire le tour de son métier pour le rajuster, il jeta un coup d'œil au dehors par une croisée qui se trouvait dans le coin où il travaillait, et il la vit encore occupée à regarder la manufacture, plongée dans une admiration profonde. Oubliant la fumée, la boue, la pluie et ses deux longs voyages, elle contemplait l'édifice, comme si le bourdonnement monotone qui s'échappait des nombreux étages eût formé une musique dont elle était fière.

Elle disparut bientôt et le jour avec elle : le gaz fut allumé, et le train express passa comme un éclair en vue du palais enchanté, sur le viaduc voisin ; on le sentit peu au milieu du grondement des mécaniques, on l'entendit à peine au-dessus du fracas et du tapage des métiers. Depuis longtemps, les pensées d'Étienne l'avaient ramené vers la sombre chambre au-dessus de la petite boutique, et vers cette forme honteuse lourdement gisante sur le lit, mais plus lourdement encore sur son cœur.

La mécanique ralentit sa marche ; elle palpite faiblement comme un pouls malade ; elle s'arrête. La cloche retentit de nouveau, l'éclat des lumières et la chaleur se dissipent, les fabriques dessinent leurs formes indistinctes et massives dans la nuit noire et humide. Leurs longues cheminées s'élèvent dans l'air comme les rivales de la tour de Babel.

Il ne s'était écoulé que vingt-quatre heures depuis qu'il avait causé avec Rachel, c'est vrai, et il avait même fait une courte promenade avec elle; mais depuis ce temps-là il lui était survenu un nouveau malheur que Rachel pouvait seule alléger; et c'est pour cela, et aussi parce qu'il savait combien il avait besoin d'entendre la seule voix qui pût calmer sa colère, qu'il se crut autorisé, malgré ce qu'elle lui avait dit, à l'attendre encore une fois. Il attendit, mais elle lui avait échappé de nouveau. Elle était partie. De toutes les nuits de l'année, c'était celle où il pouvait le moins se passer de voir le visage doux et patient de son amie.

Oh! n'eût-il pas mieux valu ne pas savoir où reposer sa tête que d'avoir une demeure et de n'oser y retourner, pour un pareil motif? Il mangea pourtant, il but, car il était exténué, mais il ne savait pas ce qu'il mangeait ou buvait et s'en souciait peu; puis il se mit à errer sous une pluie glaciale, rêvant à sa honte, rêvant à son malheur, nourrissant de sombres, bien sombres pensées.

Jamais il n'avait été question entre eux d'un nouveau mariage; mais il y avait bien des années que Rachel lui avait montré de la pitié; depuis, elle avait été la seule à laquelle il eût ouvert son cœur, la seule à laquelle il eût confié ses chagrins; il savait que, s'il était libre de la prendre pour femme, elle ne dirait pas non. Il pensait au foyer vers lequel il aurait pu, à ce moment même, se diriger avec bonheur et avec orgueil; à cette autre union qui aurait pu faire de lui un tout autre homme; à la gaieté qui eût alors animé son cœur aujourd'hui si accablé de tristesse; à l'honneur, au respect de lui-même, au calme d'esprit qu'il eût retrouvés et qu'aujourd'hui il voyait tombés pièce à pièce. Il pensait au gaspillage des meilleures années de sa vie, au changement fatal qui s'opérait dans son esprit de plus en plus irrité; à l'horrible existence d'un homme attaché par les pieds et les poings à une femme morte, et tourmenté par un démon qui prenait la forme de ce cadavre. Il pensait à Rachel, si jeune, lorsque les conséquences de son mariage l'avaient rapprochée de lui, si mûre maintenant et si près déjà de l'âge où l'on commence à vieillir. Il pensa à toutes les jeunes filles et à toutes les femmes qu'elle avait vues se marier, à tous les foyers entourés d'enfants qu'elle avait vus s'élever autour d'elle; à la résignation qu'elle avait mise à poursuivre à cause de lui son chemin tranquille et solitaire ; à l'ombre de tristesse qu'il avait parfois entrevue sur son visage aimé, et qui le frappait de remords et de désespoir. Il évoqua le portrait de Rachel pour le poser en face de l'image infâme qu'il avait retrouvée chez lui la veille, et il demanda s'il était possible que l'existence terrestre d'un être si doux, si bon, si dévoué, fût entièrement sacrifiée à une créature aussi avilie !

Plein de ses pensées, si plein qu'il lui semblait que son cœur gonflé allait éclater, qu'il ne voyait plus sous leur forme réelle les objets devant lesquels il passait en chemin, et que le cercle irisé autour des lampes brumeuses empruntait à ses yeux émus une couleur de sang, il rentra dans l'asile de son toit domestique.

CHAPITRE XIII.

Rachel.

Une chandelle brûlait faiblement à cette croisée, contre laquelle l'échelle noire avait été bien souvent appliquée pour faire glisser par là l'être le plus précieux au monde à une pauvre mère, désormais veuve et condamnée à travailler pour son troupeau d'enfants affamés; Étienne ajouta à ses autres pensées la sombre réflexion que, de toutes les éventualités de notre existence terrestre, nulle ne nous est départie d'une façon plus injuste que la mort. L'inégalité de la naissance n'est rien auprès. Supposons que le fils d'un roi et le fils d'un tisserand soient nés ce soir à la même heure : qu'est-ce donc que ce contraste auprès de celui qui fait mourir une créature humaine utile ou chère à d'autres, tandis qu'elle laisse vivre cette ivrognesse?

Du dehors de se demeure, il passa à l'intérieur, le visage toujours sombre, à pas lents et en retenant son haleine. Il arriva devant sa porte, l'ouvrit et entra dans la chambre.

La tranquillité et la paix y étaient revenues. Rachel était là, assise auprès du lit.

Elle tourna la tête et le rayonnement de son visage dissipa la nuit qui s'était faite dans l'esprit de l'ouvrier. Elle se tenait auprès du lit, veillant et soignant une malade. Étienne vit bien que, s'il y avait quelqu'un dans le lit, ce ne pouvait être que sa femme ; mais la main de Rachel avait accroché un rideau qui lui dérobait la vue de cette malheureuse ; comme elle avait aussi fait disparaître les haillons du vice pour les remplacer par ses propres effets d'habillement. Chaque chose était à la place et dans l'ordre où il avait coutume de la laisser, le feu venait d'être arrangé et l'âtre récemment balayé. Il lui semblait voir tout cela dans le visage de Rachel : et il n'avait pas besoin de regarder ailleurs. Ce visage qu'il contemplait lui fut bientôt caché par les larmes d'attendrissement qui remplirent ses yeux et obscurcirent sa vue ; mais il avait eu déjà le temps de voir qu'elle le regardait avec inquiétude, et qu'elle aussi avait les yeux pleins de larmes.

Elle tourna de nouveau la tête vers le lit, et, après s'être assurée que la malade était tranquille, elle parla à voix basse, d'un ton calme et presque joyeux.

« Je suis contente que tu sois enfin rentré, Étienne. Tu reviens tard ?

— Je me suis promené dans les rues, de côté et d'autre.

— C'est ce que j'ai pensé. Mais il fait trop mauvais temps pour ça. Il pleut à verse et le vent s'élève. »

Le vent ? En effet, l'orage menaçait au dehors. Écoutez-le, dans la cheminée, gronder comme le tonnerre et rugir comme l'Océan. S'être trouvé au milieu d'une pareille tempête et ignorer qu'il fait du vent !

« C'est la seconde fois que je viens aujourd'hui, continua Rachel. La propriétaire est venue me chercher à l'heure du dîner. Il y avait ici quelqu'un qui avait besoin de soins, m'a-t-elle dit. Et elle avait bien raison.... La malade n'a plus la tête à elle, Étienne ; et de plus elle est blessée et toute meurtrie. »

Étienne se dirigea lentement vers une chaise et s'assit baissant la tête devant la garde-malade.

« Je suis venue faire ce que je puis, Étienne ; d'abord parce qu'elle et moi nous travaillions ensemble quand nous étions jeunes, du temps que tu lui faisais la cour pour l'épouser, et qu'elle était mon amie.... »

Il posa son front ridé sur sa main avec un gémissement étouffé.

« Et ensuite, parce que je connais ton cœur et que je suis sûre et certaine que tu es trop bon pour vouloir la laisser mourir ou même la laisser souffrir, faute de secours. Tu sais qui a dit : « Que celui d'entre vous qui est sans péché lui jette la première pierre ! » Il n'a pas manqué de gens pour lui jeter celle-là. Mais toi, tu n'es pas homme à lui jeter la dernière pierre, Étienne, quand tu la vois dans un état si pitoyable.

— Oh ! Rachel, Rachel !

— Tu as cruellement souffert ; que le ciel te récompense ! dit-elle d'une voix compatissante. Je suis ta pauvre amie, de tout mon cœur et de toute mon âme. »

La blessure dont Rachel avait parlé, se trouvait, à ce qu'il paraît, au cou de la femme perdue, victime volontaire de ses vices hideux. Elle la pansa en ce moment, mais sans découvrir la malade. Elle trempa un linge dans une cuvette où elle avait versé quelques gouttes d'un liquide renfermé dans une bouteille, et l'appliqua sur la plaie. La table à trois pieds avait été rapprochée du lit, et on y voyait deux bouteilles, dont l'une était celle que Rachel venait d'y poser.

Elle n'était pas si éloignée qu'Étienne, suivant des yeux la main de Rachel, ne pût lire ce qui était écrit en grandes lettres sur l'étiquette. Il devint pâle comme un mort, et une soudaine horreur sembla s'emparer de lui.

« Je resterai ici, Étienne, dit Rachel se rasseyant tranquillement, jusqu'à ce que trois heures aient sonné. Il faudra recommencer le pansement à trois heures, et alors on pourra la laisser jusqu'au matin.

— Mais tu as besoin de te reposer pour pouvoir travailler demain, ma chère.

— J'ai bien dormi la nuit dernière. Je puis veiller plusieurs nuits de suite, quand il le faut. C'est toi qui as besoin de sommeil, pâle et fatigué comme tu es. Tâche de dormir sur ta chaise, pendant que je veillerai. Tu n'as pas pu dormir hier soir, je m'en doute bien. Ton travail de demain est plus dur que le mien. »

Il entendit le vent qui grondait et rugissait au dehors, et il lui sembla que sa colère de tantôt rôdait autour de la maison cherchant à pénétrer auprès de lui. Rachel l'avait chassée; il se fiait à elle pour le défendre contre lui-même.

« Elle ne me reconnaît pas, Étienne; elle ouvre les yeux sans rien regarder, et murmure quelques mots d'un air à moitié endormi. Je lui ai parlé souvent et souvent, mais elle ne s'en est seulement pas aperçue! Tant mieux peut-être. Quand elle sera revenue à elle, j'aurai fait ce que j'ai pu, et elle n'en saura rien.

— Combien de temps, Rachel, croit-on qu'elle restera ainsi?

— Le médecin dit que demain elle reprendra toute sa connaissance. »

Les yeux de l'ouvrier tombèrent de nouveau sur la bouteille, et un frisson s'empara de lui qui le fit trembler de tous ses membres. Rachel crut qu'il avait attrapé froid dans la pluie.

— Non, dit-il, ce n'est pas ça. J'ai été effrayé.

— Effrayé?

— Oui, oui! En rentrant. Pendant que je marchais. Pendant que je.... que je pensais. Pendant que je.... »

Le frisson s'empara encore une fois de lui; il se leva, se retenant à la cheminée, tandis qu'il lissait ses cheveux froids et humides d'une main qui tremblait comme si elle eût été frappée de paralysie.

« Étienne! »

Elle s'avançait vers lui, mais il étendit le bras pour l'arrêter.

« Non! reste où tu es, je t'en prie; reste où tu es! Que je te voie toujours assise près du lit. Que je te voie toujours si bonne et si prompte à pardonner. Que je te voie comme je t'ai vue en entrant ici. Je ne puis jamais te voir mieux placée que là. Jamais, jamais, jamais! »

Après un violent frisson, il se laissa retomber sur sa chaise. Au bout de quelque temps, il parvint à se calmer, et le coude sur un de ses genoux, la tête appuyée sur sa main, il put regarder du côté de Rachel. Vue à la clarté douteuse de la chandelle et à travers ses yeux humides, elle lui parut avoir une auréole autour de la tête. Vraiment il crut la voir, il la vit, cette auréole, pendant que le vent du dehors venait secouer la croisée, agiter la porte d'en bas et faire le tour de la maison, hurlant et se lamentant.

« Quand elle ira mieux, Étienne, il faut espérer qu'elle te laissera encore tranquille et ne te causera plus d'ennui. Dans tous les cas, espérons-le. Et maintenant, je vais me taire, car je voudrais te voir dormir. »

Il ferma les yeux, plutôt pour faire plaisir à Rachel que pour reposer sa tête fatiguée; mais peu à peu, comme il écoutait le bruit du vent irrité, il cessa de l'entendre, ou bien le bruit se changea en celui de son métier ou en celui des mille voix de la journée (y compris la sienne), avec les mille paroles qu'elles avaient réellement prononcées. Mais bientôt ce faible sentiment de l'existence finit aussi par disparaître et il tomba dans un rêve long et agité.

Il rêva que lui et une autre personne à laquelle il avait depuis longtemps donné son cœur (mais ce n'était point Rachel, et cela le surprit, même au milieu de son bonheur imaginaire) se trouvaient dans l'église et qu'on les unissait. Pendant qu'on célébrait la cérémonie et qu'il reconnaissait parmi les témoins quelques individus qu'il savait encore en vie et beaucoup d'autres qu'il savait morts, il se fit une obscurité complète à laquelle succéda l'éclat d'une lumière éblouissante. Cette lumière jaillissait d'une ligne de la table des dix commandements placée au-dessus de l'autel, dont les mots illuminaient l'édifice. Ils résonnaient aussi dans l'église, comme si leurs lettres de feu eussent eu une voix. Alors, la scène qui se déroulait devant lui changea, et il n'en resta rien, rien que lui et le ministre. Ils se trouvaient au grand jour, devant une foule si vaste, que si on avait rassemblé les habitants du monde entier dans le même espace, elle n'aurait guère pu, pensait-il, paraître plus nombreuse; tous les spectateurs le contemplaient avec horreur; il n'y avait pas un seul regard compatissant ou sympathique parmi les millions de regards fixés sur son visage. Il se trouvait sur une plate-forme exhaussée, au-dessous de son propre métier; et levant les yeux pour voir la métamorphose de ce métier, et entendant qu'on récitait distinctement les prières des morts, il reconnut qu'il était là comme condamné à mort. Au bout d'une minute, la plateforme sur laquelle il se tenait se déroba sous ses pieds, et il était pendu.

Par quelle circonstance mystérieuse il put ressusciter et fréquenter de nouveau les endroits qu'il connaissait, c'est ce qu'il était incapable de deviner; mais, ce qu'il y a de sûr, c'est qu'il y était revenu, emportant avec lui sa condamnation qui consistait à ne plus voir le visage de Rachel, à ne plus entendre sa voix, dans ce monde ou dans l'autre, pendant la durée inimaginable de l'éternité. Errant çà et là, incessamment, sans espoir, et cherchant il ne savait quoi (il savait seulement qu'il était condamné à chercher), il était en proie à une terreur horrible, sans nom, il avait une peur fatale d'une certaine forme qui se représentait à lui sans relâche. Tout ce qu'il regardait prenait tôt ou tard cette forme. L'unique but de sa misérable existence était d'empêcher que les diverses personnes ne la reconnussent. Soins inutiles! s'il les conduisait hors d'une salle où elle se trouvait, s'il fermait les tiroirs ou les cabinets où elle était renfermée, s'il attirait les curieux loin des endroits où il la savait cachée et parvenait à les emmener dans la rue, les cheminées mêmes des fabriques se transformaient soudain, et, autour d'elle, on pouvait lire l'étiquette imprimée.

Le vent grondait de nouveau, la pluie ruisselait le long des toits, et les grands espaces à travers lesquels il avait erré jusqu'alors se resserrèrent entre les quatre murs de sa chambre. Sauf que le feu s'était éteint, rien n'y avait changé de place depuis qu'il avait fermé les yeux. Rachel semblait sommeiller sur une chaise, non loin du lit. Elle dormait enveloppée dans son châle, parfaitement immobile. La table était au même endroit, et sur la table se trouvait dans sa proportion et son aspect réel la forme qu'il avait vue si souvent en rêve.

Il crut voir le rideau s'agiter. Il regarda de nouveau et reconnut qu'il s'agitait en effet. Il vit une main qui s'avançait et semblait chercher quelque chose à tâtons. Puis le rideau s'agita plus sensiblement, et la femme couchée dans le lit le repoussa et se mit sur son séant.

Les yeux désolés, égarés, effarés, qu'elle promena tout autour de la chambre, passèrent sans s'arrêter devant le coin où Étienne dormait sur sa chaise. Ses yeux y retournèrent bientôt; elle les abritait avec sa main comme avec un abat-jour, pour examiner l'ouvrier plus attentivement. Encore une fois elle regarda tout autour de la chambre, sans avoir l'air de faire attention à Rachel, et fixa les yeux sur le coin où il était assis, les abritant une seconde fois de la main, le cherchant avec un instinct brutal qui lui disait qu'il était là. Il trouva que, dans ces traits flétris par la débauche et dans l'esprit qui respirait là-dessous, il ne restait plus aucune trace de la femme qu'il avait épousée dix-huit ans auparavant. S'il ne l'eût pas vue descendre pas à pas jusqu'à ce point de dégradation, il n'aurait pas pu croire que ce fût la même femme.

Tout ce temps-là, comme s'il eût été sous l'influence d'un charme, il était condamné à l'immobilité et à l'impuissance. Tout ce qu'il pouvait faire, c'était de la regarder.

Elle s'assit quelque temps, les mains à la hauteur de ses oreilles, livrée à un sommeil hébété ou à des réflexions qui ne l'étaient pas moins. La tête ainsi appuyée, elle recommença bientôt son examen de la chambre. Et alors, pour la première fois, ses yeux tombèrent sur la table où se trouvaient les bouteilles. Aussitôt elle dirigea vers le coin d'Étienne un nouveau regard où se répétait le défi de la veille et allongea sa main avide avec lenteur et précaution. Elle tira à elle une tasse et demeura quelques minutes immobile, ne sachant quelle bouteille choisir. Enfin, elle saisit d'une étreinte insensée celle qui renfermait une mort prompte et certaine, et, sous les yeux mêmes d'Étienne, tira le bouchon avec ses dents.

Rêve ou réalité, Étienne ne put prononcer une parole, il lui fut tout aussi impossible d'agir.

Si le danger est réel et que l'heure de cette malheureuse n'ait pas sonné, réveille-toi, Rachel, réveille-toi!

La malade en a grand'peur. Elle regarde Rachel; puis, très-lentement, avec beaucoup de précaution, elle se verse à boire. La tasse touche ses lèvres. Un instant encore et rien ne pourra plus la sauver, dût le monde entier courir à son aide. Mais au même instant Rachel s'élance avec un cri étouffé. L'infortunée fait de violents efforts, frappe Rachel, la saisit par les cheveux; mais Rachel tient la tasse.

Étienne put enfin rompre le charme et se lever.

« Rachel, je ne sais si je dors ou si je veille; quelle horrible nuit!

— Quoi donc, Étienne? Il n'y a rien. Je me suis endormie aussi.... Chut! j'entends l'horloge. »

Le vent apporta jusqu'à la croisée le son de l'horloge de l'église voisine. Ils prêtèrent l'oreille et entendirent sonner trois heures. Étienne regarda sa compagne; il vit sa pâleur, remarqua ses cheveux en désordre et les traces d'ongle qui rougissaient son front, et il demeura convaincu qu'il avait été assez éveillé pour voir et pour entendre. D'ailleurs, elle tenait encore la tasse dans sa main.

« Je me doutais qu'il ne devait pas être loin de trois heures, dit-elle en versant tranquillement le contenu de la tasse dans la cuvette, où elle trempa le linge, ainsi qu'elle l'avait déjà fait. Je suis contente d'être restée! tout sera fini lorsque j'aurai posé ceci. Là! Et maintenant, la voilà tranquille. Je vais jeter les quelques gouttes qui restent dans la cuvette; c'est une trop mauvaise drogue pour qu'on la laisse traîner, si peu qu'il y en ait. »

Tout en parlant, elle vida la cuvette sur les cendres du feu et brisa la bouteille dans l'âtre.

Il ne lui restait plus qu'à se bien envelopper dans son châle avant de s'exposer au vent et à la pluie.

« Tu me laisseras bien te reconduire, à une pareille heure?

— Non, Étienne. Je n'ai que quelques pas à faire et je suis chez moi.

— Tu n'as pas peur, dit-il à voix basse, tandis qu'ils se dirigeaient vers la porte, de me laisser seul avec elle? »

Comme elle le regardait en disant : « Étienne! » Il se mit à genoux devant elle, sur ce pauvre misérable escalier, et porta le pan de son châle à ses lèvres.

« Tu es un ange. Que le bon Dieu te bénisse!

— Étienne, je suis, comme je te l'ai dit, ta pauvre amie. Je ne ressemble guère aux anges. Entre eux et une ouvrière pleine de défauts, il y a un abîme profond. Ma petite sœur est parmi eux, mais c'est qu'elle a changé de vie. »

Elle leva un moment les yeux en prononçant ces mots; puis son regard s'abaissa de nouveau, dans toute sa bonté et sa douceur, sur le visage du tisserand.

« Toi aussi tu m'as changé de vie. Tu me fais humblement désirer de te ressembler davantage, pour ne pas te perdre au moins au sortir de cette vie, quand tout le gâchis aura disparu. Tu es un ange, et tu ne sais pas que tu as peut-être sauvé mon âme de la perdition. »

Elle regarda l'ouvrier agenouillé à ses pieds, tenant toujours le bout de son châle à la main, et le reproche qu'elle allait lui adresser expira sur ses lèvres, lorsqu'elle vit ses traits agités.

« Je suis rentré la rage dans le cœur. Je suis rentré désespéré de songer que, pour avoir prononcé un mot de plainte, je suis regardé comme une mauvaise tête. Je t'ai dit que j'avais eu peur. C'est la bouteille, le poison que j'ai vu sur la table. Je n'ai jamais fait mal à âme qui vive; mais en tombant tout à coup là-dessus, j'ai pensé : Qui sait ce que j'aurais pu faire à moi-même, ou à elle, ou à tous deux!... »

Pâle de terreur, elle posa les deux mains sur la bouche d'Étienne, afin de l'empêcher d'en dire davantage. Il les saisit dans sa main restée libre, et les retenant, sans lâcher le châle, il continua rapidement :

« Mais je t'ai vue, Rachel, assise auprès du lit. Je t'y ai vue toute cette nuit. Dans mon sommeil, je savais que tu étais là. Je t'y verrai toujours dorénavant. Je ne la verrai jamais, elle, je ne penserai jamais à elle, sans me figurer que tu es à ses côtés. Je ne verrai jamais, je ne songerai jamais à quelque chose qui m'irrite, sans me figurer que tu es là pour me calmer. Et de même je tâcherai d'attendre, je tâcherai d'avoir confiance dans l'avenir, époque heureuse où toi et moi nous nous en irons bien loin ensemble, au delà du gouffre profond, dans le pays qu'habite ta petite sœur. »

Il baisa encore le pan de son châle et la laissa partir. Elle lui dit bonsoir d'une voix agitée et sortit dans la rue.

Le vent venait du côté où le jour allait bientôt paraître, et il grondait toujours. Il avait chassé les nuages devant lui et la pluie s'était lassée de tomber où elle était allée voyager ailleurs, et les étoiles brillaient au ciel. Étienne s'avança nu-tête sur la route, la regardant s'éloigner d'un pas rapide. Ce que l'éclat des brillantes étoiles était auprès de la lueur blafarde de la chandelle qui brûlait à la croisée, Rachel l'était aussi dans l'imagination inculte de l'ouvrier, auprès de toutes les occupations de sa vie journalière.

CHAPITRE XIV.

Le grand manufacturier.

Le temps alla son train dans Cokeville ni plus ni moins qu'une des machines de la ville : tant de matériaux bruts façonnés, tant de combustible consumé, tant de force employée, tant d'argent gagné. Mais, moins inexorable que le fer, l'acier ou le cuivre, il apporta ses saisons changeantes jusque dans ce désert de fumée et de briques, et fit là la seule opposition qu'on eût jamais osé faire dans cette cité à l'odieuse uniformité de la vie qu'on y menait.

« Louise aura bientôt l'air d'une jeune femme, » dit M. Gradgrind.

Le temps, grâce à la machine d'une puissance de je ne sais pas au juste combien de chevaux dont il dispose, poursuivit sa tâche, sans prêter la moindre attention à ce que disait tel ou tel, et, pour le moment où nous parlons, il avait façonné un jeune Thomas qui avait un pied de plus qu'à la dernière époque où M. Gradgrind avait daigné remarquer ce produit.

« Thomas aura bientôt l'air d'un jeune homme, » dit M. Gradgrind.

Le temps continua de façonner Thomas dans sa grande fabrique, et voilà le jeune Thomas en habit et en faux col.

« Vraiment, dit M. Gradgrind, voilà le moment de faire entrer Thomas chez Bounderby. »

Le temps, s'acharnant après Thomas, le passa à la banque de Bounderby, l'installa dans la maison de Bounderby, l'obligea à faire emplette de son premier rasoir, et l'occupa à une foule de calculs concernant son propre individu.

Le temps, ce grand manufacturier, qui a toujours sur les

bras une immense quantité de besogne plus ou moins prête à être livrée à la consommation, façonna Sissy dans sa fabrique et en fit un très-joli article, ma foi.

« Je crois, Jupe, dit M. Gradgrind, qu'il est inutile que ous continuiez plus longtemps d'aller à l'école, ou du moins, je le crains.

— Je le crains aussi, monsieur, répondit Sissy avec une révérence.

— Je ne saurais vous cacher, Jupe, ajouta M. Gradgrind en fronçant les sourcils, que le résultat de cette épreuve a trompé mon espoir, a complétement trompé mon espoir. Vous êtes loin d'avoir acquis, sous M. et Mme Mac-Choakumchild, la somme de connaissances exactes sur laquelle je comptais. Vous êtes très-peu avancée dans vos faits. Vos idées arithmétiques sont très-limitées. Vous êtes très-arriérée, beaucoup plus arriérée que je ne l'aurais cru.

— J'en suis bien fâchée, monsieur, répliqua-t-elle; mais je sais que cela n'est que trop vrai. Et pourtant j'ai bien essayé, monsieur.

— Oui, dit M. Gradgrind, oui, je crois que vous avez bien essayé; je vous ai observée, et je n'ai pas à me plaindre de vous sous ce rapport.

— Merci, monsieur; j'ai quelquefois pensé.... (voilà Sissy devenue bien timide).... que j'ai peut-être essayé d'apprendre trop de choses, et que, si j'avais demandé à essayer d'en apprendre un peu moins, j'aurais pu....

— Non, Jupe, non, dit M. Gradgrind secouant la tête de son air le plus profond et le plus éminemment pratique. Non. La méthode que vous avez suivie, vous l'avez suivie d'après le système; le système, c'est tout dire. Je suis donc réduit à supposer que les circonstances de votre éducation première ont été trop défavorables au développement de votre raison, et que nous avons commencé trop tard. Quoi qu'il en soit, comme je le disais tout à l'heure, j'ai été trompé dans mon espoir.

— Je voudrais qu'il eût été en mon pouvoir, monsieur, de mieux reconnaître vos bontés envers une pauvre fille abandonnée, qui n'y avait aucun droit et que vous avez bien voulu protéger.

— Ne pleurez pas, dit M. Gradgrind, ne pleurez pas. Je ne

me plains pas de vous. Vous êtes une bonne jeune fille, affectueuse et sage, et.... et il faudra bien nous contenter de cela.

— Merci, monsieur, merci beaucoup, dit Sissy avec une révérence reconnaissante.

— Vous êtes utile à Mme Gradgrind, et en général vous rendez une foule de petits services à la famille ; c'est ce que me dit Mlle Louise, et c'est du reste ce que j'avais moi-même remarqué. J'espère donc, dit M. Gradgrind, que vous vous arrangerez pour être heureuse dans ces nouvelles relations.

— Je n'aurais rien à désirer, monsieur, si....

— Je vous comprends, dit M. Gradgrind ; vous faites encore allusion à votre père. J'ai appris de Mlle Louise que vous gardez toujours cette fameuse bouteille. Eh bien !... si vos études sur les moyens d'arriver à des résultats exacts eussent été plus profitables pour vous, vous auriez su à quoi vous en tenir là-dessus. Je ne vous en dirai pas davantage à ce sujet. »

Au fond, il aimait trop Sissy pour ne pas en faire quelque cas ; car autrement il avait si peu d'estime pour les dispositions arithmétiques de sa protégée, qu'il n'eût pas manqué d'arriver à mépriser son intelligence. D'une façon ou d'une autre, il s'était mis dans la tête qu'il y avait chez elle quelque chose qu'on ne pouvait guère classer dans ses cadres et ses tableaux numériques. Sa capacité pour la définition aurait aisément pu s'évaluer à un chiffre très-bas, ses connaissances mathématiques à zéro ; néanmoins M. Gradgrind se demandait comment il aurait fait pour la diviser par catégories, dans le cas où il eût été contraint de la faire figurer dans les colonnes d'un rapport officiel.

Arrivé à une certaine phase dans sa manufacture du tissu humain, le temps emploie des procédés très-rapides. Le jeune Thomas et Sissy étant tous deux parvenus à cette phase de leur fabrication ; ces changements s'étaient effectués en une ou deux années, tandis que M. Gradgrind lui-même semblait demeurer stationnaire et ne subir aucune altération.

Excepté une pourtant, qui n'avait rien à faire avec son progrès à travers la filature du temps. Ce fabricant l'avait poussé dans la petite mécanique assez bruyante et assez sale d'un collége borgne pour le faire élire député au parlement pour la cité de Cokeville : un de ces membres respectables affectés aux comptes par sous et deniers, grammes et kilos, un représentant de la table de multiplication, un de ces honorables gentlemen qui sont muets, un de ces honorables gentlemen qui sont aveugles, un de ces honorables gentlemen qui sont boiteux, un de ces honorables gentlemen qui font les morts, lorsqu'il s'agit d'autre chose que des poids et mesures, heureusement pour nous : ce serait bien la peine sans cela d'être venus au monde sur une terre chrétienne dix-huit cents et quelques années après notre divin maître ?

Pendant ce temps-là, Louise avançait aussi de son côté, toujours si calme et si réservée, toujours si fidèle à regarder, vers l'heure du crépuscule, les cendres rouges qui tombaient et s'éteignaient dans l'âtre, que c'est à peine si elle avait attiré l'attention de son père depuis l'époque où celui-ci lui dit qu'elle avait presque l'air d'une femme. Il croyait encore que c'était hier, lorsqu'un beau matin il trouva qu'elle l'était devenue réellement tout à fait.

« Mais, oui, c'est une femme maintenant! dit M. Gradgrind d'un ton rêveur. Ce que c'est que de nous ! »

Peu de temps après cette découverte, il devint plus songeur que d'habitude pendant plusieurs jours, et parut fort préoccupé de quelque projet. Un certain soir, au moment où il allait sortir et où Louise vint lui dire bonsoir avant son départ, car il devait rentrer assez tard, et elle ne comptait pas le revoir avant le lendemain, il la tint dans ses bras, et, la regardant de son air le plus affectueux, lui dit :

« Ma chère Louise, vous êtes une femme, maintenant!

— Oui, père. »

Elle répondit par ce même coup d'œil rapide et scrutateur qu'elle lui avait adressé le jour où elle avait été surprise auprès du cirque, puis elle baissa les yeux.

« Ma chère, dit M. Gradgrind, j'aurais à vous parler sérieusement et en particulier. Voulez-vous venir me trouver dans mon cabinet, demain matin, après déjeuner?

— Oui, père.

— Vos mains sont un peu froides, Louise. N'êtes-vous pas bien portante ?

— Très-bien portante, père.

— Et gaie ? »

Elle le regarda de nouveau et répliqua avec ce sourire qui lui était particulier :

« Je suis aussi gaie que d'habitude, père; aussi gaie que je l'ai jamais été.

— A la bonne heure, » dit M. Gradgrind.

Là-dessus il l'embrassa et sortit; Louise revint à cette chambre paisible, qui ressemblait à un salon de coiffure, et, le coude droit appuyé dans la main gauche, se mit à regarder les étincelles éphémères qui se transformaient en cendres si rapidement.

« Es-tu là, Lou ? » dit son frère se montrant à la porte.

M. Tom était devenu un jeune homme du monde, et franchement sa mine n'était pas faite pour donner une idée avantageuse de ce qu'on nomme les gens du monde.

« Cher Tom, dit-elle, se levant et l'embrassant, comme tu es resté longtemps sans venir me voir !

— C'est que toutes mes soirées, vois-tu, ont été prises, Lou, et, le jour, le vieux Bounderby me tient joliment à l'attache. Heureusement que tu me sers à lui faire entendre raison quand il va trop loin ; de cette façon nous arrivons à ne pas dépasser les bornes. Dis donc, Lou ! père t'-a-t-il parlé de quelque chose aujourd'hui ou hier ?

— Non, Tom. Mais il m'a dit qu'il désirait me parler demain matin.

— Bon ! C'est sans doute ce que je pense, reprit Tom. Sais-tu où il est allé ce soir ? »

Tom paraît s'intéresser beaucoup à cette question.

« Non.

— Alors, je vais te le dire. Il est avec le vieux Bounderby. Ils ont une vraie conférence en règle, là-bas à la banque. Pourquoi à la banque, penses-tu ? Je vais te le dire. Pour se tenir aussi loin que possible, je crois, des oreilles de Mme Sparsit. »

La main sur l'épaule de son frère, Louise continue à regarder le feu. Tom consulte le visage de sa sœur avec beaucoup plus d'intérêt que d'habitude, et lui passant le bras autour de la taille, l'attire à lui avec un mouvement caressant.

« Tu m'aimes bien, n'est-ce pas, Lou?

— Oui, je t'aime bien, Tom, quoique tu restes si longtemps sans venir me voir.

— Eh bien! ma bonne petite sœur chérie, c'est justement à quoi je pensais. Nous pourrions nous voir beaucoup plus souvent, n'est-il pas vrai? Nous pourrions être toujours ensemble ou à peu près, n'est-il pas vrai? Ce serait une très-bonne chose pour moi, Lou, si tu pouvais te décider à je sais bien quoi. Ce serait une chose superbe pour moi. Ce serait fameux! »

L'air rêveur de Louise dérouta l'examen habile de Tom. Ce visage impassible ne lui apprenait rien. Il la pressa dans ses bras et l'embrassa sur la joue. Elle lui rendit son baiser, mais sans cesser de regarder le feu.

« Dis donc, Lou! j'ai pensé que je ferais bien de venir, en passant, te glisser un mot de ce qui se complote : quoique j'aie bien supposé que tu aurais déjà deviné, quand même père ne t'aurait rien dit. Il faut à présent que je me sauve, car j'ai donné rendez-vous à quelques amis pour ce soir. Tu n'oublieras pas que tu m'aimes?

— Non, cher Tom, je ne l'oublierai pas.

— Voilà une bonne fille, dit Tom. Adieu, Lou! »

Elle lui souhaita un bonsoir affectueux et l'accompagna jusque sur la route, d'où l'on apercevait les feux de Cokeville qui rougissaient l'horizon lointain. Elle se tint immobile, les yeux fixés sur ces vagues clartés et écoutant le bruit des pas de Tom qui s'en allait. Il s'éloignait rapidement, comme s'il eût été heureux de s'échapper de Pierre-Loge. Il était déjà loin, et tout bruit de pas avait cessé, qu'elle était encore là, debout à la même place. Il semblait qu'elle eût cherché à découvrir, d'abord dans les lueurs de sa propre cheminée, puis dans le brouillard de feu qui s'élevait au-dessus de la ville, quelle trame le vieux temps, le plus grand et le plus ancien des filateurs, allait encore tisser avec ces mêmes fils dont il avait déjà formé une femme. Mais la fabrique de ce vieillard est cachée on ne sait où, ses mécaniques ne font pas de bruit, et ses ouvriers sont des sourds-muets.

CHAPITRE XV.

Père et fille.

Quoique M. Gradgrind ne ressemblât pas à Barbe-Bleue, son cabinet avait tout l'air d'une chambre bleue, vu le nombre de *livres bleus* [1] qui s'y trouvaient rassemblés. Tout ce que les rapports peuvent prouver (et en général ils vous prouveront ce que vous voudrez) était démontré dans ce régiment de brochures que venaient renforcer à chaque instant de nouvelles recrues. Dans cette salle enchantée les questions sociales les plus compliquées étaient additionnées, totalisées, réglées à tout jamais. Si ceux que cela intéressait avaient seulement pu s'en douter ! Tel qu'un astronome qui ferait construire un observatoire sans croisée et s'y installerait pour arranger, avec une plume, de l'encre et du papier, le monde des étoiles, M. Gradgrind, installé dans son observatoire (combien il y en a de pareils!), pouvait, sans avoir besoin de jeter un seul coup d'œil sur les milliers d'êtres grouillant autour de lui, régler leurs destinées sur une ardoise et essuyer toutes leurs larmes avec un sale petit bout d'éponge.

Ce fut donc vers cet observatoire, chambre sévère, ornée d'une horloge, dont le morne aspect a quelque chose de statistique, et qui marque chaque seconde avec un coup qui semble frappé sur le couvercle d'un cercueil, que Louise dirigea ses pas le matin en question. Une des croisées avait vue sur Cokeville, et lorsque la jeune fille s'assit auprès de la table de son père, elle aperçut les hautes cheminées et les longues traînées de fumée qui apparaissaient dans le triste lointain qu'ils assombrissaient.

« Ma chère Louise, commença M. Gradgrind, ce que je vous ai dit hier soir a dû vous préparer à prêter une sé-

---

1. *Blue-books*, rapports imprimés par ordre du Parlement, ainsi nommés à cause de la couleur de leur couverture.

rieuse attention à la conversation que nous allons avoir ensemble. Vous avez été si bien élevée et vous faites, je suis heureux de le reconnaître, tellement honneur à l'éducation que vous avez reçue, que j'ai la plus grande confiance dans votre bon sens. Vous n'êtes pas passionnée, vous n'êtes pas romanesque, vous êtes habituée à tout envisager avec la calme impartialité de la raison et du calcul. C'est ainsi, j'en suis sûr, que vous envisagerez et considérerez la communication que je vais vous faire. »

Il attendit, comme s'il eût désiré qu'elle répondît quelque chose. Mais elle ne prononça pas une parole.

« Louise, ma chère, vous êtes l'objet d'une proposition de mariage qui m'a été adressée. »

Il attendit encore, et cette fois encore elle ne répondit pas une parole. Ce silence l'étonna assez pour l'engager à répéter doucement :

« Une proposition de mariage, ma chère. »

Elle répliqua alors sans donner le plus petit signe d'émotion :

« J'entends bien, père. Je suis toute attention, je vous assure.

— Allons ! dit M. Gradgrind, qui se prit à sourire après être resté un moment déconfit, vous êtes encore plus maîtresse de vous que je n'osais l'espérer, Louise, ou peut-être étiez-vous déjà préparée à entendre la communication que je suis chargé de vous faire ?

— C'est ce que je ne saurais dire avant de la connaître. Préparée ou non, je désire tout apprendre de vous. Je désire l'entendre de votre bouche. »

Chose étonnante, M. Gradgrind lui-même était moins calme que sa fille en ce moment. Il prit un coupe-papier dans sa main, le retourna, le reposa sur la table, le reprit une seconde fois et fut même obligé de promener son regard le long de la lame avant de savoir comment poursuivre l'entretien.

« Ce que vous venez de dire, ma chère Louise, est on ne peut plus raisonnable. J'ai promis de vous faire savoir.... Bref, M. Bounderby m'a annoncé que depuis longtemps il a suivi vos progrès avec un plaisir et un intérêt particuliers, et qu'il a longtemps espéré que le jour viendrait où il pourrait vous offrir sa main en mariage. Ce jour qu'il a attendu si longtemps, et, il faut le dire, avec tant de constance, est enfin arrivé. Il m'a fait sa demande et m'a supplié de vous la transmettre avec l'espérance que vous voudrez bien l'accueillir favorablement. »

Le père et la fille se taisent. L'horloge lugubrement statistique sonne très-creux. La fumée lointaine paraît bien noire et bien morne.

« Père, dit enfin Louise, croyez-vous que j'aime M. Bounderby? »

Cette question imprévue embarrassa beaucoup M. Gradgrind.

« Vraiment, mon enfant, répondit-il; je.... vraiment.... je ne puis prendre sur moi de répondre à cette demande.

— Père, poursuivit Louise avec la même intonation de voix, me demandez-vous d'aimer M. Bounderby?

— Ma chère Louise, non, non. Je ne demande rien.

— Père, répéta-t-elle encore, M. Bounderby me demande-t-il de l'aimer?

— Vraiment, ma chère, dit Gradgrind, il est difficile de répondre à cette question....

— Difficile d'y répondre par un oui ou un non, père?

— Certainement, ma chère. Car.... ici il y avait quelque chose à démontrer et cela le remontait.... Car la réponse dépend essentiellement, Louise, du sens que nous attachons au mot employé. Or, M. Bounderby ne vous fait pas l'injustice, il ne se fait pas à lui-même l'injustice de prétendre à quelque chose de romanesque, de fantastique, ou (j'emploie des termes synonymes) de sentimental. M. Bounderby aurait fort peu profité des occasions qu'il a eues de vous voir grandir et vous former sous ses yeux, s'il pouvait oublier ce qu'il doit à votre bon sens, ce qu'il doit à son propre bon sens, au point d'envisager les choses sous ce point de vue. Il se pourrait donc.... ceci est une simple suggestion que je vous soumets.... que l'expression dont vous vous êtes servie ne fût pas précisément l'expression propre.

— Quelle expression me conseilleriez-vous d'employer à la place, père?

— Mais, ma chère Louise, dit M. Gradgrind qui avait fini par retrouver tous ses moyens, je vous conseillerais (puisque vous me consultez) d'envisager cette question comme vous avez été habituée à envisager toutes les autres questions, c'est-à-dire comme un fait positif. Les ignorants et les étourdis pourraient surcharger un fait de ce genre d'une foule de fantaisies étrangères et autres absurdités qui, à l'examen, n'ont aucune existence, pas l'ombre d'une existence. Mais ce n'est pas vous faire un compliment que de dire que vous ne commettez pas de ces erreurs. Voyons, maintenant, quels sont les faits dont il s'agit? Mettons que vous avez, en chiffres ronds, vingt ans; mettons que M. Bounderby a, en chiffres ronds, cinquante ans. Il existe quelque disproportion entre vos âges respectifs; entre vos fortunes et vos positions respectives, il n'en existe aucune; au contraire, sous ce rapport, vous vous convenez parfaitement. Il ne s'agit donc plus que de savoir si cette seule disproportion suffit pour former obstacle à un tel mariage? Avant de considérer cette question, il n'est pas sans importance d'interroger la statistique des mariages (telle qu'on a pu la dresser jusqu'à ce jour), dans l'Angleterre et le comté de Galles. Je trouve, en consultant les chiffres, qu'un grand nombre de ces unions ont été contractées par des individus d'âges très-inégaux, et que, dans une proportion d'un peu plus des trois quarts, la plus âgée des parties contractantes est le mari. Un fait remarquable, en tant qu'il prouve combien la loi dont je vous parle est répandue, c'est que chez les indigènes de nos colonies des Indes, et aussi chez la plupart des peuples de la Chine, voire même parmi les Calmoucks de la Tartarie, les chiffres que nous ont fournis jusqu'à ce jour les voyageurs les plus dignes de foi donnent un résultat identique. La disproportion à laquelle j'ai fait allusion cesse donc en quelque sorte d'être une disproportion, et (virtuellement) se trouve presque détruite.

— Quel mot me conseillez-vous d'employer, père, demanda Louise dont ces résultats satisfaisants n'avaient en rien dérangé le calme et la réserve, à la place de celui dont je me suis servie tout à l'heure, à la place de l'expression impropre?

— Louise, répliqua son père, il me semble que rien n'est plus simple. Vous bornant au strict examen du fait, la question que vous avez à vous adresser est celle-ci : M. Bounderby me demande-t-il de l'épouser ? Oui, il le demande. Alors la seule difficulté qui reste à résoudre est : Dois-je l'épouser ? Il me semble que rien ne peut être plus simple que cela.

— Dois-je l'épouser ? répéta Louise avec beaucoup de sang-froid.

— Justement. Et il m'est agréable, comme père, de penser que vous n'arrivez pas à l'examen de cette question avec les idées et les habitudes de la plupart des jeunes filles de votre âge.

— En effet, père, répondit-elle, vous avez bien raison.

— C'est à vous de décider, maintenant, dit M. Gradgrind. Je vous ai exposé le fait de la façon dont les esprits pratiques ont coutume d'exposer des faits de ce genre ; je vous l'ai exposé ainsi qu'il a été exposé à votre mère et à moi dans le temps. Quant au reste, ma chère Louise, c'est à vous d'en décider. »

Depuis le commencement de l'entretien, elle avait tenu les yeux fixés sur son père. Tandis que celui-ci se penchait en arrière dans son fauteuil et dirigeait à son tour sur elle un regard profond, peut-être eût-il pu remarquer chez elle un moment, un seul moment d'hésitation où elle se sentit poussée à se jeter dans ses bras et à lui confier les émotions d'un cœur durement refoulé. Mais, pour voir cela, il eût fallu que M. Gradgrind sautât à pieds joints par-dessus les barrières sociales qu'il élevait depuis si longtemps entre lui et ces essences subtiles de l'humanité qui échapperont aux recherches les plus adroites de l'algèbre, jusqu'au moment où la voix de la trompette suprême fera rentrer l'algèbre elle-même dans le néant. Les barrières étaient trop nombreuses et trop élevées pour qu'il pût les franchir d'un seul bond. Grâce à l'expression impassible, utilitaire, pratique de son visage, il réprima l'élan de la jeune fille, et l'occasion se précipita dans le gouffre sans fond du passé pour se mêler à toutes les occasions perdues que le temps y a noyées. Cessant de regarder son père, elle resta si longtemps à contempler la ville sans dire un mot, que M. Gradgrind demanda enfin :

« Est-ce que vous consultez les cheminées des fabriques de Cokeville, Louise ?

— Il n'y a là, en apparence, qu'une fumée paresseuse et

monotone, pourtant, lorsque vient la nuit, le feu éclate, père! répondit-elle se retournant avec vivacité.

— Tout le monde sait cela, Louise. Je ne vois pas en quoi votre remarque peut s'appliquer au sujet de notre conversation. »

Il ne le voyait pas du tout, c'est une justice à lui rendre.

Elle écarta donc sa remarque par un geste presque imperceptible de sa main, et, concentrant de nouveau toute son attention sur son père, reprit :

« Père, j'ai souvent pensé que la vie est bien courte.... »

Ceci rentrait si essentiellement dans le domaine de M. Gradgrind, qu'il interrompit :

« Elle est courte, sans doute, ma chère. Cependant il est démontré que la durée moyenne de la vie humaine a augmenté durant ces dernières années. Les calculs des diverses compagnies d'assurances sur la vie et des compagnies de rentes viagères ont, entre autres résultats irréfutables, établi positivement le fait.

— Je parle de ma propre vie, père.

— Oh! vraiment? Mais je n'ai pas besoin de vous faire remarquer, Louise, que votre existence est soumise aux mêmes lois qui gouvernent l'existence des masses.

— Pendant qu'elle durera, j'aurais voulu faire le peu de bien que je puis, le peu de bien qu'on m'ait mise à même de faire.... n'importe ! »

Le dernier mot prononcé par Louise parut intriguer un peu M. Gradgrind, qui répondit :

« Comment, *n'importe?* N'importe quoi, ma chère?

— M. Bounderby, continua-t-elle d'un ton ferme et décidé, sans faire attention à l'interruption, me demande de l'épouser. La seule question que j'aie à m'adresser est : L'épouserai-je? C'est bien cela, père? C'est là ce que vous m'avez dit, père, n'est-ce pas ?

— Sans doute, ma chère.

— Soit. Puisqu'il plaît à M. Bounderby de me prendre ainsi, je ne vois pas pourquoi je repousserais sa proposition. Dites-lui, père, aussitôt que vous voudrez, que telle est ma réponse. Répétez-la mot pour mot, si vous pouvez, car je tiens à ce qu'il sache au juste ce que j'ai dit.

— Il est toujours bien, ma chère, répliqua M. Gradgrind

d'un ton approbateur, d'être exact. Votre demande est trop raisonnable pour que je n'y fasse pas droit. Avez-vous quelque désir à exprimer relativement à l'époque de votre mariage, mon enfant?

— Aucun, père. N'importe! »

M. Gradgrind avait rapproché un peu sa chaise et pris la main de sa fille. Mais l'exclamation qu'elle venait de répéter parut sonner désagréablement à son oreille. Il la regarda un instant en silence et reprit sans lâcher sa main :

« Louise, il est une question que j'ai cru inutile de vous adresser, parce que la possibilité qu'elle implique me semble trop éloignée. Mais, peut-être, devrais-je vous l'adresser.... Vous n'avez jamais reçu, en secret, aucune autre proposition de ce genre?

— Père, répondit-elle d'un ton presque dédaigneux, quelle autre proposition aurait-on pu m'adresser, *à moi*? Quels sont les gens que j'ai vus? Où suis-je allée? Quelles sont les expériences de mon cœur?

— Ma chère Louise, répliqua M. Gradgrind satisfait et rassuré, vous avez raison ; c'est moi qui avais tort. Mais je voulais seulement remplir un devoir.

— Est-ce que je sais, *moi*, reprit Louise avec son sang-froid habituel, ce que c'est que des sympathies, ce que c'est qu'un caprice, une aspiration? N'a-t-on pas étouffé cette partie de ma nature, où il eût été possible de développer des choses si futiles? Ai-je échappé un seul instant aux problèmes qui pensent se démontrer, aux réalités qu'on peut saisir? »

En disant cela, elle ferma instinctivement la main, comme si elle eût étreint un corps solide, puis la rouvrit lentement comme pour laisser tomber de la poussière ou des cendres.

« Ma chère, reprit le père éminemment pratique, d'un air enchanté, cela est vrai, très-vrai.

— Ne suis-je pas la dernière personne au monde à qui l'on devrait adresser une si étrange question, père? poursuivit-elle. Ces préférences enfantines.... (j'ai appris cela, malgré tous vos soins).... qui sont communes à tous les petits cœurs, n'ont jamais trouvé un innocent asile dans mon sein. Vous avez été si soigneux de moi, que je n'ai jamais eu un cœur d'enfant. Vous m'avez si bien élevée, que je n'ai jamais rêvé un rêve d'enfant. Vous avez agi si sagement à mon égard, père, que, depuis mon berceau jusqu'à ce jour, je n'ai jamais conçu une croyance ni une crainte d'enfant. »

M. Gradgrind fut tout ému du succès qu'il avait obtenu et du témoignage flatteur qu'on venait de lui rendre.

« Ma chère Louise, dit-il, vous me récompensez, et au delà, de tous mes soins. Embrassez-moi, ma chère. »

Et sa fille l'embrassa. Le père, la retenant dans ses bras, poursuivit :

« Je puis vous assurer, mon enfant chérie, que la sage détermination que vous venez de prendre fait mon bonheur. M. Bounderby est un personnage très-remarquable, et la légère disproportion qu'on pourrait trouver dans vos âges, si toutefois c'en est une, est plus que compensée par la trempe vigoureuse que l'éducation a donnée à votre esprit. Mon but a toujours été de vous élever de façon qu'à dater même de vos plus tendres années, vous fussiez, si je puis m'exprimer ainsi, presque aussi âgée que moi. Embrassez-moi encore une fois, Louise. Et, maintenant, allons trouver votre mère. »

Ils descendirent donc au salon, où cette estimable dame, inaccessible à tout enfantillage, était allongée selon son habitude sur un canapé, tandis que Sissy travaillait à côté d'elle. Elle donna quelques légers signes d'un retour à la vie au moment où ils entrèrent, et, au bout de quelque temps, l'ombre chinoise se trouva sur son séant.

« Madame Gradgrind, dit son mari qui avait attendu avec une certaine impatience qu'elle eût fait cette évolution, permettez-moi de vous présenter Mme Bounderby.

— Oh! dit Mme Gradgrind, vous avez donc terminé cette affaire! Eh bien, j'espère que vous jouirez d'une bonne santé, Louise; car si votre tête devait se briser, comme la mienne, dès le commencement de votre mariage, je ne trouverais pas votre sort bien digne d'envie, quoique vous pensiez sans doute le contraire, comme font toutes les jeunes filles. C'est égal, je vous félicite, ma chère, et je souhaite que vous puissiez mettre à profit toutes vos études hologiques, soyez-en convaincue! Il faut que je vous offre un baiser de félicitation, Louise; seulement ne touchez pas mon épaule droite; car j'ai par là je ne sais quelle douleur qui va toujours de haut en bas. Maintenant, voyez-vous, continua Mme Gradgrind, rajustant ses châles à la suite de cette cérémonie affectueuse, je m'en vais me tourmenter du matin jusqu'au soir pour savoir comment l'appeler, lui.

— Madame Gradgrind! demanda son mari d'un ton solennel, que voulez-vous dire?

— Comment me faudra-t-il l'appeler, monsieur Gradgrind, lorsqu'il sera le mari de Louise? Il faudra bien que je lui donne un nom quelconque. Il est impossible, continua Mme Gradgrind d'un ton qui annonçait à la fois un sentiment profond des convenances et de sa propre dignité, de lui adresser constamment la parole sans jamais lui donner un nom. Je ne puis pas l'appeler Josué, car ce nom m'est insupportable. Vous-même, vous ne voudriez jamais entendre parler du diminutif Joé, vous le savez très-bien. Dois-je donc appeler mon propre gendre *monsieur*? Non, sans doute, à moins que je n'en sois déjà réduite, sous prétexte que je suis une malheureuse invalide, à voir mes parents et ma famille m'insulter et me fouler aux pieds. Comment donc faudra-t-il que je le nomme? »

Aucun des assistants n'étant à même de venir à son secours, dans ces circonstances difficiles, en lui suggérant un moyen de résoudre le problème, Mme Gradgrind s'éteignit provisoirement, après avoir ajouté le codicille suivant aux observations déjà exécutées :

« Quant à la noce, tout ce que je demande, Louise, et je vous le demande avec des palpitations de poitrine qui s'étendent positivement jusqu'à la plante de mes pieds, c'est qu'elle ait lieu le plus tôt possible. Je n'ai pas envie que ce soit là encore une de ces choses dont je ne verrai jamais la fin. »

Quand M. Gradgrind avait présenté Mme Bounderby, Sissy avait tout à coup tourné la tête et dirigé sur Louise un regard plein de surprise, de pitié, de tristesse et d'incrédulité. Louise le devinait, et le voyait, sans avoir besoin de regarder la jeune fille. A dater de ce moment, elle devint impassible, hautaine et froide; elle tint Sissy à distance, et changea pour elle du tout au tout.

CHAPITRE XVI.

Mari et femme.

Le premier désagrément de M. Bounderby, en apprenant son bonheur, fut causé par la nécessité où il se trouvait de communiquer cette nouvelle à Mme Sparsit. Il ne savait pas comment s'y prendre, et ne se faisait pas une idée nette des conséquences d'une pareille démarche. S'en irait-elle tout de suite, avec armes et bagages, chez Lady Scadgers, ou bien refuserait-elle obstinément de quitter la place? Se mettrait-elle à gémir ou à dire des gros mots? Pleurerait-elle toutes les larmes de ses yeux, ou lui arracherait-elle les siens? Se laisserait-elle briser le cœur, sans casser les vitres? C'est ce que M. Bounderby ne pouvait nullement prévoir. Cependant, comme il fallait que la chose se fît, il fallut bien aussi se résoudre à la faire, de sorte qu'après avoir commencé plusieurs lettres sans en réussir aucune, il se décida à s'exécuter de vive voix.

En revenant chez lui, le soir qu'il avait fixé pour mettre à exécution cet important projet, il eut la précaution d'entrer chez un pharmacien et d'acheter un flacon de sel volatil d'une force renversante.

« Par saint Georges! dit M. Bounderby, si elle prend le parti de se trouver mal, j'aurai toujours la satisfaction de lui écorcher la peau du nez. »

Mais il avait beau faire le brave, quand il franchit le seuil de sa propre maison, il n'avait pas du tout la mine d'un héros; il se présenta plutôt devant l'objet de ses préoccupations comme un chien qui n'a pas la conscience nette en venant tout droit du garde-manger.

« Bonsoir, monsieur Bounderby.

— Bonsoir, madame, bonsoir. »

Il approcha sa chaise et Mme Sparsit retira la sienne comme pour dire :

« C'est votre coin du feu, monsieur Bounderby ; je me plais à le reconnaître. C'est à vous de l'occuper tout entier, si bon vous semble.

— N'allez pas vous reculer jusqu'au pôle nord, madame, dit M. Bounderby.

— Merci, monsieur, » dit Mme Sparsit qui se rapprocha du feu, mais cependant en deçà de sa première position.

M. Bounderby resta un instant à la contempler, tandis qu'avec les pointes d'une paire de ciseaux, roides et effilés, elle enlevait, dans un but d'ornementation mystérieux, des ronds dans un morceau de batiste, opération qui, jointe à l'aspect des sourcils touffus et du nez romain, suggérait l'idée d'un faucon s'acharnant après les yeux de quelque petit oiseau coriace. Elle s'occupait si assidûment de son travail, qu'il s'écoula plusieurs minutes avant qu'elle levât les yeux de son ouvrage ; M. Bounderby réclama alors son attention par un hochement de tête.

« Madame Sparsit, dit M. Bounderby mettant ses mains dans ses goussets et s'assurant avec la main droite que le flacon serait facile à déboucher, je n'ai pas besoin de vous dire que vous êtes non-seulement une dame bien née et bien élevée, mais une femme de diablement d'esprit.

— En effet, monsieur, répliqua Mme Sparsit, car ce n'est pas la première fois que vous m'honorez de pareilles expressions de votre bonne opinion.

« Madame Sparsit, dit M. Bounderby, je vais vous étonner.

— Vraiment, monsieur ? répliqua Mme Sparsit interrogativement et avec le plus grand calme du monde. Elle portait ordinairement des mitaines, elle mit son ouvrage de côté et lissa ses mitaines.

— Je vais, madame, dit Bounderby,... je vais épouser la fille de Tom Gradgrind.

— En vérité, monsieur ? répondit Mme Sparsit d'un ton suave. Puissiez-vous être heureux, monsieur Bounderby ! Oh ! oui, je souhaite que vous puissiez être heureux, monsieur ! » Et elle prononça ces dernières paroles avec une intonation qui annonçait à la fois tant de condescendance et tant de compassion pour son patron, que Bounderby, beaucoup plus déconcerté que si elle eût lancé sa boîte à ouvrage au milieu de la glace ou qu'elle fût tombée en syncope sur le tapis, boucha hermétiquement le flacon de sel volatil caché dans sa poche et se dit :

« Diantre soit de cette femme! Qui est-ce qui se serait jamais douté qu'elle allait prendre la chose en douceur? »

« Je souhaite de tout mon cœur, monsieur, dit Mme Sparsit d'un air tout à fait distingué (car, en un moment, elle avait pris l'air d'une femme qui se croyait le droit de s'apitoyer à tout jamais sur le sort de M. Bounderby), que vous puissiez être heureux sous tous les rapports.

— Merci, madame, répliqua M. Bounderby avec un peu de mécontentement dans la voix, qui avait baissé d'un ton, malgré lui, je vous suis fort obligé. J'espère bien l'être.

— En vérité, monsieur? dit Mme Sparsit avec une grande affabilité. Mais, au fait, c'est tout naturel, c'est tout simple. »

Ici M. Bounderby fit une pause assez gauche et assez embarrassante. Mme Sparsit reprit son ouvrage et fit entendre à diverses reprises une petite toux, la toux d'une femme qui a la conscience de sa force et de sa magnanimité.

« Or, madame, reprit Bounderby, cela étant, je m'imagine qu'il ne saurait convenir à une dame comme vous de rester ici, malgré le désir qu'on pourrait avoir de vous garder?

— Ah! Dieu, non, monsieur, il n'y faut pas songer. »

Mme Sparsit secoua la tête, toujours avec son air tout à fait distingué, en variant un peu l'intonation de la petite toux; c'était maintenant la toux d'une femme qui sent venir en elle le don de prophétie et qui résiste, comme la pythonisse, au souffle de l'esprit, persuadée qu'il vaut mieux essayer de l'étouffer en toussant.

« Toutefois, madame, dit Bounderby, il se trouve à la banque, à ma banque, des appartements où la présence d'une dame bien née et bien élevée, qui s'y installerait en qualité de gardienne, serait regardée comme une bonne aubaine. Si les mêmes gages....

— Pardon, monsieur; mais vous avez été assez bon pour me promettre de toujours employer l'expression *gratification annuelle*.

— Soit, madame, gratification annuelle. Si la même gratification annuelle vous paraît acceptable là-bas, je ne vois, pour ma part, aucun motif pour nous séparer.

— Monsieur, répondit Mme Sparsit, cette offre est digne

de vous, et si la position que je devrais occuper à la banque est telle que je puisse l'accepter sans descendre plus bas dans l'échelle sociale....

— Elle l'est, ça va sans dire ; autrement, madame, pouvez-vous penser que je l'aurais proposée à une dame qui a fréquenté le monde que vous avez fréquenté ? Non que je me soucie de ce monde-là, vous savez ! Mais vous, c'est différent.

— Monsieur Bounderby, vous êtes rempli d'égards.

— Vous y aurez votre appartement particulier, le feu, la chandelle, et vous aurez votre bonne pour vous servir et l'homme de peine pour vous protéger ; enfin vous serez ce que je me permets d'appeler diantrement à votre aise.

— Monsieur, répondit Mme Sparsit, pas un mot de plus. En me démettant des honorables fonctions que j'occupe ici, je n'échapperai pas à la triste nécessité de manger le pain de la dépendance (elle aurait pu dire le ris de veau[1] de la dépendance, vu que ce mets délicat, assaisonné d'une bonne sauce au roux, était son souper de prédilection), et j'aime mieux le recevoir de vous que de tout autre. Monsieur, j'accepte votre offre avec reconnaissance et avec des remercîments bien sincères pour toutes vos bontés. Et je souhaite, monsieur, continua Mme Sparsit en terminant avec une intonation de pitié bien marquée, je souhaite bien vivement que vous trouviez dans Mlle Gradgrind la femme que vous désirez et que vous méritez ! »

Rien désormais ne put décider Mme Sparsit à abandonner le rôle de bienveillante pitié qu'elle avait pris. Ce fut en vain que Bounderby tempêta et voulut revendiquer ses droits d'homme heureux avec des explosions de bonheur matrimonial ; Mme Sparsit était bien décidée à le regarder comme une victime et à le plaindre. Elle fut polie, obligeante, gaie, souriante ; mais plus la dame se montrait polie, obligeante, gaie, souriante, plus c'était lui qui avait l'air d'un être sacrifié, d'une victime, enfin. Elle paraissait tellement s'apitoyer sur le malheureux sort de son patron, que le gros visage rougeaud du fabricant se couvrait d'une sueur froide dès qu'elle le regardait.

1. Jeu de mots : *sweet-bread,* ris de veau, mot à mot : *pain doux.*

Cependant il avait été convenu que le mariage serait célébré dans un délai de deux mois, et M. Bounderby se rendait tous les soirs à Pierre-Loge en qualité de soupirant agréé, et chaque fois l'amour se faisait sous forme de bracelets et de bijoux. Au moment des fiançailles, l'amour prit à chaque visite un aspect de plus en plus manufacturier. On fabriqua des robes, on fabriqua des bijoux, on fabriqua des gâteaux et des gants, on fabriqua un contrat de mariage, avec accompagnement abondant de faits appropriés à la circonstance. Toute l'affaire ne fut qu'un fait d'un bout à l'autre. Les heures se gardèrent bien d'accomplir aucune de ces gradations couleur de rose que la sottise des poëtes leur fait exécuter en pareil cas ; les pendules n'allèrent ni plus ni moins vite qu'à l'ordinaire. L'horloge lugubrement statistique de l'observatoire Gradgrind continua à immoler chaque seconde à mesure qu'elle naissait, et à l'enterrer avec son exactitude habituelle.

Le jour arriva donc, comme tous les autres jours arrivent pour ceux qui savent n'écouter que la voix de la raison ; et, lorsqu'il vint, on unit dans l'église aux jambes de bois sculptées (cet ordre d'architecture si populaire) Josué Bounderby de Cokeville à Louise, fille aînée de Thomas Gradgrind, de Pierre-Loge, membre du parlement pour ladite ville. Et, quand ils furent unis par les liens sacrés de l'hyménée, ils s'en retournèrent déjeuner à Pierre-Loge, déjà nommé.

L'heureux événement y avait rassemblé une société d'élite dont chaque membre savait d'où venaient les produits qu'il buvait ou mangeait, et comment on importait ou exportait ces produits et en quelles quantités, à bord de navires anglais ou de navires étrangers ; rien ne leur échappait. Les demoiselles d'honneur, y compris même la petite Jeanne Gradgrind, étaient, sous le point de vue intellectuel, dignes de devenir les compagnes du célèbre enfant calculateur ; il n'y avait pas un seul convive qui fût suspect de penser à aucune baliverne sentimentale.

Après le déjeuner, le marié leur adressa la parole en ces termes :

« Messieurs et dames, je suis Josué Bounderby, de Cokeville. Puisque vous nous avez fait, à moi et à ma femme, l'honneur de boire à nos santés et d'exprimer des vœux pour notre bonheur, je suppose que je suis tenu de vous remercier ; et, pourtant, comme vous me connaissez tous et savez ce que je suis, vous ne vous attendrez pas à un discours de la part d'un homme qui, lorsqu'il voit un poteau, dit : Voilà un poteau, et, lorsqu'il voit une pompe, dit : Voilà une pompe ; mais qu'on n'obligera jamais à dire que le poteau est une pompe ou la pompe un poteau, bien moins encore que l'un ou l'autre est un cure-dent. Si vous tenez à entendre un discours ce matin, mon ami et beau-père Tom Gradgrind est membre du parlement : adressez-vous à lui, je ne suis pas votre homme. Cependant j'ose espérer que l'on m'excusera si je me sens un peu fier de mon indépendance lorsque je jette un coup d'œil autour de cette table et que je me rappelle combien peu je pensais à épouser la fille de Tom Gradgrind, quand j'étais un vagabond des rues tout déguenillé, qui ne se lavait jamais la figure, à moins de rencontrer une pompe, et encore tout au plus une fois tous les quinze jours. J'aime donc à croire que ce sentiment de mon indépendance vous plaira ; s'il ne vous plaît point, je n'y puis rien. Je me sens indépendant. Maintenant, je disais donc, comme vous le disiez vous-mêmes, en nous portant une santé, que depuis ce matin je suis l'époux de la fille de Tom Gradgrind. Je suis très-content de l'être. J'ai longtemps désiré de l'être. J'ai vu la manière dont elle a été élevée, et je crois qu'elle est digne de moi. D'un autre côté, pour ne pas vous tromper, je crois que je suis digne d'elle. Je vous remercie donc, pour elle et pour moi, des vœux que vous venez d'exprimer ; et le meilleur souhait que je puisse faire pour la partie non mariée de la présente compagnie, est celui-ci : Puissent tous les célibataires trouver une aussi bonne femme que celle que j'ai trouvée, et puissent toutes les jeunes filles trouver un mari qui me ressemble ! »

Peu de temps après ce discours, comme les nouveaux mariés partaient pour un petit tour nuptial du côté de Lyon (M. Bounderby voulait profiter de l'occasion pour voir comment les Bras se conduisaient par là, et si les ouvriers de cette ville demandaient, eux aussi, à manger avec des cuillers d'or), l'heureux couple se disposa à gagner le chemin de fer. La mariée, en descendant l'escalier dans sa toilette de voyage, trouva Tom qui l'attendait ému fortement, peut-être par ses sentiments fraternels, peut-être aussi par le vin du déjeuner.

« Quelle brave fille tu fais! Tu es une sœur du premier numéro, Lou! lui dit Tom à l'oreille. »

Elle s'attacha à lui, comme il eût été à désirer pour elle qu'elle se fût attachée ce jour-là à quelque nature plus tendre, et pour la première fois sa froide réserve fut un peu ébranlée.

« Le vieux Bounderby est tout prêt! dit Tom. Pas de temps à perdre. J'irai t'attendre au débarcadère, quand tu reviendras. Dis donc, ma chère Lou! c'est fameux, n'est-ce pas? »

CHAPITRE XVII.

Effets dans la banque.

Par un beau jour de la Saint-Jean, le soleil brillait dans tout son éclat. Cela se voyait quelquefois, même à Cokeville. Entrevue à une certaine distance, par un temps pareil, Cokeville se trouvait enveloppée d'un halo de brouillard enfumé qui lui était propre et qui semblait imperméable aux rayons du soleil. On devinait seulement que la ville était là, parce qu'on savait que la présence d'une ville pouvait seule expliquer la triste tache qui gâtait le paysage. Une vapeur de suie et de fumée, qui se dirigeait confusément, tantôt d'un côté, tantôt d'un autre, tantôt semblait vouloir s'élever jusqu'à la voûte du ciel, tantôt se traînait ténébreuse à fleur de terre, selon que le vent tombait, s'élevait, ou changeait de direction : un mélange confus, épais et iforme, traversé par quelques nappes lumineuses qui n'éclairaient que des masses d'obscurité; Cokeville, à distance, s'annonçait déjà pour ce qu'elle était, avant qu'on en pût apercevoir une seule brique.

Ce qu'il y avait de plus étonnant, c'est que la ville fût encore là. Elle avait été ruinée si souvent, que c'était merveille qu'elle eût résisté à tant de secousses. Certes on n'a jamais vu d'argile à porcelaine plus fragile que celle dont se trouvaient pétris les manufacturiers de Cokeville. On avait beau les manier avec toutes les précautions possibles, ils mettaient tant de complaisance à tomber en morceaux, qu'on ne pouvait s'empêcher de croire qu'ils étaient fêlés depuis longtemps. Ils étaient ruinés, disaient-ils, lorsqu'on les obligeait à envoyer à l'école les enfants des fabriques ; ils étaient ruinés, lorsqu'on nommait des inspecteurs pour examiner leurs ateliers ; ils étaient ruinés lorsque ces inspecteurs mal appris exprimaient, dans leurs scrupules, le doute que les filateurs eussent le droit d'exposer les gens à être hachés menu dans leurs machines ; ils étaient perdus sans ressource, lorsqu'on se permettait d'insinuer qu'ils pourraient, dans certains cas, faire un peu moins de fumée. Outre la cuiller d'or de M. Bounderby, qui était généralement acceptée dans Cokeville, il existait une autre fiction assez répandue parmi les manufacturiers. Elle se présentait sous forme de menace. Dès qu'un Cokebourgeois se croyait maltraité, c'est-à-dire dès qu'on ne le laissait pas tranquille et qu'on proposait de le rendre responsable des conséquences d'un seul de ses actes, il ne manquait jamais de faire entendre cette terrible menace : « J'aimerais mieux jeter mes biens dans l'océan Atlantique. » Plus d'une fois le ministre de l'intérieur en avait tremblé des pieds à la tête.

Les Cokebourgeois, malgré tout, se montraient si bons patriotes, que loin de jeter leurs biens dans l'océan Atlantique, ils avaient au contraire la bonté d'en prendre le plus grand soin. La ville était toujours là, sous son halo de brouillard qui ne faisait que croître et embellir.

Les rues étaient chaudes et poudreuses ce jour-là, et le soleil était si éclatant qu'il brillait, même à travers la lourde vapeur suspendue au-dessus de Cokeville et qu'on ne pouvait le regarder fixement. Les chauffeurs sortaient de divers passages souterrains et se montraient dans les cours des fabriques, assis sur des marches, des poteaux ou des palissades, essuyant leurs visages bronzés et contemplant des amas de charbon. Toute la ville avait l'air de frire dans la poêle. Il y avait partout une odeur étouffante d'huile bouillante. L'huile faisait reluire les machines à vapeur, salissait les vêtements des ouvriers, suintait et découlait le long des nombreux étages de chaque fabrique. L'atmosphère de ces palais enchantés ressemblait au souffle du Simoon ; et les naturels du pays, épuisés par la chaleur, s'avançaient languissamment à travers le désert. Mais aucune température ne pouvait augmenter ni diminuer la folie de ces malheureux éléphants atteints de mélancolie. Leurs têtes agaçantes s'élevaient et s'abaissaient sans changer d'allure, que le temps fût chaud ou froid, humide ou sec, beau ou mauvais. L'ombre que projetait sur le mur leur mouvement uniforme était la seule que Cokeville pût servir pour remplacer l'ombrage frémissant des forêts; de même que, pour remplacer le bourdonnement des insectes d'été, elle n'avait guère à offrir, tout le long de l'année, depuis l'aube du lundi jusqu'à la nuit du samedi, d'autre musique que le frou-frou des roues et de l'arbre de couche.

Il n'y eut pas d'autre musique pendant toute cette belle journée, et le piéton qui longeait les murs bourdonnants des fabriques, en entendant ce bruit assoupissant, n'en avait que plus chaud et plus envie de dormir. Les stores baissés et les arrosages rafraîchissaient un peu les grandes rues et les boutiques; mais les fabriques, les cours et les allées étroites cuisaient dans leur jus. Là bas, sur la rivière noircie et épaissie par mainte drogue de teinture, quelques gamins de Cokeville en congé, spectacle très-rare dans ces parages, se promenaient dans un bateau délabré, dont un sillon d'écume marquait la route pénible, tandis que chaque coup de rame soulevait des odeurs infectes. Mais le soleil lui-même, quoique très-bienfaisant en général, se montrait moins favorable à Cokeville que le froid le plus rigoureux, et il était rare qu'il fixât un regard pénétrant sur les quartiers les plus populeux de la cité sans engendrer plus de morts que de naissances. C'est ainsi que l'œil même du ciel se change en un mauvais œil, lorsque des mains incapables ou sordides s'interposent entre lui et les objets que ses rayons venaient bénir.

Mme Sparsit est assise, à la banque, sur le côté le plus ombragé de la rue qui cuit au soleil, dans son salon des après-midi. Les bureaux sont fermés; et vers cette heure de la journée, Mme Sparsit a coutume d'embellir de sa présence la salle du conseil située au-dessus de la caisse. Son propre salon se trouve à l'étage supérieur; c'est de là, du haut d'une croisée qui lui sert d'observatoire, que chaque matin, lorsque

M. Bounderby traverse la rue, elle l'accueille avec ce salut plein de condoléance qu'il convient d'adresser à une victime. Il y a maintenant une année que M. Bounderby est marié, et Mme Sparsit ne lui a pas fait grâce un seul jour de sa pitié obstinée.

L'aspect de la banque n'a rien qui puisse blesser la salutaire monotonie de la ville. C'est une autre maison de briques rouges, avec des volets noirs à l'extérieur et des stores verts à l'intérieur, une porte d'entrée noire exhaussée de deux marches blanches, ornée d'une plaque et d'une poignée de cuivre. La maison de banque est un peu plus grande que la demeure de M. Bounderby, laquelle de son côté, est cinq ou six fois plus grande que les autres habitations de la ville. Quant au reste, elle est exactement conforme au modèle.

Mme Sparsit avait la conviction qu'en descendant le soir parmi les pupitres et les autres accessoires de la comptabilité, elle répandait un charme tout féminin, pour ne pas dire aristocratique, sur le bureau. Assise auprès de la croisée, avec sa broderie ou son tricot, elle se flattait de corriger, par ses manières distinguées, l'aspect vulgaire de ces lieux consacrés aux affaires. Grâce à cette idée de son intéressante mission, Mme Sparsit se regardait, en quelque sorte, comme la fée de la banque. Les gens de la ville qui, en allant et venant, la voyaient là, n'en avaient pas précisément la même idée : ils la regardaient comme le dragon de la banque, chargé de veiller sur les trésors de la mine.

Mme Sparsit ne savait pas plus que les passants quelle était la nature des trésors en question. De l'or et de l'argent monnayé, des billets, des secrets qui, s'ils étaient divulgués, devaient causer, de telle ou telle manière, la ruine de tels ou tels personnages (en général de gens que d'instinct elle n'aimait pas), c'étaient là les principaux articles qui figuraient dans l'inventaire idéal qu'elle faisait de ces richesses. Quant au reste, elle savait qu'après la fermeture des bureaux, elle régnait en maîtresse absolue sur tous les meubles de la banque et sur une chambre bardée de fer, fermée à triple serrure, contre la porte de laquelle l'homme de peine appuyait chaque soir sa tête, couché sur un lit de sangle qui disparaissait au chant du coq. En outre, elle était dame suzeraine de certains caveaux défendus par des chevaux de frise contre le monde des voleurs ; et aussi de tout le reliquat du travail de chaque jour, qui se composait de pâtés d'encre, de trognons de plumes, de fragments de pains à cacheter, et de morceaux de papier déchirés si menu qu'elle n'avait jamais pu y déchiffrer aucun fait intéressant, lorsqu'elle avait essayé de les lire. Enfin, elle avait avec cela la garde d'un petit arsenal de coutelas et de carabines, disposé dans un ordre formidable au-dessus d'une des cheminées officielles ; et la surveillance de cette respectable institution que ne doit jamais oublier un établissement qui affiche des prétentions à l'opulence, une rangée de seaux à incendie, ustensiles qui ne sont destinés à rendre aucun service réel, mais qui exercent sur la plupart des spectateurs une influence morale qui ne manque jamais son effet, et leur en imposent autant que pourraient le faire des lingots du même calibre.

Une bonne sourde et l'homme de peine complétaient l'empire de Mme Sparsit. La bonne sourde passait pour être très-riche ; et le bruit courait depuis des années parmi les classes ouvrières de Cokeville, qu'on l'assassinerait quelque soir après la fermeture de la banque, pour lui voler son argent. On pensait même en général que l'époque était échue depuis quelque temps déjà et que la prophétie était en retard avec elle ; cela ne l'empêchait pas de continuer à garder sa place dans ce monde comme à la banque, avec une ténacité qui n'était pas le fait d'un bon caractère et causait beaucoup de mécontentement et de surprise aux croyants désappointés.

On venait de servir le thé de Mme Sparsit sur une impertinente petite table qui se donnait des airs de se cambrer sur ses trois pieds, et que Mme Sparsit glissait, lorsque les bureaux étaient fermés, dans la société de la grande table officielle, longue, sévère, à dessus de basane, qui se pavanait au milieu de la chambre du conseil. C'est sur ce trépied que l'homme de peine posa le plateau, en portant son poing retourné à son front, par forme d'hommage et de salut révérencieux.

« Merci, Bitzer, dit Mme Sparsit.

— C'est moi qui vous remercie, madame, répondit l'homme de peine. »

C'était un homme de peine assez chétif que Bitzer, aussi chétif en vérité que le jour où nous l'avons vu cligner des yeux à l'école, en définissant un cheval pour la fille numéro vingt.

« Tout est fermé, Bitzer ? demanda Mme Sparsit.

— Tout, Madame.

— Et que dit-on, poursuivit Mme Sparsit en se versant du thé, que dit-on de nouveau? Y a-t-il quelque chose?

— Pour ça, madame, je ne puis pas me vanter d'avoir rien entendu de bien neuf. Les gens d'ici ne valent pas grand'chose, madame; mais ce n'est pas là une nouvelle, malheureusement.

— Que font donc ces mauvais garnements? Ne sauraient-ils se tenir tranquilles? demanda Mme Sparsit.

— C'est toujours la même histoire, madame. Ils s'associent, ils forment des coalitions, ils s'engagent à se soutenir les uns les autres.

— Il est à regretter, dit Mme Sparsit, donnant à son nez une expression encore plus romaine et fronçant des sourcils plus coriolanesques que jamais dans l'excès de sa sévérité, que les maîtres associés souffrent de pareilles associations chez leurs ouvriers.

— Oui, madame, dit Bitzer.

— Et puisqu'ils sont associés eux-mêmes, ils devraient, tous tant qu'ils sont, se décider à n'employer aucun ouvrier qui se serait associé avec un autre ouvrier.

— Ils l'ont bien essayé, madame, répliqua Bitzer; mais cela n'a pas tout à fait réussi; il a fallu y renoncer.

— Je ne prétends pas me connaître à ces choses-là, dit Mme Sparsit avec dignité, ma destinée m'ayant d'abord jetée dans une tout autre sphère; et M. Sparsit, en sa qualité de Powler, se trouvant également en dehors de contestations de ce genre. Mais ce que je sais bien, c'est qu'il faut dompter ces gens-là, et qu'il est temps qu'on le fasse, une fois pour toutes.

— Oui, madame, répliqua Bitzer, témoignant le plus grand respect pour l'autorité prophétique de Mme Sparsit. Vous avez mis le doigt dessus, madame, assurément. »

Comme c'était l'heure où il avait habituellement une petite causerie intime avec Mme Sparsit, et comme il avait déjà lu dans le regard de la dame qu'elle allait lui demander quelque chose, il feignit de ranger sur le bureau les règles, les encriers, etc., tandis qu'elle achevait son thé tout en lançant des coups d'œil dans la rue par la croisée ouverte.

« Avons-nous eu beaucoup de besogne aujourd'hui, Bitzer ? demanda Mme Sparsit.

— Pas trop, milady. Une journée moyenne. »

Bitzer glissait de temps à autre dans sa conversation un *milady* au lieu de *madame*, comme un hommage involontaire rendu à la dignité personnelle de Mme Sparsit.

« Les commis, dit Mme Sparsit, enlevant soigneusement sur sa mitaine gauche une miette imperceptible de pain et de beurre, sont dignes de confiance, exacts et assidus au travail, sans doute ?

— Oui, madame, il n'y a pas grand'chose à dire, madame. A cela près de l'exception habituelle, s'entend. »

Bitzer remplissait à la banque les honorables fonctions d'espion, et en retour de ses services bénévoles, recevait un cadeau à Noël en sus de ses gages hebdomadaires. C'était maintenant un jeune homme avisé, circonspect et prudent qui ne pouvait manquer de faire son chemin. Son esprit était si exactement réglé qu'il n'avait ni affections ni passions. Tous ses actes étaient le résultat d'un calcul minutieux et froid; et ce n'était pas sans raison que Mme Sparsit se plaisait à déclarer qu'elle n'avait jamais connu un jeune homme qui eût des principes plus arrêtés que Bitzer. S'étant assuré, à la mort de son père, que Mme Bitzer avait droit de résidence sur Cokeville, ce digne économiste en bas âge avait soutenu ce droit en s'attachant avec tant d'opiniâtreté au principe, que la veuve avait été renfermée aux frais de la commune dans la maison des pauvres pour le reste de ses jours. Il faut convenir que Bitzer lui donnait une demi-livre de thé par an, ce qui était une grande faiblesse de sa part : d'abord, parce que tout don a pour résultat inévitable de pousser au paupérisme, et ensuite, parce que la seule chose raisonnable qu'il eût à faire était plutôt d'acheter cette denrée au meilleur marché possible pour la revendre le plus cher possible, attendu qu'il a été clairement démontré par les philosophes que ce principe comprend tous les devoirs de l'homme. Je ne dis pas une partie de ses devoirs, mais *tous* sans distinction.

« Il n'y a pas grand'chose à dire, madame. A cela près de l'exception habituelle, madame, répéta Bitzer.

— Ah!... dit Mme Sparsit, secouant la tête au-dessus de sa tasse, et prenant une longue gorgée.

— M. Thomas, madame. J'ai des doutes sur M. Thomas, madame; je n'aime pas du tout la façon dont M. Thomas se conduit.

— Bitzer, dit Mme Sparsit, d'un ton très-imposant, vous rappelez-vous la recommandation que je vous ai faite sur l'emploi des noms propres ?

— Je vous demande bien pardon, madame. Votre remarque est fort juste, vous m'avez défendu l'emploi des noms propres, et je sais qu'il est toujours mieux de les éviter.

— Veuillez vous rappeler que j'ai une charge ici, dit Mme Sparsit, avec son air des grands jours; j'occupe ici une place de confiance, Bitzer, sous M Bounderby. Quelque improbable qu'il eût pu paraître à M. Bounderby et à moi-même, il y a un certain nombre d'années, qu'il deviendrait jamais mon patron et me ferait une gratification annuelle, je n'en dois pas moins le regarder comme mon patron. M. Bounderby, connaissant ma position sociale et ma naissance, a eu pour moi tous les égards que je pouvais désirer, plus, bien plus que je ne pouvais en attendre. Par conséquent, je veux être scrupuleusement fidèle à mon patron. Et je ne crois pas, je ne veux pas croire, je ne dois pas croire, dit Mme Sparsit, qui paraissait avoir en magasin un grand fonds d'honneur et de moralité, que ce fût me montrer scrupuleusement fidèle envers lui que de souffrir qu'on prononce sous ce toit des noms qui, par malheur.... c'est un malheur, il ne peut exister aucun doute à cet égard.... se trouvent associés au sien. »

Bitzer porta de nouveau la main à son front et demanda encore pardon de sa maladresse.

« Non, Bitzer, continua Mme Sparsit, dites un *individu* et je vous écouterai; mais si vous dites M. Thomas, je ne veux plus rien entendre.

— Sauf l'exception habituelle, madame, dit Bitzer, recommençant sa confidence, d'un individu.

— Ah!... répéta Mme Sparsit, qui recommença l'exclamation, le hochement de tête au-dessus de sa tasse et la longue gorgée, comme pour reprendre la conversation à l'endroit où elle avait été interrompue.

— Il y a un individu, madame, dit Bitzer, qui n'a jamais été ce qu'il devrait être, depuis le jour où il est venu ici. C'est flaneur, dissipé et dépensier. Il ne vaut pas le pain qu'il mange, madame. On ne le lui donnerait pas non plus, madame, s'il n'était pas bien en cour, s'il n'avait pas à la cour une parente et amie, madame!

— Ah!... dit Mme Sparsit, avec un autre hochement de tête mélancolique.

— Je souhaite seulement, madame, poursuivit Bitzer, que cette parente et amie ne lui fournisse pas les moyens de continuer son genre de vie. Autrement, madame, nous savons bien de quelle poche sort cet argent là.

— Ah! soupira encore Mme Sparsit, en réitérant son hochement de tête mélancolique.

— Lui, il est à plaindre, madame. La dernière personne à laquelle j'ai fait allusion est à plaindre, dit Bitzer.

— Oui, Bitzer, répliqua Mme Sparsit. C'est ce que j'ai toujours fait, j'ai toujours plaint son aveuglement.

— Quant à un individu, madame, dit Bitzer, parlant plus bas et se rapprochant, il est aussi imprévoyant qu'aucun des ouvriers de cette ville. Et vous savez jusqu'où va leur imprévoyance, madame. Personne ne peut se flatter d'en remontrer là-dessus à une dame de votre rang.

— Ils feraient bien, répliqua Mme Sparsit, de prendre plutôt modèle sur vous, Bitzer.

— Merci, madame. Mais puisque vous voulez bien parler de moi, regardez un peu, madame. J'ai mis quelque argent de côté, déjà. Cette gratification que je reçois à Noël, madame, je n'y touche pas. Je ne dépense pas même tous mes gages, quoiqu'ils ne soient pas bien élevés, madame. Pourquoi ne font-ils pas comme moi, madame? Ce que l'un peut faire, tout le monde pourrait bien le faire aussi. »

C'était encore là une des fictions de Cokeville. Tout capitaliste de l'endroit qui avait gagné soixante mille livres sterling, en commençant avec une pièce de six pence, affectait toujours de s'étonner que chacun des soixante mille ouvriers du voisinage ne gagnât pas soixante mille livres avec une pièce de six pence, et leur reprochait plus ou moins de ne pas faire ce chef-d'œuvre. « Ce que j'ai fait, vous pouvez bien le faire aussi. Pourquoi n'allez-vous pas le faire ? »

« Quant à leur prétendu besoin de récréations, madame, ça fait pitié ! Est-ce que je demande des récréations, moi ? Je n'en ai jamais demandé et je n'en demanderai jamais ; d'ailleurs je ne les aime pas. Quant à leurs sociétés, il y a bon nombre d'entre eux qui, en ouvrant les yeux et en dénonçant leurs camarades, pourraient gagner une bagatelle par-ci par-là, soit en argent, soit en se faisant bien venir des maîtres, et améliorer leur sort. Pourquoi ne l'améliorent-ils pas, alors ? C'est la première chose à laquelle doit songer un être raisonnable, et c'est justement ce dont ils prétendent avoir besoin.

— Prétendent, c'est bien le mot ! dit Mme Sparsit.

— Et puis vraiment cela fait mal au cœur de les entendre parler si souvent de leurs femmes et de leurs enfants. Regardez-moi un peu, madame ! Est-ce que j'ai besoin, moi, de femme et d'enfants. Pourquoi ne s'en passent-ils pas comme moi ?

— Parce qu'ils sont imprévoyants, dit Mme Sparsit.

— Oui, madame, répliqua Bitzer, c'est justement cela. S'ils étaient plus prévoyants et moins pervertis, que feraient-ils ? Ils se diraient : Tant que mon chapeau couvrira toute ma famille, ou tant que mon bonnet couvrira toute ma famille.... selon le sexe, madame.... je n'ai qu'une seule personne à nourrir, et cette personne est justement celle que j'ai le plus de plaisir à sustenter.

— C'est évident, répliqua Mme Sparsit, mangeant une rôtie.

— Merci, madame, dit Bitzer, saluant de nouveau avec son poing fermé, pour témoigner qu'il appréciait à sa juste valeur la conversation édifiante de Mme Sparsit. Désirez-vous encore un peu d'eau chaude, madame, où avez-vous besoin que j'aille vous chercher quelque autre chose ?

— Rien pour le moment, Bitzer.

— Merci, madame. Je ne voudrais pas vous déranger pendant vos repas, madame, surtout pendant votre thé, sachant combien vous y tenez, dit Bitzer, allongeant le cou comme une cigogne pour voir dans la rue de l'endroit où il se tenait ; mais voilà un monsieur qui regarde de ce côté depuis une minute ou deux et qui vient de traverser la rue comme s'il allait frapper ici. Tiens ! c'est sans doute lui qui frappe, madame. »

Il alla jusqu'à la fenêtre, avança la tête dans la rue, et la retira aussitôt en confirmant sa prévision.

« Oui, madame, c'est lui. Voulez-vous qu'on fasse monter le monsieur, madame?

— Je ne sais qui ce peut-être, dit Mme Sparsit, s'essuyant la bouche et arrangeant ses mitaines.

— C'est certainement un étranger, madame.

— Qu'est-ce qu'un étranger peut vouloir à la banque à une pareille heure? Ce ne saurait être que pour quelque affaire qui ne peut pas se faire maintenant; mais quoi qu'il en soit, M. Bounderby m'a confié un emploi dans cet établissement, et je saurai le remplir. Si le devoir que je me suis imposé m'oblige à recevoir ce monsieur, je le recevrai. Faites comme vous voudrez, Bitzer. »

Le visiteur, dans sa complète ignorance des paroles magnanimes de Mme Sparsit, répéta son coup de marteau avec tant de force, que l'homme de peine s'empressa d'aller ouvrir, tandis que Mme Sparsit, après avoir caché sa petite table avec les autres témoins de son repas, dans une armoire, décampait en haut afin de pouvoir apparaître, si la chose devenait nécessaire, avec plus de dignité.

« S'il vous plaît, madame, le monsieur voudrait vous voir, dit Bitzer, son œil incolore collé à la serrure de Mme Sparsit. »

Sur ce, Mme Sparsit, qui avait profité de l'intervalle pour retaper un peu son bonnet, prit la peine de retransporter ses traits classiques jusqu'à l'étage inférieur et entra dans la salle du conseil à la façon d'une matrone romaine qui franchit les murs d'une ville assiégée pour traiter avec le général ennemi.

Comme le visiteur s'était avancé vers la croisée et regardait en ce moment dans la rue d'un air insouciant, il fut aussi peu frappé qu'il est possible de cette entrée imposante. Il resta à siffler à mi-voix avec tout le calme imaginable, son chapeau sur la tête. On remarquait chez lui un certain air de fatigue indolente, qui provenait en partie d'un excès de bon ton. Car on voyait au premier coup-d'œil que c'était un parfait *gentleman*, formé sur les modèles de l'époque, ennuyé de tout, ne croyant pas plus à quoi que ce soit que Lucifer lui-même.

« Je crois, monsieur, dit Mme Sparsit que vous désiriez me parler.

— Je vous demande pardon, dit-il, en se retournant et ôtant son chapeau. Veuillez m'excuser.

— Hum ! pensa Mme Sparsit, en faisant un salut plein de dignité : trente-cinq ans, bonne mine, jolie taille, jolies dents, voix agréable, bon ton, mise distinguée, cheveux noirs, regard hardi. »

En sa qualité de femme, Mme Sparsit, pour voir tout cela, n'eut besoin que d'un coup d'œil de côté en s'inclinant pour lui faire la révérence : les femmes sont comme ce sultan qui n'avait qu'à tremper sa tête dans un seau d'eau pour y voir tout l'univers.

« Veuillez vous asseoir, monsieur, dit Mme Sparsit.

— Merci. Voulez-vous me permettre (il avança un siége pour elle, mais resta lui-même le dos appuyé contre la table dans une attitude nonchalante). J'ai laissé mon domestique au débarcadère pour surveiller mes effets, car le train était fort chargé de bagages, et je suis parti en flânant et en regardant le pays. Quelle drôle de ville. Me permettrez-vous de vous demander si elle est *toujours* aussi noire que cela ?

— En général, elle est beaucoup plus noire, répondit Mme Sparsit, d'un ton décidé.

— Est-il possible !... Excusez mon indiscrétion : Vous n'êtes pas une indigène, je crois.

— Non, monsieur, répliqua Mme Sparsit. Avant de devenir veuve, j'ai eu la bonne ou la mauvaise fortune, comme vous voudrez, de vivre dans une sphère bien différente. Mon mari était un Powler.

— Mille pardons, comprends pas, paole d'honneur ! dit l'inconnu. Votre mari était un....? »

Mme Sparsit répéta :

« Un Powler.

— Famille Powler ? demanda l'inconnu après avoir réfléchi quelques instants. »

Mme Sparsit fit un signe de tête affirmatif. L'inconnu parut un peu plus fatigué qu'auparavant.

« Vous devez bien vous ennuyer ici ? fut la seule réponse qu'il jugea à propos de faire à la déclaration généalogique de la dame.

— Je suis l'esclave des circonstances, monsieur, dit Mme Sparsit, et j'ai appris à me soumettre au pouvoir qui gouverne ma vie.

— Très-philosophique, répliqua l'inconnu, fort exemplaire assurément, fort louable, et fort.... »

Il crut sans doute que ce n'était pas la peine de finir sa phrase, car il se mit à jouer, d'un air ennuyé, avec sa chaîne de montre.

« Oserais-je demander, monsieur, dit Mme Sparsit, ce qui me procure l'honneur de....

— Assurément, interrompit l'inconnu. Merci de me l'avoir rappelé. Je suis porteur d'une lettre d'introduction pour M. Bounderby le banquier. Me promenant à travers les rues de cette ville si extraordinairement noire, pendant qu'on apprêtait mon dîner à l'hôtel, j'ai demandé à un individu que j'ai rencontré.... un ouvrier des fabriques.... il paraissait avoir pris une douche de quelque chose de pelucheux, que je présume provenir de la matière première.... »

Mme Sparsit inclina la tête en signe d'assentiment.

« .... Matière première.... où demeurait M. Bounderby le banquier. Et cet individu, trompé sans doute par le mot banquier, m'a envoyé à la banque. Car je suppose que M. Bounderby le banquier n'habite pas l'édifice dans lequel j'ai l'honneur de vous présenter cette explication ?

— Non, monsieur, répondit Mme Sparsit, il ne l'habite pas.

— Merci. Je n'avais et je n'ai aucune intention de remettre ma lettre en ce moment. Mais étant arrivé devant la banque en me promenant pour tuer le temps, et ayant été assez heureux pour apercevoir à la croisée (qu'il indiqua avec un geste plein de langueur avant d'adresser un léger salut à la parente de Lady Scadgers) une dame d'un extérieur aussi distingué qu'agréable, j'ai pensé que je ne pouvais mieux faire que de prendre la liberté de demander à cette dame où demeure M. Bounderby le banquier. Et voilà ce que j'ose, avec toutes les excuses convenables, vous prier de me dire. »

Les façons distraites et indolentes de l'inconnu étaient suffisamment compensées, aux yeux de Mme Sparsit, par un certain air de galanterie aisée qui n'excluait pas le respect. En ce moment, par exemple, l'inconnu, presque assis sur la table, se penchait sans façon vers la dame, comme attiré vers elle par quelque charme secret qui la rendait très-agréable dans son genre.

« Les banques, je le sais, sont toujours soupçonneuses, et c'est leur devoir (dit l'inconnu, dont le ton badin et facile, qui ne manquait pas d'agrément, et laissait à deviner encore plus de sens et de belle humeur, tactique habile peut-être du fondateur, quel que soit ce grand homme, de la nombreuse secte à laquelle appartenait l'étranger) par conséquent, je vous dirai que ma lettre.... la voici.... est du député de cette ville, Gradgrind, que j'ai eu le plaisir de connaître à Londres. »

Mme Sparsit reconnut l'écriture, déclara qu'une pareille garantie était tout à fait inutile, et donna l'adresse de M. Bounderby, avec toutes les indications et tous les renseignements nécessaires.

« Mille grâces, dit l'inconnu. Vous connaissez beaucoup le banquier, naturellement?

— Oui, monsieur, répliqua Mme Sparsit. Mes rapports avec mon patron durent depuis dix ans.

— Mais c'est une éternité! Je crois qu'il a épousé la fille de Gradgrind?

— Oui, dit Mme Sparsit, dont les lèvres se comprimèrent tout à coup. Il a eu ce.... cet honneur.

— La dame est un vrai philosophe, m'a-t-on dit?

— En vérité, monsieur? dit Mme Sparsit. Vraiment?

— Pardonnez mon impertinente curiosité, poursuivit l'inconnu planant au-dessus des sourcils de Mme Sparsit avec un air propitiatoire, mais vous connaissez la famille et vous êtes une femme du monde. Je vais faire connaissance avec la famille, et il est possible que j'aie avec elle des relations assez suivies. Est-ce que la dame est aussi terrible qu'on le dit? Son père lui fait une telle réputation de science, que je brûle de savoir à quoi m'en tenir. Est-elle tout à fait inabordable? Est-ce que c'est une de ces savantes à repousser et renverser un pauvre homme? Allons! je vois, à votre sourire expressif, que vous n'en croyez rien. Vous venez de verser un baume dans mon âme inquiète. Et quel âge pourrait-elle avoir? Quarante ans? Trente-cinq? »

Mme Sparsit éclata de rire.

« Une gamine, dit-elle; elle n'avait pas vingt ans le jour de son mariage.

— Je vous donne ma parole d'honneur, madame Powler, répliqua l'inconnu, se reculant de la table, que je n'ai été de ma vie plus étonné. »

En effet il semblait aussi surpris qu'il était susceptible de se laisser surprendre par quoi que ce soit. Il contempla son interlocutrice pendant un bon quart de minute sans pouvoir revenir de son étonnement.

« Je vous assure, madame Powler, reprit-il alors, de l'air d'un homme complétement épuisé, que les façons du père m'avaient préparé à rencontrer, dans Mme Bounderby, un personnage d'une maturité morose et rocailleuse. Je vous suis on ne peut plus obligé d'avoir rectifié une si absurde méprise. Veuillez excuser mon importune visite. Mille grâces. Bon jour. »

Il sortit en saluant, et Mme Sparsit, cachée dans le rideau de la croisée, le vit qui descendait d'un pas indolent le côté ombragé de la rue, attirant les regards de toute la ville.

« Que pensez-vous de ce monsieur, Bitzer? demanda-t-elle à l'homme de peine, lorsque celui-ci vint enlever le plateau.

— Il doit dépenser beaucoup d'argent pour sa toilette, madame.

— Il faut avouer, dit Mme Sparsit, qu'elle est de très-bon goût.

— Oui, madame, répliqua Bitzer ; mais est-ce là une compensation suffisante? D'ailleurs, madame, reprit-il, tout en frottant la table, il m'a l'air d'un joueur.

— Le jeu est une chose immorale, dit Mme Sparsit.

— C'est une chose ridicule, madame, dit Bitzer, parce que les chances sont toujours en faveur de la banque. »

Soit que la chaleur empêchât Mme Sparsit de travailler, soit qu'elle ne se sentît pas en train de reprendre son ouvrage, elle n'y toucha plus de la soirée. Elle était assise à la croisée, lorsque le soleil commença à se cacher derrière la fumée; elle y était encore, lorsque la fumée devint rouge, lorsqu'elle s'éteignit peu à peu, lorsque l'obscurité sembla sortir lentement de terre et monter, monter doucement jusqu'aux toits des maisons, jusqu'au clocher de l'église, jusqu'au faîte des cheminées des fabriques, jusqu'au ciel. Mme Sparsit resta assise à la croisée, sans demander de lumière, les mains sur ses genoux, ne songeant guère aux mille bruits de la soirée : aux cris des gamins, aux aboiements des chiens, au roulement des voitures, aux pas et aux voix des piétons, aux cris perçants des marchands ambulants, au clic-clac des sabots sur le trottoir, lorsque l'heure de la clôture des fabriques eût sonné; à la fermeture tapageuse des boutiques. Ce ne fut que lorsque l'homme de peine vint annoncer que le ris de veau nocturne était prêt, que Mme Sparsit sortit de sa rêverie et transporta à l'étage supérieur ses noirs sourcils, plissés par une longue méditation qui les avait assez hérissés pour qu'ils eussent grand besoin d'un repassage.

« Oh! grand imbécile que vous êtes! » dit Mme Sparsit lorsqu'elle se trouva seule devant son souper.

Elle ne dit pas à qui s'adressaient ces paroles; mais évidemment ce n'était pas au ris de veau.

CHAPITRE XVIII.

M. James Harthouse.

La coterie Gradgrind éprouvait le besoin de se renforcer, il lui fallait de nouveaux adeptes pour l'aider à couper la gorge aux Grâces. Ils allaient cherchant partout des recrues, et où donc pouvaient-ils trouver de meilleurs recrues que parmi les beaux messieurs qui, à force d'être blasés sur toutes choses, sont également prêts à tout?

D'ailleurs ces dispositions d'esprit salutaires qui élèvent un homme jusqu'aux sublimes hauteurs de l'indifférence ne manquaient pas d'attraits pour la plupart des membres de l'école Gradgrind. Ils admiraient les beaux messieurs ; ils ne voulaient pas en avoir l'air, mais c'est égal, ils ne s'en épuisaient pas moins à les imiter ; ils affectaient de traîner leurs mots comme eux, et ils débitaient d'un air énervé comme eux les petites rations moisies d'économie politique dont ils régalaient leurs disciples. Jamais on ne vit sur cette terre une race hybride aussi surprenante que celle-là.

Parmi les beaux messieurs qui n'appartenaient pas en propre à l'école Gradgrind, il s'en trouvait un de bonne famille et de meilleure mine, avec une heureuse veine d'*humour*, laquelle avait produit le plus grand effet dans la Chambre des Communes, lorsqu'il avait expliqué, à son point de vue (et à celui du conseil d'administration), certain accident de chemin de fer, où les employés les plus vigilants qu'on ait jamais vus, payés par les directeurs les plus généreux qu'on ait jamais connus, aidés par les meilleurs procédés mécaniques qu'on ait jamais inventés, le tout appartenant à la ligne la mieux construite qu'on ait jamais tracée, avaient tué cinq voyageurs et en avaient blessé trente-deux, par suite d'une éventualité sans laquelle l'excellence du système adopté fût certainement restée incomplète. Parmi les victimes se trouvait une vache, et parmi les objets éparpillés que personne n'avait réclamés, un bonnet de veuve. Et l'honorable membre avait tellement amusé la Chambre (qui a un sentiment si délicat de l'humour et de l'à-propos), en posant ce bonnet sur la tête de la vache, que l'assemblée ne voulut plus entendre parler de l'enquête demandée, et s'empressa d'absoudre les administrateurs au milieu des bravos et des fous rires.

Or, ce monsieur possédait un jeune frère qui avait encore meilleure mine que son aîné, qui avait commencé son apprentissage de la vie comme cornette dans un régiment de dragons. Il avait trouvé ce métier assommant, et, pour changer, était parti pour l'étranger à la suite d'un ambassadeur de Sa Majesté britannique ; cela lui avait paru encore plus assommant. Plus tard, il s'était mis à voyager en flânant jusqu'à Jérusalem ; il avait encore trouvé la chose assommante, enfin il avait parcouru le monde dans son yacht sans rien trouver qui ne fût assommant. C'est à ce jeune homme assommé que l'honorable et facétieux membre de la Chambre avait dit un jour, d'un ton fraternel :

« Jem, il y a moyen de faire son chemin parmi nos hommes d'État positifs ; ils ont besoin de recrues. Pourquoi n'essayerais-tu pas de la statistique ? »

Jem, sensible à la nouveauté de cette vocation, qui lui promettait au moins un peu de variété, ne se sentit pas plus de répugnance pour essayer de la statistique que pour toute autre chose. Il essaya donc. Il se prépara par la lecture de quelques livres bleus, et son frère alla disant aux hommes d'État positifs :

« Si vous avez besoin, pour quelque ville, d'un joli garçon qui puisse vous faire des discours un peu bons, vous n'avez qu'à prendre mon frère Jem. C'est tout à fait ce qu'il vous faut. »

Après divers essais oratoires dans quelques *meetings* publics Jem fut accueilli par M. Gradgrind et par un conseil d'autres prophètes politiques qui résolurent de le diriger sur Cokeville, afin qu'il se fît connaître dans la ville et aux environs avant l'élection prochaine. De là cette lettre que Jem avait montrée la veille au soir à Mme Sparsit, et que M. Bounderby tenait en ce moment à la main. Elle était adressée à « James Bounderby, banquier. Cokeville. Pour présenter James Harthouse, Thomas Gradgrind. »

Une heure après avoir reçu cette dépêche, accompagnée de la carte de M. James Harthouse, M. Bounderby mit son chapeau et se dirigea vers l'hôtel. Il y trouva M. James Harthouse qui regardait par la fenêtre dans une situation d'esprit si ennuyée, qu'il avait presque envie déjà d'essayer d'autre chose.

« Monsieur, dit le visiteur, je m'appelle Josué Bounderby de Cokeville. »

M. James Harthouse fut enchanté (il n'en avait guère l'air) d'une rencontre qu'il désirait depuis longtemps.

« Cokeville, monsieur, dit M. Bounderby, prenant tout bonnement une chaise, ne ressemble pas aux endroits que vous avez déjà pu voir. Donc, si vous voulez bien le permettre, ou que vous le veuilliez ou non, car je suis un homme tout rond, je vais vous donner quelques détails avant d'aller plus loin. »

M. Harthouse témoigna qu'il serait charmé de les entendre.

« Ne vous avancez pas trop, dit Bounderby. Je ne vous

promets pas ça. D'abord vous voyez notre fumée. C'est ce qui nous fait vivre. C'est ce qu'il y a de plus sain au monde sous tous les rapports, et surtout pour les poumons. Si vous êtes de ceux qui veulent nous forcer à consumer notre fumée, nous ne nous entendrons seulement pas. Nous n'avons pas envie d'user le fond de nos chaudières plus vite que nous ne le faisons déjà, pour toutes les stupides criailleries qu'on pourra élever en Angleterre et en Irlande. »

Afin de donner à son *essai* toutes les chances possibles de réussite, Harthouse répondit :

« Monsieur Bounderby, je vous assure que je partage complétement votre manière de voir : et cela par conviction.

— Tant mieux, dit Bounderby. Il est probable aussi qu'on vous a beaucoup parlé du travail de nos manufactures ? Oui, n'est-ce pas ? Très-bien. Je vais vous dire ce qui en est. C'est le travail le plus agréable et le plus facile qui existe, et il n'y a pas d'ouvriers mieux payés que les nôtres. Qui plus est, il nous serait impossible de rendre l'intérieur des fabriques plus confortable, à moins de poser des tapis de Perse sur les parquets, ce que nous n'avons nulle envie de faire.

— Et vous avez parfaitement raison, monsieur Bounderby.

— Enfin, dit Bounderby, il faut que vous sachiez à quoi vous en tenir sur le compte de nos ouvriers. Tous les Bras de cette ville, monsieur, hommes, femmes et enfants, sans exception, n'ont qu'un objet en vue. Ils veulent qu'on les nourrisse de soupe à la tortue et de gibier avec une cuiller d'or. Or, nous n'avons nulle idée de les nourrir de soupe à la tortue et de gibier avec une cuiller d'or. Maintenant vous connaissez Cokeville. »

M. Harthouse déclara que ce résumé succinct de la situation cokebourgeoise l'avait instruit et intéressé au plus haut degré.

« Voyez-vous, continua M. Bounderby, lorsque je fais la connaissance d'un homme, surtout d'un homme public, je commence par m'entendre avec lui sans y aller par quatre chemins. Je n'ai plus qu'un mot à dire, monsieur Harthouse, avant de vous assurer du plaisir que j'aurai, dans la limite de mes pauvres moyens, à faire honneur à la lettre d'introduction de mon ami Tom Gradgrind. Vous êtes un fils de famille. N'allez pas vous fourvoyer en vous imaginant un seul instant que je suis, *moi*, un fils de famille. Je suis une franche racaille sortie de la lie du peuple. »

Si quelque chose avait pu augmenter l'intérêt que M. Bounderby inspirait à Jem Harthouse, cette dernière circonstance eût produit cet effet : ou, du moins, il ne manqua pas d'en donner l'assurance.

« Sur ce, poursuivit M. Bounderby, nous pouvons nous donner une poignée de main sur un pied d'égalité. Je dis *d'égalité*, parce que, bien que je sache mieux que personne ce que je suis, et la profondeur exacte de la boue dont je me suis tiré, je suis aussi fier que vous. Je suis tout aussi fier que vous. Maintenant que j'ai sauvegardé mon indépendance : Comment vous portez-vous ? J'espère que ça va bien ? »

M. Harthouse donna à entendre, tandis qu'ils échangeaient une poignée de main, que ça allait bien, que ça allait même très-bien, grâce à l'atmosphère salubre de Cokeville. M. Bounderby accueillit très-favorablement cette réponse.

« Peut-être savez-vous, dit-il, ou peut-être ne savez-vous pas, que j'ai épousé la fille de Tom Gradgrind. Si vous n'avez rien de mieux à faire que de m'accompagner à l'autre bout de la ville, j'aurai beaucoup de plaisir à vous présenter à la fille de Tom Gradgrind. »

— Monsieur Bounderby, répliqua Jem, vous venez au-devant de mon plus cher désir. »

L'entretien se termina là et ils sortirent. M. Bounderby pilota sa nouvelle connaissance (qui formait avec lui un si frappant contraste) jusqu'à la demeure de briques rouges, avec les volets noirs à l'extérieur et les stores verts à l'intérieur, et la porte d'entrée noire, exhaussée de deux marches blanches. Dans le salon de cet hôtel, on vit bientôt paraître la fille la plus bizarre que M. James Harthouse eût jamais rencontrée. Elle était si embarrassée et pourtant si insoucieuse ; si réservée et pourtant si attentive; si froide, si fière et pourtant si sensitive, si honteuse de l'humilité fanfaronne de son mari, dont chaque exemple la faisait tressaillir comme si elle eût reçu un coup en pleine poitrine, que Jem éprouva une sensation toute nouvelle en la voyant. Le visage de Louise n'était pas moins remarquable que ses manières; mais le jeu naturel de sa physionomie était tellement contenu qu'il était impossible d'en deviner la véritable expression. Complétement indifférente et sûre d'elle-même, jamais gênée et pourtant jamais à son aise, elle se trouvait auprès d'eux en personne, mais elle s'isolait par la pensée. James Harthouse vit qu'il serait inutile d'essayer d'ici à quelque temps de comprendre cette fille, tant elle déjouait toute sa pénétration.

Après avoir examiné la maîtresse de la maison, le visiteur jeta un coup d'œil sur la maison elle-même. Il n'y avait dans la chambre aucun de ces indices muets qui annoncent la présence d'une femme. Point de ces petites décorations gracieuses, de ces charmantes inutilités qui attestent une influence féminine. Froide et incommode, d'une richesse arrogante et revêche, cette chambre effrontée dévisageait les gens sans vergogne, ne laissant soupçonner nulle part la plus légère trace d'une occupation féminine, qui en aurait au moins adouci la rudesse. Tel M. Bounderby se dressait au milieu de ses dieux pénates, telles ces divinités rigides d'orgueil et d'opulence encadraient de leur roideur celle de M. Bounderby. Il y avait entre eux une harmonieuse sympathie.

« Voilà ma femme, monsieur, dit Bounderby ; Mme Bounderby, fille aînée de Tom Gradgrind. Lou, je vous présente M. James Harthouse. M. Harthouse s'est enrôlé sous le drapeau de votre père. S'il ne devient pas, sous peu, le collègue de Tom Gradgrind, nous entendrons au moins, j'espère, parler de lui pour les élections de quelque bourg voisin. Vous voyez, monsieur Harthouse, que ma femme est plus jeune que moi. Je ne sais pas ce qu'elle a pu trouver en moi pour l'engager à m'épouser, mais il faut bien qu'elle y ait trouvé quelque chose ; autrement, je suppose, elle ne m'aurait pas épousé. Elle a une masse de connaissances très-précieuses, monsieur, politiques et autres. Si vous voulez vous préparer, en moins de rien, à faire un discours sur un sujet quelconque, je serais embarrassé pour vous recommander un meilleur professeur que Lou Bounderby.

— Il serait toujours impossible de recommander à M. Harthouse un professeur plus aimable et dont il eût plus de plaisir à suivre les leçons.

— Allons ! dit M. Bounderby, si vous donnez dans les

compliments, vous ferez votre chemin, car il n'y a pas ici de concurrence à craindre. Je n'ai jamais été à même d'étudier les compliments et j'ignore l'art de les faire. Soyons franc, je les méprise. Mais vous n'avez pas été élevé comme moi; j'ai été élevé de la bonne façon, par Saint-Georges! Vous êtes un gentleman et moi je ne prétends pas l'être. Je suis Josué Bounderby de Cokeville et cela me suffit. Cependant, si moi, je ne me laisse pas influencer par les belles manières et la naissance, il se peut que Lou Bounderby les aime. Elle n'a pas eu les mêmes avantages que moi (les mêmes désavantages, selon vous, peut-être; moi, je pense autrement), de façon que vous ne perdrez pas vos peines, je n'en doute pas.

— Monsieur Bounderby, dit Jem, se tournant vers Louise et souriant, est, à ce que je vois, un noble animal resté presque à l'état sauvage et affranchi de tout ce harnais de convention que doit porter un malheureux cheval de manége comme moi.

— Le caractère de M. Bounderby vous inspire beaucoup de respect, je le vois, répondit-elle tranquillement, et c'est très-naturel. »

Il fut honteusement démonté, pour un homme qui connaissait si bien le monde et se demanda :

« Comment dois-je prendre cela ?

— Vous allez vous dévouer, si j'ai bien saisi ce que vient de dire M. Bounderby, au service de votre pays. Vous avez résolu, continua Louise, toujours debout à l'endroit où elle s'était arrêtée, offrant toujours ce bizarre contraste d'une femme à la fois sûre d'elle-même et mal à l'aise, à montrer au pays le moyen de sortir de toutes ses difficultés ?

— Non, madame Bounderby, répliqua-t-il en riant, non, ma parole d'honneur; je n'ai aucune prétention de ce genre et je ne chercherai pas à vous le faire accroire. Je connais un peu le monde, ayant couru par-ci par-là, à droite et à gauche; et j'ai découvert qu'il ne valait pas grand'chose. Il n'y a personne qui n'en soit persuadé; seulement les uns l'avouent et les autres ne l'avouent pas : je viens tout bonnement servir les opinions de votre respectable père, parce que toutes les opinions me sont indifférentes, et qu'autant vaut défendre celles-là qu'une autre.

— Vous n'avez donc pas d'opinion à vous ? demanda Louise.

— Je n'ai pas même conservé l'ombre d'une préférence. Je vous assure que je n'attache aucune importance à une idée quelconque. Les mille manières dont j'ai été assommé dans ce monde ont eu pour résultat de me convaincre, (si le mot n'est pas trop sérieux pour le sentiment insouciant que je veux exprimer), que telle série d'idées peut faire tout autant de bien que telle autre, et tout autant de mal que telle autre. Je connais une charmante famille anglaise qui a une devise italienne. *Ce qui sera, sera*[1]. C'est la seule vérité que je reconnaisse par le temps qui court. »

Il remarqua que cette abominable prétention à la franchise dans l'improbité, vice si dangereux, si fatal et si commun, semblait produire sur Louise une impression qui ne lui était pas défavorable. Il poursuivit son avantage en ajoutant de son ton le plus enjoué, de manière à ce qu'elle pût attacher à ses paroles un sens aussi sérieux ou aussi peu sérieux qu'elle le jugerait à propos :

« Le parti qui peut tout prouver avec une ligne d'unités, de dizaines, de centaines etc., me paraît la meilleure plaisanterie du monde et la plus digne de réussir, assurément. Je suis prêt à m'y essayer avec tout autant d'ardeur que si j'y croyais. Et que pourrais-je faire de plus, si j'y croyais en effet ?

— Vous êtes un singulier homme d'État.

— Pardonnez-moi ; je n'ai pas même ce faible mérite. Les gens de mon opinion, c'est-à-dire qui n'en ont pas, composent, vous pouvez m'en croire, la majorité de nos hommes d'État ; on n'a, pour s'en assurer, qu'à nous faire sortir de nos rangs adoptifs pour nous faire passer un examen en règle, l'un après l'autre. »

M. Bounderby, qui s'était tellement gonflé durant son silence forcé qu'il avait couru grand risque d'éclater, interrompit la conversation en proposant de remettre le dîner à six heures et demie et de profiter de l'intervalle pour faire faire à M. James Harthouse une tournée électorale auprès des notabilités votantes et intéressantes de Cokeville *intrà et extrà muros*. La tournée électorale se fit ; et M. James

---

1. *Che sara sara.* Devise des Russell.

Harthouse, grâce à un usage discret des connaissances glanées, en courant, dans les livres bleus, sortit victorieusement de cette épreuve, quoique de plus en plus assommé.

Le soir, il trouva la table mise pour quatre convives ; mais une des places resta inoccupée. M. Bounderby ne manqua pas une aussi belle occasion de vanter un plat d'anguilles à l'étuvée, à deux sous la portion, dont il se régalait dans les rues à l'âge de huit ans ainsi que l'eau de qualité inférieure (spécialement destinée à rafraîchir le macadam) avec laquelle il arrosait ce modeste repas. Il entretint aussi son hôte, pendant la soupe et le poisson, d'un calcul qui démontrait que lui, Bounderby, avait dans sa jeunesse, consommé au moins trois chevaux sous forme de saucissons. Ces détails, que Jem écouta d'un air de fatigue, intercalant de temps à autre un : « Ah charmant ! » l'eussent sans doute décidé à repartir le lendemain matin, dût-il essayer encore une fois de Jérusalem, si Louise n'eût pas autant piqué sa curiosité.

« Quoi ! n'y a-t-il donc rien, pensait-il en la regardant, tandis qu'elle siégeait à la place d'honneur, où sa personne, petite et élancée, mais très-gracieuse, semblait aussi jolie que déplacée, n'y a-t-il donc rien qui puisse émouvoir ce visage ? »

Si, par Jupiter, il y a quelque chose, et le voici venir, sous une forme imprévue. Tom fit son apparition ; Louise changea du tout au tout quand la porte s'ouvrit, et un sourire éclaira ses traits.

Un ravissant sourire. M. James Harthouse ne l'aurait peut-être pas autant admiré, s'il n'y avait pas eu si longtemps qu'il s'étonnait de l'impassibilité de ce visage. Elle avança sa main, une jolie petite main bien douce, et ses doigts se fermèrent sur ceux de son frère, comme si elle eût voulu les porter à ses lèvres. »

« Tiens, tiens, pensa le visiteur. Ce roquet est le seul être auquel elle s'intéresse. C'est bon à savoir ! »

Le roquet fut présenté à M. James Harthouse. Le nom n'était pas flatteur, mais il pouvait se justifier.

« Quand j'avais votre âge, jeune Tom, dit Bounderby, j'arrivais à l'heure, ou bien je m'en retournais sans dîner !

— Quand vous aviez mon âge, riposta Tom, vous ne découvriez pas dans vos livres une erreur qu'il fallait rectifier et vous n'étiez pas obligé de faire ensuite votre toilette.

— C'est bien, cela suffit, dit Bounderby,

— Alors, grommela Tom, ne commencez pas par crier après moi.

— Madame Bounderby, dit Harthouse qui entendait parfaitement cette conversation échangée à mi-voix, le visage de votre frère m'est tout à fait familier ; il me semble l'avoir rencontré à l'étranger ? ou à quelque école publique, peut-être ?

— Non, répondit-elle avec beaucoup d'intérêt, il n'a pas encore voyagé : il a été élevé ici, à la maison. Cher Tom, je disais à M. Harthouse qu'il n'a pas pu te rencontrer à l'étranger.

— Je n'ai jamais eu la chance de voyager, monsieur. »

Il n'y avait pourtant rien en lui qui dût faire rayonner le visage de sa sœur, car c'était un jeune garnement fort maussade et qui ne se montrait pas même gracieux avec elle. Il fallait que la solitude de son cœur eût été bien vide pour qu'elle eût ainsi besoin de le donner au premier venu.

« Voilà donc pourquoi ce roquet est le seul être auquel elle se soit jamais intéressée, pensa M. James Harthouse ruminant la chose dans son esprit. C'est-là tout le mystère : c'est clair comme le jour. »

Soit en présence de sa sœur, soit lorsqu'elle eut quitté la salle à manger, le roquet ne cherchait nullement à cacher le mépris que lui inspirait M. Bounderby, dès qu'il pouvait s'y livrer sans attirer l'attention de ce personnage indépendant, soit en faisant des grimaces, soit en clignant de l'œil. Sans répondre à ces communications télégraphiques, M. Harthouse fut très-encourageant pour Tom pendant le reste de la soirée et parut le prendre en amitié. Enfin, quand il se leva pour rentrer à son hôtel, il témoigna la crainte de ne pas pouvoir retrouver son chemin la nuit, et le roquet, se proposant immédiatement pour guide, sortit avec lui pour le reconduire.

CHAPITRE XIX.

Le Roquet.

N'était-il pas bien surprenant qu'un jeune homme élevé sous un système de contrainte exagérée fût devenu un hypocrite ? C'est pourtant ce qui était arrivé à Tom. N'était-il pas bien surprenant qu'un jeune homme qu'on n'avait pas laissé à lui-même pendant cinq minutes consécutives fût devenu incapable de se gouverner ? C'est pourtant ce qui était arrivé à Tom. N'était-il pas incompréhensible qu'un jeune homme dont l'imagination avait été étranglée au berceau fût encore poursuivi par le fantôme de cette imagination défunte, sous la forme d'une grossière sensualité ? Eh bien ! c'était pourtant là l'histoire monstrueuse de Tom.

« Fumez-vous ? demanda James Harthouse, lorsqu'ils furent arrivés devant la porte de l'hôtel.

— Un peu ! » répondit Tom.

M. Harthouse ne pouvait faire autrement que d'engager Tom à monter ; et Tom, de son côté, ne pouvait faire autrement que de monter. Grâce à une boisson rafraîchissante, mais pas aussi faible qu'elle était censée rafraîchissante, grâce aussi à un tabac moins commun que celui qu'on pouvait se procurer dans ces parages, Tom se coucha bientôt tout à fait à son aise dans son coin de canapé, plus disposé que jamais à admirer son nouvel ami qui s'était installé à l'autre coin.

Au bout de quelque temps, Tom chassa un peu la fumée dont il s'était entouré et se mit à examiner son hôte.

« Il n'a pas l'air de s'occuper de sa toilette, pensa Tom, et pourtant, comme il s'habille bien ! Comme il porte bien ça ! »

Le regard de M. James Harthouse ayant rencontré par hasard celui de Tom, le futur membre du parlement remarqua que son jeune ami ne buvait pas, et de sa main négligente remplit le verre.

« Merci, dit Tom, merci. Eh bien, monsieur Harthouse,

j'espère que vous en avez eu tout votre soûl du vieux Bounderby, ce soir. »

Tom prononça ces mots en fermant un œil, et en regardant son hôte d'un air fin, par-dessus le verre qu'il tenait à a main.

« Il a l'air fort bon enfant, répliqua M. Harthouse.

— Ah! oui, vous croyez ça, n'est-ce pas? » dit Tom en fermant un œil.

M. James Harthouse sourit, quitta son coin de canapé et, s'appuyant contre la cheminée, resta à fumer devant la grille vide, en face de Tom qu'il dominait.

« Quel drôle de beau-frère vous faites! remarqua-t-il.

— Vous voulez dire : quel drôle de beau-frère le vieux Bounderby fait! dit Tom.

— Vous emportez la pièce, Tom, » riposta M. James Harthouse.

Il y avait quelque chose de si agréable à se voir sur le pied d'une telle intimité avec un pareil gilet; à s'entendre appeler Tom d'une façon si intime par une pareille voix; à être devenu, en si peu de temps, si familier avec une pareille paire de favoris, que Tom était excessivement glorieux de lui-même.

« Oh! je me moque bien du vieux Bounderby, dit-il, si c'est là ce que vous voulez dire. Je l'ai toujours appelé le vieux Bounderby quand j'ai parlé de lui, et je l'ai toujours regardé comme un vieux bonhomme. Ce n'est pas aujourd'hui que je vais commencer à me montrer poli envers le vieux Bounderby ; ce serait m'y prendre un peu tard.

— Moi, ça m'est égal, répliqua James; mais quand sa femme est là, vous savez, il faut prendre garde.

— Sa femme? dit Tom. Ma sœur Lou? ah! par exemple. »

Et il se mit à rire en avalant un peu de la boisson rafraîchissante.

James Harthouse continua à flâner auprès de la cheminée dans la même attitude, fumant son cigare avec son aisance habituelle, contemplant le roquet de l'air aimable d'un agréable démon sûr de son fait, qui sait bien qu'il n'a qu'à voltiger autour de son hôte pour le faire consentir, dans l'occasion, à l'abandon de son âme. Et vraiment, on eût dit que le roquet cédait à une influence de ce genre. Il commença par regarder son compagnon à la dérobée, puis il le regarda avec admiration, puis il le regarda en face, hardiment, et allongea une jambe sur le canapé.

« Ma sœur Lou? dit Tom. *Elle* n'aimait pas le vieux Bounderby quand elle l'a épousé.

— Vous parlez là au temps passé, Tom, répliqua M. James Harthouse faisant tomber avec son petit doigt la cendre de son cigare ; mais nous en sommes au temps présent.

— Ne pas aimer, verbe actif, mode indicatif, temps présent. Première personne, singulier, je n'aime pas ; seconde personne, singulier, tu n'aimes pas ; troisième personne, singulier, elle n'aime pas, répliqua Tom.

— Très-bon ! très-drôle ! dit son ami. Mais vous ne pensez pas ce que vous dites là?

— Si, ma foi ! je le pense ! s'écria Tom ; parole d'honneur ! Vous n'allez pas me dire, monsieur Harthouse, que vous croyez vraiment que ma sœur Lou aime le vieux Bounderby?

— Mon cher, répliqua l'autre, pourquoi voulez-vous que je ne le croie pas, quand je vois deux personnes mariées ensemble qui vivent heureuses et de bon accord? »

Tom avait déjà les deux jambes sur le canapé. Si la seconde ne s'y fût pas trouvée commodément allongée lorsque M. Harthouse l'avait appelé son cher, il n'aurait pas manqué de l'y étendre tout de son long à cette période intéressante de la conversation. Sentant néanmoins qu'il devait reconnaître, de quelque manière, l'honneur qu'on venait de lui faire, il se coucha comme un veau, la tête appuyée sur l'extrémité de la causeuse, fumant avec une grande affectation d'aisance ; puis il tourna son visage commun et ses yeux un peu troublés par le vin vers le visage qui le dominait d'un air si insoucieux et néanmoins si puissant.

« Vous connaissez notre gouverneur, monsieur Harthouse, dit Tom, et, par conséquent, vous ne devez pas être surpris que Lou ait épousé le vieux Bounderby. Elle n'a jamais eu d'amoureux ; le gouverneur lui a proposé le vieux Bounderby, et elle l'a accepté.

— C'est très-obéissant de la part de votre aimable sœur, dit M. James Harthouse.

— Oui, mais mon aimable sœur n'aurait pas été aussi

obéissante et cela ne se serait pas arrangé si facilement, répliqua Tom, si je n'avais pas été là. »

Le démon tentateur leva seulement les sourcils ; mais il n'en fallut pas davantage pour obliger le roquet à continuer.

« C'est *moi* qui l'ai décidée, dit-il avec un air de supériorité très-édifiant. On m'a fourré dans la banque du vieux Bounderby (où je n'avais nulle envie d'aller), et je savais que je me trouverais souvent dans de vilains draps, si Lou n'en passait pas par les fantaisies du vieux Bounderby ; de sorte que j'ai exprimé mon désir et Lou s'est empressée d'y accéder. Elle ferait tout au monde pour moi. C'était fameux de sa part, n'est-ce pas ?

— Charmant, en vérité.

— Non que la chose eût la même importance pour elle que pour moi, poursuivit tranquillement Tom, parce que moi, ma liberté et mon bien-être, peut-être tout mon avenir étaient en jeu ; mais elle, elle n'avait pas d'autre amoureux, et autant valait être en prison que de rester à la maison, surtout lorsque je n'étais plus là. Ce n'est pas comme si elle avait abandonné un autre amoureux pour le vieux Bounderby ; mais enfin, c'était gentil de sa part.

— On ne peut plus aimable. Et, comme cela, elle prend les choses en douceur ?

— Oh ! répondit Tom d'un ton de protection dédaigneuse, c'est une vraie fille. Une fille se tire d'affaire partout. Elle s'est habituée à son genre de vie, et ça lui est égal ; elle aime autant ça qu'autre chose. D'ailleurs, quoique Lou ne soit qu'une fille, ce n'est pas une fille ordinaire. Elle peut se renfermer en elle-même et rêver, comme je l'ai vue souvent au coin du feu, pendant une heure de suite, sans désemparer.

— Tiens, tiens ! Elle a des ressources en elle-même, dit Harthouse fumant doucement.

— Pas tant que vous pourriez le croire, répliqua Tom ; car notre gouverneur l'a fait bourrer d'un tas de fariboles aussi sèches que de la sciure de bois. C'est son système.

— Il a formé sa fille sur son image ? suggéra Harthouse.

— Sa fille ? Ah ! oui, et tous les autres aussi. Tenez, il m'a formé de la même manière, moi qui vous parle, dit Tom.

— Pas possible !

— Mais si, répliqua Tom en secouant la tête. Je puis vous assurer, monsieur Harthouse, que, le jour où j'ai quitté la maison pour aller chez le vieux Bounderby, j'étais un vrai Jocrisse, ne sachant pas plus ce que c'était que la vie que la première huître venue.

— Allons, Tom! vous ne me ferez pas croire cela. Vous plaisantez.

— Parole la plus sacrée! répondit le roquet. Je parle très-sérieusement, je vous assure! »

Il continua à fumer avec beaucoup de gravité et de dignité pendant plusieurs minutes, puis il ajouta d'un air satisfait :

« Oh! depuis, j'ai ramassé quelques petites connaissances, je ne chercherai pas à le nier ; mais j'ai tout appris par moi-même, le gouverneur n'y est pour rien.

— Et votre intelligente sœur?

— Mon intelligente sœur en est restée à peu près où elle en était. Autrefois, elle se plaignait toujours à moi de n'avoir aucune occupation sur laquelle se rabattre, comme font les autres femmes, et je ne vois pas qu'elle soit plus avancée aujourd'hui. Mais ça lui est égal, ajouta-t-il d'un air fin, lançant quelques bouffées de cigare. Les filles se tirent toujours d'affaire, d'une façon ou d'une autre.

— En passant hier soir à la banque pour demander l'adresse de M. Bounderby, j'ai trouvé une antique dame qui paraît terriblement éprise de votre sœur, reprit M. James Harthouse jetant le bout de cigare qu'il venait d'achever.

— La mère Sparsit? dit Tom. Comment! vous l'avez déjà vue, hein? »

Son ami fit un signe de tête affirmatif. Tom ôta son cigare de sa bouche afin de fermer son œil (qui devenait un peu difficile à gouverner) d'une façon plus expressive, et afin de frapper plusieurs fois son nez du bout du doigt.

« Le sentiment que la mère Sparsit a voué à Lou est plus que de l'admiration, reprit Tom ; dites *affection*, *dévouement*. La mère Sparsit n'a jamais raffolé du vieux Bounderby lorsqu'il était garçon. Oh! non, jamais! »

Ce furent là les dernières paroles que prononça le roquet avant qu'une torpeur vertigineuse, suivie d'un oubli complet, vînt s'emparer de ses sens. Il fut tiré de cet état de somnolence par un rêve agité où il se figurait qu'on le remuait avec le bout d'une botte, et, en même temps, par une voix qu disait :

« Holà ! Il est tard. Décampons !

— Allons ! dit-il en quittant le canapé et en se redressan le mieux qu'il put, il faut pourtant que je vous quitte.. Dites donc.... votre tabac est bon.... mais il est trop doux

— Oui, il est trop doux, répliqua son hôte.

— Il.... il.... est ridiculement doux, dit Tom. Où donc est la porte ? Bonsoir. »

Tom eut alors un autre rêve étrange où il se sentit mené par un garçon d'hôtel à travers un brouillard, lequel, après lui avoir donné beaucoup de tracas et de peine, se dissipa dans la grande rue où il resta seul. Puis il se dirigea vers son domicile sans faire trop de zigzags, quoiqu'il se sentît encore sous l'influence et en la présence de son nouvel ami, comme si ce dernier eût plané quelque part dans l'air avec la même attitude nonchalante, le regardant de la même façon.

Le roquet rentra chez lui et se coucha. S'il eût eu la conscience de ce qu'il venait de faire ; s'il eût été un peu moins roquet et un peu plus *frère*, il aurait pu s'arrêter tout court, tourner le dos à son domicile et s'en aller vers la rivière infecte teinte en noir pour s'y coucher tout de bon, s'enveloppant bien la tête dans cette eau bourbeuse et corrompue.

CHAPITRE XX.

Les frères et amis.

« O mes amis, travailleurs opprimés de Cokeville ! O mes amis et compatriotes, victimes d'un despotisme dont la main de fer vous écrase ! Je vous le dis, l'heure est venue où nous devons nous rallier les uns aux autres pour former une puissante unité et broyer les oppresseurs qui s'engraissent des dépouilles de nos familles, de la sueur de nos fronts, du travail de nos bras, de la moelle de nos os ; qui foulent aux pieds les droits divins de l'humanité à jamais glorieux, et les priviléges sacrés et éternels de la fraternité ! »

« Très-bien ! Écoutez, écoutez ! Hourra ! » et d'autres exclamations proférées par un grand nombre de voix s'élevèrent de tous les coins de la salle, où il faisait une chaleur étouffante et que remplissait une foule compacte, pendant que l'orateur, perché sur une estrade, venait de débiter cette belle tirade avec bien d'autre pathos de son cru. Il s'était fort échauffé à déclamer, et sa voix était aussi enrouée que son visage était rouge. A force de crier de toute la force de ses poumons, sous la clarté éblouissante d'un bec de gaz ; à force de fermer les poings, de froncer les sourcils, de montrer les dents, de frapper la tribune à tour de bras, il s'était tellement épuisé, qu'il fut obligé de s'arrêter pour demander un verre d'eau.

Pendant qu'il se tient debout sur l'estrade, essayant de rafraîchir dans le verre d'eau son visage brûlant, la comparaison qu'on pourrait établir entre l'orateur et la foule des visages attentifs tournés vers lui n'est pas trop à son avantage. A le juger d'après les apparences, il ne dépassait guère la masse de ses auditeurs que de la hauteur de l'estrade sur laquelle il était monté, mais, sous beaucoup d'autres rapports, il était bien au-dessous d'eux. Il n'est pas si loyal, il n'est pas si franc, il n'est pas d'aussi bonne humeur ; il remplace leur simplicité par l'astuce, leur solide et sûr bon sens par la passion. C'est un homme mal bâti, aux épaules ramassées, au regard sombre et menaçant, aux traits presque toujours contractés par une expression haineuse ; il forme, malgré son costume hybride, un contraste déplaisant avec la plupart des assistants, vêtus de leurs habits de travail. S'il est toujours étrange de voir une assemblée quelconque se soumettre humblement à l'ennuyeuse dictature d'un personnage prétentieux, lord ou roturier, qu'aucun pouvoir humain ne pourrait tirer de l'ornière de la sottise pour l'élever à la hauteur intellectuelle des trois quarts de l'assemblée, c'était bien plus étrange encore et même pénible de voir cette foule inquiète, dont aucun spectateur éclairé et désintéressé n'aurait songé au fond à accuser la bonne foi, se laisser émouvoir à ce point par un chef tel que celui-là.

« Très-bien ! Écoutez, écoutez ! Hourra ! »

L'attention et l'intention bien marquées qu'on lisait sur tous ces visages animés en faisaient un spectacle des plus saisissants. Il n'y avait là ni insouciance, ni langueur, ni curiosité oiseuse ; aucune des diverses phases d'indifférence communes aux autres assemblées ne se montra un seul instant dans celle-ci. Chacun de ces hommes sentait que, d'une façon ou d'une autre, sa position était plus malheureuse qu'elle ne devrait l'être ; chacun de ces hommes regardait comme un devoir de s'allier à ses camarades afin d'améliorer le sort commun ; chacun de ces hommes sentait qu'il ne lui restait d'autre espoir que de faire corps avec les compagnons au milieu desquels il se trouvait ; toute cette foule avait une foi grave, profonde, sincère dans la conviction qu'elle avait embrassée à tort ou à raison (à tort cette fois, malheureusement). On pouvait voir tout cela d'un coup d'œil ; il n'y avait pas plus moyen de s'y tromper que de ne pas apercevoir les poutres nues du plafond ou le lait de chaux qui éclatait sur les murs de brique. Le spectateur impartial ne pouvait s'empêcher non plus de reconnaître, au fond du cœur, que ces hommes, même lorsqu'ils se trompaient, montraient de grandes qualités dont on eût pu tirer le plus heureux et le meilleur parti ; car de prétendre (sur la foi d'axiomes généraux, quelque moisis et respectables qu'ils fussent) qu'ils s'égaraient sans cause et seulement par un instinct déraisonnable de leur mutinerie obstinée, autant vaudrait dire qu'il peut y avoir de la fumée sans feu, des morts sans naissances, des récoltes sans semences, ou que tout peut être engendré de rien.

L'orateur s'étant rafraîchi, essuya son front plissé en y promenant plusieurs fois de gauche à droite son mouchoir roulé en tampon, et concentra ses forces ranimées dans un ricanement plein de dédain et d'amertume.

« Mais, ô mes amis et mes frères ! O mes frères et mes compatriotes, travailleurs opprimés de Cokeville ! Que dirons-nous de cet homme, de cet ouvrier ?... Hélas ! pourquoi me faut-il souiller ce glorieux titre en le donnant à un pareil homme !... Que dirons-nous de celui qui, connaissant par lui-même les maux et les injustices qu'on vous fait souffrir, à vous, la séve et la moelle de ce pays qui vous méprise, de celui qui vous ayant entendu déclarer (avec une noble et majestueuse unanimité qui fera trembler les tyrans) que vous êtes prêts à devenir souscripteurs de l'Association du Tribunal Réuni et à obéir indistinctement à tout ordre émané de cette association pour votre bien, que direz-vous, mes frères, de cet ouvrier, puisque je dois le reconnaître pour tel, qui, dans un pareil moment, abandonne son poste pour aller vendre son drapeau ; qui, dans un pareil moment, n'a pas honte de proclamer le lâche et humiliant aveu qu'il se tiendra à l'écart et refuse de s'unir à ceux qui s'associent bravement pour défendre la liberté et le bon droit? »

Les avis ne furent pas unanimes à cet endroit du discours. Il y eut bien quelques grognements et quelques sifflets ; mais le sentiment de l'honneur était trop fort et trop général pour permettre qu'on condamnât un homme sans l'entendre.

« Prenez garde de vous tromper, Slackbridge!
— Qu'il se montre!
— Écoutons ce qu'il a à dire ! »

Telles furent les paroles qui s'élevèrent de plusieurs points de la salle. Enfin une voix mâle s'écria :

« Cet homme est-il ici ? S'il est ici, Slackbridge, nous l'entendrons lui-même, au lieu de vous écouter. »

Cette proposition fut accueillie avec une salve d'applaudissements.

Slackbridge, l'orateur, regarda autour de lui avec un sourire amer ; étendant le bras droit (selon la coutume de tous les Slackbridge) pour apaiser l'océan agité, il attendit qu'un profond silence se fût rétabli.

« O mes frères en humanité! dit alors Slackbridge secouant la tête avec un air de profond mépris, je ne m'étonne pas que vous, les fils prosternés du travail, vous mettiez en doute l'existence d'un pareil homme. Mais celui qui a vendu son droit d'aînesse pour un plat de lentilles a existé, Judas Iscariot a existé, lord Castlereagh a existé, et cet homme existe! »

Ici, il y eut un peu de confusion et de presse auprès de la plate-forme, et bientôt l'homme en question se dressa sur l'estrade, à côté de l'orateur. Il était pâle, et ses traits semblaient agités, ses lèvres surtout ; mais il se tint immobile la main gauche au menton, attendant qu'on voulût bien l'entendre. Il y avait, pour diriger la séance, un président, qui prit alors la chose en main.

« Mes amis, dit ce fonctionnaire, en vertu de mon office, je prie notre ami Slackbridge, qui est peut-être allé un peu loin dans cette affaire, de s'asseoir pendant que l'on écoutera Étienne Blackpool. Vous connaissez Étienne Blackpool. Vous savez ses malheurs et sa bonne renommée. »

A ces mots, le président donna à Étienne une cordiale poignée de main et se rassit. Slackbridge prit aussi un siége, s'essuyant le front toujours de gauche à droite, jamais dans le sens contraire.

« Mes amis, commença Etienne au milieu d'un profond silence, j'ai entendu ce qu'on vient de vous dire de moi, et il est probable que je vais encore gâter mes affaires en montant ici. C'est égal, j'aime mieux que vous sachiez de moi-même ce qui en est, quoique je n'aie jamais pu parler devant tant de monde sans être troublé et intimidé. »

Slackbridge secoua la tête, comme si, dans son amertume, il eût voulu la faire tomber de ses épaules.

« Je suis le seul ouvrier de la fabrique Bounderby qui n'accepte pas les règlements proposés. Je ne puis pas les accepter, mes amis, je doute qu'ils vous fassent aucun bien : je crois plutôt qu'ils vous feront du tort. »

Slackbridge ricana, se croisa les bras et fronça les sourcils d'un air sarcastique.

« Mais ce n'est pas pour cela que je suis monté ici. S'il n'y avait que cela, je m'associerais aux autres. J'ai d'autres raisons, mes raisons à moi, voyez-vous, qui m'en empêchent, non pas pour aujourd'hui seulement, mais pour toujours.... toujours.... tant que je vivrai ! »

Slackbridge se leva d'un bond et vint se placer à côté de l'ouvrier, grinçant des dents et gesticulant.

« O mes amis ! n'est-ce pas bien là ce que je vous disais ? O mes compatriotes, n'est-ce pas exactement l'avertissement que je vous donnais pour vous mettre en garde contre un faux frère ? Et que pensez-vous d'une si lâche conduite de la part d'un homme sur lequel nous savons tous que l'inégalité des droits a pesé si lourdement ? O mes compatriotes, je vous demande ce que vous pensez d'une pareille trahison de la part d'un de vos frères, qui signe ainsi sa propre ruine, la vôtre, celle de vos enfants et des enfants de vos enfants? »

Il y eut quelques applaudissements et quelques cris de : « A bas le traître ! » mais la majorité de l'assemblée demeura calme. Ils regardèrent les traits fatigués d'Étienne, rendus plus pathétiques encore par les émotions domestiques qu'ils trahissaient; et dans la bonté naturelle de leur âme, ils éprouvèrent plus de chagrin que d'indignation.

« C'est le métier du délégué de parler, dit Étienne, on le paye pour ça; et il sait ce qu'il a à faire. Qu'il fasse donc. Qu'il ne s'inquiète pas de ce que j'ai pu souffrir. Ça ne le regarde pas. Ça ne regarde personne que moi. »

Il y avait tant de convenance, pour ne pas dire tant de dignité dans ces paroles, que les auditeurs se montrèrent plus tranquilles et plus attentifs. La même voix mâle qui s'était déjà fait entendre cria :

« Slackbridge, laissez-le parler et taisez-vous ! »

Alors il se fit dans la salle un silence surprenant.

« Mes frères, dit Étienne dont la voix peu élevée se faisait parfaitement entendre, et mes camarades, car je suis bien votre camarade au travail et à la peine, et je crois que le délégué que voilà ne peut pas en dire autant; je n'ai qu'un mot à ajouter, et je ne pourrais pas en dire davantage quand je parlerais jusqu'à demain matin. Je sais bien ce qui m'attend. Je sais bien que vous êtes décidés à ne plus avoir aucun rapport avec tout ouvrier qui refuse de marcher avec vous dans cette affaire. Je sais bien que, si j'étais en train de mourir sur la grand'route, vous regarderiez comme un devoir de passer à côté de moi comme s'il s'agissait d'un étranger et d'un inconnu; mais ce que j'ai promis, je le tiendrai.

— Étienne Blackpool, dit le président qui se leva, pensez-y encore. Pensez-y encore, mon garçon, avant de vous voir repousser par vos vieux amis. »

Il y eut un murmure général qui exprima le même vœu, quoique personne n'eût prononcé une parole. Tous les yeux étaient fixés sur Étienne. Il n'avait qu'à changer d'avis pour soulager tous les cœurs. En jetant les yeux alentour, il le vit bien. Il n'entrait pas dans son cœur la moindre colère contre eux; il les connaissait trop pour s'arrêter aux faiblesses et aux erreurs visibles à la surface, il les connaissait comme un camarade pouvait seul les connaître.

« J'y ai pensé plus d'une fois, monsieur. Je ne puis être des vôtres, voilà tout. Il faut que je suive la route qui est devant moi ; il faut que je vous dise adieu à tous. »

Il leur fit une espèce de salut en levant les deux bras, et se tint un moment dans cette attitude, ne reprenant la parole que lorsqu'il les eut laissés retomber.

« J'ai échangé plus d'une bonne parole avec quelques-uns de ceux qui se trouvent ici ; je vois plus d'un visage que j'ai connu lorsque j'étais plus jeune et moins triste qu'aujourd'hui. Depuis que je suis au monde, je n'ai jamais eu de querelle avec aucun de mes camarades, et Dieu sait que ce n'est pas moi qui ai cherché la querelle de ce soir. Vous m'appellerez traître et tout le reste.... C'est de vous que je parle, ajouta-t-il en s'adressant à Slackbridge, mais c'est plus facile à dire qu'à prouver. Eh bien ! soit. »

Il avait fait deux ou trois pas comme pour descendre de l'estrade, lorsqu'il se rappela quelque chose qu'il avait oublié de dire et revint à sa place.

« Peut-être, dit-il, tournant lentement son visage ridé comme pour adresser la parole à chacun des auditeurs individuellement, aux plus proches aussi bien qu'aux plus éloignés ; peut-être, quand cette question sera reprise et discutée, menacera-t-on de se mettre en grève si les maîtres me laissent travailler parmi vous. J'espère que je mourrai avant de voir arriver chose pareille, mais dans ce cas, je me résignerai à travailler isolé parmi vous, et, en vérité, j'y serai bien forcé, mes amis, non pour vous braver, mais pour vivre. Je n'ai que mes bras pour gagner mon pain ; et où puis-je trouver de l'ouvrage, si ce n'est à Cokeville, moi qui y travaillais déjà, que je n'étais pas plus haut que ça ? Je ne me plaindrai pas d'être repoussé et délaissé à dater de ce soir, mais j'espère qu'on me laissera travailler. Si j'ai un droit, mes amis, je crois que c'est celui-là. »

Pas une parole ne fut prononcée ; pas le moindre bruit ne se fit entendre dans la salle, si ce n'est le léger frôlement de ceux qui s'écartaient un peu, au centre de la chambre, pour livrer passage à l'homme qu'aucun d'eux ne devait plus considérer comme son camarade. Ne regardant personne, allant droit son chemin avec un air d'humble fermeté qui ne demandait rien, ne réclamait rien, le vieil Étienne quitta la salle, emportant avec lui le poids de ses nouveaux malheurs.

Alors Slackbridge, qui avait tenu son bras oratoire étendu pendant la sortie d'Étienne, comme s'il eût mis une sollicitude extrême et déployé une grande puissance morale à réprimer les passions véhémentes de la foule, s'appliqua à relever les esprits abattus de l'assemblée. « Le Brutus romain n'avait-il pas, ô mes amis, condamné à mort son propre fils ; et les mères spartiates n'avaient-elles pas, ô mes amis, bientôt mes compagnons de victoire, forcé leurs enfants qui s'enfuyaient à affronter la pointe des épées ennemies? N'était-ce donc pas un devoir sacré pour les hommes de Cokeville, ayant derrière eux des ancêtres, en face d'eux un monde qui les admirait, et une postérité qui devait leur succéder, de chasser les traîtres loin des tentes qu'ils avaient dressées dans une cause sacrée et divine? Des quatre points cardinaux le ciel répondait : « Oui ! » à l'ouest, à l'est, au nord et au sud. Ainsi donc, trois *hourras* pour l'Association du Tribunal Réuni ! »

Slackbridge, usurpant en sus les fonctions de chef d'orchestre, marqua la mesure. Cette foule de visages incertains (qui n'étaient pas sans remords) reprirent, à ce signal, quelque sérénité et on répéta l'acclamation. Tout sentiment personnel doit céder à la cause commune. Hourra! Le toit résonnait encore des cris de triomphe quand la réunion se dispersa.

Il n'en fallut pas davantage pour qu'Étienne Blackpool tombât dans la vie la plus solitaire qu'on puisse voir, une vie d'isolement parmi une foule intime. Celui qui, sur une terre étrangère, cherche dans dix mille visages un regard sympathique sans jamais le rencontrer, se trouve dans une agréable société comparé au malheureux qui voit chaque jour passer, en se détournant, dix visages qui naguère étaient des visages d'amis. Telle devait être, à chaque instant de sa vie, la nouvelle épreuve d'Étienne; à son ouvrage, en y allant ou en le quittant, à sa porte, à sa croisée, partout. Ses camarades s'étaient même entendus pour éviter le côté de la rue qu'il prenait habituellement; il était le seul, parmi les ouvriers, qui marchât du côté qu'il avait choisi.

Depuis bien des années, Étienne était un homme tranquille, recherchant peu la société des autres hommes, et habitué à se faire de ses pensées toute sa compagnie. Il avait ignoré jusqu'alors combien son cœur avait besoin de la fréquente sympathie d'un signe de tête, d'un regard, d'un mot, ou de l'immense soulagement que ces petits riens sociaux avaient versé dans son âme goutte à goutte. Il n'aurait jamais cru qu'il fût si difficile de séparer dans sa conscience l'abandon complet où le laissaient ses camarades d'un sentiment injuste de déshonneur et de honte.

Les quatre premiers jours de son épreuve lui parurent si longs et si pénibles, qu'il commença à s'effrayer de la perspective qui se déroulait devant lui. Non-seulement il ne rencontra pas Rachel, mais il évita toute chance de la rencontrer ; car, bien qu'il sût que la défense qui le concernait ne s'étendait pas encore officiellement aux femmes qui travaillaient dans les manufactures, il s'aperçut que plusieurs d'entre elles avaient changé de ton avec lui, et il trembla que Rachel ne fût mise au ban du silence, comme lui, si on les voyait ensemble. Il avait donc vécu complètement seul pendant ces quatre jours et n'avait parlé à personne, lorsque, au moment où il quittait son travail, un jeune homme qui n'était pas haut en couleur l'accosta dans la rue.

« Vous vous appelez Blackpool, n'est-ce pas ? » demanda le jeune homme.

Étienne rougit de voir qu'il venait de mettre le chapeau à la main, dans sa reconnaissance envers celui qui daignait lui parler, ou dans la surprise qu'il avait ressentie, ou dans un mélange de ces deux sentiments. Il fit semblant de l'avoir ôté pour arranger la doublure et répondit :

« Oui.

— Vous êtes l'ouvrier qu'on a mis au ban, » continua Bitzer, le jeune homme peu coloré dont nous parlions.

Étienne répondit encore :

« Oui.

— J'avais deviné ça en voyant tous les autres chercher à vous éviter. M. Bounderby veut vous parler. Vous savez où il demeure ? »

Étienne répondit encore :

« Oui.

— Alors allez-y de suite, voulez-vous ? dit Bitzer. On vous attend, et vous n'aurez qu'à dire au domestique que c'est vous. Je suis employé à la banque ; et si vous allez tout seul à-bas, comme je n'étais venu que pour vous chercher, vous m'épargnerez une course. »

Étienne, qui s'en allait dans la direction opposée, se retourna et se dirigea, comme c'était son devoir, vers le château de briques rouges du grand Bounderby.

CHAPITRE XXI.

Ouvriers et maîtres.

« Eh bien ! Étienne, dit Bounderby de sa voix tempétueuse, qu'est-ce que j'apprends là ? Comment, c'est vous que ces misérables ont traité comme cela ? Entrez et parlez hardiment. »

C'était dans le salon qu'on l'invitait à entrer. La table était mise pour le thé ; et la jeune femme de M. Bounderby avec le frère de madame et un beau monsieur de Londres se trouvaient là. Étienne leur fit son salut, fermant la porte et restant auprès, son chapeau à la main.

« Voilà l'homme dont je vous parlais, Harthouse, » dit M. Bounderby.

Le personnage auquel il s'adressait et qui était assis sur le canapé, en train de causer avec Mme Bounderby, se leva en disant d'un ton ennuyé : « Oh ! vraiment ! » et se traîna devant la cheminée près de laquelle se tenait M. Bounderby.

« Maintenant, répéta Bounderby, parlez hardiment ! »

Après les quatre jours qu'Étienne venait de passer dans l'isolement, ces paroles ne pouvaient manquer de produire sur son oreille une impression désagréable et discordante. Non-seulement elles froissaient son âme blessée, mais elles semblaient établir en fait qu'il méritait le reproche de déserteur égoïste qu'on lui avait adressé.

« Que désirez-vous de moi, monsieur, s'il vous plaît ? demanda-t-il.

— Mais je viens de vous le dire, répliqua Bounderby ; parlez hardiment, parlez comme un homme, puisque vous êtes un homme, et racontez-nous votre affaire et l'histoire de cette ligue d'ouvriers.

— Faites excuse, monsieur, dit Étienne Blackpool, je n'ai rien à dire là-dessus. »

M. Bounderby, qui ressemblait toujours plus ou moins à une tempête, rencontrant un obstacle, se mit immédiatement à souffler dessus.

« Tenez, Harthouse, s'écria-t-il ; voilà un échantillon de nos ouvriers. Quand cet homme est venu ici, il y a quelque temps, je lui ai dit de prendre garde aux étrangers malfaisants qui infestent le pays et qu'on devrait pendre partout où on les rencontre ; je l'ai prévenu, cet homme, qu'il entrait dans une mauvaise voie. Eh bien ! croiriez-vous qu'au moment même où ils viennent de le proscrire, il est encore tellement leur esclave qu'il a peur d'ouvrir la bouche sur leur compte ?

— J'ai dit que je n'avais rien à dire sur leur compte, monsieur, mais je n'ai pas dit que j'avais peur d'ouvrir la bouche

— *Vous avez dit, vous avez dit !* Eh bien ! moi, je le sais bien ce que vous avez dit, et, qui plus est, je sais ce que vous avez voulu dire, voyez-vous. Ce n'est pas toujours la même chose, morbleu ! Ce sont au contraire deux choses bien différentes. Vous ferez mieux de nous dire tout de suite que ce coquin de Slackbridge n'est pas dans la ville, à ameuter le peuple ; qu'il n'est pas un des chefs reconnus de la populace, c'est-à-dire une fichue canaille. Dites-nous donc cela tout de suite. Vous ne pouvez pas me tromper, moi. Si c'est là ce que vous avez envie de nous dire, pourquoi ne le dites-vous pas ?

— Je suis aussi fâché que vous, monsieur, de voir que le peuple ne trouve que de mauvais chefs, dit Étienne secouant la tête. Il prend ceux qui se présentent. Peut-être n'est-ce pas le moindre de nos malheurs de ne pouvoir trouver de meilleurs guides. »

La tempête commença à gronder plus fort.

« Cela commence assez bien, Harthouse, n'est-ce pas? dit M. Bounderby. Il n'y va pas de main morte. Qu'en dites-vous? N'est-ce pas déjà un joli petit échantillon des gens auxquels nos amis ont affaire? Mais ce n'est encore rien, monsieur! Vous allez m'entendre adresser à cet homme une simple question. Pourrait-on, monsieur Blackpool (le vent commence à souffler très-fort), se permettre de vous demander comment il se fait que vous ayez refusé d'entrer dans cette association?

— Comment cela se fait...?

— Oui, fit M. Bounderby, les pouces dans les entournures de son habit, hochant la tête et fermant les yeux, comme s'il faisait une confidence au mur qu'il regardait; oui, comment cela se fait.

— J'aurais mieux aimé ne pas parler de ça; mais puisque vous me le demandez, comme je ne veux pas être malhonnête, je vous répondrai que c'était parce que j'avais promis.

— Pas à moi, vous savez, dit Bounderby (temps orageux entremêlé de calmes trompeurs, calme plat pour le moment).

— Oh! non, monsieur, pas à vous.

— Pas à moi, bien entendu : il n'est pas plus question de moi dans tout cela que si je n'existais pas, dit Bounderby s'adressant toujours au mur. S'il ne se fût agi que de Josué Bounderby de Cokeville, vous seriez entré dans la ligue sans vous gêner?

— Mais oui, monsieur; c'est vrai.

— Quoiqu'il sache, continua M. Bounderby devenu un ouragan, que ses camarades sont un tas de canailles et d'insurgés pour qui la déportation serait une punition trop douce! Tenez, monsieur Harthouse, vous avez longtemps couru le monde; avez-vous jamais rencontré le pendant de cet homme ailleurs que dans notre charmant pays? »

Et, d'un doigt irrité, M. Bounderby désigna Étienne à l'inspection de son hôte.

« Non, non, madame, dit Étienne Blackpool, qui protesta bravement contre les épithètes dont s'était servi son patron, et qui s'adressa instinctivement à Louise, dès qu'il eut jeté les yeux sur le visage de la jeune femme. Ce ne sont pas des insurgés, ni des canailles non plus. Pas du tout, madame, pas du tout. Je n'ai pas beaucoup à m'en louer; je le sais bien, et je m'en ressens. Mais il n'y a pas douze hommes parmi eux, madame.... douze ? Non, il n'y en a pas six qui ne croient avoir rempli leur devoir envers les autres comme envers eux-mêmes. Dieu me préserve, moi qui les connais, qui les ai fréquentés toute ma vie, qui ai mangé et bu avec eux, vécu et travaillé avec eux, qui les ai aimés, Dieu me préserve de ne pas prendre leur défense au nom de la vérité, quelque mal qu'ils aient pu me faire ! »

Il parlait avec la rude vivacité qui appartient à sa classe et à son caractère, augmentée peut-être par l'orgueilleuse conviction qu'il restait fidèle à ses frères malgré toute leur méfiance; mais il n'oubliait pas chez qui il se trouvait, et n'élevait pas même la voix.

« Non, madame, non. Ils sont loyaux les uns envers les autres, fidèles les uns aux autres, attachés les uns aux autres, jusqu'à la mort. Soyez pauvre parmi eux, soyez malade parmi eux, ayez parmi eux une de ces peines journalières qui amènent le chagrin à la porte d'un pauvre homme, et vous les trouverez tendres, doux, compatissants et chrétiens. Soyez sûre de ça, madame; on les couperait en quatre avant de les faire changer.

— Bref, dit M. Bounderby, c'est parce qu'ils ont tant de vertus qu'ils vous ont mis au rancart. Dites-nous plutôt ça pendant que vous y êtes. Allons, voyons ! ne vous gênez pas.

— Comment se fait-il, madame, reprit Étienne, qui semblait toujours chercher son refuge naturel dans le visage de Louise, que ce qu'il y a de meilleur en nous autres pauvres gens soit justement ce qui cause le plus d'embarras, de malheur et d'erreur, je n'en sais rien. Mais, c'est pourtant comme cela; je le sais comme je sais qu'il y a un ciel au-dessus de moi, là-bas derrière la fumée. Nous ne manquons pourtant pas de patience, et en général nous cherchons bien faire. Aussi je ne puis pas croire que tout le blâme doit retomber sur nous.

— Ah çà, mon ami, dit M. Bounderby que l'ouvrier, sans le savoir, avait mis hors des gonds en s'adressant à une tierce personne au lieu de s'adresser à lui-même, si vous voulez bien me donner votre attention pendant une demi-minute, je ne serais pas fâché d'avoir un mot de conversation avec vous. Vous disiez tout à l'heure que vous n'aviez rien à nous raconter au sujet de cette affaire. Êtes-vous bien sûr de cela, avant d'aller plus loin?

— Oui, monsieur, j'en suis bien sûr.

— Il y a ici un gentleman de Londres (M. Bounderby désigna M. James Harthouse avec son pouce, par-dessus son épaule), un gentleman du parlement, que je ne serais pas fâché de faire assister à un petit bout d'entretien entre vous et moi, au lieu de lui en rapporter moi-même la substance, ce n'est pas que j'ignore tout ce que vous allez dire; il n'y a personne qui le sache d'avance mieux que moi, je vous en préviens, mais enfin j'aime mieux qu'il l'entende de ses propres oreilles que de m'en croire sur parole. »

Étienne fit un signe de tête pour saluer le monsieur de Londres dont la vue n'était pas faite pour éclaircir beaucoup ses idées. Il dirigea involontairement les yeux vers le visage où il avait déjà cherché un refuge, mais un regard de Louise, regard expressif, quoique rapide, l'engagea à se tourner vers M. Bounderby.

« Voyons, dites-nous un peu de quoi vous vous plaignez? demanda M. Bounderby.

— Je ne suis pas venu ici, monsieur, lui rappela Étienne, pour me plaindre. Je suis venu, parce qu'on m'a envoyé chercher.

— De quoi, répéta M. Bounderby, se croisant les bras, de quoi, vous autres ouvriers, vous plaignez-vous, en général? »

Étienne le regarda un moment avec quelque peu d'indécision, puis il parut prendre son parti.

« Monsieur, je n'ai jamais été bien fort pour les explications, quoique j'aie eu ma part du mal. Nous sommes dans un gâchis, c'est clair. Voyez la ville, riche comme elle est, et voyez tous les gens qui sont venus ici pour tisser, pour carder, pour travailler à la tâche, sans jamais avoir réussi à se donner la moindre douceur depuis le berceau jusqu'à la tombe. Voyez comment nous vivons et où nous vivons; voyez combien nous sommes à vivre au jour le jour, et cela sans discontinuer; à présent voyez les manufactures qui marchent toujours sans jamais nous faire faire un pas, excepté vers la mort. Voyez comment vous nous regardez, ce que vous écrivez sur notre compte, ce que vous dites de nous, et comment vous envoyez vos députations au secrétaire d'État pour dire du mal de nous, et comment vous avez toujours raison et nous toujours tort, et comment nous n'avons jamais été que des gens déraisonnables depuis que nous sommes au monde. Voyez comme le mal va toujours grandissant, toujours croissant, comme il devient de plus en plus cruel d'année en année, de génération en génération. Qui peut voir tout cela, monsieur, et dire du fond du cœur que ce n'est pas un gâchis?

— Personne, naturellement, dit M. Bounderby. Maintenant vous voudrez peut-être bien apprendre à ce monsieur comment vous vous y prendriez pour sortir de ce gâchis, comme vous vous plaisez à l'appeler.

— Je n'en sais rien, monsieur. Comment voulez-vous que je le sache? Ce n'est pas à moi qu'il faut s'adresser pour ça, monsieur. C'est à ceux qui sont placés au-dessus de moi et au-dessus de nous tous, de décider ça. A quoi donc serviraient-ils, monsieur, si ce n'est pas à ça?

— Dans tous les cas, je vais vous dire ce que nous pourrons faire pour commencer, répliqua M. Bounderby, nous ferons un exemple d'une demi-douzaine de Slackbridge. Nous poursuivrons ces canailles pour crime de félonie, et nous les ferons déporter aux colonies pénitentiaires. »

Étienne secoua gravement la tête.

« Ne me dites pas que nous n'en ferons rien, dit M. Bounderby redevenu un ouragan impétueux, parce que nous le ferons, je vous en donne ma parole!

— Monsieur, répondit Étienne avec la tranquille confiance d'une certitude absolue, quand vous prendriez cent Slackbridge, quand vous les prendriez tous tant qu'ils sont, et que vous coudriez chacun d'eux dans un sac pour les jeter dans la mer la plus profonde qui ait existé avant qu'on ait créé la terre ferme, le gâchis resterait exactement ce qu'il est. Des étrangers malfaisants! continua Étienne avec un sourire inquiet, d'aussi loin que je puis me rappeler, j'ai toujours entendu parler de ces étrangers-là! Ce ne sont pas eux qui font le mal, monsieur. Ce n'est pas par eux que le mal commence. Je ne les aime pas, je n'ai aucun motif pour les aimer, au contraire; mais c'est une entreprise inutile et vaine de chercher à leur faire abandonner leur métier; faudrait plutôt s'arranger pour que leur métier les abandonne! Tout ce qui m'entoure dans cette chambre y était quand je suis entré, tout y sera encore quand je serai parti. Mettez cette pendule à bord d'un navire et envoyez-la à l'île de Norfolk, ça n'empêchera pas le temps d'aller son train. Eh bien! c'est la même chose pour Slackbridge. »

Dirigeant de nouveau les yeux vers son premier refuge, il remarqua que Louise tournait du côté de la porte un regard équivalant à un avertissement. Il fit quelques pas en arrière, et mit la main sur le bouton de la serrure. Mais il n'avait pas dit tout ce qu'il voulait dire, et il sentit au fond de son cœur que c'était une noble vengeance du mal que ses camarades venaient de lui faire, que de rester fidèle, jusqu'à la fin, à ceux qui l'avaient repoussé. Il s'arrêta donc pour décharger ce qu'il avait sur le cœur.

« Monsieur, je ne puis, avec le peu que je sais, à ma manière, indiquer au gentleman le moyen d'améliorer tout cela, bien qu'il y ait dans la ville des ouvriers capables de le lui dire, ayant plus de connaissances que moi. Mais ce que je sais bien et ce que je puis lui dire, c'est ce qu'il ne faut pas faire, parce que ce serait un mauvais moyen. La force brutale, voyez-vous, n'est pas un bon moyen; la victoire et le triomphe ne sont pas un bon moyen. S'entendre pour donner toujours et sans cesse raison aux uns, et toujours et sans cesse tort aux autres, c'est contre nature et ce n'est pas un bon moyen. Ne toucher à rien n'est pas non plus un bon moyen. Vous n'avez qu'à laisser croupir ensemble des milliers de mille individus dans le même gâchis, ils finiront par former un peuple à part, et vous un autre, avec un gouffre noir entre vous, et ça ne peut pas toujours durer. Ne pas se rapprocher avec douceur et patience, avec des façons consolantes, de ceux qui sont si prêts à se rapprocher les uns des autres dans leurs nombreuses peines et à partager entre eux, dans leurs misères, les choses dont ils ont besoin.... (car ils font ça, voyez-vous, comme pas un des gens que le gentleman a pu voir dans ses voyages....) eh bien! ce ne sera jamais un bon moyen, ça ne réussira jamais tant que le soleil ne sera pas devenu un morceau de glace. Encore moins fera-t-on quelque chose en les comptant comme une force brute, ou en les gouvernant, comme si c'étaient les chiffres d'une addition ou des machines : comme s'ils n'avaient ni amour, ni sympathies, ni mémoire, ni inclinations, ni une âme capable de se décourager, ni une âme capable d'espérance; en les traitant, quand ils se tiennent tranquilles, comme s'ils n'avaient rien de tout cela, et en leur reprochant, quand ils s'agitent, de manquer aux devoirs de l'humanité envers vous, voilà ce qui ne sera jamais un bon moyen, monsieur, tant qu'on n'aura pas défait l'ouvrage du bon Dieu. »

Étienne s'arrêta, la main sur la porte ouverte, attendant pour savoir si on avait quelque chose de plus à lui demander.

« Attendez un instant, dit M. Bounderby, dont le visage était très-rouge. Je vous ai prévenu, la dernière fois que vous êtes venu pour vous plaindre, que vous feriez mieux de prendre une autre route et de sortir de là. Et je vous ai aussi prévenu, si vous vous le rappelez, que je comprenais très-bien vos aspirations à la cuiller d'or?

— Eh bien! moi, je n'y comprenais rien moi-même, monsieur, je vous assure.

— Or, il est évident pour moi, continua M. Bounderby, que vous êtes un de ces individus qui ont toujours à se plaindre. Vous allez partout semer le mécontentement et récolter la révolte. Vous n'êtes occupé qu'à cela, mon cher ami. »

Étienne secoua la tête, protestation muette contre ceux qui pourraient croire qu'il ne fût pas condamné à faire une autre besogne pour subvenir à son existence.

« Vous êtes un individu si contrariant, si agaçant, si mauvais coucheur, voyez-vous, dit M. Bounderby, que même dans votre propre corps, parmi les gens qui vous connaissent le mieux, on a dû rompre toute relation avec vous. Et je vais vous dire une chose : je suis assez de leur avis, cette fois.... une fois n'est pas coutume.... pour faire comme eux et rompre toute relation avec vous. »

Étienne tourna vivement les yeux vers le visage de M. Bounderby.

« Vous pouvez achever ce que vous avez en train, dit

Bounderby avec une inclination de tête très-significative, et puis vous serez libre de chercher ailleurs.

— Monsieur, vous savez bien, dit Étienne avec expression, que si vous me refusez de l'ouvrage, je n'en trouverai pas ailleurs. »

La réponse fut :

« Je sais ce que je sais, et vous savez ce que vous savez. Je n'ai plus rien à vous dire là-dessus. »

Étienne lança encore un regard du côté de Louise ; mais les yeux de la jeune femme ne rencontrèrent plus les siens ; il poussa donc un soupir, et murmura d'une voix si basse qu'on l'entendait à peine :

« Le ciel ait pitié de nous tous dans ce monde ! » et il partit.

CHAPITRE XXII.

La disparition.

Il faisait presque nuit lorsque Étienne sortit de chez M. Bounderby. Les ombres de la nuit étaient descendues si rapidement, qu'il ne regarda pas autour de lui après avoir fermé la porte, mais remonta immédiatement la rue. Rien n'était plus éloigné de ses pensées que la bizarre vieille qu'il avait rencontrée, lors de sa première visite à cette même maison, quand il entendit derrière lui un pas qu'il reconnut, et, s'étant retourné, l'aperçut justement en compagnie de Rachel.

« Ah, Rachel, ma chère ! Et vous avec elle, madame ?

— Eh bien, cela vous étonne, et c'est vrai qu'il y a de quoi, répondit la vieille. C'est encore moi, vous voyez.

— Mais comment vous trouvez-vous avec Rachel ? demanda Étienne marchant du même pas que les deux femmes, se plaçant entre elles et regardant alternativement de l'une à l'autre.

— Ma foi, j'ai fait connaissance avec cette bonne et jolie fille à peu près de la même façon qu'avec vous, dit d'un ton joyeux la vieille, qui se chargea de la réponse. Ma visite habituelle a été un peu retardée cette année, car j'ai été tourmentée par un asthme, et j'ai voulu attendre qu'il fît plus beau et plus chaud. Par la même raison, je ne fais plus mon voyage en un seul jour, je le divise en deux : je couche ce soir au *Café des Voyageurs* (une bonne auberge, bien propre), là-bas près de la station, et je m'en retourne demain matin à six heures, par le train express. Très-bien ; mais quel rapport tout ça peut-il avoir avec cette bonne fille, me demanderez-vous? Je vais vous le dire. J'ai appris le mariage de M. Bounderby. Je l'ai lu dans le journal, où cela faisait un bel effet.... oh ! quel bel effet !... (La vieille appuya là-dessus avec un enthousiasme fort étrange).... Et je veux voir sa femme. Je ne l'ai jamais vue. Eh bien, croiriez-vous qu'elle n'est pas sortie de la maison depuis aujourd'hui midi? De sorte que, pour ne pas y renoncer trop vite, je me promenais encore un peu avant de m'en aller, quand j'ai passé deux ou trois fois à côté de cette bonne fille ; et en lui voyant un visage si avenant, je lui ai parlé, et elle m'a répondu. Voilà ! dit la vieille à Étienne ; maintenant, vous pourrez deviner le reste en beaucoup moins de temps que je n'en mettrais à vous le raconter, je parie. »

Cette fois encore, Étienne eut à vaincre un penchant instinctif, qui l'indisposait contre cette vieille, dont les manières cependant étaient aussi franches et aussi simples que possible. Avec une douceur qui lui était aussi naturelle qu'à Rachel (si ce n'est qu'il ne se connaissait pas cette qualité qu'il admirait tant chez son amie), il reprit le sujet de conversation qui intéressait le plus la vieille femme.

« Eh bien, madame, dit-il, j'ai vu la dame, et elle est jeune et jolie, de grands yeux noirs bien sérieux, et si tranquilles, Rachel, que je n'ai jamais rien vu de pareil.

— Jeune et jolie. Oui ! s'écria la vieille tout enchantée. Aussi fraîche qu'une rose ! Et comme elle doit être heureuse !

— Oui, madame, je suppose qu'elle est heureuse, dit Étienne. (Mais il y avait du doute dans le regard qu'il lança à Rachel.)

— Vous supposez? Mais cela ne peut pas faire l'ombre d'un doute ; n'est-elle pas la femme de votre maître? » répliqua la vieille.

Étienne fit un signe de tête affirmatif

« Pour ce qui est de mon maître, reprit-il, regardant de nouveau Rachel, il n'est plus le mien. C'est fini entre nous.

— Tu as donc quitté sa fabrique, Étienne? demanda Rachel avec inquiétude et vivacité.

— Ma foi, Rachel, répondit-il, que j'aie quitté sa fabrique ou que sa fabrique m'ait quitté, cela revient au même. Sa fabrique et moi, nous allons nous séparer, et peut-être que ça n'en vaut pas pis. Voilà justement ce que je me disais quand je vous ai rencontrées. Si j'étais resté ici, cela n'aurait été qu'ennui sur ennui. Peut-être est-ce un bonheur pour bien des gens, que je m'en aille, et aussi pour moi ; dans tous les cas, je n'ai pas le choix, il le faut. Je dois tourner le dos à Cokeville pour quelque temps, et aller chercher fortune, ma chère, en recommençant ailleurs sur nouveaux frais.

— Où iras-tu, Étienne?

— Je ne sais pas encore, dit-il ôtant son chapeau et lissant, avec la paume de sa main, ses cheveux peu épais. Mais je ne pars pas encore ce soir, Rachel, ni même demain. Ce n'est pas bien facile, de savoir comment se retourner. Mais bah! le courage ne me manquera pas. »

Et, en effet, il puisait du courage dans l'idée même que c'était un sacrifice à faire au bonheur des autres. Il n'avait pas seulement encore refermé la porte de M. Bounderby, qu'il avait déjà réfléchi que l'obligation qui lui était imposée de quitter la ville, tournerait au moins au profit de Rachel, qu'elle ne serait plus exposée à être inquiétée pour n'avoir pas cessé toute relation avec lui. Quoiqu'il lui en coûtât beaucoup de la quitter, et qu'il ne pût songer à aucune autre ville manufacturière où sa condamnation ne le suivrait pas, peut-être était-ce une sorte de soulagement pour lui que d'être forcé de fuir le supplice enduré dans ces quatre derniers jours, même au risque d'en affronter d'autres avec d'autres peines.

Il pouvait donc dire, avec sincérité :

« Ça me paraît plus facile à supporter que je ne l'aurais pensé, Rachel. »

Rachel n'avait pas envie de lui aggraver son fardeau ; il était déjà bien assez lourd comme cela.

Elle lui répondit donc par son sourire consolateur, et ils poursuivirent tous les trois leur chemin.

La vieillesse, surtout lorsqu'elle est confiante et gaie, est fort considérée chez les pauvres. La vieille avait l'air si honnête et si résigné; elle se plaignait si peu de ses infirmités, bien qu'elles eussent augmenté depuis son dernier entretien avec Étienne, que ses deux compagnons s'intéressèrent à elle. Elle était trop alerte pour souffrir qu'ils ralentissent le pas à cause d'elle, mais elle semblait très-reconnaissante qu'on voulût bien lui parler, et très-disposée à bavarder tant qu'on voudrait bien l'écouter; de façon que, lorsque l'ouvrier et son amie arrivèrent dans leur quartier de la ville, elle était plus vive et plus animée que jamais.

« Venez à mon pauvre logis, madame, dit Étienne, prendre une tasse de thé, cela fait que Rachel viendra aussi, et je me charge de vous ramener saine et sauve à votre auberge. Il pourra se passer bien du temps, Rachel, avant que j'aie encore le plaisir de passer une soirée avec toi. »

Elles acceptèrent, et on se dirigea vers la demeure du tisserand. Tandis qu'on pénétrait dans une rue étroite, Étienne leva les yeux vers la fenêtre de sa chambre avec une terreur qui planait toujours sur sa demeure solitaire; mais la croisée était ouverte, telle qu'il l'avait laissée, et il n'y vit personne. Le mauvais ange de sa vie s'était envolé, il y avait plusieurs mois déjà, et depuis il n'en avait plus entendu parler. Le mobilier moins nombreux, et les cheveux plus gris de l'ouvrier étaient les seules traces qu'eût laissées la dernière visite de son démon familier.

Il alluma une chandelle, arrangea sa petite table pour le thé, prit de l'eau chaude en bas, et acheta un petit cornet de thé avec un petit paquet de sucre, un pain et un peu de beurre dans la boutique la plus proche. Le pain était tendre et bien cuit, le beurre frais, et le sucre de première qualité. Naturellement. Cela confirmait l'assertion souvent répétée des potentats de Cokeville, que ces gens-là vivaient comme des princes, monsieur.

Rachel fit le thé (une réunion si nombreuse avait nécessité l'emprunt d'une tasse), et la vieille le trouva délicieux. C'était la première fois, depuis bien des jours, que l'hôte goûtait quelque chose qui ressemblât aux douceurs de la société avec ses semblables. Lui, aussi, bien qu'il eût à recommencer bientôt sa vie d'épreuves, fit honneur au repas. Nouvel argument en faveur du thème perpétuel des potentats coke-bourgeois, à savoir qu'il y a absence complète de tout esprit de calcul chez ces gens-là, monsieur.

« Je n'ai jamais songé, madame, dit Étienne, à vous demander votre nom. »

La vieille se donna pour Mme Pegler.

« Veuve, je crois? ajouta Étienne.

— Oh! depuis bien des années! »

Le mari de Mme Pegler (un des meilleurs maris qu'on ait jamais connus), était déjà mort, d'après le calcul de Mme Pegler, avant qu'Étienne fût de ce monde.

« C'est une bien triste chose, madame, de perdre un si brave homme, dit Étienne. Vous n'avez pas d'enfants? »

La tasse que Mme Pegler tenait à la main, résonnant contre la soucoupe, dénota chez cette dame une certaine agitation.

« Non, répondit-elle. Je n'en ai plus, je n'en ai plus.

— Morts, Étienne, insinua doucement Rachel.

— Je suis fâché d'avoir parlé de ça, dit Étienne, j'aurais dû me rappeler que je pouvais toucher à un endroit sensible. J'ai.... j'ai eu tort! »

Tandis qu'il s'excusait, la tasse de la vieille dame résonna de plus en plus.

« J'avais un fils, dit-elle avec une expression bizarre de chagrin, qui n'offrait aucun des symptômes ordinaires de l'affliction, et il a prospéré, oh! bien prospéré. Mais il ne faut pas m'en parler, s'il vous plaît. Il est.... » Posant sa tasse, elle remua les mains comme si elle eût voulu ajouter par son geste : « mort! » Mais elle reprit tout haut : « Je l'ai perdu. »

Étienne regrettait encore le chagrin qu'il avait causé à la vieille, lorsque sa propriétaire monta l'escalier, et, l'appelant sur le palier, lui dit quelques mots à l'oreille. Mme Pegler n'était nullement sourde, car elle entendit le nom qu'on venait de murmurer.

« Bounderby! s'écria-t-elle d'une voix étouffée, et s'éloignant vivement de la table. Oh! cachez-moi! Pour rien au monde, je ne voudrais être vue. Ne le laissez pas monter que je ne sois partie. Je vous en prie, je vous en prie! »

Elle tremblait et semblait très-émue, se cachant derrière

Rachel, qui cherchait à la rassurer, et sans avoir l'air de savoir seulement ce qu'elle faisait.

« Voyons, madame, voyons, dit Étienne tout étonné, ce n'est pas M. Bounderby, mais sa femme. Vous n'avez pas peur d'elle? Vous ne tarissiez pas en éloges sur son compte, il n'y a pas une heure.

— Mais vous êtes bien sûr que c'est la dame et non le monsieur? demanda la vieille qui tremblait toujours.

— Sûr et certain.

— Alors, faites-moi le plaisir de ne pas m'adresser la parole, et de ne pas avoir l'air seulement de me voir, dit la vieille. Vous me laisserez toute seule dans mon coin. »

Étienne y consentit d'un signe de tête, et interrogea du regard Rachel, qui ne put lui fournir aucune explication; puis il prit la chandelle, descendit, et, au bout de quelques instants, revint éclairant Louise, qui entra dans la chambre. Elle était accompagnée par le roquet.

Rachel s'était levée et se tenait à l'écart, son châle et son chapeau à la main, lorsque Étienne, très-surpris lui-même de cette visite inattendue, posa la chandelle sur la table Alors il resta debout près de là, sa main fermée à côté du chandelier, attendant qu'on lui adressât la parole.

C'était la première fois de sa vie que Louise pénétrait dans la demeure d'un des ouvriers de Cokeville; c'était la première fois de sa vie qu'elle se trouvait face à face avec quelqu'un d'entre eux individuellement. Elle savait bien qu'ils formaient un corps composé de centaines et de mille. Elle savait combien d'ouvrage un nombre donné d'entre eux pouvait produire dans un temps donné. Elle les voyait par bandes quitter et regagner leurs nids, comme les fourmis ou les limaces. Mais ses lectures lui en avaient bien plus appris sur les mœurs des insectes travailleurs, que sur les mœurs de ces hommes et de ces femmes qui appartiennent pourtant aussi à la famille des travailleurs.

Elle savait bien que les gens de Cokeville, c'était quelque chose qu'on fait travailler tant d'heures, qu'on paye tant, et puis tout est dit; quelque chose qui se règle d'une manière infaillible sur les lois de la production et de la consommation; quelque chose qui venait parfois se heurter contre ces lois, et créer des difficultés; quelque chose qui se serrait le ventre quand le blé était cher, et qui se donnait des indigestions quand le blé était à bon marché ; quelque chose qui croissait dans une proportion de tant pour cent, qui commettait tant pour cent des crimes commis chaque année, et fournissait un contingent de tant pour cent au paupérisme du pays ; quelque chose dont le commerce en gros se servait pour faire d'immenses fortunes ; quelque chose qui se soulevait parfois comme une mer irritée, et faisait un peu de ravages, le plus souvent à ses propres dépens, et puis après rentrait dans son lit. Mais, jamais de sa vie, elle n'avait eu l'idée de les décomposer en unités, pas plus qu'elle ne songeait à décomposer la mer pour envisager séparément chacune des gouttes dont elle est formée.

Elle resta un instant à examiner la chambre. Après avoir regardé les deux ou trois chaises, les quelques livres, les gravures sans valeur et le lit, elle jeta un coup d'œil sur les deux femmes et sur Étienne.

« Je suis venue vous parler au sujet de ce qui s'est passé tantôt. Je voudrais vous rendre service, si vous voulez me le permettre. C'est là votre femme? »

Rachel leva les yeux, qui répondirent clairement « non » et les baissa de nouveau.

« Je me rappelle, dit Louise, rougissant de sa méprise ; oui, je me souviens, maintenant, d'avoir entendu parler de vos malheurs domestiques, bien que je n'aie pas alors prêté beaucoup d'attention aux détails. Je n'ai nullement eu l'intention de vous faire une question qui puisse causer de la peine à aucune des personnes ici présentes. S'il m'arrivait de vous en faire d'autres de nature à produire le même effet, à mon insu, sachez bien que c'est sans le vouloir et croyez que, si j'ai ce malheur, c'est pure ignorance de ce que je devrais vous dire. »

De même que peu de temps auparavant, Étienne s'était instinctivement adressé de préférence à Louise, chez M. Bounderby, de même elle s'adressait à son tour instinctivement à Rachel d'un ton brusque et saccadé, symptôme particulier d'hésitation et de timidité.

« Il vous a raconté ce qui s'est passé entre lui et mon mari ? C'est vous, je crois, qui seriez son premier refuge?

— Je sais comment tout cela a fini, ma jeune dame, dit Rachel.

— Ne me suis-je trompée, il me semble lui avoir entendu dire qu'étant repoussé par un maître, il sera probablement repoussé par tous les autres? Il me semble qu'il a dit cela?

— Il y a si peu de chances, ma jeune dame, si peu de chances de se tirer d'affaire, pour un ouvrier mal noté parmi les maîtres.

— Je ne comprends pas bien ce que vous voulez dire par : mal noté?

— Qui s'est fait la réputation d'être turbulent.

— De façon que, grâce aux préjugés de sa propre classe et grâce aux préjugés de l'autre, il se trouve doublement sacrifié? Les deux classes sont-elles donc tellement séparées, dans cette ville, qu'il n'existe pas, entre les deux, la moindre petite place pour un honnête ouvrier? »

Rachel secoua la tête pour dire qu'elle n'en connaissait pas.

« Il a encouru les soupçons de ses camarades, dit Louise, parce qu'il avait promis de ne pas se liguer avec eux. Je crois que c'est à vous qu'il a dû faire cette promesse. Oserais-je vous demander pourquoi il l'a faite? »

Rachel fondit en larmes.

« Je ne l'ai pas exigée de lui, pauvre garçon. Je l'avais seulement supplié de se tenir à l'écart dans son propre intérêt, ne me doutant guère du mal que j'allais lui faire. Mais, quant au parti qu'il a pris, je sais bien qu'il mourrait mille fois avant de manquer à sa parole. Je le connais assez pour ça. »

Etienne était resté immobile et attentif, dans l'attitude rêveuse qui lui était habituelle, la main à son menton. Il intervint alors d'une voix moins ferme que de coutume.

« Personne, excepté moi, ne saura jamais combien j'honore, j'aime et respecte Rachel, et avec combien de raison. Quand j'ai fait cette promesse, je lui ai dit, avec vérité, qu'elle est l'ange de ma vie. C'était une promesse solennelle. Rien ne peut m'en délier. »

Louise tourna la tête vers l'ouvrier et la pencha avec un sentiment de respect tout nouveau pour elle. Elle regarda ensuite Rachel et ses traits s'adoucirent.

« Que comptez-vous faire? demanda-t-elle.

Sa voix s'était adoucie également.

« Ma foi, madame, dit Étienne faisant contre fortune bon cœur et tâchant de sourire, quand j'aurai fini ma tâche, il faudra que je quitte cette ville et que je cherche de l'ouvrage ailleurs. Heureux ou malheureux, il faut qu'un homme fasse ce qu'il peut, il n'y a pas moyen de faire autrement, à moins qu'il ne veuille se coucher par terre pour s'y laisser mourir de faim.

— Comment voyagerez-vous?

— A pied, ma bonne dame, à pied. »

Louise rougit, et une bourse parut dans sa main. On entendit le frôlement d'un billet de banque qu'elle dépliait et posait sur la table.

« Rachel, voulez-vous lui dire, car vous saurez comment le faire sans lui causer de peine, que ceci est bien à lui pour l'aider dans son voyage? Voulez-vous le prier de le prendre?

— Je ne puis le faire, ma jeune dame, répondit-elle en détournant la tête; Dieu vous bénisse pour avoir pensé avec tant de bonté à ce pauvre garçon! Mais c'est à lui de consulter son cœur et d'agir en conséquence. »

Louise parut d'abord comme incrédule, puis un peu effrayée, un peu émue par une soudaine sympathie, lorsque cet artisan, qui avait tant d'empire sur lui-même, qui s'était montré si simple et si ferme durant la récente entrevue, perdit tout à coup son calme, et se tint le visage caché dans les mains. Elle étendit le bras, comme pour le toucher, puis se retint et demeura immobile.

« Rachel elle-même, dit Étienne après avoir découvert son visage, ne pourrait pas trouver de paroles plus douces pour ajouter au mérite d'une offre si généreuse. Pour vous prouver que je ne suis pas un homme ingrat et sans raison je prendrai cinquante francs. Je vous les emprunte pour vous les rendre plus tard. Je n'aurai jamais travaillé de si bon cœur pour me mettre à même de reconnaître, par mon exactitude à payer ma dette, votre bienfait de ce soir, dont je veux vous garder une éternelle reconnaissance. »

Louise fut bien forcée de reprendre le billet de banque et de le remplacer par la somme beaucoup plus faible qu'il acceptait à titre de prêt. Étienne n'était ni élégant, ni beau, ni pittoresque, en quoi que ce soit; et, pourtant, sa façon d'agréer cette offre et d'exprimer sa reconnaissance sans phrases, était empreinte d'une grâce que lord Chesterfield n'aurait pas enseignée à son fils en cent ans.

Tom s'était assis au bord du lit, balançant une de ses jambes et suçant sa canne avec assez d'indifférence jusqu'à ce moment. Voyant sa sœur prête à partir, il se leva avec assez de vivacité et intervint à son tour.

« Attends un peu, Lou ! Avant de nous en aller, je voudrais lui parler un instant. Il me vient une idée. Si vous voulez venir sur le palier, Blackpool, je vous la dirai. Il n'y a pas besoin de lumière, mon brave !... » Tom avait manifesté une impatience remarquable en voyant Étienne se diriger vers le buffet pour prendre la chandelle.... « Nous n'en avons pas besoin. »

Étienne le suivit hors de la chambre ; Tom referma la porte et ne retira pas la main de dessus la serrure.

« Dites donc ! murmura-t-il. Je crois que je puis vous rendre service. Ne me demandez pas ce que c'est, parce que ça peut ne pas réussir. Mais il n'y a toujours pas de mal à essayer. »

Son haleine tombait comme une flamme sur l'oreille d'Étienne, tant elle était brûlante.

« C'est notre homme de peine, dit Tom, qui a été chargé de la commission pour vous cette après-midi. Je dis notre homme de peine, parce que j'appartiens aussi à la banque. »

Étienne se disait : « il faut qu'il soit bien pressé ! » Tom parlait si confusément.

« Voyons ! dit Tom. Écoutez un peu ! Quand partez-vous ?

— C'est aujourd'hui lundi, répondit Étienne réfléchissant. Je crois, monsieur, que je partirai vers vendredi ou samedi.

— Vendredi ou samedi, répéta Tom. Écoutez un peu ! Je ne suis pas sûr de pouvoir vous rendre le service que je voudrais vous rendre.... C'est ma sœur, vous savez, qui est là dans votre chambre.... Mais ça peut réussir, et si ça ne réussit pas, le mal ne sera pas grand. Eh ! bien, je vais vous dire ce que vous ferez. Vous reconnaîtrez bien notre homme de peine ?

— Certainement, dit Étienne.

— Très-bien, répliqua Tom. Le soir, quand vous quitterez

votre ouvrage, pendant les quelques jours que vous resterez encore ici, flânez auprès de la banque une heure ou environ. S'il vous voit flâner aux alentours, n'ayez l'air de rien, car je ne lui dirai pas de vous parler, à moins que je ne puisse vous rendre le service que je voudrais. Dans ce dernier cas, il aura un billet ou une commission pour vous ; sinon, non. Écoutez un peu ! Vous êtes sûr de m'avoir bien compris ? »

Il était parvenu, dans l'obscurité, à glisser un doigt dans une des boutonnières de l'habit d'Étienne, dont il serrait et remuait la poche d'une façon tout à fait extraordinaire.

« J'ai très-bien compris, monsieur, dit Étienne.

—Écoutez un peu ! répéta Tom. Faites bien attention de ne pas vous tromper, et n'allez pas oublier ce que je vous dis. Je raconterai mon projet à ma sœur en nous en allant, et je suis sûr qu'elle sera de mon avis. Écoutez un peu ! C'est bien entendu, hein ? Vous comprenez bien ? Très-bien alors. Allons, Lou, partons ! »

Il poussa la porte en appelant sa sœur, mais il ne rentra pas dans la chambre, et descendit l'étroit escalier sans attendre qu'on l'éclairât. Il était déjà au bas, lorsque Louise commença à descendre, et ce ne fut que dans la rue qu'elle put lui prendre le bras.

Mme Pegler resta dans son coin jusqu'à ce que le frère et la sœur fussent partis et jusqu'à ce qu'Étienne fût remonté, la chandelle à la main. Elle ne savait comment exprimer son admiration pour Mme de Bounderby, et, comme une vieille inexplicable qu'elle était, se mit à pleurer de ce que la dame était une si jolie petite chérie. Néanmoins, Mme Pegler fut si troublée par la crainte que l'objet de son admiration ne s'avisât de revenir ou qu'il n'arrivât quelque autre visiteur, que sa gaieté disparut pour la soirée. D'ailleurs, il était déjà tard pour des gens qui se levaient de bonne heure et travaillaient longtemps ; la réunion se dispersa donc ; Étienne et Rachel conduisirent leur mystérieuse connaissance jusqu'à la porte du *Café des Voyageurs*, où ils lui souhaitèrent le bonsoir.

Ils revinrent ensemble jusqu'au coin de la rue où demeurait Rachel ; et, à mesure qu'ils s'en rapprochaient, ils cessèrent de se parler. Lorsqu'ils arrivèrent à ce coin sombre où leurs rares rencontres se terminaient toujours, ils s'arrêtèrent, silencieux, comme s'ils eussent craint de s'adresser la parole.

« J'essayerai de te voir encore une fois, Rachel, avant mon départ; mais si je ne te vois pas....

— Tu ne me verras pas, Étienne, je le sais. Il vaut mieux nous parler franchement l'un à l'autre.

— Tu as raison. C'est plus courageux et ça vaut mieux. Je me suis dit, Rachel, que, comme il ne reste plus qu'un jour ou deux, il vaudrait mieux pour toi, ma chère, qu'on ne te rencontrât pas avec moi. Cela pourrait te causer des ennuis et ça ne servirait à rien.

— Ce n'est pas là ce qui m'arrête, Étienne. Mais tu sais nos vieilles conventions. C'est à cause de cela.

— Bien, bien, dit-il. Dans tous les cas, cela vaut mieux.

— Tu m'écriras tout ce qui t'intéresse, Étienne?

— Oui. Je n'ai plus maintenant qu'à te faire mes derniers souhaits. Que le ciel soit avec toi, que le ciel te bénisse, que le ciel te remercie pour moi et te récompense!

— Puisse-t-il te bénir, Étienne, toi aussi, dans toutes tes courses errantes, et te donner enfin la paix et le repos!

— Je t'ai dit, ma chère, reprit Étienne Blackpool, la nuit où nous avons veillé ensemble, que toutes les fois que je verrai quelque chose ou que je songerai à quelque chose qui me mette en colère, tu seras toujours là dans ma pensée, à côté de moi, pour me calmer. Tu y es déjà en ce moment. Tu me fais voir les choses d'un œil plus résigné. Dieu te bénisse! Bonsoir! Adieu! »

Quoi de plus simple que cette rapide séparation au milieu d'une pauvre rue? Cependant ce fut un souvenir sacré pour ces pauvres gens. Économistes utilitaires, squelettes de maîtres d'école, commissaires du fait, incrédules élégants et blasés, vous tous qui fondez ou propagez de petites doctrines racornies à l'usage du populaire, vous savez bien que vous aurez toujours des pauvres à gouverner. Eh bien! cultivez en eux autant que vous le pourrez, et pendant qu'il en est temps encore, les grâces de l'imagination et la douceur des affections naturelles, afin d'orner ces existences qui ont tant besoin d'ornement; ou bien, quand viendra le jour de votre triomphe, lorsque le roman aura, grâce à vous, complétement disparu de leurs âmes et que la vie leur apparaîtra dans toute sa hideuse nudité, la réalité pourrait bien prendre la forme d'un loup dévorant.

Étienne travailla le lendemain, et le surlendemain encore, sans que personne lui adressât la parole. On l'évita comme auparavant, partout où il allait. A la fin du second jour, il vit approcher le terme de son travail; à la fin du troisième, son métier était vide.

Chacun des soirs précédents, il avait passé plus d'une heure dans la rue, aux alentours de la banque, sans aucun résultat, ni en bien, ni en mal. Afin qu'on ne pût l'accuser d'avoir manqué à sa promesse, il résolut d'attendre au moins deux heures ce troisième et dernier soir.

La dame qui tenait autrefois la maison de M. Bounderby était là, assise à une croisée du premier étage où il l'avait déjà vue, et l'homme de peine y était aussi à causer quelquefois avec elle près de la fenêtre, ou à regarder de temps à autre par-dessus le store du rez-de-chaussée, sur lequel on lisait le mot BANQUE; quelquefois même il se montra sur le pas de la porte pour prendre l'air. La première fois, Étienne, croyant que c'était lui qu'il cherchait, passa tout à côté; mais l'autre ne fit que le regarder à peine, avec ses yeux clignotants, sans lui adresser la parole.

Deux heures, c'était bien long, surtout après une longue journée de travail. Étienne s'assit sur les marches d'une maison, s'appuya contre un mur sous une arcade, se promena d'un bout de la rue à l'autre, écouta si l'horloge de l'église ne sonnait pas, s'arrêta pour regarder des enfants qui jouaient dans la rue. Il est si peu naturel de se promener ainsi sans motif, qu'un simple flâneur est toujours sûr de se faire remarquer. Lorsque la première heure fut écoulée, Étienne commença même à éprouver une sensation désagréable, se figurant qu'il jouait là le rôle d'un personnage suspect.

Puis vint l'allumeur de réverbères, laissant derrière lui, dans la longue perspective de la rue, une double traînée de lumières qui allaient s'allongeant jusqu'à ce qu'elles se fussent mêlées et perdues dans l'éloignement. Mme Sparsit ferma la croisée du premier étage, abaissa le store et regagna son appartement. Bientôt on vit une lumière monter l'escalier derrière elle, visible d'abord au-dessus de la porte d'entrée et ensuite aux deux croisées de l'escalier, à mesure qu'elle allait d'un étage à l'autre. Il y eut un moment où on souleva un des coins du store du second étage, comme si l'œil de Mme Sparsit regardait par là; puis l'autre coin, comme si l'homme de peine, à son tour, regardait de l'autre côté. Quoi qu'il en soit, Étienne ne reçut aucune communication. Il se sentit fort soulagé lorsque les deux heures furent enfin écoulées, et s'éloigna d'un pas rapide pour rattraper le temps perdu.

Il n'avait plus qu'à dire adieu à sa propriétaire et à s'allonger par terre sur son lit provisoire, car son paquet était déjà fait pour le lendemain et tout était prêt pour son départ. Il voulait être hors de la ville de très-bonne heure, avant que les ouvriers fussent dans les rues.

Il faisait à peine jour, lorsque, après avoir jeté un coup d'œil d'adieu autour de sa chambre, se demandant tristement s'il la reverrait jamais, il sortit. La ville paraissait complétement déserte : on eût dit que tous les habitants l'avaient abandonnée, afin de n'avoir plus aucun rapport avec lui. Tout avait un air désolé à cette heure. Le soleil levant ne formait lui-même dans le ciel qu'une pâle solitude, semblable à une mer attristée.

Passant devant la maison où demeurait Rachel, quoique ce ne fût pas son chemin; devant les rues de briques rouges; devant les grandes fabriques silencieuses qui ne tremblaient pas encore; auprès de la station du chemin de fer, dont les signaux rouges faiblissaient à l'approche du jour; dans le voisinage délabré du chemin de fer, à moitié démoli et à moitié rebâti; devant les villas de briques rouges, entourées d'arbustes enfumés et couverts d'une poudre sale, comme des priseurs peu soigneux; passant par des chemins charbonneux et devant une variété de vilains spectacles, Étienne gagna le haut de la colline et se retourna pour jeter un regard en arrière.

Le jour éclairait en plein la ville, et les cloches appelaient au travail du matin. Les feux domestiques n'étaient pas encore allumés, et les hautes cheminées régnaient en maîtres dans le ciel, qui allait bientôt disparaître sous les immenses bouffées de leur fumée empoisonnée; mais il y eut une demi-heure pendant laquelle un grand nombre des fenêtres de Cokeville se dorèrent d'une espèce d'aube matinale, où les naturels du pays purent voir le soleil comme dans une éclipse éternelle, à travers une vitre enfumée.

Quel changement de passer des cheminées aux oiseaux! Quel changement de sentir la poussière de la route remplacer sous son pied le charbon criard! Quel changement pour Étienne, parvenu à l'âge qu'il avait, de retrouver ses sensations d'enfant par cette matinée d'été! Ces rêveries dans la tête et son paquet sous le bras, Étienne promenait son visage attentif le long de la grande route. Et les arbres formant une arcade au-dessus de sa tête, lui disaient, dans leur doux murmure, qu'il laissait derrière lui un cœur aimant et fidèle.

CHAPITRE XXIII.

Poudre à canon.

M. James Harthouse voulant toujours essayer ce qu'il pourrait faire pour son parti d'adoption, commença à compter les votes qui lui semblaient acquis. Grâce à quelques nouvelles lectures instructives qu'il voulut bien faire, à l'intention de ses amis politiques, grâce à un peu plus de nonchalance élégante et distinguée à l'adresse de la société en général, grâce aussi à une certaine franchise dont il savait faire parade dans l'improbité même; et c'est là, comme on sait, le fin du jeu, le plus efficace et le plus admiré des péchés mortels du monde poli; il ne tarda point à passer pour un homme d'une haute espérance. C'était un grand avantage pour lui que d'être indifférent à tout, car cela lui permettait de s'unir aux gens pratiques et positifs d'aussi bonne grâce que s'il fût un des leurs, et de traiter tous les autres partis comme un tas de vils hypocrites.

« Oui, ma chère madame Bounderby, des hypocrites dans lesquels nous n'avons pas foi et qui n'ont pas foi en eux-mêmes. La seule différence entre nous et les professeurs de vertu ou de charité ou de philanthropie.... le nom n'y fait rien.... c'est que nous savons que tout cela ne signifie pas grand'chose, et que nous le disons ; tandis qu'ils le savent tout aussi bien que nous, mais ils se gardent bien de le dire. »

Pourquoi Louise se serait-elle offensée ou même inquiétée d'entendre une pareille déclaration de principes? Étaient-ils si peu d'accord avec ceux de son père ou avec son éducation première qu'elle dût s'en effrayer? Y avait-il une si grande différence entre les deux écoles qui, l'une et l'autre, l'enchaînaient aux réalités matérielles et lui défendaient d'avoir foi dans autre chose? Thomas Gradgrind avait-il développé dans son âme, lorsqu'elle était pure et naïve, quelque chose que James Harthouse pût au moins avoir quelque peine à réformer?

Elle était même d'autant plus à plaindre, dans cette circonstance, qu'il y avait dans son esprit (ce sentiment y existait avant que son père éminemment pratique eût commencé à former sa jeune intelligence) un besoin instinctif de croire à une humanité moins mesquine et plus noble que celle qu'on lui avait toujours montrée ; c'était dans son cœur une lutte constante mêlée de doutes et de colères : ses doutes venaient de ce que, dès sa jeunesse, l'on avait étouffé dans son âme toute aspiration généreuse ; ses colères renaissaient, quand elle songeait au mal qu'on lui avait fait, si c'était en effet la vérité dont son cœur entendait la voix dans ce murmure confus. Sur une nature si longtemps habituée à s'anéantir elle-même, si déchirée, si divisée, la philosophie de Harthouse venait agir à la fois comme un soulagement et une justification. Si tout était vide et sans valeur, elle n'avait rien perdu, rien sacrifié. Qu'importe! avait-elle dit à son père lorsqu'il lui avait proposé un mari. Qu'importe! disait-elle encore Avec une confiance dédaigneuse, elle se demandait : « Qu'importe tout! » et elle poursuivait son chemin.

Vers quel but? Elle s'avançait pourtant pas à pas, elle descendait toujours vers un but fatal, mais d'un progrès si lent et si imperceptible, qu'elle croyait rester stationnaire. Quant à M. Harthouse, il ne songeait pas à se demander où il allait, et il s'en souciait peu. Il n'avait en vue aucun dessein, aucun plan bien arrêté : il n'avait pas le vice assez énergique pour compromettre sa quiétude insouciante. Pour le moment, c'était un amusement et une distraction comme il en fallait à un beau monsieur comme lui, quelque chose de plus, peut-être, qu'il ne convenait à sa réputation de bel indifférent. Peu de temps après son arrivée il écrivit, d'un ton plein de langueur, à son frère, l'honorable et facétieux membre de parlement, que les Bounderby étaient « très-amusants; » que de plus, Bounderby femelle, loin d'avoir sur les épaules la tête de Méduse qu'il s'attendait à y voir, était jeune et extrêmement jolie. Après cela, il n'en parla plus et passa chez eux tous ses moments de loisir. Il allait fréquemment chez eux pendant le cours de ses apparitions et de ses tournées électorales dans le district de Cokeville. M. Bounderby encourageait ses visites. Rien ne s'accordait mieux avec les goûts vantards de M. Bounderby que de pouvoir dire à tout son monde que, pour sa part, il se moquait des gens de bonne famille, mais que si sa femme, la fille de Tom Gradgrind, aimait cette société-là, grand bien lui fasse.

M. James Harthouse commença à penser que ce serait une sensation nouvelle pour lui s'il pouvait opérer à son profit, sur le visage de la belle, le changement agréable qu'il y avait déjà vu apparaître une fois en faveur du roquet.

Il était assez bon observateur; il avait une mémoire excellente et il n'oubliait pas un mot des révélations du frère. Il les combinait avec ce qu'il voyait de la sœur, et commença bientôt à la comprendre. Il est vrai que ce qu'il y avait de meilleur, de plus intime dans le caractère de la jeune femme, n'était pas à la portée de l'intelligence de M. Harthouse, car il en est de la nature humaine comme de l'océan, elle a des abîmes que tout le monde ne peut pas sonder; mais il ne tarda pas à lire à la surface assez couramment.

M. Bounderby avait pris possession d'une maison et d'un parc situés à environ quinze milles de la ville, mais à un mille ou deux d'un chemin de fer qui s'élançait, sur de nombreux viaducs, à travers un pays sauvage, miné par des puits de charbonnières abandonnées et parsemé la nuit de feux et de formes de locomotives stationnaires à l'entrée des puits d'exploitation. Le paysage devenait moins âpre à mesure qu'il se rapprochait de la retraite de M. Bounderby, où il s'adoucissait pour se transformer en un site rustique, doré par la bruyère et blanchi par l'aubépine au printemps de l'année, et ombragé tout l'été par les feuilles des arbres tremblant au souffle du vent. La banque Bounderby avait fait saisir cette propriété en vertu d'une hypothèque sous laquelle avait succombé un des potentats de Cokeville, trop pressé de faire fortune, et qui ne s'était trompé dans ses calculs que de deux millions et demi. Ces accidents arrivaient quelquefois aux familles les plus respectables de Cokeville, mais on sait qu'une banqueroute n'a aucun rapport avec les classe imprévoyantes signalées par les économistes.

Ce fut avec une extrême satisfaction que M. Bounderby s'installa dans ce bon petit domaine, et se mit, toujours par suite de son humilité vaniteuse, à planter des choux dans les parterres. Il se plaisait à vivre comme dans une caserne au milieu de ces meubles élégants, et il poursuivait les tableaux mêmes de ses fanfaronnades habituelles.

« Savez-vous, monsieur, disait-il, qu'on m'assure que Nickits (le propriétaire évincé) a payé cette marine sept cents livres[1]. Or, à vous parler franchement, du diable si dans le cours de ma vie j'y jette les yeux sept fois; c'est à cent livres le coup d'œil! Non, par saint Georges! Je n'oublie pas que je suis Josué Bounderby de Cokeville. Pendant bien, bien des années, je n'ai pas possédé d'autres peintures (il aurait donc fallu que je les eusse volées) que le portrait d'un homme qui se faisait la barbe dans une botte en guise de miroir; c'était une image collée sur les pots à cirage dont j'étais enchanté de me servir pour cirer les bottes qu'on voulait bien me confier. Lorsque les pots étaient vides, je les revendais un liard pièce, et j'étais joliment heureux d'empocher l'argent! »

Puis il s'adressait à M. Harthouse et reprenait sur le même ton :

« Harthouse, vous avez une couple de chevaux ici. Faites-en venir encore une demi-douzaine, si vous voulez, et nous trouverons à les loger. Il y a des écuries pour douze chevaux, et, si on ne calomnie pas Nickits, ses écuries étaient au grand complet. Une douzaine de chevaux, monsieur, en chiffres ronds. Quand cet homme était petit garçon, il a fait son éducation à Westminster. Il a été élevé là, au collége

---

[1]. 17 500 francs.

de Westminster, avec une bourse royale, tandis que ma principale nourriture, à moi, se composait d'épluchures, et que je n'avais pas d'autre lit que les paniers des revendeuses du marché. Quand même j'aurais la fantaisie de garder une douzaine de chevaux (et je n'en ai nulle envie, j'ai bien assez d'un cheval) je ne pourrais pas avoir le cœur de les voir si bien logés dans leurs stalles, en pensant aux endroits où je logeais moi-même autrefois. Je ne pourrais pas les y voir, monsieur, sans donner l'ordre de les en faire sortir à l'instant. Voilà pourtant comme tout change! Vous voyez cette propriété, vous la connaissez, vous savez qu'il n'y a pas dans son genre une propriété plus complète en Angleterre ni ailleurs, je vous défie de m'en trouver une n'importe où; et qui y trouvez-vous installé, comme un ver au beau milieu d'une noix? Moi, monsieur, moi Josué Bounderby, tandis que Nickits, (je le sais de quelqu'un qui est venu hier me le dire à mon bureau) Nickits, qui récitait des rôles en latin dans les pièces qu'on joue tous les ans au collége de Westminster, et que les magistrats et la noblesse de ce pays applaudissaient à tout rompre, pleurniche maintenant, oui, monsieur, pleurniche! perché à un cinquième étage dans une sombre petite rue de traverse d'Anvers. »

Ce fut sous les ombres feuillues de cette retraite, pendant les longues et chaudes journées de l'été, que M. Harthouse commença ses expériences sur le visage qui l'avait tant étonné, lorsqu'il l'avait vu pour la première fois, et se mit à essayer de le faire changer en sa faveur.

« Madame Bounderby, je regarde comme très-heureux le hasard qui fait que je vous rencontre seule ici. Il y a déjà quelque temps que je désirais vivement vous entretenir. »

Ce n'était pourtant pas un hasard bien merveilleux de la rencontrer à l'heure précise où elle se trouvait toujours seule dans cet endroit, but favori de ses promenades. C'était une clairière au milieu d'un bois sombre, où gisaient quelques arbres abattus et où elle avait habitude de s'asseoir, pour regarder les feuilles tombées sous le souffle de l'automne dernier, comme autrefois elle regardait les cendres rouges qui tombaient du foyer de la maison paternelle.

Il s'assit à côté d'elle en lui lançant un coup d'œil.

« Votre frère.... mon jeune ami Tom.... »

Le visage de Louise s'anima, et elle se tourna vers lui avec une expression d'intérêt.

« De ma vie, pensa-t-il, je n'ai rien vu de plus remarquable, de plus charmant que l'éclair qui vient tout à coup d'illuminer ces jolis traits. »

La physionomie de M. Harthouse trahit sa pensée, trahison calculée peut-être, car il se peut bien qu'elle ne fît qu'obéir aux secrètes instructions de son maître.

« Je vous demande pardon. L'expression de votre intérêt fraternel est si charmante.... Tom devrait en être si fier.... Je sais que cela est inexcusable, mais je ne puis pas m'empêcher de laisser percer mon admiration.

— Vous êtes si spontané, dit-elle avec calme.

— Non, madame Bounderby, ne me dites pas cela; vous savez que je ne dissimule pas avec vous. Vous savez que je me donne pour un vilain échantillon de la nature humaine, prêt à me vendre dès qu'on m'offrira une somme raisonnable, et complétement incapable de renouveler aucun des procédés en usage chez les bergers de l'Arcadie.

— J'attends, répliqua-t-elle, la communication que vous alliez me faire à propos de mon frère.

— Vous vous montrez sévère pour moi, et je le mérite. Je me reconnais pour le plus grand vaurien du monde, mais je ne suis pas menteur,... vous m'accorderez bien cela. Seulement vous m'avez causé un moment de surprise qui m'a écarté de mon sujet; je reviens à votre frère. Je m'intéresse à lui.

— Vous vous intéressez donc à quelque chose, monsieur Harthouse? demanda-t-elle moitié incrédule et moitié reconnaissante.

— Si vous m'eussiez demandé cela la première fois que je suis venu ici, j'aurais dit non. Aujourd'hui, même au risque d'être accusé de ne pas dire la vérité et d'éveiller chez vous une incrédulité fort naturelle, je dois répondre oui. »

Elle fit un léger mouvement comme si elle voulait parler, sans réussir à retrouver la parole; enfin elle lui répondit :

« Monsieur Harthouse, je veux bien croire que vous vous intéressez à mon frère.

— Merci! vous me rendez justice, je puis me flatter qu'en cela du moins je mérite les remercîments que vous voulez bien m'adresser. Vous avez tant fait pour Tom.... Vous l'aimez tant.... Votre existence entière, madame Bounderby, prouve une si admirable abnégation en faveur de votre frère.... pardonnez-moi encore.... je m'écarte de mon sujet. Enfin, ce qu'il y a de sûr, c'est que je m'intéresse à Tom.... pour lui-même. »

Elle avait fait un geste presque imperceptible, comme pour se lever vivement et s'en aller, avant qu'il eût terminé sa phrase. C'est alors qu'il avait donné un autre tour à ses explications, et elle ne bougea pas.

« Madame Bounderby, reprit-il d'un ton léger qui semblait pourtant lui coûter un effort et qui était encore plus expressif que le ton plus sérieux qu'il venait de quitter; ce n'est pas un crime impardonnable chez un jeune homme de l'âge de votre frère d'être étourdi, léger, porté à la dépense, un peu dissipé enfin, comme on dit. L'est-il ?

— Oui.

— Souffrez que je vous parle franchement. Pensez-vous qu'il joue ?

— Je crois qu'il fait des paris. »

M. Harthouse ayant attendu comme pour lui permettre d'achever sa réponse, elle ajouta :

« J'en suis sûre.

— Et il perd, naturellement ?

— Oui.

— Quand on parie, on est toujours sûr de perdre. Oserais-je insinuer qu'il est probable que vous lui avez quelquefois fourni de l'argent pour couvrir ces paris ? »

Louise était restée assise, les yeux baissés; mais, à cette question, elle regarda Harthouse comme si elle voulait se rendre compte de cette question et qu'elle en fût blessée.

« Croyez bien qu'il ne s'agit pas ici d'une impertinente curiosité, ma chère madame Bounderby. Je crains que Tom ne soit en train de se créer petit à petit des embarras, et je veux lui tendre une main secourable du fond de ma triste expérience. Faut-il vous répéter que c'est seulement pour lui-même ? Est-ce nécessaire ? »

Elle parut vouloir répondre, mais cette fois encore elle garda le silence.

« Pour vous avouer franchement tout ce qui m'est venu à

la pensée, continua James Harthouse reprenant de nouveau son ton léger, toujours avec un embarras simulé, je vous dirai en confidence que je ne sais pas s'il n'a pas à se plaindre de son éducation. Je doute, pardonnez-moi ma sincérité, je doute qu'il ait jamais dû exister beaucoup de confiance entre lui et son digne père.

— Cela ne me paraît pas probable, dit Louise rougissant au souvenir que cette remarque réveillait en elle-même.

— Ou entre lui et.... (vous interpréterez favorablement ma pensée, j'en suis sûre) et son très-estimable beau-frère? »

Elle rougit de plus en plus et ses joues étaient brûlantes, lorsqu'elle répondit d'une voix plus faible :

« Cela ne me paraît pas probable non plus.

— Madame Bounderby, dit Harthouse après une courte pause, ne serait-ce pas le cas de permettre une plus grande confiance entre vous et moi? Tom vous a emprunté des sommes considérables?

— Vous comprendrez, monsieur Harthouse, répliqua-t-elle après avoir un peu hésité : tout indécise et toute troublée qu'elle était depuis le commencement de l'entretien, elle n'avait pas perdu l'empire qu'elle exerçait sur elle-même; vous comprendrez que si je réponds aux questions dont vous me pressez, ce n'est pas pour me plaindre ni pour exprimer un regret. Toute plainte serait inutile; ce que j'ai fait, je ne le regrette pas le moins du monde.

— Et de plus une femme de cœur! pensa James Harthouse.

— Lorsque je fus mariée, je découvris que mon frère était déjà très-endetté; très-endetté pour un jeune homme dans sa position, veux-je dire; assez enfin pour m'obliger à vendre quelques bijoux. Ce n'était pas un sacrifice. Je les ai vendus très-volontiers. Ils n'avaient aucune valeur à mes yeux. »

Soit qu'elle lût dans le regard de Harthouse qu'il devinait, soit que sa conscience lui fît craindre qu'il ne devinât qu'elle parlait de quelques cadeaux de son mari, elle s'arrêta et rougit encore. S'il ne l'avait pas deviné tout d'abord, cette soudaine rougeur eût tout révélé à un homme moins retors que celui-là.

« Depuis, j'ai donné à mon frère, à diverses époques, tout l'argent dont j'ai pu disposer Me confiant à vous sur la foi de l'intérêt que vous professez pour lui, je ne vous ferai pas de demi-confidence. Depuis que vous avez l'habitude de venir ici, il a eu besoin de deux à trois mille francs à la fois. Je n'ai pas pu lui donner une si forte somme. J'ai eu naturellement des inquiétudes sur les suites que pourraient amener ces embarras d'argent; mais j'ai gardé le secret jusqu'à ce jour, où je le livre à votre honneur. Je n'ai confié mes inquiétudes à personne, parce que.... Mais vous m'avez déjà devinée. »

Elle s'arrêta brusquement.

En homme prompt à profiter de ses avantages, il vit et saisit cette occasion de présenter à Louise sa propre image, légèrement déguisée sous le portrait de son frère.

« Madame Bounderby, quoique je ne vaille pas grand'chose et que je ne sois qu'un homme de plaisir, ce que vous venez de me dire m'intéresse vivement. Je ne puis me montrer sévère envers Tom. Je comprends et je partage la sage indulgence avec laquelle vous envisagez ses erreurs. Sans vouloir le moins du monde manquer de respect soit à M. Gradgrind, soit à M. Bounderby, je crois reconnaître que l'éducation de Tom n'a pas été heureuse. Élevé de façon à ne pouvoir lutter avantageusement avec ce monde où il doit jouer un rôle, le premier usage qu'il fait de sa liberté c'est de se jeter dans des excès, provoqués par un excès contraire, par un excès de contrainte qu'on lui a longtemps imposé, dans les meilleures intentions du monde, cela est sûr. Mais la noble rudesse et l'indépendance toute britannique de M. Bounderby, malgré leur charmante originalité, ne provoquent pas, nous sommes d'accord là-dessus.... ne provoquent pas la confiance. Si j'osais ajouter qu'il manque tant soit peu de cette délicatesse à laquelle un jeune cœur méconnu, un caractère mal compris et des talents mal dirigés seraient tentés de demander des consolations et des conseils, je vous aurais complétement expliqué ma manière de voir. »

Pendant qu'elle regardait droit devant elle, par-dessus les clartés changeantes qui dansaient sur l'herbe, dans l'obscurité de la forêt plus éloignée, Harthouse lut sur son visage qu'elle s'appliquait à elle-même les paroles qu'il venait en effet d'envoyer à son adresse.

« C'est donc le cas, continua-t-il, de montrer la plus grande indulgence. Cependant Tom a un défaut que je ne saurais pardonner et que je lui reproche très-sérieusement. »

Louise le regarda en face et lui demanda quel était ce défaut.

« Peut-être, répondit-il, devrais-je m'en tenir là. Peut-être, en somme, eût-il mieux valu ne pas laisser échapper cette allusion.

— Vous m'effrayez, monsieur Harthouse. Dites-moi ce que c'est.

— Afin de ne pas vous causer de vaines alarmes, et puisque cette confiance au sujet de votre frère, à laquelle j'attache plus de prix qu'à quoi que ce soit au monde, s'est établie heureusement entre nous, j'obéis. Je ne puis pardonner à Tom de ne pas se montrer plus sensible, dans chaque parole, chaque regard, chaque action, à la tendresse de sa meilleure amie, au dévouement de sa meilleure amie, à son désintéressement, aux sacrifices qu'elle s'est imposés pour lui. La reconnaissance qu'il lui témoigne, à ce que j'en puis juger, est bien légère. Ce qu'elle a fait pour lui mériterait un amour, une gratitude de tous les instants, et non de la mauvaise humeur et des boutades. Tout insouciant que je parais, je ne suis pas assez indifférent, madame Bounderby, pour ne pas remarquer ce défaut de votre frère, ou pour être disposé à le regarder comme un péché véniel. »

La forêt flotta devant elle, car ses yeux étaient inondés de larmes. Elles sortaient d'une source profonde, longtemps cachée, et son cœur était plein d'une douleur aiguë que les pleurs ne soulagèrent pas.

« En un mot, madame Bounderby, c'est à corriger votre frère de ce défaut que doivent tendre tous mes efforts. Ma connaissance plus complète de ses affaires, et mes avis sur les moyens de sortir d'embarras, avis compétents, je l'espère, venant d'un mauvais garnement qui a fait lui-même des olies sur une bien plus grande échelle, me donneront une certaine influence sur lui, et j'en profiterai pour arriver au but que je me suis proposé. J'en ai dit assez et peut-être trop. J'ai l'air de vouloir me poser en bon enfant, tandis que, ma parole d'honneur, je n'en ai pas la moindre intention, je vous le déclare franchement. Là-bas, parmi les arbres, ajouta-t-il après avoir levé les yeux et regardé autour de lui, j'aperçois votre frère lui-même ; il vient sans doute d'arriver. Comme il paraît diriger ses pas de ce côté, je crois que nous ferons bien d'aller à sa rencontre. Il est très-silencieux et très-morose depuis quelques jours. Peut-être sa conscience fraternelle lui adresse-t-elle des reproches. Si toutefois il y a une conscience ; car, ma parole d'honneur, j'en entends parler trop souvent pour y croire. »

Il aida Louise à se lever, elle lui prit le bras, et ils allèrent tous les deux à la rencontre du roquet. Tom s'avançait d'un pas indolent, frappant les branches d'un air désœuvré ; ou bien il se baissait pour arracher obstinément avec sa canne la mousse qui revêtait le tronc des arbres. Il tressaillit lorsqu'ils arrivèrent auprès de lui, au moment où il se livrait à ce dernier passe-temps, et il changea de couleur.

« Tiens ! murmura-t-il, je ne vous savais pas ici.

— Quel nom, Tom, dit M. Harthouse, posant sa main sur l'épaule du roquet et l'obligeant à faire volte-face, de façon qu'ils se dirigèrent tous les trois vers la maison, quel nom étiez-vous donc en train de graver sur les arbres ?

— Quel nom ? répondit Tom.... Oh ! vous voulez dire quel nom de femme

— On vous soupçonne fortement d'avoir inscrit sur l'écorce des chênes le nom de quelque ravissante beauté, Tom.

— Je ne donne pas là dedans, monsieur Harthouse, à moins que quelque ravissante beauté, ayant la libre disposition d'une fortune un peu ronde, ne veuille bien s'éprendre de moi. Elle pourrait même être aussi laide que riche, sans craindre de perdre ma conquête. Je graverais son nom autant de fois qu'elle voudrait sur l'écorce des chênes.

— Diable ! Tom, vous avez là des sentiments bien mercenaires.

— Mercenaires, répéta Tom. Qui est-ce qui n'est pas mercenaire ? Demandez à ma sœur !

— As-tu donc découvert que ce fût un de mes défauts, Tom ? dit Louise, sans se plaindre autrement du mécontentement ou de la mauvaise humeur de son frère.

— Personne ne sait mieux que toi, si c'est ou non à ton adresse : je m'en rapporte à toi là-dessus, répliqua Tom d'un ton maussade.

— Tom est misanthrope aujourd'hui ; cela arrive de temps

en temps à tous les gens qui s'ennuient, dit M Harthouse. Ne croyez pas ce qu'il vous dit là, madame Bounderby. Il n'en pense pas un mot; et pour vous faire connaître ses sentiments, je vais vous dévoiler quelques-unes de ses opinions sur votre compte, exprimées à moi-même en particulier, s'il ne fait pas à l'instant amende honorable.

— Dans tous les cas, monsieur Harthouse, dit Tom s'adoucissant un peu, grâce à l'admiration que lui inspirait son patron, mais hochant la tête d'un air de mauvaise humeur, vous ne pourrez pas lui dire que je l'aie jamais louée de s'être montrée mercenaire. J'ai pu la louer du contraire, et je le ferais encore, si j'en avais d'aussi bonnes raisons. Mais en voilà assez là-dessus; cela ne peut pas vous intéresser, et pour moi, j'en ai par-dessus la tête. »

Ils s'avancèrent vers la maison, où Louise abandonna le bras de son visiteur pour rentrer chez elle. Harthouse la suivait des yeux, tandis qu'elle montait les marches et disparaissait sous l'ombre de la porte; puis il posa encore la main sur l'épaule du frère et l'engagea, avec un signe de tête confidentiel, à faire un tour dans le jardin.

« Tom, mon ami, j'ai un mot à vous dire. »

Ils s'étaient arrêtés au milieu d'un buisson de roses assez mal soigné. L'humilité de M. Bounderby ne se piquait pas de tenir les roses de Nickits sur le même pied que l'ancien propriétaire, et Tom s'assit sur le parapet d'une terrasse, en arrachant les boutons de rose et les déchirant en morceaux; tandis que son démon familier le dominait, un pied sur le parapet et le corps appuyé avec grâce sur le bras que soutenait son genou relevé. On pouvait les apercevoir de la croisée de Mme Bounderby. Peut-être Louise les voyait-elle.

« Tom, qu'est-ce que vous avez?

— Ah! monsieur Harthouse, dit Tom avec un gémissement, je suis excédé, je m'ennuie à périr.

— Ma foi! mon ami, et moi aussi.

— Vous! répliqua Tom, vous qui êtes un modèle d'insouciance! Monsieur Harthouse, je suis dans un horrible gâchis. Vous n'avez pas d'idée de l'embarras où je me suis fourré.... Quand je pense qu'il ne tenait qu'à ma sœur de m'en tirer, si elle avait voulu! »

Il se mit à mordre les boutons de rosés et à les arracher

entre ses dents d'une main qui tremblait comme celle d'un vieillard paralytique. Après avoir un moment fixé sur lui un regard observateur, son compagnon reprit son air nonchalant.

« Tom, vous n'êtes pas raisonnable : vous êtes aussi trop exigeant avec votre sœur. Vous avez déjà reçu de l'argent d'elle, mauvais garnement, vous le savez bien.

— Oui, monsieur Harthouse, j'en conviens. Où voulez-vous que j'en prenne ailleurs? Voilà le vieux Bounderby qui est toujours à se vanter qu'à mon âge il vivait avec quatre sous par mois, ou quelque chose comme ça. Voilà mon père qui a tracé ce qu'il appelle une ligne de conduite et qui m'y attache pieds et poings liés depuis que j'ai été sevré. Voilà ma mère qui n'a rien à elle, si ce n'est ses infirmités. Où diable voulez-vous alors qu'un individu trouve de l'argent, et à qui voulez-vous que j'en demande, si ce n'est à ma sœur? »

Il pleurait presque et éparpillait les roses par douzaines. M. Harthouse le prit par l'habit d'un air conciliateur.

« Mais, mon cher Tom, si votre sœur n'a pas l'argent?...
— Si elle ne l'a pas, monsieur Harthouse? Je ne prétends pas qu'elle l'ait. Il se peut que j'aie eu besoin de plus d'argent qu'elle ne devait en avoir. Mais dans ce cas, elle aurait dû se le procurer. Elle aurait très-bien pu se le procurer. Ce n'est pas la peine de rien vous cacher, après tout ce que je vous ai déjà dit; vous savez qu'elle n'a épousé le vieux Bounderby, ni par amour-propre, ni par amour pour lui, mais par amour pour moi. Alors pourquoi n'obtient-elle pas de lui ce dont j'ai besoin, par amour pour moi? Rien ne l'oblige à dire ce qu'elle veut faire de son argent; elle a assez d'esprit; elle pourrait se faire donner l'argent en le cajolant, le vieux Bounderby, si elle voulait. Pourquoi donc alors ne le veut-elle pas, lorsqu'elle sait combien cela m'importe? Mais, non. Elle reste là devant lui comme une pierre, au lieu de faire l'aimable pour obtenir aisément de lui ce qu'il me faut. Je ne sais pas comment vous appelez ça, mais *moi*, je dis que c'est là une conduite dénaturée! »

Il y avait immédiatement au-dessous du parapet, de l'autre côté, une pièce d'eau dans laquelle M. James Harthouse eut la plus grande envie de flanquer M. Thomas Gradgrind fils, de la même façon que les manufacturiers de Cokeville menaçaient, dès qu'on les contrariait, de flanquer tous leurs biens dans l'océan Atlantique. Mais il ne quitta pas son attitude gracieuse, et la balustrade de pierre ne vit rien tomber de l'autre côté que les boutons de rose accumulés par Tom, et qui maintenant surnageaient dans la pièce d'eau, où ils formaient une île flottante.

« Mon cher Tom, dit Harthouse, voulez-vous me permettre d'être votre banquier ?

— Au nom du ciel, répliqua vivement Tom, ne me parlez pas de banquiers ! »

Et il semblait très-pâle à côté des roses, très-pâle.

M. Harthouse, en homme parfaitement bien élevé, habitué à la meilleure société, ne pouvait se permettre de montrer de l'étonnement, pas plus que de montrer du sentiment. Mais il souleva un peu ses paupières avec une légère sensation de surprise ; et pourtant l'étonnement était chose aussi contraire aux principes de son école qu'aux doctrines du collége Gradgrind.

« Combien vous faut-il pour le moment, Tom ? Il s'agit de quatre chiffres ? Allons, parlez.... Posez vos quatre chiffres.

— Monsieur Harthouse, répliqua Tom qui maintenant pleurait réellement (et ses larmes valaient mieux que ses plaintes de tantôt, quelque piteuse que fût la mine qu'elles lui donnaient), il est trop tard ; l'argent ne me servirait à rien maintenant. Il me l'aurait fallu plus tôt pour qu'il me fût bon à quelque chose. Mais je ne vous en suis pas moins très-obligé ; vous êtes un ami véritable ! »

Un ami véritable !

« Roquet, roquet ! pensa M. Harthouse nonchalamment ; jeune imbécile que tu es ! »

— Et je regarde votre offre comme une grande preuve de bienveillance, poursuivit Tom en lui serrant la main ; comme une très-grande preuve de bienveillance, monsieur Harthouse.

— Eh bien ! répliqua l'autre, ma bienveillance vous sera peut-être utile plus tard. Et, mon ami, si vous voulez bien venir à moi, lorsque ces diables d'embarras financiers vous serreront de trop près, je pourrai vous indiquer, pour en sortir, quelque bon moyen que vous ne trouveriez pas tout seul.

— Merci, dit Tom secouant la tête d'un air lugubre et mâchant des boutons de rose. Je voudrais vous avoir connu plus tôt, monsieur Harthouse.

— Voyez-vous, Tom, dit M. Harthouse pour terminer, et lançant lui-même une rose ou deux en guise d'offrande à l'île qui s'obstinait à venir frapper contre le mur, comme si elle tenait à s'incorporer à la terre ferme; l'homme met de l'égoïsme dans tout ce qu'il fait, et je ne diffère en rien des autres mortels. Je désire ardemment.... (la langueur qu'il mit à exprimer ce désir ardent était tout à fait tropicale).... que vous montriez moins de froideur à votre sœur.... c'est votre devoir.... et que vous soyez pour elle un frère plus aimant et plus agréable.... c'est encore votre devoir.

— Je ferai ce que vous désirez, monsieur Harthouse.

— Vous savez, Tom, il n'y a rien de tel que le présent: ne parlez pas au futur. Commencez tout de suite.

— Certainement, je vais commencer tout de suite. Et ma sœur Lou vous en dira des nouvelles.

— Maintenant que c'est marché conclu, Tom, dit Harthouse, en le frappant de nouveau sur l'épaule, d'un air qui le laissait libre de croire (comme il s'empressa de le faire, le pauvre sot) que cette condition lui était imposée par un bon garçon insouciant, qui ne voulait pas abuser de l'expansion de sa reconnaissance, séparons-nous maintenant jusqu'à l'heure du dîner.

Lorsque Tom revint pour dîner, son chagrin ne l'empêcha pas d'être alerte et de se présenter au salon avant l'arrivée de M. Bounderby.

« Je n'ai pas voulu te faire de peine, Lou, dit-il en donnant la main à sa sœur et en l'embrassant. Je sais que tu m'aimes et je t'aime bien aussi. »

Il y eut, ce jour-là, sur le visage de Louise un sourire à l'adresse d'un autre. Hélas, à l'adresse d'un autre!

« Voilà ce qui prouve que le roquet n'est plus le seul être auquel elle s'intéresse, pensa M. James Harthouse retournant la réflexion qu'il avait faite en voyant ce joli visage pour la première fois. Non, non, il n'est plus le seul. »

CHAPITRE XXIV.

Explosion.

La matinée du lendemain était trop belle pour qu'on la passât dans son lit ; aussi James Harthouse se leva-t-il de bonne heure, pour aller s'asseoir dans l'embrasure de sa fenêtre, fumant à son aise ce rarissime tabac qui avait exercé sur son jeune ami une si salutaire influence. Épanouissant tout son être à la chaleur des rayons du soleil, entouré de l'encens de sa pipe orientale, tandis que la fumée rêveuse se fondait dans l'atmosphère si douce déjà et si riche en parfums printaniers, il récapitulait ses avantages comme un joueur endurci récapitule ses gains. Pour le moment, il ne savait pas ce que c'était que l'ennui ; il pouvait donc donner toute son attention à ce calcul.

Il y avait entre Louise et lui un secret dont le mari était exclu ; un secret qui roulait positivement sur l'indifférence de Louise pour son mari et sur l'incompatibilité d'humeur qui existait dès l'origine entre elle et son mari. Il lui avait adroitement, mais clairement prouvé qu'il connaissait son cœur jusque dans ses replis les plus délicats ; il avait profité de son affection la plus tendre pour se rapprocher d'elle, et combien il avait fait de progrès ! Il s'était mis de moitié dans son unique affection, et la barrière derrière laquelle elle abritait sa vie s'était abaissée comme par enchantement. Tout cela n'était-il pas fort drôle et fort satisfaisant ?

Et néanmoins il n'avait, même alors, aucune intention sérieuse de la pousser à mal. Dans l'intérêt public comme dans celui des relations privées, il aurait bien mieux valu pour l'honneur du siècle où vivait M. Harthouse que la nombreuse légion de roués dont il faisait partie fussent franchement vicieux, au lieu de s'en tenir à l'indifférence et aux occasions. Les banquises qui se laissent entraîner partout au gré du courant sont celles qui causent le plus de naufrages

Lorsque le diable prend la figure d'un lion rugissant, il se montre sous une forme qui n'est guère attrayante que pour les sauvages ou les chasseurs. Mais lorsqu'il est bichonné, peigné et verni selon la mode, lorsqu'il est las du vice et las de la vertu, blasé sur le soufre de l'enfer comme sur les joies du paradis, alors, soit qu'il se mette à faire le Machiavel en politique ou le don Juan dans les ménages, c'est bien là le diable en personne, le vrai diable qu'il faut craindre.

James Harthouse était donc à se reposer dans l'embrasure de la croisée, fumant avec nonchalance et récapitulant le chemin qu'il avait fait sur cette route où il s'était engagé par hasard. Le but vers lequel il tendait était assez clairement indiqué; mais il ne se donnait pas la peine de faire aucun calcul à cet égard : *Ce qui sera, sera.*

Comme, ce jour-là, il avait la perspective d'une assez longue promenade à cheval, car il y avait à quelques lieues de là une réunion politique qui lui fournissait une occasion passable de s'essayer au profit de la coterie Gradgrind, il s'habilla de bonne heure et descendit déjeuner. Il était curieux de voir dans les yeux de Louise s'il n'avait pas reculé depuis la veille; mais non. Il se retrouvait juste à la place où il avait mis le signet. Il s'en aperçut bien à l'intérêt exprimé dans le regard que Louise lui adressa.

Le temps s'écoula tant bien que mal pour M. Harthouse, mais non pas sans ennui, dans cet emploi fatigant de la journée, et il revint à cheval vers les six heures. Il y avait une avenue d'un demi-mille entre la grille d'entrée et la maison, et il s'avançait au pas, le long de l'allée unie et bien sablée, qui appartenait ci-devant à M. Nickits, lorsque M. Bounderby s'élança du milieu d'un massif avec tant de violence que le cheval ombrageux se jeta de l'autre côté du chemin.

« Harthouse! s'écria M. Bounderby, savez-vous la nouvelle ?

— Quelle nouvelle? répondit Harthouse calmant son cheval et envoyant au fond de l'âme M. Bounderby à tous les diables.

— Alors vous n'en avez donc pas entendu parler?

— Je n'ai entendu que vous, quand vous venez de tomber là comme une bombe, et cette brute aussi vous a entendu;

elle en a même eu grand'peur. Je n'ai pas entendu autre chose. »

M. Bounderby, tout rouge et tout échauffé, se planta au milieu du chemin devant la tête du cheval, afin de faire éclater la bombe avec plus d'effet.

« On a volé la banque !

— Ah bah !

— On l'a volée hier soir, monsieur; volée d'une façon extraordinaire; volée à l'aide de fausses clefs.

— A-t-on volé beaucoup? »

M. Bounderby, dans son désir de donner le plus d'importance possible à la chose, fut vexé d'être obligé de répondre :

« Dame ! non; pas beaucoup. Mais cela aurait pu être.

— Combien ?

— Oh ! quant à la somme, si vous y tenez, elle ne dépasse guère trois mille huit cents francs, dit Bounderby avec impatience. Mais ce n'est pas pour la somme, c'est pour le fait en lui-même. On a volé la banque, c'est là la circonstance importante ! Je suis surpris que vous ne voyiez pas cela.

— Mon cher Bounderby, dit James mettant pied à terre et donnant les rênes à son domestique, je le vois parfaitement ; et je suis aussi abasourdi que vous pouvez le désirer par le spectacle que vous venez de présenter à mon esprit. Néanmoins vous me permettrez, je l'espère, de vous féliciter, ce que je fais de tout mon cœur, je vous assure, de n'avoir pas eu à subir une perte plus grave.

— Merci, répliqua Bounderby d'un ton bref et peu gracieux. Mais je vais vous dire. Je pouvais perdre cinq cent mille francs.

— Je n'en doute pas.

— Vous n'en doutez pas ! Parbleu, vous avez raison de ne pas en douter. Par saint Georges, dit M. Bounderby avec des mouvements de tête menaçants, je pouvais perdre deux fois cinq cent mille francs. On ne sait pas combien j'aurais pu perdre, si les voleurs n'avaient pas été dérangés. »

Louise s'approcha en ce moment avec Mme Sparsit et Bitzer.

« Voici la fille de Tom Gradgrind qui sait bien tout ce que je pouvais perdre, si vous ne le savez pas, souffla l'orageux

Bounderby. Elle est tombée roide, monsieur, comme frappée d'une balle, quand je lui ai annoncé la chose! C'est la première fois que ça lui arrive, à ma connaissance, et ça lui fait honneur, vu les circonstances, dans mon opinion. »

Louise était encore faible et pâle. James Harthouse lui offrit le bras; et pendant leur marche à pas lents, lui demanda comment le vol avait été effectué.

« J'allais vous le dire, s'écria Bounderby donnant le bras à Mme Sparsit d'un air irrité. Si vous n'aviez pas été si curieux de savoir tout de suite la somme, j'aurais commencé par là. Vous connaissez cette dame (car c'est une dame), madame Sparsit?

— J'ai déjà eu l'honneur....

— Très-bien. Et ce jeune homme, Bitzer, vous l'avez également vu, par la même occasion? »

M. Harthouse fit un signe de tête affirmatif et Bitzer salua avec son poing.

« Très-bien. Ils demeurent à la banque. Vous savez qu'ils demeurent à la banque, peut-être? Très-bien. Hier soir, à l'heure de la fermeture des bureaux, on a tout serré comme à l'ordinaire. Dans la salle doublée de fer, à la porte de laquelle couche le jeune individu que voilà, il y avait n'importe combien. La petite caisse du cabinet du jeune Tom, destinée à recevoir les menues valeurs, contenait trois mille huit cent et quelques francs....

— Trois mille huit cent cinquante-huit, quatre-vingt-cinq, dit Bitzer.

— Allons! riposta Bounderby s'arrêtant pour faire volte-face, tâchez de ne pas m'interrompre, *vous!* C'est bien assez d'avoir été volé pendant que vous ronfliez parce que vous êtes trop bien nourri, sans être encore interrompu avec vos cinquante-huit, quatre-vingt-cinq. Je ne ronflais pas, moi, quand j'avais votre âge. Je ne mangeais pas assez pour ronfler. Et je n'interrompais pas avec des cinquante-huit, quatre-vingt-cinq. Non, jamais, pas même quand je savais le chiffre exact. »

Bitzer porta de nouveau le poing à son front, d'un air tout penaud, et parut à la fois vivement frappé et humilié par l'exemple d'abnégation morale que lui donnait la jeunesse de M. Bounderby.

« Trois mille huit cent et quelques francs, reprit M. Bounderby. Le jeune Tom avait enfermé cette somme dans sa caisse, qui n'est pas des plus solides ; mais on aurait mieux fait d'y penser plus tôt. Tout avait été laissé en bon ordre. Au milieu de la nuit, pendant que ce jeune individu ronflait.... Madame Sparsit, madame, vous dites que vous l'avez entendu ronfler ?

— Monsieur, répliqua Mme Sparsit, je ne puis pas dire que je l'aie précisément entendu ronfler, et par conséquent je ne dois pas affirmer le fait. Mais, durant les soirées d'hiver, lorsqu'il s'endormait à sa table, je lui ai entendu faire quelque chose que je décrirais plus volontiers comme une espèce de suffocation. Je l'ai entendu, dans diverses occasions de ce genre, émettre des sons assez semblables à ceux qu'on entend quelquefois sortir d'une horloge à poids. Non, ajouta Mme Sparsit avec l'air superbe d'une femme qui sait qu'elle est obligée en conscience de rendre un témoignage strictement véridique, non que je veuille incriminer en rien le caractère moral de Bitzer. Loin de là, je l'ai toujours regardé comme un jeune homme imbu d'excellents principes ; et je désire que cette déposition puisse être interprétée plutôt en sa faveur.

— Eh bien ! donc, reprit l'irascible Bounderby, pendant qu'il ronflait ou suffoquait, ou imitait une horloge à poids, ou n'importe quoi, pendant son sommeil, je ne sais quels individus ont, je ne sais comment (étaient-ils déjà cachés dans la maison ou non, c'est ce qui reste à savoir), pénétré jusqu'à la caisse de Tom et en ont enlevé le contenu. Ayant été dérangés, ils ont décampé par la porte de devant, qu'ils ont refermée à double tour (elle avait été fermée à double tour par Bitzer et la clef reposait sous l'oreiller de Mme Sparsit) avec une fausse clef qu'on a ramassée dans la rue, tout près de la banque, aujourd'hui à midi. Rien n'a transpiré pour donner l'alarme jusqu'à ce matin, au moment où ce Bitzer que voilà s'est levé et a commencé à ouvrir et à ranger les bureaux avant l'arrivée des commis. Alors, jetant les yeux sur la caisse de Tom, il voit la porte ouverte, la serrure forcée et l'argent enlevé.

— A propos, où est donc Tom ? demanda Harthouse regardant autour de lui.

— Il est allé aider la police dans ses recherches, répondit Bounderby, c'est pour cela qu'il est resté là-bas, à la banque. Je voudrais bien que ces chenapans eussent essayé de me voler, quand j'avais l'âge de Tom. Je vous réponds qu'ils en eussent été pour leurs frais, attendu que je n'avais pas le sou.

— Soupçonne-t-on quelqu'un?

— Si on soupçonne quelqu'un? Je crois bien! Sapristi, répliqua Bounderby en abandonnant le bras de Mme Sparsit pour essuyer son front rouge. On ne pille pas comme ça la banque de Josué Bounderby de Cokeville, sans que les soupçons tombent sur quelqu'un! Non pas, non pas! »

M. Harthouse se hasarda à demander qui l'on soupçonnait.

« Eh bien! dit Bounderby s'arrêtant et se retournant pour faire face à tout le monde, je vais vous le dire. Mais n'allez pas répéter cela partout; ne le répétez nulle part, afin que les brigands compromis (ils sont une bande) ne se tiennent pas sur leurs gardes. Vous me promettez donc le secret. Attendez un instant. (M. Bounderby s'essuya encore le front.) Que diriez-vous (ici l'orateur éclata avec violence) s'il y avait un ouvrier de compromis dans l'affaire?

— J'espère, dit Harthouse d'un ton insouciant, que ce n'est pas notre ami Blackpot?

— Dites *pool* au lieu de *pot*, monsieur, répliqua Bounderby, et c'est notre homme. »

Louise laissa échapper une faible exclamation de doute et de surprise.

« Oh! oui. Je sais bien, dit Bounderby saisissant immédiatement au vol cette protestation, je sais bien! Est-ce que je ne suis pas accoutumé à ça? Ce sont les meilleures gens du monde. Connu! Ils ont la langue bien pendue, allez! Ils veulent seulement qu'on leur explique leurs droits, voilà tout. Mais je vais vous dire ce qui en est. Montrez-moi un ouvrier mécontent, et je vous montrerai un homme capable de tout.... Oui, de tout! »

C'était encore là une des fictions populaires de Cokeville que l'on s'était donné bien du mal à accréditer dans l'opinion, et de fait il y avait de bonnes âmes qui le croyaient sincèrement.

« Mais je les connais, moi, tous ces gens-là, poursuivit

Bounderby. Je les lirais à livre ouvert. Madame Sparsit, madame, je m'en rapporte à vous. Quel avertissement ai-je donné à ce Blackpool, la première fois qu'il a mis le pied à la maison, lorsqu'il y est venu avec l'intention expresse d'apprendre de moi comment il pourrait renverser la religion et donner un croc-en-jambe à l'Église établie? Madame Sparsit, vous qui, à raison de votre noble parenté, êtes au niveau de l'aristocratie, ai-je dit ou n'ai-je pas dit à cet individu : Vous n'êtes pas un individu à mon goût; vous finirez par tourner mal?

— Assurément, monsieur, répondit Mme Sparsit, vous lui avez, d'un ton qui a dû produire sur lui une vive impression, adressé une remontrance de ce genre.

— N'est-ce pas lorsqu'il vous a froissée, madame, dit Bounderby, lorsqu'il a froissé vos sentiments?

— Oui, monsieur, répliqua Mme Sparsit secouant modestement la tête, rien n'est plus vrai. Quoique je ne prétende pas que mes sentiments ne soient pas plus délicats, sous certains rapports.... plus niais, si vous préférez cette expression.... qu'ils ne l'auraient été peut-être, si j'avais toujours occupé la position que j'occupe aujourd'hui. »

M. Bounderby fixa sur M. Harthouse un regard éclatant d'orgueil, comme pour dire :

« Je suis le propriétaire de cette dame, et elle mérite toute votre attention, j'ose le croire. »

Puis il reprit le fil de son discours :

« Vous pouvez vous rappeler vous-même, Harthouse, ce que je lui ai dit devant vous. Je ne lui ai pas mâché les mots. Je n'use jamais de ménagements avec eux. *Je les connais*, allez! Eh bien! monsieur, qu'arrive-t-il? Trois jours après il disparaît. Il part sans que personne sache où il est allé : comme a fait ma mère, lorsque je n'étais qu'un enfant, avec cette différence, que cet individu est un personnage encore moins estimable que ma mère, si c'est possible. Qu'a-t-il fait avant de partir? Vous ne le croiriez jamais....»

M. Bounderby, son chapeau à la main, frappait un petit coup sur le fond, à chaque période de sa phrase, comme si son chapeau eût été un tambour de basque.... « Si je vous disais qu'on l'a vu plusieurs soirs de suite faire le guet autour de la banque? Qu'on l'a vu rôder à la nuit tombante dans les alentours? Que Mme Sparsit s'est dit qu'il ne pouvait rôder là dans de bonnes intentions? Que cette dame a attiré l'attention de Bitzer sur cet individu, et qu'ils l'ont remarqué tous les deux? Si je vous disais qu'il paraît, d'après des informations prises aujourd'hui même, que les voisins l'ont aussi remarqué? »

Maintenant qu'il avait atteint le point culminant de son discours, M. Bounderby, à l'instar des danseurs orientaux, se coiffa de son tambour de basque.

« Cela paraît suspect, dit James Harthouse, je suis forcé d'en convenir.

— Je crois bien, monsieur, dit Bounderby avec un air de défi; je crois bien. Mais Blackpool n'est pas seul. Il y a une vieille femme. On n'apprend jamais ces choses-là que quand le mal est fait; on découvre toujours que la porte de l'écurie fermait très-mal, dès que le cheval a été volé; il est question d'une vieille maintenant : d'une vieille qui paraît arriver en ville sur un manche à balai, de temps en temps. Elle guette la maison pendant toute une journée, avant que l'autre la relaye, et le soir où vous avez vu son complice, elle s'en va avec lui et tient conseil avec lui, sans doute pour faire son rapport lorsqu'on l'a relevée de sa faction.... et que le diable l'emporte! »

Il y avait une vieille femme dans la chambre le soir de ma visite, et elle paraissait se tenir à l'écart, pensa Louise.

« Ce n'est pas tout, on en sait déjà davantage sur leur compte, continua Bounderby avec plusieurs hochements de tête pleins d'un sens mystérieux. Mais j'en ai dit assez pour le moment. Vous aurez la bonté de ne rien ébruiter et de n'en parler à personne. Il faudra peut-être du temps, mais nous les prendrons. C'est une bonne politique de leur lâcher un peu la bride d'abord; il n'y a pas de mal à ça.

« Et naturellement, ils seront punis *selon toute la rigueur des lois,* comme disent les défenses du coin de la rue, et ce sera bien fait. Les gens qui s'attaquent aux banques doivent subir les conséquences de leurs actes. S'il n'y avait pas de conséquences, nous irions tous nous attaquer aux banques. »

Il avait pris tout doucement l'ombrelle que Louise tenait à la main, et il la lui avait ouverte, de manière qu'elle marchait à l'ombre du parasol, bien qu'il ne fît pas de soleil.

« Pour le moment, Lou Bounderby, dit son mari, voici Mme Sparsit dont il faudra vous occuper. Les nerfs de Mme Sparsit ont été agacés par cette affaire, et elle restera ci un jour ou deux. Ainsi, tâchez de la remettre.

— Merci beaucoup, monsieur, observa cette dame discrète; mais, je vous en prie, ne songez pas du tout à moi. Je n'ai besoin de rien. »

Il devint bientôt évident que, si on pouvait reprocher quelque chose à Mme Sparsit dans ses relations avec l'intérieur domestique de M. Bounderby, c'était de s'occuper trop peu d'elle-même et beaucoup trop des autres, au point qu'elle en devenait assommante. Lorsqu'on lui montra sa chambre, elle fut si horriblement touchée de l'aspect confortable de ce logis, qu'on eût été tenté de croire qu'elle aurait préféré passer la nuit sur la table de la cuisine.

« Les Powler et les Scadgers, il est vrai, étaient habitués au luxe, mais il est de mon devoir de me rappeler, se plaisait à remarquer Mme Sparsit, avec une grâce hautaine, surtout lorsqu'il y avait là quelque domestique, que ce que j'étais, je ne le suis plus. Et vraiment, ajoutait-elle, si je pouvais effacer à tout jamais le souvenir que M. Sparsit était un Powler, ou que je suis moi-même alliée à la famille Scadgers; ou même, s'il était en mon pouvoir de changer ce qui est et de faire de moi une personne d'humble naissance, alliée à des gens du commun, je le ferais bien volontiers. Je croirais, à raison des circonstances, qu'il est de mon devoir de le faire. »

A table, le même esprit d'abnégation monacale la poussait à renoncer aux plats succulents et aux vins, jusqu'à ce que M. Bounderby lui ordonnât formellement d'en prendre; alors elle répondait : « Vraiment, vous êtes trop bon, monsieur, » et renonçait, par pure obéissance, à sa ferme résolution d'attendre, comme elle l'avait annoncé formellement, une simple tranche de mouton. Elle se confondait aussi en excuses lorsqu'elle avait besoin du sel, et, comme elle était trop aimable pour ne pas corroborer autant que possible le témoignage de M. Bounderby sur le mauvais état de ses nerfs, elle s'appuyait de temps à autre contre le dossier de sa chaise pour y pleurer en silence ; alors on pouvait voir (ou plutôt on était forcé de voir, car elle appelait sur elle l'attention générale) une larme de grande dimension, semblable à une boucle d'oreille de cristal, glisser le long de son nez romain.

Mais le trait dominant de Mme Sparsit, depuis le commencement jusqu'à la fin, c'était sa résolution inébranlable de plaindre M. Bounderby. A certains moments, elle ne pouvait s'empêcher, en le regardant, de secouer la tête, comme qui dirait : « Hélas ! pauvre Yorick ! » Après s'être trahie malgré elle par ces signes extérieurs d'émotion, elle contraignait son visage à sourire légèrement, elle avait des lueurs de gaieté et disait avec aménité : « Vous avez conservé votre bonne humeur, monsieur, j'en rends grâce au ciel ; » et elle avait l'air de regarder comme une vraie bénédiction que M. Bounderby n'eût pas succombé sous le poids de ses infortunes. Une autre originalité qu'elle avait beaucoup de peine à vaincre, c'était de se confondre toujours en excuses. Elle avait un penchant bizarre à nommer Mme Bounderby Mlle Gradgrind, et elle y céda plus de soixante fois dans le courant de la soirée. La répétition de cette erreur causait à Mme Sparsit un trouble modeste ; mais vraiment, disait-elle, il lui semblait si naturel de dire Mlle Gradgrind ; tandis qu'il lui était presque impossible de se figurer que la jeune personne qu'elle avait eu le bonheur de connaître tout enfant était réellement devenue Mme Bounderby. Une autre particularité de ce quiproquo inconcevable, c'est que plus elle y songeait, plus la chose lui paraissait impossible : « Les différences, faisait-elle observer, étant si marquées. »

Dans le salon, après dîner, M. Bounderby, de son autorité privée, jugea en dernier ressort l'affaire du vol, examina les témoins, prit note de leurs dépositions, trouva les accusés coupables et les condamna aux peines les plus sévères. Le procès terminé, Bitzer fut renvoyé à Cokeville, avec ordre de recommander au jeune Tom de revenir par le train express.

Lorsqu'on apporta les lumières, Mme Sparsit murmura :

« Ne soyez pas si abattu, monsieur. Je voudrais vous voir aussi gai qu'autrefois, monsieur. »

M. Bounderby, que ces consolations commençaient à rendre bêtement sentimental, soupira comme un gros veau marin.

« Je ne puis vous voir ainsi, monsieur, dit Mme Sparsit,

Essayez une partie de trictrac, monsieur, comme vous faisiez, lorsque j'avais l'honneur de vivre sous votre toit.

— Je n'ai jamais touché le trictrac, madame, dit Bounderby, depuis cette époque.

— Non, monsieur, dit Mme Sparsit d'un ton conciliateur, je sais cela. Je me souviens que ce jeu n'intéresse pas Mlle Gradgrind. Mais je serais heureuse, monsieur, si vous daigniez.... »

Ils se mirent à jouer auprès d'une croisée qui s'ouvrait sur le jardin. C'était par une belle soirée : il n'y avait pas de clair de lune, mais la nuit était chaude et embaumée. Louise et M. Harthouse sortirent pour faire un tour dans le jardin, où l'on entendit leurs voix dans le silence de la nuit, mais non pas ce qu'ils disaient. Mme Sparsit, de sa place devant le trictrac, se fatiguait les yeux à chercher à percer l'obscurité extérieure.

« Qu'est-ce qu'il y a, madame, demanda M. Bounderby ; vous ne voyez pas un incendie, j'espère?

— Oh! du tout, monsieur, répondit Mme Sparsit, je songeais à la rosée.

— Et que vous fait la rosée, madame? dit M. Bounderby.

— Rien personnellement, monsieur, répliqua Mme Sparsit, mais je crains que Mlle Gradgrind ne s'enrhume.

— Elle ne s'enrhume jamais, dit M. Bounderby.

— En vérité, monsieur? » dit Mme Sparsit, Et elle fut prise d'une toux dans la gorge.

Quand arriva l'heure de se retirer, M. Bounderby demanda un verre d'eau.

« Comment, monsieur? dit Mme Sparsit. Et votre xérès chaud avec du citron et de la muscade?

— Ma foi! madame, j'en ai perdu l'habitude, dit M. Bounderby.

— Tant pis, monsieur! répliqua Mme Sparsit; vous perdez toutes vos bonnes vieilles habitudes. Un peu de courage, monsieur! Si Mlle Gradgrind veut bien le permettre, je m'offre pour vous faire votre verre de xérès, comme je vous l'ai fait tant de fois. »

Mlle Gradgrind ayant très-volontiers permis à Mme Sparsit de faire tout ce qu'elle voudrait, cette dame pleine d'attentions délicates fabriqua le breuvage et le présenta à M. Bounderby.

« Cela vous fera du bien, monsieur. Cela vous réchauffera le cœur. C'est ce qu'il vous faut, et vous ne devriez pas y manquer. »

Et lorsque M. Bounderby dit : « A votre santé, madame ! » elle répondit avec beaucoup de sentiment :

« Merci, monsieur. Je fais le même vœu pour vous, et je vous souhaite bien du bonheur par-dessus le marché. »

Finalement elle lui souhaita aussi le bonsoir d'une façon pathétique, et M. Bounderby alla se coucher, convaincu, dans son esprit hébété, qu'il avait éprouvé quelque contrariété sensible, sans pouvoir dire précisément de qui ni de quoi il avait à se plaindre.

Longtemps après s'être déshabillée et couchée, Louise guetta l'arrivée de son frère. Il ne pouvait guère rentrer, elle le savait, avant une heure du matin ; mais dans le morne silence de la campagne, peu propre à calmer l'agitation de son esprit, le temps lui parut bien long. Enfin, lorsque l'obscurité et le silence eurent paru redoubler à l'envi pendant des heures entières, elle entendit sonner à la grille d'entrée. Il lui semblait qu'elle aurait souhaité que la cloche pût ainsi résonner jusqu'au jour ; mais le bruit cessa, le cercle de ses dernières vibrations alla se perdre dans les airs et la nuit redevint muette.

Elle attendit encore environ un quart d'heure, à ce qu'elle put croire. Alors elle se leva, mit un peignoir, sortit de sa chambre au milieu de l'obscurité et monta à la chambre de son frère. La porte était fermée, elle l'ouvrit doucement et appela Tom en s'approchant de son lit d'un pas silencieux.

Elle s'agenouilla auprès, passa son bras autour du cou de son frère et attira le visage de Tom tout près du sien. Elle savait bien qu'il ne dormait pas, qu'il en faisait semblant seulement, mais elle ne dit rien.

Bientôt il tressaillit, comme s'il venait d'être réveillé en sursaut :

« Qui est là, dit-il, et qu'est-ce que c'est?

— Tom, n'as-tu rien à me dire? Si jamais tu m'as aimée et que tu aies un secret que tu caches à tous les autres, dis-le-moi.

— Je ne te comprends pas, Lou. Tu viens sans doute de dormir ; tu rêves encore.

— Mon cher frère (elle posa la tête sur l'oreiller et voila de ses cheveux le visage de Tom, comme si elle eût voulu le cacher à tout autre regard qu'au sien), n'as-tu rien à me dire? N'y a-t-il rien que tu pusses me dire, si tu voulais ? Rien de ce que tu peux me dire ne changera mon amitié pour toi, tu le sais. Mais je t'en prie, Tom, dis-moi la vérité'

— Je ne te comprends pas, Lou.

— Tel que te voilà couché là, cher Tom, dans la nuit triste et sombre, tel tu resteras couché quelque part une nuit à venir, alors que ta sœur elle-même, si elle vit encore, sera obligée de te quitter. Telle que je suis là près de toi, nu-pieds, non vêtue, méconnaissable dans l'obscurité, telle je serai étendue dans la nuit de la mort, jusqu'à ce que je retombe en poussière. Au nom de cette nuit-là, Tom, dis-moi maintenant la vérité!

— Qu'est-ce que tu veux savoir ?

— Tu peux être certain (dans l'énergie de son amour elle le pressa contre sa poitrine comme s'il eût été un enfant) que je ne te ferai pas un reproche. Tu peux être certain que je te plaindrai et que je serai toujours ton amie. Tu peux être certain que je te sauverai, n'importe à quel prix. O Tom! n'as-tu rien à me dire? Parle tout bas, dis seulement *Oui*, et je te comprendrai! »

Elle tourna l'oreille vers les lèvres de son frère ; mais il garda un silence obstiné.

« Pas un mot, Tom?

— Comment veux-tu que je te dise *oui*, ou comment veux-tu que je te dise *non*, quand je ne te comprends pas? Lou, tu es une brave et bonne fille, digne, je commence à le croire, d'avoir un meilleur frère que moi. Mais je n'ai rien à te dire de plus.... Va te coucher, va te coucher.

— Tu es fatigué, murmura-t-elle au bout de quelques minutes, d'un ton qui ressemblait davantage à sa voix ordinaire.

— Oui, je suis accablé de fatigue.

— Tu as été si occupé et si troublé aujourd'hui. A-t-on découvert encore quelque chose?

— Rien de plus que ce que tu as appris de... lui.

— Tom, as-tu dit à quelqu'un que nous sommes allés chez ces gens et que nous les avons vus tous les trois ensemble?

— Non. Ne m'as-tu pas prié toi-même de n'en pas parler, lorsque tu m'as demandé de t'accompagner chez eux?

— Oui. Mais je ne savais pas ce qui allait arriver.

— Ni moi non plus. Comment aurais-je pu le savoir? »

Il y avait de la mauvaise humeur dans la vivacité de cette réponse.

« Dirai-je, après ce qui est arrivé, reprit la sœur se tenant debout auprès du lit (elle s'était retirée par degrés et relevée), que j'ai fait cette visite? Faut-il que je le dise? Que dois-je faire?

— Bon Dieu, Lou! répliqua son frère, tu n'as pas l'habitude de me demander mon avis. Dis ce que tu voudras. Si tu en fais un mystère, je ferai comme toi. Si tu parles, eh bien, tout est dit. »

L'obscurité était trop grande pour qu'ils pussent se voir, mais ils avaient l'air tous les deux d'être très-attentifs et de réfléchir sérieusement avant de parler.

« Tom, crois-tu que l'homme auquel j'ai donné l'argent soit vraiment compromis dans ce crime?

— Je n'en sais rien. Je ne vois pas pourquoi il ne le serait pas.

— Il me semblait si honnête.

— Il y en a qui pourraient te sembler malhonnêtes et ne pas l'être. »

Il se fit un silence, car il avait hésité et s'était arrêté.

« Bref, reprit Tom comme s'il avait pris son parti, veux-tu que je te dise, j'étais si loin d'avoir bonne opinion de lui, que je l'ai fait sortir sur le palier pour lui dire tout bonnement qu'il devait se trouver bien heureux de la bonne aubaine que lui avait procurée la visite de ma sœur, et que j'espérais qu'il en ferait un bon usage. Tu sais si je l'ai fait sortir ou non. Du reste, je n'ai rien à articuler contre lui; je n'ai pas de raison de croire que ce ne soit pas un brave garçon; j'espère qu'il n'est pour rien là dedans.

— S'est-il fâché de ce que tu lui as dit?

— Non, il a très-bien pris la chose, il a été assez poli. Où es-tu Lou? » Il se releva dans son lit pour l'embrasser. « Bonsoir, ma chère, bonsoir!

— Tu n'as plus rien à me dire ?

— Non. Que veux-tu que j'aie à te dire ? Tu ne voudrais pas me faire dire un mensonge ?

— Oh ! non, bien sûr, ce soir moins que jamais ; je craindrais trop pour le repos de tes nuits que je te souhaite plus tranquilles que celle-ci.

— Merci, ma chère Lou. Je suis si fatigué que je m'étonne de ne pas te répondre tout ce que tu voudras pour que tu me laisses dormir. Va te coucher, va ! »

Après l'avoir embrassée encore une fois, il se retourna, tira le couvre-pied par-dessus sa tête et resta aussi immobile que si cette nuit, invoquée par Louise tout à l'heure pour donner du poids à ses prières, fût déjà arrivée. Elle se tint quelque temps encore auprès du lit, puis elle s'éloigna lentement. Elle s'arrêta à la porte, l'ouvrit, retourna la tête avant de sortir, et lui demanda s'il ne l'avait pas appelée. Mais il ne bougea pas : elle referma doucement la porte et rentra dans sa chambre.

Alors le misérable leva la tête avec précaution, et voyant qu'elle était partie, il se glissa à bas du lit, ferma la porte à clef et revint se jeter sur son oreiller : là, s'arrachant les cheveux, pleurant amèrement, aimant sa sœur quoique irrité contre elle, plein pour lui-même d'un mépris haineux mais impénitent ; plein, pour tout ce qu'il y a de bon au monde, du même mépris haineux et impuissant.

CHAPITRE XXV.

Pour en finir.

Mme Sparsit, se reposant dans la villa Bounderby pour rendre du ton à ses nerfs, exerçait nuit et jour une surveillance si active, à l'ombre de ses sourcils coriolanesques, que ses yeux, semblables à deux phares allumés sur des récifs, auraient suffi pour avertir tout marin prudent de prendre garde d'aller donner contre un rocher aussi terrible que son nez romain et les sombres écueils des rides d'alentour, si la bonne dame n'eût rassuré son monde par ses manières calmes et doucereuses. Bien qu'il fût difficile de croire que ses disparitions nocturnes fussent autre chose qu'une simple affaire de forme, tant ces yeux classiques restaient sévèrement éveillés et tant il semblait impossible que ce nez inflexible pût céder à l'influence bienfaisante d'un paisible sommeil, cependant il y avait dans toute sa personne, dans sa façon de s'asseoir, de lisser ses mitaines (qui n'étaient pas bien moelleuses, fabriquées comme elles l'étaient d'un tissu aussi perméable à l'air que le treillage d'un garde-manger), il y avait dans sa manière de chevaucher à l'amble sur sa chaise, vers des pays inconnus, le pied dans son étrier de coton, une telle sérénité, que l'observateur le plus défiant ne pouvait s'empêcher de finir par la prendre pour une tourterelle, incorporée par quelque caprice de la nature dans le tabernacle terrestre d'un oiseau de proie.

Il n'y avait pas de femme comme elle pour rôder partout dans la maison. Comment faisait-elle pour qu'on la rencontrât ainsi à tous les étages à la fois? C'était inexplicable. Une dame chez qui le sentiment des convenances paraissait inné, alliée d'ailleurs à des familles si distinguées, ne pouvait pas être soupçonnée de sauter par-dessus la rampe ou de se laisser glisser du haut en bas pour arriver plus vite, et pourtant la facilité extraordinaire avec laquelle elle voyageait aurait pu justifier les suppositions les plus bizarres. Une autre circonstance également remarquable chez Mme Sparsit, c'est qu'elle ne se pressait jamais. Elle se transportait avec la rapidité d'une balle, du grenier au rez-de-chaussée, sans jamais perdre son haleine ni sa dignité au moment de son arrivée. Je doute même qu'aucun regard humain l'ait jamais vue marcher d'un pas rapide.

Elle fut fort gracieuse pour M. Harthouse et échangea avec lui quelques paroles aimables. Peu de temps après être arrivée chez M. Bounderby, elle lui fit sa majestueuse révérence dans le jardin, un matin avant le déjeuner.

« Comme le temps passe! il me semble que c'est hier monsieur, dit Mme Sparsit, que j'ai eu l'honneur de vous recevoir à la banque, lorsque vous avez eu la bonté de venir me demander l'adresse de M. Bounderby.

— C'est une circonstance, à coup sûr, que je ne saurais oublier dans tout le cours des âges, répondit M. Harthouse penchant la tête vers Mme Sparsit de l'air le plus indolent.

— Nous vivons dans un monde bien étrange, monsieur, dit Mme Sparsit.

— J'ai eu l'honneur, par une coïncidence dont je serai toujours fier, madame, de faire la même remarque, quoique en termes moins piquants.

— Je dis un monde étrange, monsieur, poursuivit Mme Sparsit après avoir répondu à ce compliment en abaissant ses noirs sourcils, ce qui donna à son visage une expression qui jurait avec le ton mielleux de sa voix, un monde étrange en ce qui concerne les intimités que nous formons aujourd'hui avec des personnes qui, hier, nous étaient tout à fait inconnues. Je me remémore, monsieur, qu'à cette occasion, vous êtes allé jusqu'à dire que Mlle Gradgrind vous faisait peur.

— Votre mémoire me fait plus d'honneur que mon peu d'importance n'en mérite. J'ai profité de vos renseignements pour me corriger de ma timidité, et il est inutile d'ajouter que je les ai trouvés parfaitement exacts. Le talent de madame Sparsit pour.... en un mot, pour tout ce qui exige de l'exactitude.... avec un mélange de force morale.... et d'esprit de famille.... a trop d'occasions de se développer pour qu'on puisse le mettre en doute. »

On aurait cru qu'il allait s'endormir sur ce compliment, tant il lui avait fallu de temps pour arriver jusqu'au bout; tant il s'était montré distrait en le faisant.

« Vous avez trouvé Mlle Gradgrind (vraiment je ne puis m'habituer à l'appeler Mme Bounderby, c'est très-absurde de ma part) aussi jeune que je vous l'avais décrite? demanda Mme Sparsit.

— Vous m'aviez dépeint son portrait à ravir, dit M. Harthouse. Une ressemblance parfaite.

— Quelle aimable personne, monsieur! dit Mme Sparsit faisant rouler ses mitaines l'une sur l'autre.

— Extrêmement aimable.

— On trouvait autrefois, dit Mme Sparsit, que Mlle Gradgrind manquait d'animation; mais j'avoue qu'elle me paraît avoir beaucoup gagné sous ce rapport; j'en ai été frappée.

Et, justement, tenez! voilà M. Bounderby lui-même! s'écria Mme Sparsit avec plusieurs signes de tête consécutifs, comme si elle n'eût eu que pour lui des yeux et des oreilles. Comment vous trouvez-vous ce matin, monsieur? Allons! monsieur, un peu plus de gaieté.

Or, cette persévérance obstinée de Mme Sparsit à vouloir soulager la misère de son hôte et alléger le poids de son fardeau, avait déjà commencé à rendre M. Bounderby plus doux que de coutume pour elle, et plus dur que de coutume envers les autres, à commencer par sa femme. Aussi, lorsque Mme Sparsit lui dit avec une gaieté forcée : « Vous avez besoin de déjeuner, monsieur; mais je présume que Mlle Gradgrind ne tardera pas à venir prendre le haut bout de la table, » M. Bounderby répliqua :

« Si j'attendais que ma femme s'occupât de moi, madame, je sais fort bien que je pourrais attendre jusqu'au jour du jugement dernier. Je vous prierai donc de vous donner la peine de faire le thé vous-même. »

Mme Sparsit consentit et reprit son ancienne place à table.

Encore une occasion de plus pour cette excellente femme de faire de plus en plus du sentiment! Elle était si humble, néanmoins, que, lorsque Louise se montra, elle se leva, protestant qu'elle n'aurait jamais songé à s'asseoir à cette place dans les circonstances actuelles, bien qu'elle eût eu pendant de longues années l'honneur de faire le déjeuner de M. Bounderby, avant que Mlle Gradgrind (pardon, elle voulait dire Mlle Bounderby.... elle espérait qu'on voudrait bien l'excuser, elle ne pouvait vraiment pas s'y faire, mais elle comptait bientôt se familiariser avec ce titre) eût accepté la position qu'elle occupait maintenant. Ce n'était, ajouta-t-elle, que parce que Mlle Gradgrind se trouvait un peu en retard, et parce que le temps de M. Bounderby était très-précieux... enfin, parce qu'elle savait de longue date combien il était essentiel pour lui de déjeuner à heure fixe, qu'elle avait pris la liberté de céder au désir d'une personne dont les volontés étaient depuis longtemps des lois pour elle.

« Là! restez où vous êtes, madame, dit M. Bounderby, restez où vous êtes; Mme Bounderby sera charmée que vous lui épargniez cette peine, soyez-en sûre.

— Ne dites pas cela, monsieur, répliqua Mme Sparsit d'un ton presque sévère, c'est trop désobligeant pour Mme Bounderby, et il n'est pas dans votre nature de vouloir désobliger personne.

— Vous pouvez être tranquille, madame.... N'est-ce pas, Lou, que cela vous est bien égal? dit M. Bounderby à sa femme d'un ton assez bourru.

— Certainement. Qu'est-ce que ça peut me faire? Pourquoi voulez-vous que cela me fasse quelque chose?

— Et nous donc! pourquoi voulez-vous que ça nous fasse quelque chose, madame Sparsit? dit M. Bounderby gonflé du sentiment de sa dignité offensée. Vous voyez bien que vous attachez trop d'importance à ces choses-là, madame. Par saint Georges! on vous fera renoncer ici à vos plus chères traditions domestiques. Vous avez des idées rococo, madame. Parlez-moi des enfants de Tom Gradgrind, à la bonne heure!

— Qu'est-ce que vous avez? demanda Louise froidement étonnée. Qui donc vous a offensé?

— Offensé! répéta Bounderby. Pensez-vous donc que si j'avais été offensé le moins du monde, je ne l'aurais pas dit? Que je n'en aurais pas demandé réparation? J'ai l'habitude de parler franchement. Je n'y vais pas par quatre chemins.

— Je ne suppose pas, en effet, que personne ait jamais eu l'occasion de vous trouver trop discret ou trop délicat dans l'expression de vos sentiments, répondit tranquillement Louise; pour moi, je dois dire que je n'ai jamais eu à vous adresser ce reproche, ni comme enfant, ni comme femme. Je ne sais pas ce que vous voulez.

— Ce que je veux? riposta M. Bounderby. Rien. Autrement, croyez-vous, Lou Bounderby, que moi, Josué Bounderby de Cokeville, si je voulais quelque chose, je ne m'arrangerais pas pour avoir ce que je veux? »

Comme il frappait la table de façon à faire résonner les tasses, Louise le regarda, le visage animé d'une rougeur orgueilleuse: encore un nouveau changement! pensa M. James Harthouse.

« Vous êtes incompréhensible ce matin, dit-elle; mais ne prenez pas la peine de vous expliquer davantage, je vous prie. Je ne suis pas curieuse, je ne tiens pas à en savoir plus long. »

Ce sujet épuisé, M. Harthouse se mit à causer avec une gaieté indolente de choses indifférentes. Mais à dater de ce jour, l'influence exercée par Mme Sparsit sur M. Bounderby contribua à rapprocher encore Louise et James Harthouse, à aliéner davantage la jeune femme de son mari et à augmenter cette dangereuse confiance dans un étranger, à laquelle elle s'était laissée aller par des degrés si insensibles, qu'à présent, l'eût-elle voulu, elle n'aurait pu revenir sur ses pas. Mais le voulait-elle? Ne le voulait-elle pas? C'est là un secret qui resta caché au fond de son cœur.

Mme Sparsit fut tellement émue ce matin-là, qu'après le déjeuner, lorsqu'elle aida M. Bounderby à prendre son chapeau, et se trouva seule avec lui dans l'antichambre, elle déposa un chaste baiser sur sa main en murmurant: « Mon bienfaiteur ! » et se retira accablée de chagrin. Pourtant, c'est un fait incontestable, à la connaissance de l'auteur de cette histoire véridique, que, cinq minutes après que M. Bounderby eut quitté la maison, coiffé de ce même chapeau, la même petite-fille des Scadgers, parente par alliance des Powler, agita d'un air menaçant sa mitaine droite sous le nez du portrait de son bienfaiteur, et fit à cette œuvre d'art une grimace méprisante en disant :

« C'est bien fait, imbécile, j'en suis bien aise ! »

M. Bounderby venait de partir à peine, lorsque Bitzer fit son apparition. Bitzer était arrivé, avec un message daté de Pierre-Loge, par le train qu'on voyait s'en aller à présent triant et grondant le long des viaducs qui enjambaient les houillères passées et présentes de ce pays inculte. Il apportait un billet pressé qui annonçait à Louise que Mme Gradgrind était très-malade. La pauvre dame ne s'était jamais bien portée, d'aussi loin que sa fille pouvait se rappeler; mais depuis quelques jours son état avait empiré, et elle avait continué à s'affaisser pendant toute la nuit dernière. En ce moment elle était aussi près de la mort qu'elle pensait être près de quelque chose qui exigeât pour en sortir l'ombre d'une velléité impossible avec la nullité de ses moyens volitifs.

Accompagnée du plus blond des hommes de peine, pâle

serviteur bien choisi pour ouvrir la porte de la mort à laquelle frappait Mme Gradgrind, Louise roula jusqu'à Cokeville, par-dessus les houillères passées et présentes, et fut absorbée bientôt dans les machines enfumées de cette cité dévorante. Elle renvoya le messager à ses affaires, monta dans une voiture et se fit conduire à son ancien domicile.

Elle y était rarement retournée depuis son mariage. Son père était presque toujours à Londres, occupé à tamiser et à retamiser son tas de cendres parlementaires, sans en retirer paillettes ni lingots, et il se trouvait encore pour le moment fort affairé à farfouiller dans le tas d'ordures national.

Sa mère, toujours couchée sur un canapé, ne regardait guère les visites de sa fille que comme des causes de dérangement ; Louise ne se sentait pas du tout propre à tenir compagnie à des enfants ; elle ne s'était plus jamais radoucie pour Sissy depuis le jour où la fille du saltimbanque avait levé les yeux pour regarder d'un air de tendre compassion la prétendue de M. Bounderby. Mme Bounderby n'avait rien qui lui fît désirer de revoir la maison paternelle, et elle n'y était pas retournée.

Lorsqu'elle s'approcha du séjour de son enfance, elle ne sentit pas non plus s'éveiller en elle ces douces influences qui se rattachent au foyer paternel. Les rêves du jeune âge, ses fables aériennes, les décorations gracieuses, charmantes, impossibles, dont il embellit dans l'imagination un monde encore inconnu ; toutes ces illusions auxquelles il est si bon d'avoir cru une fois dans sa vie, qu'il est si bon de se rappeler lorsqu'on est trop vieux pour y croire encore, ne pouvaient avoir de prise sur elle, avec l'enfance décolorée que son éducation lui avait faite. Ce n'était pas pour elle que ces souvenirs de la jeunesse s'évoquent les uns les autres, comme la Charité appelle autour d'elle tous les petits enfants ; ce n'était pas pour elle qu'ils aiment à retracer de leurs mains innocentes, dans les chemins pierreux de ce monde, un jardin où il vaudrait mieux pour tous les enfants d'Adam qu'ils vinssent plus souvent réchauffer leur vieux désenchantement au soleil du passé, se retremper dans leur confiance simple et naïve, au lieu de se montrer si fiers de leur sagesse acquise dans les misères du monde. Non, Louise était étrangère à ces rêves. Avant d'arriver à la raison, elle n'avait pas parcouru les routes enchantées de l'imagination où tant de millions d'enfants avaient passé avant elle. Elle n'avait pas trouvé au bout de sa course magique la raison, sous la forme d'une divinité bienfaisante, s'inclinant devant des divinités non moins puissantes qu'elle. La raison lui avait apparu tout d'abord comme une sombre idole, froide et cruelle, comme un tyran farouche qui se fait amener ses victimes pieds et poings liés, pour lire leur conduite dans son œil sans regard, et pour recueillir de ses lèvres de glace les préceptes d'une science insipide, le mouvement et le jaugeage réduits en vapeur et en kilos. Voilà pour Louise les souvenirs de son enfance dans la maison de son père. Si elle avait une arrière-souvenance des sources et des fontaines que la nature avait mises dans son jeune cœur, c'était pour se rappeler qu'on les avait desséchées au moment où elles ne demandaient qu'à jaillir. Où étaient-elles maintenant ces eaux rafraîchissantes ? elles étaient allées fertiliser chez d'autres le sol heureux où la grappe de raisin pousse sur les épines et les figues sur les chardons.

Elle entra dans la maison et dans la chambre de sa mère, en proie à un chagrin profond et endurci. Depuis le départ de Louise, Sissy avait vécu avec le reste de la famille sur un pied d'égalité. Sissy était auprès de Mme Gradgrind; et Jane, la jeune sœur, qui avait maintenant dix ou douze ans, était dans la chambre.

On eut beaucoup de peine à faire comprendre à Mme Gradgrind que sa fille aînée était là. Elle reposait sur un canapé, appuyée, par un reste de vieille habitude, sur des coussins : elle conservait son ancienne attitude autant que pouvait le faire un corps épuisé de faiblesse. Elle avait formellement refusé de prendre le lit, craignant, disait-elle, de n'en voir jamais la fin.

Sa voix affaiblie paraissait venir de si loin, du fond de son paquet de châles, et le son des voix étrangères qui lui adressaient la parole semblait mettre si longtemps à parvenir à ses oreilles, qu'on aurait pu la croire couchée au fond d'un puits. La pauvre dame était là sans doute plus près de la vérité qu'elle ne l'avait jamais été : c'est une manière comme une autre d'expliquer la chose.

Lorsqu'on lui dit que Mme Bounderby était là, elle répondit, comme si elle jouait aux propos interrompus, qu'elle n'avait jamais appelé son gendre par ce nom-là, depuis qu'il avait épousé Louise ; qu'en attendant qu'elle eût trouvé un nom convenable, elle l'avait appelé J ; et qu'elle ne voulait pas, en ce moment, déroger à cette règle, n'ayant pas encore réussi à se procurer un nom qui pût remplacer définitivement cette initiale. Louise était déjà depuis quelques minutes assise auprès d'elle et lui avait parlé bien des fois, avant que la malade parvînt à bien comprendre qui c'était. Mais alors elle sembla sortir d'un rêve.

« Eh bien, ma chère, dit Mme Gradgrind, j'espère que tout va à ton gré ? C'est ton père qui a tout fait. Il y tenait beaucoup. Et il doit avoir fait pour le mieux.

— Je voudrais savoir de tes nouvelles, mère, au lieu de te donner des miennes.

— Tu veux savoir de mes nouvelles, ma chère ? Voilà qui m'étonne ! je t'assure que personne ne s'en occupe guère ici. Cela ne va pas bien du tout, Louise. Je suis faible et tout étourdie.

— Souffres-tu, chère mère ?

— Je crois qu'il y a une douleur quelque part dans la chambre, dit Mme Gradgrind, mais je ne suis pas tout à fait certaine de l'avoir. »

Après cette étrange réponse, elle garda le silence pendant quelque temps. Louise, tenant la main de sa mère, ne sentait plus battre le pouls ; mais, lorsqu'elle la porta à ses lèvres, elle put voir palpiter un mince filet de vie.

« Tu vois rarement ta sœur, dit Mme Gradgrind. Elle te ressemble de plus en plus à mesure qu'elle grandit. Je voudrais te la faire voir. Sissy, amenez-la près de moi. »

On l'amena, et elle se tint debout, la main dans celle de sa sœur. Louise avait remarqué que Jane s'était avancée, le bras autour du cou de Sissy, et elle sentit la différence de cet accueil.

« Vois-tu comme elle te ressemble, Louise ?

— Oui, mère. Je crois qu'elle me ressemble. Mais....

— Hein ? Oui, c'est ce que je dis toujours, s'écria Mme Gradgrind avec une vivacité inattendue. Et cela me rappelle.... Je.... J'ai à te parler, ma chère. Sissy, ma bonne fille, laissez-nous seules un instant. »

Louise avait lâché la main de Jane ; elle trouvait le visage de sa sœur plus souriant et plus heureux que ne l'avait jamais été le sien; elle y avait vu, non sans un mouvement de dépit, même dans la chambre de sa mère mourante, un reflet de la douceur de cet autre visage présent aussi devant elle: ce tendre visage aux yeux confiants, pâli par les veilles et la sympathie, mais plus pâle encore par le contraste d'une abondante chevelure, noire comme jais.

Restée seule avec sa mère, Louise vit un calme lugubre se répandre sur le visage de la moribonde; on eût dit qu'elle s'en allait à la dérive le long de quelque grand fleuve, toute résistance terminée, heureuse de se laisser emporter par le courant. La jeune femme porta encore une fois à ses lèvres cette ombre d'une main, et rappela sa mère à elle :

« Vous alliez me dire quelque chose, mère ?

— Comment ?.... Oui, oui, ma chère. Tu sais que maintenant ton père est toujours absent. Il faut donc que je lui écrive à ce sujet.

— A quel sujet, mère ? Ne vous préoccupez pas ainsi. A quel sujet ?

— Tu dois te rappeler, ma chère, chaque fois que j'ai dit quelque chose, n'importe sur quoi, je n'en ai jamais vu la fin, et, par conséquent, j'ai depuis longtemps cessé de dire mon opinion.

— Je t'entends, mère. »

Mais ce ne fut qu'en penchant tout près d'elle son oreille, et en suivant avec attention le mouvement de ses lèvres, que Louise put recueillir, pour leur donner un sens, des sons si faibles et si entrecoupés.

« Tu as beaucoup appris, Louise, et ton frère aussi. Des *hologies* de toute espèce, du matin au soir. S'il reste une *hologie* quelconque qui n'ait pas été usée jusqu'à la corde dans cette maison, tout ce que je puis dire, c'est que j'espère bien qu'on ne m'en parlera plus jamais.

— Je t'entends bien, mère, fais seulement un effort pour continuer. »

Louise disait ceci pour empêcher sa mère de se laisser emporter trop vite par le courant.

« Mais il y a une chose qui ne se trouve pas du tout parmi les *hologies*... ton père a manqué cela ou bien il l'a oublié,

Louise. Je ne sais pas au juste ce que c'est. J'y ai souvent pensé, lorsque Sissy était là, assise auprès de moi. Je n'en retrouverai jamais le nom, maintenant. Peut-être ton père le trouvera-t-il. Cela me rend inquiète. Je veux lui écrire pour le prier au nom du ciel de découvrir ce que c'est. Donne-moi une plume, donne-moi une plume. »

Mais elle n'avait plus même le pouvoir de se remuer ; sa pauvre tête continuait seule à se tourner encore de droite à gauche et de gauche à droite, à défaut d'autre langage.

Elle se figura, cependant, qu'on lui avait donné ce qu'elle demandait, et que la plume qu'elle n'aurait pas pu tenir était entre ses doigts. Peu importent les caractères inintelligibles qu'elle se mit à tracer sur ses enveloppes. La main qui les écrivait ne tarda pas à devenir immobile; la lumière qui n'avait jamais jeté qu'une lueur faible et douteuse derrière cette ombre chinoise à demi effacée, s'éteignit, et Mme Gradgrind, malgré son peu d'intelligence, au sortir de cette obscurité où l'homme se traîne et s'agite en vain, se trouva revêtue de la gravité imposante des sages et des patriarches

---

CHAPITRE XXVI.

L'escalier de madame Sparsit.

Les nerfs de Mme Sparsit mettant beaucoup de mauvaise volonté à recouvrer le ton qu'ils avaient perdu, cette digne femme fit un séjour de quelques semaines à la villa Bounderby, où, nonobstant la tournure cénobitique de son esprit (basée sur un sentiment des convenances dans sa position déchue), elle se résigna à être logée et nourrie comme une princesse. Tant que durèrent ces vacances, la gardienne de la banque resta fidèle à son rôle, continuant de plaindre M. Bounderby à son nez et à sa barbe, avec une si tendre pitié qu'il y a bien peu d'hommes qui puissent se flatter d'en inspirer une pareille, continuant aussi d'appeler le portrait de ce même objet de ses tendresses « Imbécile! » à *son* nez et à *sa* barbe, avec beaucoup d'amertume et de mépris.

Le tempétueux Bounderby s'étant mis dans la tête que Mme Sparsit devait être une femme très-supérieure, puisqu'elle avait remarqué la contrariété générale et imméritée dont il croyait avoir à se plaindre (il ne savait pas encore au juste ce que c'était), et se figurant en outre que Louise se serait opposée à recevoir de fréquentes visites de cette dame, sans le respect qu'elle devait aux volontés de son seigneur et maître, résolut de ne pas se séparer aisément de Mme Sparsit. Aussi, lorsque les nerfs de la parente de Lady Scadgers furent assez fortifiés pour lui permettre de consommer de nouveau les ris de veau de la solitude, il lui dit à table, pendant le dîner, la veille de son départ :

« Ah çà! madame, vous viendrez ici tous les samedis, tant que durera la belle saison, pour y rester jusqu'au lundi. »

Ce à quoi Mme Sparsit répondit à peu près en ces termes, bien qu'elle n'eût pas embrassé la religion musulmane :

« Entendre, c'est obéir. »

Or, Mme Sparsit n'était pas une femme poétique ; comment donc se fit-il qu'il lui passa par la tête une idée formulée par une allégorie ? A force de surveiller Louise, d'observer cette allure impénétrable qui aiguisait la curiosité, elle finit par s'élever à la hauteur de l'inspiration. Elle érigea dans son esprit un immense escalier, au bas duquel se trouvait le sombre gouffre de la honte et du déshonneur ; et de jour en jour, d'heure en heure, elle voyait Louise dégringoler par degrés cet escalier.

Mme Sparsit ne s'occupa plus d'autre chose que de regarder son escalier et de suivre des yeux Louise à mesure qu'elle descendait tantôt lentement, tantôt très-vite, tantôt franchissant plusieurs marches à la fois, tantôt s'arrêtant, mais sans jamais essayer de remonter en arrière. Si elle eût reculé d'un seul pas, Mme Sparsit aurait été capable d'en avoir le spleen et d'en mourir de chagrin.

Louise avait en effet continué à descendre sans s'arrêter jusqu'au jour, et tout le long du jour où M. Bounderby avait adressé à Mme Sparsit l'invitation hebdomadaire que nous venons de signaler plus haut. Cette dame était donc de bonne humeur et disposée à faire la causette.

« A propos, monsieur, dit-elle, si j'osais me permettre de vous adresser une question relativement à un sujet sur lequel vous montrez de la réserve (ce qui est certes une grande hardiesse de ma part, sachant, comme je le sais, que vous n'agissez jamais sans motif), je vous demanderais si vous avez découvert quelque chose?

— Mais non, madame, non; pas encore, et vu les circonstances, je ne m'attendais pas à mieux : Rome ne s'est pas faite en un jour, madame.

— C'est juste, monsieur, dit Mme Sparsit secouant la tête.

— Ni même en une semaine.

— Non vraiment, monsieur, répliqua Mme Sparsit avec une douce mélancolie.

— Eh bien, moi aussi, madame, dit Bounderby, je puis attendre, vous sentez. Puisque Romulus et Rémus ont bien attendu, pourquoi Josué Bounderby de Cokeville ne pourrait-il pas attendre? Ils ont pourtant eu une jeunesse plus heureuse que la mienne; ils ont eu une louve pour nourrice; moi aussi j'ai eu une louve, mais non pas pour nourrice, pour grand'mère seulement. Au lieu de me donner du lait, elle me donnait des coups; quant à ça, c'était une vraie vache d'Alderney.

— Ah!... Mme Sparsit soupira et frissonna.

— Non, madame, poursuivit Bounderby, je n'ai rien appris. L'affaire est en bonnes mains, néanmoins; et le jeune Tom, qui maintenant travaille assez assidûment (c'est quelque chose de nouveau pour lui; il n'a pas été élevé à la même école que moi), aide la police autant qu'il peut. Voici la recommandation que je leur adresse : « Tenez-vous tranquilles et faites le mort; agissez sous main tant que vous voudrez, mais sans laisser rien transpirer; autrement vous verrez bientôt une cinquantaine de ces canailles se coaliser pour mettre hors d'atteinte l'individu qui a disparu. Tenez-vous tranquilles; les voleurs se rassureront petit à petit, et alors nous mettrons la main dessus. »

— Très-bien raisonné, monsieur, dit Mme Sparsit. Cela m'intéresse vivement. Et la vieille femme dont vous avez parlé, monsieur?

— La vieille dont j'ai parlé, interrompit Bounderby, d'un

ton acerbe (car il n'y avait pas là de quoi se vanter), ne se retrouve pas, mais elle peut être sûre qu'on finira par la retrouver, pour peu qu'elle veuille donner cette satisfaction à sa vieille scélérate de tête. En attendant, madame, je suis d'avis, si vous me demandez mon avis, que moins on parlera d'elle, mieux ça vaudra. »

Le même soir, Mme Sparsit, se reposant à sa croisée de ses travaux d'emballage, regarda du côté de son grand escalier et vit Louise qui descendait toujours.

Elle était assise auprès de M. Harthouse, dans un bosquet du jardin, parlant très-bas; il se penchait vers elle et son visage touchait presque les cheveux de Louise.... si toutefois il ne les touche pas en effet, se dit Mme Sparsit, faisant, avec ses yeux de faucon, tous ses efforts pour mieux voir. Mme Sparsit se trouvait trop loin d'eux pour entendre un seul mot de leur entretien, ou même pour savoir s'ils se parlaient tout bas, mais elle le devinait à leur attitude. Voici ce qu'ils disaient :

« Vous vous rappelez cet homme, monsieur Harthouse?
— Oh! parfaitement.
— Ses traits, ses manières et ce qu'il vous a dit?
— Parfaitement; et il m'a fait l'effet d'être atrocement ennuyeux, filandreux et plat. Du reste, c'était assez habile de sa part d'adopter, comme il l'a fait, le genre d'éloquence patronné par l'école de l'humilité vertueuse; mais je vous assure que sur le moment je me disais : Mon garçon, tu exagères la chose.
— J'avoue que j'ai eu beaucoup de peine à croire du mal de cet homme.
— Ma chère Louise..., comme dit Tom (jamais Tom ne l'appelait ma chère), vous ne savez rien de bon non plus sur le compte de cet individu?
— Non, c'est vrai.
— Ni sur le compte d'aucun individu de son espèce?
— Non, répliqua-t-elle d'un ton qui ressemblait davantage à son ton d'autrefois, qu'elle semblait avoir perdu depuis quelque temps; comment voulez-vous qu'il en soit autrement? je ne les connais pas du tout, ni hommes ni femmes.
— Ma chère Louise, consentez alors à accepter les idées que vous soumet, en toute humilité, votre ami dévoué qui a

étudié diverses variétés de ses excellents semblables ; car ils sont excellents, je suis tout prêt à le reconnaître, malgré certaines petites faiblesses, parmi lesquelles il faut compter celle qui consiste à empocher tout ce qu'ils peuvent trouver sous la main. L'individu en question fait des phrases ; très-bien, mais qu'est-ce qui ne fait pas des phrases ? Il fait aussi profession de moralité ; très-bien, mais les charlatans de toute espèce font profession de moralité. Depuis la chambre des Communes jusqu'à la maison de correction, c'est une profession générale de moralité, excepté chez les gens de notre parti ; et c'est vraiment cette exception qui nous rend moins soporifiques que les autres. Vous avez vu et entendu l'affaire : il s'agit d'un individu appartenant aux classes pelucheuses, et qui se voit remettre à sa place par mon estimable ami, M. Bounderby, lequel, il est vrai (nous ne le savons que trop) ne possède pas cette délicatesse qui serait de nature à lui dorer la pilule. Le membre des classes pelucheuses est vexé, exaspéré ; il quitte la maison en grommelant, rencontre quelqu'un qui lui propose une association pour cette affaire de la banque ; il accepte, met quelque chose dans son gousset qui était vide tout à l'heure, et s'éloigne l'esprit en repos de ce côté. Franchement, il faut convenir que ce Blackpot, au lieu d'être un homme du commun, aurait été un homme fort au-dessus du commun des mortels, s'il ne s'était pas empressé de profiter de l'occasion. Peut-être même, s'il a assez d'intelligence pour cela, a-t-il été au-devant de l'occasion.

— J'ai presque des remords, répondit Louise après avoir rêvé un instant en silence, d'être si disposée à vous croire et de me sentir soulagée d'un grand poids par vos paroles.

— Je ne dis rien que de raisonnable, rien qu'on ne puisse croire sans remords. J'en ai causé plus d'une fois avec mon ami Tom (car il existe toujours la plus grande confiance entre Tom et moi), et il partage entièrement là-dessus mon opinion, comme moi la sienne.... Voulez-vous faire un tour ? »

Ils s'éloignèrent en se promenant à travers les allées que le crépuscule commençait à assombrir, elle appuyée sur son bras, ne songeant pas le moins du monde qu'elle allait descendant toujours, toujours l'escalier de Mme Sparsit.

Jour et nuit Mme Sparsit tenait *mordicus* à cet édifice. Une fois que Louise serait arrivée au bas, et qu'elle aurait disparu dans le gouffre, l'escalier, si bon lui semblait, pouvait crouler sur la jeune femme; mais jusque-là, le monument devait rester debout pour récréer les yeux de Mme Sparsit, car elle y voyait toujours Louise descendre chaque jour plus bas, plus bas, toujours plus bas.

Mme Sparsit voyait James Harthouse aller et venir, elle entendait parler de lui à droite et à gauche, elle voyait comme lui les changements d'expression qu'il avait étudiés sur le visage de Louise; elle s'apercevait aussi bien que lui s'il se couvrait de quelque nuage, comment et à quel moment; de même elle savait pourquoi il s'épanouissait ensuite; elle tenait ses yeux noirs tout grands ouverts, sans la moindre pitié, sans le moindre remords, tout absorbée dans sa curiosité, dans l'intérêt qu'elle mettait à voir la jeune femme se rapprocher de plus en plus, sans qu'aucune main pût lui venir en aide et l'arrêter sur le précipice, des dernières marches de cet escalier imaginaire.

Malgré tout son respect pour M. Bounderby (qu'elle savait toujours distinguer en public de l'imbécile du portrait), Mme Sparsit n'avait pas la moindre intention d'empêcher Louise de descendre. Elle attendait en silence, son regard cauteleux toujours fixé sur l'escalier; et s'il lui arrivait quelquefois d'agiter sa mitaine droite (le poing compris), d'un air menaçant, vers l'image qu'elle voyait descendre, ce n'était que rarement et à la dérobée.

CHAPITRE XXVII.

Plus bas, toujours plus bas.

Louise descendait le grand escalier sans regarder en arrière; se dirigeant toujours, comme un poids dans une eau profonde, vers le sombre gouffre qui l'attendait au bas.

M. Gradgrind, informé de la mort de sa femme, était parti de Londres et l'avait enterrée comme il convient à un homme pratique. Puis il s'empressa de retourner au tas de cendres nationales et se remit à le passer au sas, afin d'y découvrir ce qu'il cherchait, pour jeter de la poudre aux yeux de ceux qui cherchaient autre chose. En un mot, il reprit ses fonctions parlementaires.

Cependant, Mme Sparsit ne se relâchait pas de sa surveillance assidue. Séparée de son escalier, pendant la semaine, par toute la longueur du chemin de fer qui reliait la maison de campagne à Cokeville, elle n'en observait pas moins tous les mouvements de Louise, comme une chatte aux aguets. Le mari, le frère, M. James Harthouse, les enveloppes des lettres et des paquets, tout objet animé ou inanimé qui pouvait avoir quelque rapport avec l'escalier, lui fournissaient sans le savoir des renseignements utiles.

« Voilà votre pied sur la dernière marche, ma petite dame, » dit Mme Sparsit, apostrophant, avec l'aide de sa mitaine menaçante, la femme qu'elle regardait descendre, « et vous aurez beau faire, tous vos artifices ne m'éblouiront pas. »

Néanmoins, soit un effet de l'art, soit un effet de la nature, grâce au fond primitif du caractère de Louise, ou grâce aux sentiments que les circonstances y avaient greffés, son étrange réserve déroutait la pénétration de Mme Sparsit, tout en stimulant sa curiosité. Il y avait des moments où M. James Harthouse lui-même n'était pas sûr de comprendre l'objet constant de ses soins. Il y avait des moments où il ne pouvait plus lire le visage qu'il avait si longtemps étudié, et où cette jeune fille solitaire devenait pour lui un mystère plus impénétrable que toutes les femmes du monde, entourées de ce cercle de satellites qui les aident à dissimuler.

Cependant M. Bounderby fut obligé de s'absenter pour une affaire qui exigeait sa présence ailleurs pendant trois ou quatre jours. Ce fut un vendredi qu'il annonça cette nouvelle à Mme Sparsit, dans l'intérieur de la banque.

« Mais, ajouta-t-il, vous irez là-bas tout de même, madame. Vous irez là-bas, comme si j'y étais. Que j'y sois ou que je n'y sois pas, c'est tout un.

— Je vous en prie, monsieur, répliqua Mme Sparsit d'un ton de reproche, ne me dites pas cela. Votre absence fera pour moi une très-grande différence, et j'espère que vous en êtes persuadé.

— Eh bien, madame, vous tâcherez de vous en tirer le mieux que vous pourrez, malgré mon absence, dit Bounderby flatté au fond de ce reproche affectueux.

— Monsieur Bounderby, riposta Mme Sparsit, votre volonté est ma loi, monsieur; autrement j'aurais été bien tentée de résister à vos aimables ordres, n'étant pas bien sûre que Mlle Gradgrind trouve autant de plaisir que vous à me voir partager votre généreuse hospitalité. Mais vous n'avez pas besoin d'ajouter un mot, monsieur; j'irai, puisque vous m'y engagez.

— Ah çà! lorsque je vous invite à venir chez moi, madame, dit M. Bounderby ouvrant de grands yeux, j'espère que vous n'avez besoin d'aucune autre invitation?

— Non vraiment, monsieur, répliqua Mme Sparsit; je l'espère bien. N'en parlons plus, monsieur. Je voudrais seulement, monsieur, vous voir aussi gai que par le passé.

— Que voulez-vous dire, madame? demanda Bounderby de sa voix tempétueuse.

— Monsieur, répondit Mme Sparsit, il y avait autrefois en vous une élasticité que je regrette vivement de n'y plus retrouver. Allons, monsieur, il faut remonter sur l'eau. »

M. Bounderby, subissant l'influence de cette recommandation difficile que Mme Sparsit avait accompagnée d'un regard plein de compassion, ne sut que se gratter la tête avec un embarras ridicule; plus tard seulement, on l'entendit qui cherchait à se remonter de loin en prenant des airs insolents avec toutes les petites gens auxquelles il eut affaire le reste de la matinée.

« Bitzer, dit Mme Sparsit, l'après-midi même de cette journée mémorable, lorsque son patron se fut mis en route et qu'on fermait la banque, allez présenter mes compliments au jeune M. Thomas, et demandez-lui s'il veut monter partager avec moi une côtelette d'agneau, du brou de noix et un verre d'ale. »

Le jeune M. Thomas, étant toujours prêt à accepter une invitation de ce genre, renvoya une réponse gracieuse suivie bientôt de sa personne.

« Monsieur Thomas, dit Mme Sparsit, en voyant ce petit

repas sur ma table, j'ai pensé que vous pourriez vous laisser tenter.

— Merci, madame Sparsit, dit le roquet. Et il se mit à manger d'un air sombre.

— Comment va M. Harthouse, monsieur Tom? demanda Mme Sparsit.

— Oh! très-bien, dit Tom.

— Où pensez-vous qu'il peut être pour le moment? demanda Mme Sparsit d'un ton léger, après avoir voué le roquet aux divinités infernales pour lui apprendre à être plus communicatif.

— Il est à chasser dans le Yorkshire, dit Tom ; il a envoyé hier à Lou une bourriche aussi énorme que la tour de Saint-Paul.

— Rien qu'à le voir, dit Mme Sparsit avec affabilité, on devine que M. Harthouse est un adroit chasseur.

— Fameux, » répondit Tom.

Dès son jeune âge Tom avait eu quelque chose de faux dans le regard, mais depuis quelque temps ce défaut avait tellement augmenté, qu'il ne pouvait regarder personne en face pendant trois secondes consécutives. Mme Sparsit n'en avait que plus de facilité pour l'observer tout à son aise, si tel était son bon plaisir.

« M. Harthouse a gagné mes bonnes grâces, dit Mme Sparsit, comme du reste il gagne celles de tous ceux qui le connaissent. Pouvons-nous espérer de le revoir bientôt, monsieur Tom?

— Mais oui, je l'attends demain, répliqua le roquet.

— Ah! voilà une bonne nouvelle! s'écria Mme Sparsit d'un ton doucereux.

— J'ai rendez-vous avec lui dans la soirée, ici près, au débarcadère, dit Tom, et je crois que nous devons ensuite dîner ensemble. Il ne viendra pas à la maison de campagne d'ici à huit ou dix jours, parce qu'il a promis ailleurs; c'est du moins ce qu'il m'a dit. Malgré ça, je ne serais pas étonné qu'il restât ici dimanche, et qu'il fît un tour là-bas pour venir nous voir.

— A propos, pendant que j'y pense, dit Mme Sparsit, vous rappellerez-vous une commission que je voudrais bien vous donner pour votre sœur, monsieur Tom?

— Dame.... je tâcherai, répondit le roquet de fort mauvaise grâce, pourvu que la commission ne soit pas trop longue.

— Il ne s'agit que d'offrir mes compliments respectueux à votre sœur, dit Mme Sparsit, et de la prévenir que je crains de ne pas pouvoir aller l'ennuyer de ma présence cette semaine; je suis encore un peu nerveuse, et je ferai peut-être mieux de rester seule avec ma tristesse.

— Oh! si ce n'est que cela, remarqua Tom, ce ne sera toujours pas un grand malheur si j'oublie la commission, car il est probable que Louise ne pensera guère à vous qu'en vous voyant. »

Après avoir payé de cet aimable compliment la côtelette d'agneau de son hôtesse, il se renferma dans un mutisme hargneux jusqu'à ce que l'ale fût épuisée; alors il s'écria :

« Ah çà, madame Sparsit, il faut que je m'en aille ! » et il s'en alla.

Le lendemain, samedi, Mme Sparsit resta toute la journée à sa croisée à regarder les pratiques qui allaient et venaient, à suivre des yeux les facteurs, à se rendre compte du trafic général de la rue, roulant beaucoup de choses dans sa tête, mais, surtout, ne perdant jamais de vue son escalier. La nuit venue, elle mit son chapeau et son châle et sortit tranquillement : elle avait sans doute ses raisons pour voltiger furtivement autour de la station où devait débarquer un voyageur arrivant du Yorkshire, et pour choisir son poste d'observation derrière les piliers, ou dans les coins, ou derrière la vitre d'une salle d'attente, plutôt que de se montrer ouvertement dans l'enceinte.

Tom était là, et il flâna jusqu'à l'arrivée du train en question. Ce train n'amena pas M. Harthouse. Tom attendit que la foule se fût dispersée et le tumulte apaisé; puis il consulta une liste des heures d'arrivée et de départ et prit des informations auprès des commissionnaires. Ensuite il s'éloigna en flânant, s'arrêta dans la rue, regarda à droite et à gauche, ôta son chapeau et le remit, bâilla, s'étira, et offrit enfin tous les symptômes de cet ennui mortel que doit éprouver un homme condamné à attendre le train suivant, c'est-à-dire encore une heure quarante minutes.

« C'est un prétexte pour qu'il ne les gêne pas, dit Mme Sparsit en quittant la croisée sombre du bureau où elle était en dernier lieu à observer Tom. Harthouse est avec sa sœur en ce moment. »

Ce fut un trait de lumière, et elle s'élança avec toute la promptitude dont elle était capable afin d'en profiter. La station du chemin de fer qui passait près de la maison de campagne se trouvait à l'autre bout de la ville, elle avait peu de temps devant elle et le chemin était difficile ; mais elle fut si prompte à s'emparer d'un fiacre vide, si prompte à en descendre, si prompte à sortir son argent, à saisir son billet et à sauter dans un wagon, qu'elle fut entraînée par-dessus les viaducs qui enjambaient les houillères passées et présentes, comme si elle eût été enlevée et transportée dans un nuage.

Tout le long de la route, elle vit devant elle, immobile dans l'air, aussi visible aux yeux noirs de son esprit que l'étaient aux yeux noirs de sa tête classique les fils électriques qui avaient l'air d'une portée indéfinie sur une feuille colossale de papier à musique, son escalier et celle qui en descendait les marches ; elle ne les perdit pas de vue un seul instant. Quand elle arriva, Louise était presque arrivée tout au bas, elle se tenait sur le bord de l'abîme.

La nuit, une nuit d'automne nébuleuse, en entr'ouvrant ses paupières mi-closes, vit Mme Sparsit se glisser hors d'un wagon, descendre l'échelle du petit débarcadère jusqu'à la route caillouteuse, la traverser pour entrer dans une allée verte et rester cachée dans un fourré de branches et de feuilles. Un ou deux oiseaux, qui veillaient un peu tard, gazouillant dans leur nid d'un ton nonchalant, une chauve-souris passant et repassant au-dessus d'elle d'un vol alourdi, et le bruit étouffé de ses propres pas sur l'épaisse poussière où l'on marchait comme sur du velours, voilà tout ce que vit ou entendit Mme Sparsit jusqu'au moment où elle ferma tout doucement une grille.

Elle s'approcha de la maison, toujours en se tenant cachée parmi les arbustes et fit le tour de la demeure, examinant, à travers les feuilles, les fenêtres du rez-de-chaussée. La plupart des croisées étaient ouvertes (on n'avait pas coutume de les fermer par un temps aussi chaud) ; mais on n'y voyait encore aucune lumière et tout était silencieux. Elle parcourut le jardin sans plus de résultat. Elle songea au bois et s'y dirigea d'un pas furtif, sans se soucier des longues herbes ni des épines, ni des vers, ni des limaçons, ni des limaces, ni de tous les autres insectes rampants. Avançant d'abord avec précaution ses yeux noirs et son nez recourbé en éclaireurs, Mme Sparsit se faufila doucement à travers les épaisses broussailles qu'elle écrasait dans sa marche, tellement absorbée par l'objet qu'elle avait en vue, que si le bois avait été un bois de vipères, elle n'en aurait pas marché à son but moins bravement.

Chut!

Les oiseaux en bas âge auraient pu tomber de leurs nids, fascinés par l'éclat des yeux de Mme Sparsit, tant leur éclat fut vif et brillant dans l'ombre, quand la dame s'arrêta pour écouter.

On se parlait à voix basse tout près de là. C'était la voix de Louise et celle de James Harthouse. Ah! ah! voyez-vous que le rendez-vous donné à Tom était bien un prétexte pour ne pas les gêner! Ils étaient là tous les deux, auprès de l'arbre abattu.

Mme Sparsit se fait toute petite afin de rester cachée parmi les grandes herbes humides de rosée, et se rapproche encore. Puis elle se relève et se tient derrière un arbre, comme Robinson Crusoé quand il se mit en embuscade pour attendre les sauvages; elle se trouvait si près d'eux, que d'un bond, que d'un pas, elle les aurait touchés tous les deux. Harthouse était là en cachette; il n'avait point paru à la maison. Il était venu à cheval et il avait été obligé de traverser les champs voisins, car son cheval était attaché à quelques pas de là, dans une prairie, de l'autre côté de l'enclos.

« Mon cher amour, disait-il, que vouliez-vous que je fisse ? Je vous savais seule, je n'ai pu rester loin de vous.

— Baissez la tête tant que vous voudrez, pensa Mme Sparsit, afin de vous donner un air plus attrayant; je ne vois pas, pour ma part, ce qu'on trouve de si ravissant dans votre visage, lorsque vous le montrez; mais, dans tous les cas, vous ne vous doutez guère, *mon cher amour*, quels yeux sont braqués sur vous! »

Louise baissait la tête, en effet. Elle le priait instamment de s'en aller, elle lui ordonnait de s'en aller, mais sans tourner la tête de son côté, sans la lever même. Cependant, chose remarquable, l'aimable dame embusquée derrière l'arbre n'avait jamais, à aucune époque de sa vie, vu Louise se tenir plus tranquille qu'en ce moment. Ses mains étaient placées l'une dans l'autre comme les mains d'une statue, et sa parole même n'annonçait aucun trouble.

« Ma chère enfant, disait M. Harthouse (Mme Sparsit fut enchantée de voir que son bras entourait la taille de Louise), ne souffrirez-vous pas que je reste quelques instants auprès de vous ?

— Pas ici.

— Dites-moi où, Louise ?

— Pas ici.

— Mais nous avons si peu de temps devant nous, et je viens de si loin ; vous voyez mon dévouement et mon désespoir. Jamais esclave plus soumis ne s'est vu plus maltraité par sa maîtresse. Après avoir espéré cet accueil chaleureux qui m'a fait renaître à la vie, me voir reçu avec votre froideur d'autrefois, c'est à fendre le cœur !

— Combien de fois m'obligerez-vous à répéter que je veux être seule ici ?

— Mais il faut que nous nous voyions, ma chère Louise. Où nous verrons-nous ? »

Ils tressaillirent tous deux. L'espionne tressaillit aussi, comme une coupable, car elle crut qu'il y avait un autre espion caché parmi les arbres. Ce n'était que le bruit de la pluie qui commençait à tomber en larges gouttes.

« Voulez-vous que je remonte à cheval et que je me présente tout à l'heure à la maison, dans la supposition naïve que le maître y est et sera charmé de me recevoir ?

— Non !

— Vos ordres cruels seront exécutés à la lettre, quoique je puisse me regarder comme l'individu le plus malheureux de la terre : n'être resté insensible devant toutes les autres femmes que pour me voir enfin subjugué et foulé aux pieds par la plus belle, la plus aimable et la plus impérieuse ! Ma chère Louise, je ne puis vous quitter ni vous laisser partir tant que vous ferez un tel abus de votre pouvoir ! »

Mme Sparsit le vit retenir Louise avec le bras dont il l'entourait, et elle l'entendit au même instant, d'une voix dont pas un son n'échappait à son oreille avide, déclarer qu'il l'adorait, qu'elle était le seul prix pour lequel il voulait risquer tout, sa vie même. Le but le plus envié de ses désirs n'était plus rien auprès d'elle ; le succès électoral qu'il tenait presque dans la main, il le rejetait loin de lui, comme un vil intérêt, en comparaison de son amour. Il ne continuerait à s'en occuper que s'il y trouvait un moyen de se rapprocher d'elle ; il y renoncerait s'il devait l'en éloigner ; il fuirait si elle voulait fuir avec lui, ou il entourerait leur amour de mystère si elle l'ordonnait ; il accepterait le sort qu'elle voudrait lui faire, quel qu'il fût ; tout lui était égal, pourvu qu'elle se donnât fidèlement à l'homme qui avait compris son délaissement et son sacrifice, à l'homme auquel elle avait inspiré dès le premier jour une admiration, un intérêt qu'il ne se croyait plus capable de ressentir, à l'homme qui avait obtenu sa confiance et qui la méritait par son dévouement et sa passion.

Toutes ces paroles prononcées, écoutées à la hâte, furent recueillies par Mme Sparsit au milieu du trouble de sa malice satisfaite, de la crainte de se voir découverte, du bruit croissant d'une lourde pluie qui s'abattait sur les feuilles et d'un orage qui se rapprochait en grondant. Mme Sparsit les recueillit toutes, mais tellement enveloppées d'un brouillard inévitable de confusion, que, lorsque James Harthouse escalada la barrière de clôture et emmena son cheval, l'espionne en défaut n'était pas bien sûre de l'endroit où les amants devaient se retrouver, ni de l'heure exacte ; elle savait pourtant qu'ils s'étaient donné rendez-vous pour cette nuit.

Mais l'un d'eux restait encore auprès de Mme Sparsit, au milieu de l'obscurité ; et tant qu'elle pourrait suivre la trace de Louise, il n'y avait pas moyen de se tromper.

« *O mon cher amour*, pensa Mme Sparsit, vous ne vous doutez guère que vous êtes si bien escortée. »

Mme Sparsit vit Louise sortir du bois : elle la vit entrer dans la maison. Que faire maintenant ? La pluie était devenue un véritable déluge. Les bas blancs de Mme Sparsit avaient pris des teintes multicolores dont le vert faisait le fond ; elle avait des épines dans ses souliers ; des chenilles se balançaient, dans des hamacs de leur fabrique, à diverses parties de son costume ; des ruisseaux découlaient en gouttières de son chapeau et de son nez romain. Tout cela n'empêcha pas

Mme Sparsit d'aller encore se cacher parmi les arbustes pour réfléchir à ce qu'elle avait à faire maintenant.

Mais n'est-ce pas Louise qui sort de la maison? A peine a-t-elle eu le temps de prendre son manteau et de s'envelopper, que déjà elle s'enfuit. Elle va rejoindre son amant! Son pied quitte la dernière marche de l'escalier.... la voilà tombée dans le gouffre!

Marchant, malgré la pluie, d'un pas ferme et rapide, elle abandonne la grande allée pour prendre un sentier parallèle. Mme Sparsit la suit à l'ombre des arbres, mais à peu de distance : elle aurait eu trop peur de la perdre de vue du pas dont elle courait dans cette obscurité ténébreuse.

Lorsque Louise s'arrêta pour fermer sans bruit la petite grille, Mme Sparsit s'arrêta aussi. Lorsque Louise se remit en marche, Mme Sparsit en fit autant. Louise prit pour s'en aller le même chemin que Mme Sparsit avait pris pour venir; elle sortit de l'allée verte, traversa la route rocailleuse, et monta l'escalier de bois qui conduisait au chemin de fer. Mme Sparsit savait que le train allant à Cokeville ne tarderait guère à passer ; elle devina donc que Cokeville allait être sa première étape.

Dans l'état flasque et ruisselant du costume de Mme Sparsit, il n'y avait pas besoin de grandes précautions pour achever de la rendre méconnaissable ; mais elle s'arrêta à l'ombre du mur de la station, chiffonna son châle, en changea les plis et le ramena par-dessus son chapeau. Ainsi déguisée, elle put, sans crainte d'être reconnue, monter l'escalier et payer sa place au petit bureau. Louise attendait assise dans un coin, Mme Sparsit s'assit et attendit dans l'autre. Elles écoutaient toutes deux le tonnerre qui grondait avec violence et la pluie qui découlait du toit ou fouettait les parapets des arcades. Les lampes, la plupart éteintes par la pluie ou le vent, leur permettaient de voir dans toute sa splendeur l'éclair qui frissonnait en zigzag sur les rails.

Mais bientôt la station est prise d'un tremblement et ne tarde pas à palpiter comme un cœur malade : c'est le train qui arrive. Du feu et de la vapeur, une lumière rouge, un sifflement formidable, un grand fracas, un son de cloche, un cri d'avertissement, et Louise est placée dans un wagon,

Mme Sparsit dans un autre : la petite station n'est plus qu'un point désert perdu dans l'orage.

L'humidité et le froid avaient beau faire claquer les dents de Mme Sparsit, elle n'en était pas moins à la joie de son cœur. Louise était plongée dans le fond du précipice, et il semblait en quelque sorte à la bonne dame qu'elle n'avait plus qu'à veiller sur son cadavre. Après avoir déployé tant d'activité pour organiser ce triomphe funèbre, comment n'aurait-elle pas été à la joie de son cœur ?

« Elle sera arrivée à Cokeville longtemps avant lui, pensa Mme Sparsit, quelque rapide que soit le cheval de notre amoureux. Où va-t-elle l'attendre ? Et ensuite, où iront-ils ? Patience. Nous verrons bien. »

La pluie était si formidable, qu'elle causa beaucoup de confusion lorsque le train fut arrivé au lieu de sa destination. Les gouttières et les conduits avaient crevé, les égouts s'étaient engorgés, les rues se trouvaient inondées. Dès qu'elle mit pied à terre, Mme Sparsit dirigea un œil désespéré du côté des voitures qui attendaient les voyageurs et vers lesquelles on se précipitait en désordre.

« Elle va monter dans un fiacre, songea-t-elle, et disparaître avant que j'aie eu le temps de la suivre dans un autre. Même au risque d'être écrasée, je veux voir le numéro et entendre l'adresse qu'elle va donner au cocher. »

Mais Mme Sparsit se trompait dans ses calculs. Louise ne monta pas dans un fiacre. Elle était déjà partie à pied. Les yeux noirs fixés sur le wagon dans lequel elle avait voyagé n'avaient pas assez fait diligence; ils avaient été devancés d'un instant. Au bout de quelques minutes, voyant que la portière ne s'ouvrait pas, Mme Sparsit passa et repassa devant sans rien apercevoir, finit par regarder dans l'intérieur et trouva le wagon vide. La voilà trempée jusqu'aux os, avec des pieds qui font flic flac dans ses souliers à chaque pas, une couche de pluie sur son visage classique, son chapeau chiffonné comme une figue blette, tous ses vêtements abîmés; par derrière, le long de sa personne bien née, vous auriez pu compter, aux empreintes qu'ils avaient faites dans sa robe aqueuse, chaque bouton, chaque lacet, chaque agrafe de son costume; le tout décoré çà et là de cette mousse verdâtre et stagnante qu'on voit accumulée sur la vieille barrière d'un parc, dans une allée moisie. Mme Sparsit, pour prix de tout ce qu'elle avait souffert, n'eut d'autre ressource que de verser un torrent de larmes amères en s'écriant : « Je l'ai perdue ! »

CHAPITRE XXVIII.

La culbute.

Les boueurs de l'atelier national, après s'être amusés les uns les autres à se livrer entre eux une foule de petits combats fort bruyants, s'étaient dispersés pour le moment, et M. Gradgrind était venu passer les vacances chez lui.

Il était en train d'écrire dans la chambre ornée de l'horloge lugubrement statistique, sans doute pour prouver quelque chose. Peut-être, en somme, cherchait-il à démontrer que le bon Samaritain était un mauvais économiste. Le bruit de la pluie ne le dérangeait pas beaucoup ; mais elle attirait suffisamment son attention pour lui faire lever la tête de temps à autre, comme pour gronder les éléments. Lorsque le tonnerre éclatait bien fort, il regardait du côté de Cokeville, se disant que quelques-unes des longues cheminées pourraient bien être renversées par le fluide électrique.

Le tonnerre roulait dans le lointain, et la pluie tombait comme un déluge, lorsque la porte de la chambre s'ouvrit. Il regarda derrière la lampe qui se trouvait sur sa table, et à son grand ébahissement, il aperçut sa fille aînée.

« Louise !

— Père, j'ai à vous parler.

— Qu'y a-t-il ? Quel air étrange vous avez ! Bonté du ciel ! dit M. Gradgrind s'étonnant de plus en plus, comment avez-vous pu venir ici par cet orage ? »

Elle porta les mains à ses vêtements, comme si elle ne savait pas qu'ils fussent mouillés. Puis elle découvrit sa tête, et laissant le manteau et le capuchon tomber à terre, elle resta les yeux fixés sur son père ; elle était si pâle, si échevelée, si menaçante et si désespérée à la fois, qu'elle lui fit peur.

« Qu'y a-t-il? Je vous conjure, Louise, de me dire ce qu'il y a? »

Elle se laissa tomber sur une chaise devant lui, et posa sa main glacée sur le bras de son père.

« Père, vous m'avez élevée depuis mon berceau.
— Oui, Louise.
— Maudite soit l'heure où je suis née pour une pareille destinée ! »

Il la regarda d'un air de doute et d'épouvante, répétant du ton d'un homme qui ne comprend pas :

« Maudite soit l'heure ! Maudite soit l'heure !
— Comment avez-vous pu me donner la vie et m'enlever toutes ces choses inappréciables qui font que le vivant vaut mieux qu'un mort qui aurait la conscience de son état? Où sont les grâces de mon âme ? Où sont les sentiments de mon cœur ? Qu'avez-vous fait, ô père, qu'avez-vous fait de ce jardin qui aurait dû fleurir autrefois, dans le vaste désert que voici ? »

Elle se frappa la poitrine avec les deux mains.

« S'il eût jamais fleuri en moi, ses cendres seules eussent suffi pour me sauver du vide où ma vie entière s'affaisse. Je ne voulais pas vous dire ceci ; mais, père, vous vous rappelez notre dernier entretien dans cette chambre ? »

Il s'attendait si peu à ce qu'elle venait de lui dire, que ce ne fut pas sans une certaine difficulté qu'il répondit :

« Oui, Louise !
— Ce qui est sorti de mes lèvres aujourd'hui, je vous l'aurais dit ce jour-là, si vous étiez venu un seul instant à mon aide. Je ne vous reproche rien, père. Ce que vous n'avez jamais cherché à développer dans mon cœur, vous n'avez jamais cherché à le développer dans le vôtre; mais, ô mon Dieu ! si vous l'aviez fait il y a longtemps, ou si vous m'aviez seulement abandonnée à moi-même, combien je serais meilleure et plus heureuse aujourd'hui ! »

En entendant ces paroles, triste récompense de tous ses soins, M. Gradgrind appuya sa tête sur sa main et poussa un gémissement.

« Père, si vous aviez su, la dernière fois que nous nous

sommes trouvés ici ensemble, ce que je redoutais en moi, tout en cherchant à le vaincre (hélas ! je n'ai pas fait autre chose depuis mon enfance que de chercher toujours à vaincre toutes les impulsions naturelles de mon cœur); si vous aviez su qu'il restait au fond de mon âme des sentiments, des affections, des faiblesses capables de s'y développer, malgré tous les calculs que l'homme ait jamais faits, et aussi inconnus à votre arithmétique que l'est le Créateur de toutes choses; si vous aviez su cela, m'auriez-vous donnée au mari qu'aujourd'hui je sais que je déteste ? »

Il répondit : « Non, non, ma pauvre enfant.

— M'auriez-vous condamnée, à quelque époque que ce soit, à l'éducation froide et flétrissante qui m'a endurcie et gâtée ? M'auriez-vous dérobé, sans en enrichir personne, mais seulement pour la plus grande désolation de ce monde, la partie immatérielle de mon existence, le printemps et l'été de ma croyance, mon refuge contre tout ce qu'il y a de sordide et de méchant parmi les êtres réels qui m'entourent, l'école où j'aurais appris à être plus humble et plus confiante envers eux, et à chercher, dans ma petite sphère, à leur faire du bien.

— Oh ! non, non ! Non, Louise.

— Pourtant, père, si j'avais été complétement aveugle; si j'avais été obligée de trouver mon chemin à tâtons, et si, connaissant seulement par le toucher les formes et les surfaces des choses, j'avais été libre d'exercer un peu mon imagination à leur égard, j'aurais été un million de fois plus sage, plus heureuse, plus aimante, plus satisfaite, plus innocente, plus *femme* enfin que je ne le suis avec les yeux que j'ai dans la tête. Maintenant, écoutez ce que je suis venue vous dire. »

Il changea de position pour la soutenir avec son bras. Louise s'étant levée au même instant, ils se trouvèrent tout près l'un de l'autre : elle avait une main sur l'épaule de son père et le regardait fixement :

« Souffrant d'une faim et d'une soif qui n'ont jamais été apaisées, attirée par un désir ardent vers quelque région où les règles, les chiffres et les définitions ne régnassent pas en maîtres, j'ai grandi, luttant pas à pas tout le long de la route.

— Je n'ai jamais su que tu fusses malheureuse, mon enfant.

— Père, moi je le savais. Dans ce combat, j'ai repoussé, j'ai écrasé mon bon ange pour en faire un démon. Ce que j'ai appris n'a servi qu'à soulever en moi des doutes, à me rendre incrédule et dédaigneuse, à me faire regretter ce que je n'avais pas appris ; ma dernière et lugubre ressource a été de songer que la vie serait bientôt passée et qu'elle n'avait rien à offrir qui valût la peine ou l'ennui d'une lutte.

— Quoi, à ton âge, Louise ! dit le père d'une voix compatissante.

— Oui, à mon âge, répéta Louise. Voilà où j'en étais, père ; car je vous dévoile maintenant, sans crainte comme sans espérance, les plaies mortelles de mon cœur, lorsque vous m'avez proposé mon mari. Je l'ai accepté. Ni vous ni lui, vous ne pouvez me reprocher d'avoir fait semblant de l'aimer. Je savais, et vous aussi, vous le saviez, mon père, et lui aussi, il savait lui-même que je ne l'avais jamais aimé. Je n'étais pas tout à fait indifférente, car j'avais l'espoir de faire plaisir et d'être utile à Tom. Je saisis cette échappatoire désespérée, comme le pis aller de mon imagination, et je n'en ai que trop tôt découvert toute la vanité. Mais Tom avait été l'objet de toutes les petites tendresses de ma vie ; peut-être l'était-il devenu parce que j'avais appris à le plaindre. Peu importe maintenant quelle était la cause, à moins qu'elle ne vous dispose à envisager les erreurs de Tom d'un œil plus indulgent. »

Tandis que M. Gradgrind la tenait dans ses bras, elle posa l'autre main sur l'autre épaule de son père et continua en tenant toujours les yeux fixés sur lui.

« Lorsque j'ai été irrévocablement mariée, l'ancienne lutte s'est réveillée ; elle s'est révoltée contre ce lien, rendue plus ardente par toutes les antipathies qui séparent nos natures individuelles, et que toutes vos formules générales ne pourront jamais accorder, tant que l'anatomie n'aura pas appris elle-même où elle doit plonger son scalpel pour atteindre jusqu'aux secrets de mon cœur.

— Louise ! » s'écria le père d'un ton de supplication ; car il se rappelait bien ce qui s'était passé entre eux lors de leur dernière entrevue dans cette même chambre.

« Je ne vous reproche rien, père; je ne me plains pas. Ce n'est pas pour cela que je suis venue.

— Que puis-je faire, mon enfant? Demande-moi ce que tu voudras.

— J'y arrive, père.... C'est alors que le hasard a jeté sur mon chemin une nouvelle connaissance : un homme comme je n'en avais jamais vu; un homme du monde, léger, accompli, élégant, se donnant pour ce qu'il était; affichant tout haut ce mépris de toutes choses que j'osais à peine entretenir en secret; me faisant entendre, presque dès le premier jour, sans que je puisse dire comment ni par quels moyens, qu'il me comprenait et lisait dans ma pensée. J'ai eu beau faire, je ne l'ai pas trouvé plus dépravé que moi. Il n'y avait pas loin de l'un à l'autre. Je m'étonnai seulement qu'un homme, qui ne s'intéressait à rien, prît la peine de s'intéresser à moi.

— A toi, Louise ! »

Peut-être le père eût-il instinctivement relâché son étreinte, s'il n'eût senti que les forces abandonnaient sa fille, et s'il n'eût vu une lueur étrange se dilater dans ces yeux toujours fixés sur lui.

« Je ne dirai rien du moyen qu'il a employé pour obtenir ma confiance. Peu importe comment il l'a gagnée. Toujours est-il, père, qu'il y a réussi. Ce que vous savez de l'histoire de mon mariage, il n'a pas tardé à le savoir aussi bien que vous. »

Le visage du père se couvrit d'une pâleur mortelle, et il retint sa fille dans ses deux bras.

« Voilà tout, père. Je ne vous ai pas déshonoré. Mais si vous me demandez si j'ai aimé ou si j'aime encore cet homme, je vous dirai franchement, père, que cela se peut. Je n'en sais rien ! »

Elle retira tout à coup ses mains des épaules de son père pour les presser contre son cœur; était-ce bien ce visage, autrefois dur et sec, aujourd'hui plein d'ardeur et de feu? Était-ce bien Louise Gradgrind, qui se redressait de toute sa hauteur, résolue à finir par un dernier effort ce qu'elle avait commencé, laissant enfin éclater les passions longtemps comprimées au fond de son âme?

« Cette nuit, mon mari était absent; il est venu me trouver, lui; il s'est présenté comme mon amant. A ce moment même il m'attend, car je n'ai pas trouvé d'autre moyen pour le forcer à s'éloigner. Je ne sais pas si je suis fâchée, je ne sais pas si je suis honteuse, je ne sais pas si je me sens dégradée dans ma propre estime. Tout ce que je sais, c'est que votre philosophie et vos leçons ne me sauveront pas. Eh bien! père, c'est vous qui m'avez faite ce que je suis, sauvez-moi par quelque autre moyen! »

Il resserra son étreinte assez à temps pour empêcher Louise de s'affaisser sur elle-même; mais elle lui cria d'une voix terrible :

« Je vais mourir si vous me retenez! Laissez-moi tomber à terre! »

Et il la laissa glisser sur le parquet; c'est là qu'il put contempler l'orgueil de son cœur et le triomphe de son système, gisant inanimée à ses pieds!

CHAPITRE XXIX.

Il fallait encore autre chose.

Louise se réveilla de sa torpeur, ouvrit lentement les yeux et se retrouva dans son lit et dans sa chambre d'autrefois. Il lui sembla, au premier abord, que tout ce qui était arrivé depuis l'époque où ces objets lui étaient familiers, ne pouvait être que les ombres d'un rêve; mais peu à peu, à mesure que les objets environnants se dessinèrent devant ses yeux sous une forme plus réelle, les événements passés se présentèrent aussi sous une forme plus réelle à son esprit.

Elle pouvait à peine remuer sa tête souffrante et appesantie, ses yeux étaient fatigués et endoloris : elle se sentait très-faible. Une apathie étrange, passive, s'était tellement emparée d'elle, que ce ne fut qu'au bout de quelque temps qu'elle remarqua la présence de sa petite sœur. Même lorsque leurs yeux se furent rencontrés et que sa sœur se fut rapprochée du lit, Louise resta plusieurs minutes à la regarder en silence, abandonnant à Jane la main que celle-ci tenait timidement, avant de demander :

« Quand m'a-t-on amenée ici ?
— Hier soir, Louise.
— Qui m'y a amenée ?
— Sissy, je crois.
— Pourquoi dis-tu que tu le crois ?
— Parce que je l'ai trouvée ici ce matin. Elle n'est pas venue me réveiller comme elle fait toujours, et je suis allée à sa recherche. Comme elle n'était pas dans sa chambre, je me suis mise à la chercher dans toute la maison, et enfin je l'ai trouvée ici, en train de te soigner et de te baigner le front avec de l'eau de Cologne. Veux-tu voir, père ? Sissy m'a dit qu'il fallait le prévenir quand tu serais réveillée.
— Quel visage rayonnant, Jane ! dit Louise, tandis que la jeune sœur, toujours timide, se baissait pour l'embrasser.
— Tu trouves ? Ça me fait plaisir. Je suis sûre que c'est Sissy qui me rend comme ça. »

Le bras de Louise, qui avait commencé à s'arrondir autour du cou de l'enfant, s'en détacha.

« Tu peux prévenir, père, si tu veux. » Puis, l'arrêtant un instant, elle ajouta : « C'est toi qui as si joliment arrangé ma chambre et qui lui as donné cet air de bienvenue ?
— Oh ! non, Louise, elle était comme ça quand je suis montée. C'est.... »

Louise se tourna sur son oreiller et n'entendit plus rien. Lorsque sa sœur se fut retirée, elle retourna de nouveau la tête et resta les yeux fixés sur la porte, jusqu'à ce qu'elle s'ouvrît pour donner passage à M. Gradgrind.

Il avait l'air accablé et inquiet : sa main, ordinairement ferme, trembla dans celle de sa fille. Il s'assit auprès du lit, demanda tendrement à Louise comment elle allait, et lui recommanda de se tenir bien tranquille après l'agitation de la veille et l'orage auquel elle s'était exposée. Il parlait d'une voix adoucie et troublée, bien différente du ton dictatorial qui lui était habituel ; il avait l'air de chercher ses mots :

« Ma chère Louise ! Ma pauvre fille !... »

Il était tellement embarrassé qu'il fut contraint de s'arrêter court. Il recommença :

« Mon enfant infortunée !... »

Le sujet lui paraissait si difficile à aborder, qu'il recommença encore une fois :

« Il serait inutile, Louise, d'essayer de vous dire combien la révélation d'hier soir m'a accablé et m'accable encore. La terre sur laquelle je marche tremble sous mes pieds. L'unique soutien sur lequel je m'appuyais et dont il m'a toujours semblé, dont il me semble toujours impossible de mettre en doute la solidité, s'est rompu en un instant. Je suis étourdi par cette découverte. Il n'entre aucun sentiment de regret égoïste dans ce que je te dis là, mais je trouve le coup qui m'a frappé hier soir si difficile à supporter ! »

Elle ne pouvait lui offrir aucune consolation à cet égard, elle dont toute la vie n'avait été qu'un naufrage perpétuel contre le même rocher.

« Je ne dirai pas, Louise, que si, par un heureux hasard, vous m'aviez détrompé il y a quelque temps, cela eût mieux valu pour votre tranquillité et pour la mienne ; car je sais qu'il n'entrait guère dans mon système de provoquer aucune confidence de ce genre. J'ai calculé, j'ai vérifié mon.... mon système, et je l'ai rigoureusement appliqué ; je dois donc accepter la responsabilité de mes mécomptes. Je vous supplie seulement de croire, ma chère enfant, que j'ai cru faire pour le mieux. »

Il parlait d'une voix émue, et ce n'est que justice de reconnaître qu'il disait bien la vérité. En jaugeant des abîmes sans fond avec sa misérable petite tringle de douanier et en trébuchant sur toute la surface du globe avec son compas aux jambes roides et rouillées, il avait cru faire les plus belles choses du monde. Il s'était démené, dans les limites de sa courte longe, détruisant autour de lui les fleurs de l'existence, avec plus de sincérité d'intention que la plupart des braillards auxquels il s'était allié.

« J'en suis bien convaincue, père. Je sais que j'ai toujours été votre enfant favorite. Je sais que vous avez voulu me rendre heureuse. Je ne vous ai jamais fait de reproches, et je ne vous en ferai jamais. »

Il prit la main qu'elle lui tendait et la garda dans la sienne.

« Ma chère fille, j'ai passé toute la nuit à ma table, à rasser et repasser dans mon esprit notre pénible entrevue.

Lorsque je songe à votre caractère, lorsque je songe que vous me cachez depuis des années ce que je sais depuis quelques heures seulement ; lorsque je songe aux circonstances dont la violence vous a enfin arraché cet aveu, je ne puis m'empêcher d'en conclure que je dois me défier de moi. »

Il aurait pu aller plus loin dans les aveux de son impuissance en voyant le visage qui le regardait en ce moment, et il alla, en effet, jusqu'à avancer la main pour écarter doucement du front de sa fille les cheveux en désordre qui la cachaient. Des caresses si simples, auxquelles on n'eût pas fait attention de la part d'un autre, étaient bien significatives de la part de M. Gradgrind ; aussi sa fille les accepta-t-elle comme si c'eussent été des paroles de repentir.

« Mais, reprit M. Gradgrind, lentement, avec hésitation et avec un pénible sentiment de découragement, si j'ai raison de me défier de moi-même pour le passé, Louise, je ne dois pas moins m'en défier pour le présent et l'avenir, et je ne vous cacherai pas mes doutes. Hier, à pareille heure encore, je n'aurais pas tenu ce langage ; mais aujourd'hui je suis loin d'être convaincu que j'aie mérité la confiance que vous avez eue en moi, que je sois capable de répondre à l'appel que vous êtes venue me faire, que j'aie en moi l'instinct (j'ai toujours jusqu'ici refusé de le reconnaître) l'instinct qu'il faudrait pour vous aider et vous remettre dans le bon chemin, mon enfant. »

Louise s'était tournée de l'autre côté sur son oreiller, et se tenait le visage appuyé sur son bras, de sorte que son père ne pouvait le voir. La violence et la colère de la jeune femme s'étaient calmées ; mais bien qu'elle fût émue de sentiments plus doux, elle ne pleurait pas. Et son père, qui pourrait le croire ? en était venu à souhaiter de lui voir répandre des larmes.

« Il y a des personnes qui assurent, continua-t-il, hésitant encore, qu'il y a une sagesse de la Tête et une sagesse du Cœur. Je ne le croyais pas, mais, comme je viens de vous le dire, je me défie de moi. J'avais toujours supposé que la tête suffisait à tout : il est bien possible qu'elle ne suffise pas à tout ; comment oserais-je, ce matin, soutenir le contraire ! Si cette autre espèce de sagesse était par hasard celle que j'ai négligée, et que ce fût justement là l'instinct nécessaire, Louise.... »

Il y avait beaucoup de doute encore dans ses paroles, comme si c'était une hypothèse qu'il lui répugnait d'admettre, même en ce moment. Louise ne répondit pas; elle était là étendue devant lui sur son lit, encore à moitié vêtue, telle à peu près qu'il l'avait vue étendue sur le parquet la nuit dernière.

« Louise, et sa main se posa de nouveau sur les cheveux de sa fille, j'ai fait d'assez fréquentes absences depuis quelque temps; et, bien que votre sœur ait été élevée d'après le.... système.... (il paraissait maintenant prononcer ce mot avec répugnance), son éducation s'est naturellement trouvée modifiée par des associations commencées, en ce qui la concerne, de fort bonne heure, et peut-être.... Je vous demande en toute ignorance et toute humilité, ma fille, peut-être est-ce un bonheur, qu'en pensez-vous?

— Père, répondit Louise sans remuer, si on a éveillé dans son jeune cœur quelque harmonie qui a dû rester muette dans le mien jusqu'au moment où elle s'est changée en tempête, que Jane en rende grâce au ciel et qu'elle poursuive la route plus heureuse qui lui est tracée, en regardant comme son plus grand bonheur d'avoir évité celle qu'on m'a fait prendre.

— O mon enfant, mon enfant! dit le père d'un ton désespéré, je suis bien malheureux de vous voir en cet état! A quoi me sert-il que vous ne m'adressiez pas de reproches, si je m'en adresse moi-même de si cruels? » Il pencha la tête et lui parla à voix basse: « Louise, j'ai une idée vague qu'il commence à s'opérer en moi quelque changement heureux, par le simple effet de l'amour et de la reconnaissance. Ce que la tête n'a pas fait et ne pouvait faire, le cœur l'aurait-il fait petit à petit et en silence? Le crois-tu possible? »

Elle ne répondit pas.

« En tout cas ce ne serait pas pour m'en faire honneur, Louise. Comment pourrais-je conserver quelque orgueil, en voyant ce que j'ai fait de toi? Mais le crois-tu possible? »

Le père la regarda encore une fois, étendue dans le désespoir, et sans prononcer une autre parole, il sortit de la chambre. A peine l'avait-il quittée, qu'elle entendit un pas léger près de la porte, et se douta que Sissy était venue se placer à son chevet. Elle ne leva pas la tête. A la pensée qu'on allait la voir dans ce triste état et que le regard involontaire de pitié qui l'avait tant irritée allait se trouver encore justifié, une sourde colère s'alluma en elle, comme ces feux malsains qui couvent sous la cendre. Toute force qu'on a comprimée éclate et brise. L'air qui serait bienfaisant pour la terre, l'eau qui la fertiliserait, la chaleur qui ferait mûrir la moisson, ne sont pas plutôt emprisonnés, qu'ils bouleversent la terre. C'était l'histoire du cœur de Louise; les excellentes qualités qui lui étaient naturelles, à force d'avoir été refoulées, s'étaient transformées en une masse endurcie qui se révoltait contre une amie.

Par bonheur elle sentit alors une douce main se poser sur son cou, et elle comprit qu'on la supposait endormie. Cette main sympathique ne pouvait pas appeler sa colère. Qu'elle y reste, qu'elle y reste.

Elle y resta, réveillant et réchauffant une foule de pensées plus douces chez Louise, qui ne put se sentir entourée de silence et de soins sans que quelques larmes s'ouvrissent un passage au travers de ses yeux. L'autre visage toucha le sien, et elle sentit qu'il y avait aussi des pleurs sur ces joues, des pleurs qu'on versait pour elle.

Louise ayant fait semblant de se réveiller et s'étant assise sur son lit, Sissy s'éloigna et resta tranquillement debout à son chevet.

« J'espère que je ne vous ai pas dérangée? Je venais vous demander si vous voulez que je reste avec vous?

— Pourquoi resteriez-vous avec moi? Ma sœur ne peut se passer de vous. Vous êtes tout pour elle.

— Vraiment? répliqua Sissy secouant la tête. Je voudrais bien aussi être quelque chose pour vous, si je pouvais.

— Quoi? demanda Louise presque durement.

— N'importe quoi, ce dont vous avez le plus besoin, si c'était possible. Dans tous les cas, je voudrais vous être le plus utile que je pourrais. Et si vous voulez que j'essaye, vous verrez que je ne serai pas facile à décourager. Voulez-vous me permettre?

— C'est mon père qui vous a envoyée me demander cela?

— Non vraiment, répondit Sissy. Il m'a dit que je pouvais entrer maintenant, mais il m'a renvoyée d'ici ce matin.... ou du moins.... »

Elle hésita et s'arrêta.

« Ou du moins, quoi? demanda Louise fixant sur elle un regard scrutateur.

— J'ai pensé moi-même qu'il valait mieux qu'il me renvoyât; je ne savais pas si vous seriez bien aise de me trouver ici.

— Je vous ai donc toujours bien détestée?

— J'espère que non, car moi je vous ai toujours aimée, et j'ai toujours désiré vous en donner des preuves. Mais vous avez un peu changé avec moi, quelque temps avant de quitter la maison de votre père, et je n'en ai pas été étonnée. Vous saviez tant de choses, et moi je savais si peu de chose; d'ailleurs c'était bien naturel, au milieu des nouveaux amis, parmi lesquels vous alliez vivre.... je n'avais aucun motif de m'en plaindre, et je ne vous en ai pas voulu du tout. »

Elle rougit en disant cela d'un ton modeste et animé. Louise comprit cette feinte affectueuse et elle en sentit du remords.

« Voulez-vous que j'essaye? dit Sissy, qui se sentit enhardie jusqu'à lever sa main caressante au cou qui se penchait peu à peu vers elle. »

Louise prit cette main et la garda dans l'une des siennes, arrêtant ainsi le bras qui bientôt l'eût entourée, et répondit:

« D'abord, Sissy, savez-vous ce que je suis? Je suis si orgueilleuse et si endurcie, si troublée et si chagrine, si colère et si injuste pour les autres et pour moi-même, que tout en moi n'est qu'orage, ténèbres et méchanceté. Est-ce que cela ne vous effraye pas?

— Non!

— Je suis si malheureuse, et tout ce qui aurait pu changer mes sentiments est tellement ruiné maintenant, que, si j'étais restée jusqu'à ce jour sans rien apprendre de ce qui me fait si savante à vos yeux, je n'aurais pas plus tristement besoin qu'aujourd'hui d'un guide pour m'enseigner la paix, le contentement, l'honneur et tout ce qui me manque de bon Est-ce que cela ne vous effraye pas?

— Non ! »

Dans l'innocence de sa courageuse affection et dans l'exubérance de son ancien dévouement, que n'avait pu rebuter l'injuste abandon de Louise, elle répandit comme une douce lumière sur la sombre humeur de sa compagne.

Louise releva la main de Sissy, pour qu'elle fût libre de rejoindre l'autre autour de son cou, puis elle se jeta à genoux, et serrant dans ses bras l'enfant du saltimbanque, elle la contempla presque avec vénération.

« Pardonnez-moi, plaignez-moi, secourez-moi. Ayez pitié de ma grande misère, et laissez-moi poser ma tête malade sur un cœur aimant,

— Ah ! posez-la ici ! s'écria Sissy. Posez-la ici, ma chère ! »

CHAPITRE XXX.

Très-ridicule.

M. James Harthouse passa toute une nuit et toute une journée dans une telle agitation, que le grand monde, l'œil armé de son meilleur lorgnon, aurait eu peine, pendant cet intervalle d'aliénation mentale, à reconnaître ce jeune homme pour M. Jem, le frère de l'honorable et facétieux membre du parlement. C'est positif, il était très-agité. Il y eut même des fois où il s'exprima avec une animation qui ressemblait à la façon de parler du commun des martyrs [1].

Il entrait et sortait d'une manière incompréhensible, comme un homme qui ne sait que faire. Il galopait sur les routes comme un voleur de grands chemins. En un mot, il était si ennuyé qu'il oubliait qu'il y a aussi, pour l'ennui des gens comme il faut, certaines règles à pratiquer, prescrites par les autorités compétentes en matière de mode.

[1]. Pendant un temps il a été de bon goût en Angleterre d'avoir l'air trop fatigué et trop épuisé pour prononcer un mot de longue haleine sans laisser un intervalle entre chaque syllabe. (*Note du traducteur.*)

Après avoir lancé son cheval sur Cokeville au milieu de l'orage, comme s'il n'y avait qu'un pas à faire, il veilla toute la nuit : de temps à autre il tirait son cordon de sonnette avec furie, accusant le garçon qui veillait dans l'hôtel d'avoir gardé une lettre ou un message dont on ne pouvait manquer de l'avoir chargé, et le sommant d'en faire à l'instant la restitution.

Cependant l'aube se montre, le matin arrive, le jour s'avance et point de lettre, point de message ; M. James Harthouse se rend alors à la maison de campagne. Là, il apprend que M. Bounderby est absent et Mme Bounderby en ville. Elle y était retournée tout à coup la veille au soir. On ignorait même qu'elle fût partie, lorsqu'on avait reçu un ordre de ne pas attendre madame pour le moment.

Que faire ? il n'y avait plus qu'à la suivre à la ville. Il se présenta à la maison de ville. Pas de Mme Bounderby. Il passa à la banque. M. Bounderby n'y était pas : Mme Sparsit non plus. Quoi, Mme Sparsit non plus ? Se voir réduit à de telles extrémités qu'on ait à regretter l'absence de ce dragon femelle !

« Ma foi, je ne sais pas, dit Tom, qui avait des raisons personnelles pour s'inquiéter de cette absence. Elle est partie quelque part ce matin au point du jour. C'est une femme pétrie de mystère. Je la déteste. C'est comme cet albinos de Bitzer avec ses yeux clignotants toujours fixés sur vous !

— Où donc étiez-vous hier soir, Tom ?

— Où j'étais hier soir ! s'écria Tom. Allons ! J'aime bien ça. J'étais à vous attendre, M. Harthouse, jusqu'au moment où la pluie a tombé comme jamais je ne l'ai vue tomber de ma vie. Où j'étais ! Voilà qui est bon ! C'est plutôt à vous qu'il faut demander où vous étiez vous-même.

— Je n'ai pas pu venir.... j'ai été retenu.

— Retenu ! grommela Tom. En ce cas nous étions retenus tous les deux. J'ai été si bien retenu au chemin de fer à vous attendre, que j'ai laissé passer tous les trains, sauf la malle. C'était bien amusant de partir par ce train-là avec une nuit pareille, et de patauger jusqu'à la maison à travers un marais. Aussi il a bien fallu coucher en ville.

— Où ça ?

— Où ça ? Mais dans mon lit, chez le vieux Bounderby.

— Avez-vous vu votre sœur ?

— Comment diable, répliqua Tom ouvrant de grands yeux, aurais-je pu voir ma sœur, quand elle était à quinze milles d'ici ? »

Maudissant les reparties maussades du jeune gentleman pour lequel il avait une amitié si sincère, M. Harthouse termina cette entrevue sans plus de cérémonie, en se demandant pour la centième fois ce que tout cela voulait dire ? Il y avait pourtant dans tout cela une chose qui lui paraissait claire. Soit que Louise fût dans la ville ou qu'elle n'y fût pas, soit qu'il lui eût fait une déclaration trop prématurée après s'être donné tant de mal pour la comprendre, soit que la dame eût manqué de courage, soit qu'on eût tout découvert, soit qu'il fût arrivé un accident ou une méprise incompréhensible pour le moment, dans tous les cas, il n'avait plus qu'une chose à faire, c'était d'attendre pour faire face aux événements, quels qu'ils fussent. Il ne pouvait pas bouger de l'hôtel, où tout le monde savait qu'il faisait sa résidence durant son séjour dans cette région ténébreuse. Il devait y rester attaché, comme son cheval au ratelier. Après cela.... ma foi, *ce qui sera, sera.*

« Ainsi, soit que j'attende un cartel ou un rendez-vous, ou des reproches pénitents de la belle, ou une partie de boxe impromptue avec mon ami Bounderby, à la mode du Lancashire (ce qui me paraît tout aussi probable qu'autre chose dans la position actuelle de mes affaires), je vais toujours commencer par dîner, dit M. James Harthouse; Bounderby a sur moi l'avantage de peser davantage; et s'il doit se passer entre nous quelque explication à l'anglaise, je ne ferai pas mal de m'y préparer par un régime solide. »

Il sonna donc et se jetant nonchalamment sur un canapé, donna cet ordre : « Dîner à six heures, qu'on n'oublie pas d'y mettre un beefsteak, » puis en attendant il tua le temps comme il put. Ce n'était pas facile, tourmenté comme il était; car à mesure que les heures s'écoulaient sans apporter la moindre explication, ses tourments accumulés augmentaient à intérêt composé.

Cependant, il prit les choses avec autant de tranquillité que peut en comporter la nature humaine, et revint plus d'une fois à la facétieuse idée de s'exercer à une partie de boxe.

« Si je donnais, dit-il en bâillant, cent sous au garçon pour le *tomber?* »

Un peu plus tard, il se dit:

« Ou bien si je louais à l'heure un individu du poids de cent à cent vingt kilos, comme mon ami Bounderby ? »

Mais ces plaisanteries réussirent mal à égayer l'après-midi ou à tromper l'attente de James Harthouse ; je suis forcé d'avouer qu'il trouva le temps terriblement long.

Il lui fut impossible, même avant dîner, de s'empêcher de faire des excursions fréquentes sur les dessins du tapis, de regarder par la croisée, d'écouter à la porte chaque bruit de pas, et d'avoir un peu chaud, lorsqu'il croyait entendre ces pas se rapprocher de sa chambre. Mais, après son dîner, quand le crépuscule eut succédé au jour, puis la nuit au crépuscule, sans qu'il eût encore reçu aucune communication, il commença à ressentir ce qu'il appelait « toutes les tortures du saint office. » Néanmoins, toujours fidèle à sa conviction (la seule qu'il eût en ce bas monde) que le véritable bon ton consiste dans l'insouciance, il profita de cette crise pour demander des bougies et un journal.

Il y avait une demi-heure qu'il était en train d'essayer de le lire, lorsque le garçon fit son apparition, et lui dit d'un ton à la fois humble et mystérieux :

« Pardon, monsieur. On vous demande, s'il vous plaît. »

Un vague souvenir que c'était là la formule employée par les agents de police, lorsqu'ils venaient empoigner un filou, frappa M. Harthouse qui demanda au garçon :

« Que diable voulez-vous dire avec votre : *On vous demande?*

— Pardon, monsieur. Il y a dehors une jeune dame qui désire vous parler, monsieur.

— Dehors ? Où cela ?

— Derrière la porte, monsieur.

— Que le diable t'emporte, imbécile ! » s'écria M. Harthouse qui se précipita dans le corridor où il trouva en effet une jeune femme qu'il ne connaissait pas; simplement mise, très-calme, très-jolie. En la conduisant à sa chambre et en lui avançant un siége, il remarqua, à la lueur des bougies, qu'elle était même plus jolie qu'il ne l'avait cru d'abord. Elle avait l'air très-innocent et très-jeune et l'expression de ses traits était des plus agréables. Elle n'avait pas peur de lui et ne paraissait nullement troublée; elle semblait uniquement préoccupée de l'objet de sa visite : on voyait qu'elle s'oubliait elle-même pour ne songer qu'à cela.

« C'est bien à monsieur Harthouse que je parle? dit-elle, lorsqu'ils furent seuls.

— C'est bien à monsieur Harthouse. »

Il ajouta à part lui :

« Et vous lui parlez avec les yeux les plus confiants que j'aie jamais vus, et la voix la plus assurée malgré son calme, que j'aie jamais entendue.

— Si je ne sais pas bien.... (et je reconnais là-dessus mon ignorance, monsieur).... dit Sissy, les choses auxquelles vous oblige votre honneur de gentleman, sous d'autres rapports (et vraiment le rouge commença à monter aux joues de M. James Harthouse en entendant ce début) : je crois du moins pouvoir compter sur votre honneur pour garder le secret de ma visite et de ce que je vais vous dire. J'y compterai donc si vous me le dites....

— Vous pouvez y compter, je vous le promets.

— Je suis jeune, comme vous voyez; je suis seule, comme vous voyez. En venant ici, monsieur, je n'ai pris conseil et courage que de mon propre espoir.

— Mais on voit que cet espoir-là est terriblement vif, pensa M. Harthouse en suivant le rapide regard qu'elle levait au ciel : voilà un drôle de début. Je ne sais pas où cela va nous mener.

— Je crois, dit Sissy, que vous avez déjà deviné quelle est la personne que je viens de quitter.

— Voilà vingt-quatre heures (qui m'ont paru autant de siècles) que je suis dans la plus grande anxiété, la plus grande inquiétude, répondit-il, sur le compte d'une certaine dame. L'espérance que j'ai pu raisonnablement concevoir que vous venez de la part de cette dame ne me trompe pas, je l'espère?

— Je l'ai quittée il y a une heure.

— Vous l'avez laissée chez...?

— Chez son père. »

Le visage de M. Harthouse s'allongea en dépit de son sang-froid, et sa perplexité s'en accrut encore.

« Pour le coup, pensa-t-il, je ne vois pas du tout, du tout où cela va nous mener.

— Elle est arrivée chez lui hier soir au milieu de l'orage. Elle était très-agitée et a passé la nuit entière dans un état d'insensibilité. Je demeure chez son père, et je suis restée auprès d'elle. Vous pouvez être sûr, monsieur, que vous ne la reverrez pas de votre vie. »

M. Harthouse étonné soupira profondément, et, si vous avez jamais vu un homme réduit à ne plus savoir que dire, c'est bien celui-là. La candeur enfantine de Sissy, sa modeste intrépidité, sa sincérité sans fard, sa complète abnégation d'elle-même pour s'occuper tout entière avec calme du but de sa visite ; tout cela, joint à sa foi naïve dans une promesse en l'air, qu'il était presque honteux de lui avoir faite, donnaient à cette entrevue une tournure qui lui était si peu familière, qu'il se sentait désarmé et ne pouvait trouver un seul mot pour se défendre.

Il finit pourtant par lui dire :

« Une nouvelle si saisissante, exprimée avec tant de confiance et par de si jolies lèvres, me déconcerte vraiment au dernier point. Oserais-je vous demander si vous avez été chargée, par la dame en question, de me transmettre ce message dans ces termes désespérants ?

— Elle ne m'a chargée d'aucun message.

— L'homme qui se noie, s'accroche à une paille. Sans vouloir médire de votre jugement ni douter de votre sincérité, permettez-moi de dire que je me rattache aussi à l'espoir que tout n'est point perdu, et qu'on ne me condamne pas à un exil perpétuel.

— Il n'y a pas le moindre espoir. Mon premier motif en venant ici, monsieur, est de vous assurer qu'il faut renoncer à toute idée de lui reparler jamais, absolument comme si elle était morte hier soir en revenant chez son père.

— Il faut renoncer ?... Mais si je ne pouvais pas, ou si, par hasard j'avais le défaut d'être assez obstiné pour ne pas vouloir y renoncer ?

— Il n'en serait pas moins vrai qu'il n'y a plus aucun espoir. »

James Harthouse la regarda avec un sourire incrédule sur les lèvres ; mais ce sourire fut perdu pour Sissy dont l'esprit était occupé de pensées plus sérieuses.

Il se mordit la lèvre et réfléchit un instant.

« Eh bien ! si par malheur je finis par reconnaître, dit-il, après les démarches que je dois faire pour m'en assurer, que je suis réduit à une situation aussi désespérée que ce bannissement perpétuel, je ne deviendrai pas le persécuteur de cette dame. Mais vous disiez qu'elle ne vous avait chargée d'aucune commission ?

— Je n'ai pris conseil que de mon amitié pour elle et de son amitié pour moi. Je n'ai d'autre titre à faire valoir près de vous que d'être restée avec elle depuis qu'elle est revenue et d'avoir obtenu sa confiance. Je n'ai d'autre titre que ma connaissance de son caractère et des circonstances de son mariage. Ah ! monsieur Harthouse, je crois que ce sont là des mystères que vous aussi vous avez réussi à pénétrer ! »

Il se sentit touché par la ferveur de cet appel, jusqu'au fond de la cavité où son cœur aurait dû se trouver (s'il en avait eu), dans ce nid d'œufs abandonnés où les oiseaux du ciel auraient élevé leur couvée, si on ne les avait pas effarouchés.

« Je ne suis pas ce qu'on appelle un individu moral, dit-il, et je n'ai jamais cherché à me faire passer pour tel. Je suis aussi immoral qu'on peut l'être. Et cependant, si j'ai causé la moindre peine à la dame qui fait le sujet de cette conversation, si je l'ai compromise d'une façon malheureuse, si je me suis laissé aller à lui témoigner des sentiments qui ne sont pas tout à fait d'accord avec.... ce qu'on appelle.... le foyer domestique, si j'ai profité de ce que son père est une machine, ou de ce que son frère est un roquet, ou de ce que son mari est une brute, je prendrai la liberté de vous assurer qu'en tout cela je n'avais aucune intention précisément mauvaise ; j'ai glissé sans y prendre garde d'un degré à l'autre avec une facilité si diabolique que je ne me doutais guère que la table des chapitres fût déjà si longue, jusqu'au moment où je me suis mis à la feuilleter. Tandis que je m'aperçois, ajouta M. James Harthouse, qu'il y a vraiment de quoi faire déjà un roman en plusieurs volumes. »

Quoiqu'il débitât tout cela de ce ton frivole qui lui était familier, on voyait bien que, cette fois, c'était une manière de donner un vernis poli à une surface assez vilaine. Il se tut un moment, puis il continua avec plus de sang-froid, bien qu'avec un air de mécontentement et de désappointement que tous les vernis du monde ne pouvaient dissimuler :

« Après la communication qui vient de m'être faite, d'une façon qui me rend le doute impossible, et je ne connais guère une autre bouche, dont je l'eusse acceptée aussi facilement, je me crois tenu de vous dire, puisque vous jouissez de la confiance de cette dame, que je ne puis pas refuser absolument de croire à cet arrêt si imprévu d'un exil éternel. Il se peut que je ne doive plus revoir cette dame ; tout ce que je peux dire c'est que je suis fâché d'avoir poussé les choses si loin pour.... pour.... (il était assez embarrassé pour trouver une péroraison) ; mais je ne peux pas vous promettre de jamais devenir ce qu'on appelle un homme moral ou de croire le moins du monde à l'existence de ce phénix fabuleux. »

Le visage de Sissy indiquait assez que sa mission n'était pas terminée.

« Vous m'avez dit, reprit-il, lorsqu'elle leva de nouveau les yeux sur lui, que c'était là le premier but de votre visite. Je dois donc présumer qu'il y en a un second ?

— Oui.

— Voulez-vous être assez bonne pour m'en faire la confidence ?

— Monsieur Harthouse, répondit Sissy avec un mélange de douceur et de fermeté qui le déroutait complétement, et avec une naïve assurance de lui voir faire sans hésiter ce qu'elle exigeait de lui, assurance qui le mettait dans une position fort difficile ; la seule réparation qui soit en votre pouvoir, c'est de quitter la ville à l'instant et pour toujours. Je suis tout à fait convaincue que vous ne pouvez plus rien maintenant au mal que vous avez fait : c'est la seule compensation qui maintenant dépende de vous. Je ne dis pas que ce soit grand'chose ; mais enfin c'est toujours quelque chose, et il n'y a pas moyen de faire autrement. Donc, bien que je n'aie d'autres titres pour vous commander, que ceux que vous me connaissez, et que tout cela se passe entre vous et moi seulement, je vous demande de quitter la ville cette nuit même en me promettant de n'y plus revenir. »

Si elle eût cherché à exercer sur lui une autre influence que celle de la vérité de ses paroles et de la droiture de ses intentions, si elle eût montré le moindre doute ou la moindre irrésolution, si elle eût fait, avec la meilleure volonté du monde, la moindre réserve ou la moindre feinte ; si elle eût montré ou ressenti la plus légère crainte de s'exposer à ses plaisanteries, à sa résistance ou à ses objections, M. Harthouse en aurait tiré sur-le-champ avantage... Mais tout son ébahissement n'aurait pas plus ému l'âme candide et confiante de Sissy, qu'il n'aurait pu changer l'azur d'un beau ciel en le contemplant d'un air étonné.

« Mais, reprit-il, fort embarrassé, comprenez-vous bien l'importance de ce que vous demandez là? Vous ignorez apparemment que je suis dans ce pays-ci pour une espèce d'affaire publique, assez ridicule en elle-même, mais que je me suis pourtant engagé à mener à bonne fin, et pour laquelle je suis censé prêt à me faire couper en quatre? Vous ignorez sans doute cela, mais enfin ce n'en est pas moins un fait. »

Un fait ou non, Sissy n'eut pas seulement l'air d'y faire attention.

« D'ailleurs, poursuivit M. Harthouse, faisant quelques tours dans la chambre, avec un air d'hésitation, on ne peut pas jouer un rôle plus absurde! C'est à couvrir un homme de ridicule pour toute sa vie, que de commencer par faire tous les frais que j'ai faits pour ces gens-là, et cela pour me retirer d'une façon si incompréhensible.

— C'est pourtant, répéta Sissy, la seule réparation que vous puissiez faire, monsieur. J'en suis tout à fait convaincue ; je ne serais pas venue ici sans cela. »

Il jeta encore un coup d'œil sur le visage de Sissy, et se remit à marcher.

« Ma parole d'honneur, je ne sais que faire. C'est si immensément absurde ! »

C'était maintenant à son tour de capituler pour demander le secret.

« Si je me décidais à faire une chose si ridicule, dit-il en s'arrêtant de nouveau au bout de quelque temps et en s'appuyant contre la cheminée, ce ne pourrait être qu'à la condition de la discrétion la plus inviolable.

— J'aurai confiance en vous, monsieur, répliqua Sissy, et vous aurez confiance en moi : confiance pour confiance. »

La position qu'il occupait devant la cheminée lui rappela son entrevue avec le roquet. C'était la même cheminée, et il ne put pas s'empêcher de penser que c'était *lui* qui était le roquet ce soir-là. Il est sûr qu'il était dans ses petits souliers.

« Ma foi ! jamais personne ne s'est trouvé dans une position plus ridicule, dit-il, regardant le tapis, puis le plafond, riant, fronçant les sourcils, s'éloignant de la cheminée et y revenant. Mais je ne vois pas d'autre moyen d'en sortir. *Ce qui sera, sera*, et c'est là ce qui sera, je suppose. Il faut que je quitte la place, j'imagine.... Bref, je vous en donne ma parole. »

Sissy se leva. Ce résultat ne la surprenait pas, mais elle en était heureuse et son visage rayonnait de contentement.

« Vous me permettrez d'ajouter, continua M. James Harthouse, que je doute qu'aucun autre ambassadeur ni aucune autre ambassadrice se fût adressée à moi avec le même succès. Je vous déclare que non-seulement vous m'avez mis dans une position très-ridicule, mais que vous m'avez battu sur toute la ligne. M'accorderez-vous au moins la faveur de pouvoir me rappeler le nom de mon ennemie victorieuse?

— *Mon* nom ? dit l'ambassadrice.

— C'est le seul nom que je puisse tenir à connaître, ce soir.

— Sissy Jupe.

— Pardonnez ma curiosité, puisque je vais partir. Vous êtes une parente de la famille?

— Je ne suis qu'une pauvre fille, répliqua Sissy..., abandonnée dans mon enfance.... mon père n'était qu'un saltimbanque. J'ai été recueillie par M. Gradgrind, et depuis lors j'ai vécu sous son toit. »

Elle avait disparu.

« Il ne manquait plus que cela pour compléter ma défaite, dit M. James Harthouse, se laissant glisser d'un air résigné sur le canapé, après être resté un instant immobile comme une statue. Ma honte est bien complète. Une pauvre fille ! un saltimbanque ! James Harthouse qu'on pile dans un mortier.... James Harthouse dont on fait une grande pyramide de ridicule ! rien que cela ! »

A propos de grande pyramide, l'idée lui vint de remonter le Nil. Il saisit aussitôt une plume pour écrire à son frère le billet suivant, dans un griffonnage hiéroglyphique approprié au sujet :

« Cher Jack, tout est fini pour Cokeville ; je m'ennuie trop, je quitte la place et je vais essayer des chameaux.

Ton affectionné, JEM. »

Il sonna.

« Envoyez-moi mon domestique.

— Il est allé se coucher, monsieur.

— Dites lui de se lever et de faire les malles. »

Il écrivit encore deux billets : L'un à M. Bounderby pour lui annoncer qu'il quittait le pays et lui indiquer où on pourrait le trouver pendant une quinzaine de jours. Un autre, dans le même but, à M. Gradgrind. A peine l'encre était-elle séchée sur les adresses, qu'il avait laissé derrière lui les longues cheminées de Cokeville, installé dans un wagon de chemin de fer qui galopait et flamboyait à travers le sombre paysage.

Les gens moraux pourraient s'imaginer que M. James Harthouse tira dans la suite quelques réflexions consolantes du souvenir de cette prompte retraite, l'une des rares actions de sa vie qui fut une sorte de compensation pour les autres, et qui lui avait servi de dénoûment dans une assez vilaine affaire. Mais il n'en fut rien, après tout. Un regret intime de n'avoir réussi qu'à se rendre ridicule, la crainte des gorges chaudes que feraient à ses dépens les roués de son espèce s'ils venaient à éventer cette histoire, voilà tout ce qu'il en tira, c'est-à-dire un tourment de plus. Si bien que l'action la plus louable de sa vie, ou peu s'en faut, fut justement celle qu'il cacha avec le plus de soin et dont il fut le plus honteux.

CHAPITRE XXXI.

Très-décisif.

Malgré un rhume formidable, une extinction de voix, des éternuements continuels qui menaçaient, à chaque instant, de disloquer sa majestueuse charpente, l'infatigable Mme Sparsit poursuivit son patron jusqu'à ce qu'elle l'eût rejoint dans la métropole ; là, se présentant à lui dans tout l'éclat de sa dignité personnelle, à son hôtel de Saint-James-Street, elle ne put retenir plus longtemps son canon chargé jusqu'à la gueule et le fit éclater comme une bombe. Après avoir rempli sa mission avec une joie infinie, cette femme, d'un esprit sublime, se trouva mal sur l'épaule de M. Bounderby.

Le premier soin de M. Bounderby fut de se secouer pour se débarrasser de Mme Sparsit, et de la laisser se tirer comme elle le pourrait, sur le plancher, des diverses phases de son indisposition. Ensuite il eut recours aux stimulants les plus efficaces, c'est-à-dire qu'il tortilla les pouces de la malade, lui tapa dans les mains, lui arrosa le visage à grande eau et lui bourra la bouche de sel. Lorsque, grâce à ces attentions délicates, il eut rappelé Mme Sparsit à elle (et ce ne fut pas long), M. Bounderby la poussa dans un train express, sans lui offrir d'autre rafraîchissement, et la ramena à Cokeville plus morte que vive.

Envisagée comme ruine classique, Mme Sparsit présentait un spectacle assez intéressant lorsqu'elle arriva au terme de son voyage ; mais considérée sous tout autre point de vue, le dommage qu'elle avait subi était excessif et diminuait ses droits à l'admiration publique. Sans prêter la moindre attention à l'état délabré de la toilette ou de la santé de la dame, sourd à ses éternuements pathétiques, M. Bounderby la fourra tout de suite dans un fiacre et l'emmena à Pierre-Loge.

« Ah ça ! Tom Gradgrind, dit Bounderby tombant comme un ouragan dans la chambre de son beau-père, assez tard dans la nuit, voici une dame.... vous connaissez Mme Sparsit.... qui a quelque chose à vous dire qui va vous rendre muet d'étonnement.

— Vous n'avez pas reçu ma lettre ? s'écrie M. Gradgrind à cette apparition inattendue.

— Il ne s'agit pas de votre lettre, monsieur ! se mit à brâiller M. Bounderby ; voilà un joli moment, ma foi ! pour parler de lettres. On serait bien venu à parler de lettres à Josué Bounderby de Cokeville, dans la situation d'esprit où il se trouve !

— Bounderby, dit M. Gradgrind d'un ton de remontrance

pacifique, je parle d'une lettre tout à fait spéciale que je vous ai adressée au sujet de Louise.

—Tom Gradgrind, répliqua Bounderby, frappant plusieurs fois la table avec la paume de sa main, je vous parle, moi, d'une messagère tout à fait spéciale aussi, qui est venue me trouver au sujet de Louise. Madame Sparsit, madame, avancez ! »

Cette infortunée dame essayant alors de donner son témoignage, mais sans pouvoir prononcer une parole distincte et avec des gestes pénibles qui annonçaient une inflammation de la gorge, devint si fatigante et fit tant de grimaces involontaires, que M. Bounderby, poussé à bout, la saisit par le bras et la secoua.

« Si vous ne pouvez pas parler, madame, dit Bounderby, cédez-moi la place. Le moment est mal choisi pour qu'une dame, quelque distinguée que soit sa parenté, nous fasse entendre des gloussements et des hoquets comme si elle avalait des billes. Tom Gradgrind, Mme Sparsit que voilà, s'est trouvée par hasard, tout dernièrement, à même d'entendre une conversation en plein vent entre votre fille et votre beau gentleman, votre ami M. James Harthouse.

—Vraiment? dit M. Gradgrind.

—Ah! mais vraiment oui ! s'écria M. Bounderby ; et dans cette conversation....

—Il est inutile de me le répéter, Bounderby ; je sais ce qui s'est passé.

— Vous le savez? En ce cas, dit Bounderby que le calme et la douceur suave de son beau-père firent bondir, puisque vous savez tant de choses, peut-être savez-vous aussi où votre fille se trouve en ce moment?

— Sans doute. Elle est ici.

—Ici?

— Mon cher Bounderby, permettez-moi de vous prier, dans l'intérêt de tout le monde, de modérer ces bruyantes explosions. Louise est ici. Dès qu'elle a pu rompre cet entretien avec la personne dont vous parlez et que je regrette vivement de vous avoir présentée, Louise s'est empressée de venir ici afin de se mettre sous ma protection. Il y avait à peine quelques heures que j'étais moi-même de retour, lorsque je l'ai reçue.... ici, dans cette chambre. Elle s'était empressée de prendre le premier train pour Cokeville, elle avait couru du débarcadère chez son père, au milieu d'un orage effroyable, et elle s'est présentée à moi dans un état voisin de la folie. Inutile d'ajouter qu'elle n'a pas quitté la maison depuis. Je vous prie, dans son intérêt et dans le vôtre, de montrer plus de calme. »

M. Bounderby regarda autour de lui en silence, dans toutes les directions excepté dans celle de Mme Sparsit; puis, se tournant brusquement vers la nièce de Lady Scadgers, il dit à cette malheureuse femme :

« Ah ça, madame! nous serons charmés d'entendre toutes les petites excuses que vous pourrez juger à propos de nous offrir pour avoir ainsi parcouru le pays à grande vitesse, sans autre bagage qu'un coq-à-l'âne, madame!

— Monsieur, murmura Mme Sparsit, mes nerfs sont trop secoués dans ce moment et ma santé trop ébranlée, à votre service, pour me permettre de faire autre chose que de me réfugier dans mes larmes. »

C'est ce qu'elle fit.

« Eh bien, madame, dit Bounderby, sans vouloir vous traiter autrement qu'on doit traiter une femme bien née comme vous, j'ajouterai encore un mot : Je crois qu'il y a un autre endroit où vous pourriez vous réfugier, c'est-à-dire un fiacre. Et comme le fiacre qui nous a amenés est à la porte, vous me permettrez de vous y conduire et de vous renvoyer à la banque. Une fois là, ce que vous aurez de mieux à faire, ce sera de vous mettre les pieds dans l'eau la plus chaude que vous pourrez supporter, et d'avaler un verre de rhum au beurre tout bouillant dès que vous vous serez couchée. »

Sur ce, M. Bounderby tendit la main droite à Mme Sparsit et reconduisit jusqu'au véhicule en question cette dame affligée, qui répandit tout le long de la route maint éternument plaintif. Il ne tarda pas à remonter seul.

« Ah ça! comme j'ai vu à votre air, Tom Gradgrind, que vous vouliez me parler, reprit-il, me voici. Mais je vous avertis que je ne suis pas d'une humeur très-agréable; je vous le dis franchement, cette affaire n'est pas de mon goût, même telle que vous me l'avez expliquée, et je ne considère pas que j'aie jamais été traité par votre fille avec le respect et la soumission que Josué Bounderby de Cokeville a droit d'attendre de sa femme. Vous avez votre opinion, je n'en doute pas; mais moi j'ai la mienne, vous savez. Si vous avez l'intention de me dire ce soir quelque chose qui soit en contradiction avec cet aveu sincère, nous ferons mieux de briser là. »

Comme M. Gradgrind, ainsi qu'on l'a vu, s'était montré fort conciliant, M. Bounderby faisait tout ce qu'il pouvait pour casser les vitres. C'était une des particularités de son aimable caractère.

« Mon cher Bounderby, commença M. Gradgrind, en réponse....

— Permettez, dit M. Bounderby, vous m'excuserez, mais je ne tiens pas à être si cher aux gens. Voilà pour commencer. Quand je deviens cher à quelqu'un, je m'aperçois presque toujours qu'il a l'intention de m'entortiller. Je ne vous parle pas poliment; mais, vous me connaissez, je ne suis pas poli. Si vous voulez de la politesse, vous savez où on peut s'en procurer. Vous avez des gentlemen de vos amis qui vous serviront de cet article tant que vous voudrez; mais moi, c'est une denrée que je ne tiens pas.

— Bounderby, continua M. Gradgrind, nous sommes tous sujets à l'erreur....

— Je croyais que vous ne pouviez pas en commettre? interrompit Bounderby.

— Peut-être l'ai-je cru moi-même. Mais je répète que nous sommes tous sujets à l'erreur; et je serais sensible à votre délicatesse, je vous en serais même reconnaissant, si vous vouliez bien m'épargner ces allusions à Harthouse. Je passerai, dans notre conversation, sur votre intimité avec lui et les encouragements que vous lui avez donnés; mais je vous prie de ne plus rien me reprocher non plus à cet égard.

— Je ne l'ai pas même nommé! dit Bounderby.

— Bien, bien! répondit M. Gradgrind avec patience et même avec soumission. Et il resta quelque temps à réfléchir. Bounderby, j'ai lieu de douter que nous ayons jamais bien compris Louise.

— Qu'entendez-vous par *nous*?

— Eh bien! *moi*, si vous voulez, répliqua M. Gradgrind en réponse à cette question brutale, je doute que j'aie jamais bien compris Louise. Je doute que je lui aie donné tout à fait l'éducation qui lui convenait.

— A la bonne heure, nous y voilà, répondit Bounderby ; là-dessus, je suis d'accord avec vous. Vous avez donc fini par faire cette belle découverte, enfin ? L'éducation ! Je vais vous dire ce que c'est que l'éducation : c'est de flanquer quelqu'un à la porte et de le mettre à la demi-ration pour tout, excepté pour les coups. Voilà ce que j'appelle l'éducation.

— Je crois que votre bon sens vous démontrera, dit M. Gradgrind d'un ton d'humble remontrance, que quel que soit le mérite d'un pareil système, il serait difficile de l'appliquer aux filles en général.

— Je ne vois pas cela du tout, monsieur, riposta l'obstiné Bounderby.

— C'est bon, soupira M. Gradgrind, nous ne discuterons pas cette question. Je vous assure que je n'ai aucun désir de soulever une controverse. Je voudrais seulement réparer le mal, si c'est possible ; et j'espère que vous m'y aiderez de bonne grâce, Bounderby, car j'ai été bien malheureux.

— Je ne vous comprends pas encore, dit Bounderby avec une obstination de parti pris ; et par conséquent je ne peux rien vous promettre.

— Il me semble, mon cher Bounderby, poursuivit M. Gradgrind du même ton humble et propitiatoire, que, dans l'espace de quelques heures, j'ai appris à connaître le caractère de Louise mieux que je ne l'avais fait dans toutes les années précédentes. Cette connaissance m'a été révélée par des circonstances bien pénibles, et je ne puis me flatter d'en avoir fait moi-même la découverte. Je crois qu'il existe chez Louise des qualités qui..... qui ont été cruellement négligées et un peu gâtées. Et.... je voulais vous dire que.... que, si vous aviez la bonté de vous joindre à moi pour essayer, d'un commun accord, de laisser Louise se refaire pendant quelque temps, et pour encourager ses bons sentiments naturels à se développer à force de tendresse et de ménagements.... cela.... cela n'en vaudrait que mieux pour notre bonheur à tous. Louise, dit M. Gradgrind se cachant le visage dans ses mains, a toujours été, vous savez, mon enfant favorite. »

L'orageux Bounderby devint cramoisi, et, en entendant ces paroles, il se gonfla si bien qu'on put craindre un moment de le voir tomber d'un coup de sang : ses oreilles en étaient d'un pourpre ardent, marbré de tons cramoisis; cependant il contint son indignation.

« Vous voudriez la garder ici, dit-il, pendant quelque temps?

— Je.... j'avais l'intention de vous conseiller, mon cher Bounderby, de permettre que Louise restât ici en visite pour y être soignée par Sissy, vous savez, Cécile Jupe, qui la comprend et qui a sa confiance.

— D'où je conclus, Tom Gradgrind, dit Bounderby se levant, les mains dans ses goussets, que vous êtes d'avis qu'il existe entre Lou Bounderby et moi ce qu'on appelle une *incompatibilité d'humeur?*

— Je crains qu'il n'y ait en ce moment une incompatibilité générale entre Louise et.... et.... et presque toutes les relations sociales où je l'ai placée, fut la triste réponse du père.

— Écoutez-moi un peu, Tom Gradgrind, dit Bounderby en le regardant en face, le teint toujours animé, les jambes écartées, les mains dans ses poches, avec des cheveux qui ressemblaient plus que jamais à un champ de blé courbé par le vent de sa colère orageuse. Vous venez de dire votre affaire; je vais vous dire la mienne. Je suis un Cokebourgeois; je suis Josué Bounderby de Cokeville; je connais tous les moellons de cette ville; je connais les fabriques de cette ville; je connais les cheminées de cette ville; je connais la fumée de cette ville; je connais les ouvriers de cette ville; je connais tout cela sur le bout de mon doigt; tout cela c'est visible et réel. Mais quand un homme vient me parler de qualités imaginatives, je dis invariablement à cet homme, quel qu'il soit, que je le vois venir. Il veut manger de la soupe à la tortue et de la venaison avec une cuiller d'or, et il aspire tout bonnement à s'installer dans un équipage à six chevaux. C'est là ce que veut votre fille. Puisque vous êtes d'avis qu'on doit lui donner ce qu'elle veut, je vous conseille de le lui donner vous-même; car je vous préviens, Tom Gradgrind, qu'elle ne l'obtiendra jamais de moi.

— Bounderby, dit M. Gradgrind, j'avais espéré, après la prière que je vous ai adressée, vous voir prendre un autre ton.

— Attendez un peu, riposta Bounderby, vous avez parlé

tout votre soûl, je crois. Je vous ai écouté jusqu'au bout; écoutez-moi donc à votre tour, s'il vous plaît. Vous avez été un modèle d'inconséquence, ne soyez pas un modèle d'injustice par-dessus le marché; car, bien que je sois peiné de voir Tom Gradgrind réduit à la position où il se trouve, je serais doublement peiné de le voir tomber encore plus bas. Or, s'il existe une incompatibilité quelconque, comme vous me le donnez à entendre, entre votre fille et moi, je *vous* donne à entendre, de mon côté, qu'il existe en effet incontestablement une incompatibilité des plus graves, et voici comment je la résume : Votre fille est loin d'apprécier comme elle devrait les qualités de son mari. Votre fille ne sent pas assez l'honneur d'une pareille alliance. Non, par saint Georges! Je n'y vais pas par quatre chemins, j'espère.

— Bounderby, objecta M. Gradgrind, ceci n'est pas raisonnable.

— Vraiment? dit Bounderby. Je suis charmé de vous entendre parler comme ça ; dès que Tom Gradgrind, avec les nouvelles lumières qui l'ont illuminé si subitement, prétend que ce que je dis n'est point raisonnable, je n'ai pas besoin d'en savoir davantage pour rester convaincu que ce que j'ai dit doit être très-sensé. Avec votre permission, je continue. Vous connaissez mon origine, et vous savez que, pendant bien des années, je n'ai pas eu besoin de chausse-pied, par la raison bien simple que je n'avais pas de souliers à mettre. Eh bien! malgré ça (vous êtes parfaitement libre de me croire ou de ne pas me croire), il y a des dames.... des dames bien nées.... appartenant à des familles.... à des familles, monsieur!... qui baiseraient la trace de mes pas. »

Il lança cette phrase à la tête de son beau-père, comme une fusée à la Congrève.

«Tandis que votre fille, poursuivit Bounderby, est loin d'être bien née, vous n'avez pas besoin que je vous le dise. Je me soucie comme de l'an quarante de ces bagatelles ; mais ce n'en est pas moins un fait, et je vous défie, Tom Gradgrind, de changer un fait. Or, pourquoi vous ai-je dit ça?

— Ce n'est toujours pas pour me ménager, je le crains, remarqua M. Gradgrind à mi-voix.

— Écoutez-moi jusqu'au bout, dit Bounderby, et ne parlez que lorsque votre tour viendra. Je vous ai dit cela parce que des dames, appartenant à des familles distinguées, ont été surprises de voir la manière dont votre fille se conduisait envers moi. Elles ont été abasourdies de l'insensibilité de votre fille. Elles se sont demandé comment je pouvais souffrir cela. Et c'est ce que je me demande moi-même aujourd'hui, et je ne le souffrirai plus.

— Bounderby, répliqua M. Gradgrind en se levant, je crois que moins nous ferons durer cet entretien, mieux cela vaudra.

— Au contraire, Tom Gradgrind, je crois que plus nous ferons durer cet entretien, mieux cela vaudra. Du moins.... (cette considération le retint).... du moins, jusqu'à ce que j'aie dit tout ce que j'ai l'intention de dire, car après cela nous nous arrêterons aussitôt que vous voudrez. J'arrive à une question qui pourra simplifier les choses. Qu'est-ce que vous vouliez dire, par la proposition que vous m'avez adressée tout à l'heure?

— Ce que je veux dire, Bounderby?

— Oui, ce projet de visite? ajouta Bounderby avec un hochement inflexible de sa tête ébouriffée.

— Je veux dire que j'espère que vous consentirez à nous arranger à l'amiable pour laisser Louise jouir ici d'une période de repos et de calme réflexion qui, petit à petit, pourra amener une amélioration désirable sous bien des rapports.

— C'est-à-dire faire disparaître vos idées relatives à l'incompatibilité? dit Bounderby.

— Vous pouvez poser la question en ces termes.

— Et où avez-vous pris ces idées-là? demanda Bounderby.

— Je vous ai déjà dit que je crains que Louise n'ait pas été comprise. Est-ce donc trop demander, Bounderby, que de désirer que vous, qui êtes son aîné de bien des années, vous m'aidiez à essayer de la remettre dans la bonne voie. Vous avez accepté une grande responsabilité en l'épousant; vous l'avez prise pour le bien comme pour le mal, pour.... »

Il est bien possible que M. Bounderby n'eût pas grand plaisir à s'entendre répéter les paroles textuelles qu'il avait lui-même adressées à Étienne Blackpool; ce qu'il y a de sûr, c'est qu'il coupa court à la citation liturgique par un bond courroucé.

« Allons! s'écria-t-il, je n'ai pas besoin de tout cela. Je sais bien comment je l'ai prise, je le sais aussi bien que vous. Cela ne vous regarde pas; c'est mon affaire.

— J'allais seulement remarquer, Bounderby, que nous sommes tous plus ou moins sujets à nous tromper, vous comme un autre ; et qu'une légère concession de votre part, fondée sur la responsabilité que vous avez acceptée, serait non-seulement un acte de bonté, mais peut-être une dette que Louise a le droit de réclamer.

— Ce n'est pas mon avis, gronda Bounderby. Je vais terminer cette affaire à mon idée. Or, je ne veux pas en faire un sujet de querelle entre nous, Tom Gradgrind. A vrai dire, je crois qu'il serait indigne de ma réputation de me quereller pour si peu. Quant à votre ami le gentleman, qu'il aille au diable si bon lui semble. Si je le trouve sur mon chemin, je lui dirai ma façon de penser; si je ne le rencontre pas, je ne lui dirai rien, car cela ne vaudrait pas la peine de me déranger. Quant à votre fille, dont j'ai fait Mme Lou Bounderby et que j'aurais mieux fait de laisser Lou Gradgrind, si elle n'est pas rentrée chez elle demain, à midi, j'en conclurai qu'elle préfère rester ailleurs et je lui enverrai ici ses hardes et cætera, et vous pourrez la garder dorénavant. Voici ce que je dirai à tout le monde au sujet de l'incompatibilité qui m'a obligé à poser mon ultimatum : « Je suis Josué Bounderby ; j'ai été élevé de telle et telle façon; madame est la fille de Tom Gradgrind et elle a été élevée de telle et telle façon; eh bien! l'attelage ne tirait pas bien ensemble : il a fallu dételer. » Je crois, sans me flatter, qu'on sait assez généralement que je ne suis pas un homme ordinaire; donc, la plupart des gens comprendront sans qu'on le leur dise qu'il m'eût fallu, pour bien faire, une femme, qui ne fût pas non plus trop ordinaire.

— Souffrez que je vous prie instamment de réfléchir avant de prendre une pareille décision, Bounderby, insista M. Gradgrind.

— Je me décide toujours tout de suite, dit Bounderby jetant son chapeau sur sa tête. Tout ce que je fais, je le fais tout de suite; je serais même surpris d'entendre Tom Gradgrind faire une pareille observation à Josué Bounderby de Cokeville, le connaissant comme vous le connaissez, si je pouvais désormais m'étonner de quelque chose de la part de Tom Gradgrind, quand il vient de se faire le partisan d'un tas de bêtises sentimentales. Je vous ai fait connaître ma détermination, à présent je n'ai plus rien à vous dire ; serviteur. »

Là-dessus, M. Bounderby s'en retourna à sa maison de ville se mettre au lit. Le lendemain, à midi cinq minutes, il donna à ses gens l'ordre d'emballer soigneusement les effets de Mme Bounderby et de les porter chez Tom Gradgrind ; puis il fit annoncer dans les journaux une maison de campagne, *à vendre à l'amiable*, et reprit son ancienne vie de garçon.

CHAPITRE XXXII.

Perdu.

Cependant on n'avait pas perdu de vue le vol de la banque, mais à partir de ce jour, l'affaire occupa la première place dans l'attention du chef de cet établissement. Afin de prouver que ce n'était pas sans raison qu'il se vantait toujours de sa promptitude et de son activité, M. Bounderby, en sa qualité d'homme peu ordinaire, d'homme qui ne devait son élévation qu'à lui-même, en sa qualité de merveille commerciale plus admirable que Vénus elle-même, qui n'était sortie que du sein des flots, tandis que lui était sorti du sein de la boue, M. Bounderby tenait à montrer combien peu ses tracas domestiques diminuaient son ardeur industrielle. Par conséquent, durant les premières semaines de son second célibat, il se remua plus que jamais et fit chaque jour un tel tapage en renouvelant ses investigations à propos du vol, que les agents chargés d'en rechercher les auteurs auraient presque désiré que ce vol n'eût jamais été commis. Ils étaient en défaut d'ailleurs et avaient perdu la piste. Quoiqu'ils se fussent tenus si tranquilles, depuis que l'affaire s'était ébruitée, que la plupart des gens croyaient réellement que les recherches avaient été abandonnées comme inutiles, on n'avait pas fait de nouvelle découverte.

Chacun des coupables, hommes ou femmes, ne s'était rassuré
assez vite. Aucun d'eux n'avait fait la moindre démarche qui
put le trahir. Chose plus étonnante encore, on n'avait plus entendu parler d'Étienne Blackpool, et la mystérieuse vieille demeurait toujours un mystère.

Les choses en étant arrivées là, sans qu'aucun signe caché
annonçât qu'elles dussent aller plus loin, M. Bounderby, à bout
de recherches, finit, pour le bouquet, par se décider à risquer
un coup hardi. Il rédigea une affiche offrant une récompense
de cinq cents francs à quiconque appréhenderait au corps ou
aiderait à faire appréhender le nommé Étienne Blackpool,
soupçonné de complicité dans le vol de la banque de Cokeville, telle nuit, tel mois, telle année, etc. Il donna le signalement dudit Étienne Blackpool, c'est-à-dire une description aussi minutieuse que possible de son costume, de
son teint, de sa taille approximative et de ses manières ; il
raconta comment l'ouvrier avait quitté la ville, et indiqua la
direction dans laquelle on l'avait vu pour la dernière fois. Le
tout imprimé en grandes lettres noires sur papier blanc, et
placardé, de par M. Bounderby, sur tous les murs de la ville,
au milieu de la nuit, afin que cet avis frappât en même temps
les yeux de la population tout entière.

Il fallut que les cloches des fabriques prissent leur voix la
plus bruyante ce matin-là pour rappeler au travail les groupes
d'ouvriers qui, rassemblés autour des affiches au point du
jour, les dévoraient avec des yeux avides, et les plus avides
n'étaient point ceux des gens qui savaient lire, mais ceux
des ignorants, au contraire : ceux-là, écoutant la voix amie
qui lisait tout haut (ils trouvaient toujours quelqu'un pour
leur rendre ce service), contemplaient les caractères qui en disaient si long avec une vague terreur et un respect qui auraient semblé presque risibles, si le spectacle de l'ignorance
publique n'était pas toujours plein de menaces et de malheurs.
Combien d'yeux et combien d'oreilles occupés ce jour-là par
le sujet de ces affiches, au milieu du roulement des broches,
du fracas des métiers et du ron-ron des roues ! et lorsque
les ouvriers se dispersèrent de nouveau le long des rues,
les lecteurs ne furent guère moins nombreux qu'auparavant

Slackbridge, le délégué, avait convoqué le même soir
son auditoire ; il avait obtenu de l'imprimeur une affiche

toute **neuve** qu'il avait apportée dans sa poche. O mes amis et compatriotes, travailleurs opprimés de Cokeville, ô mes frères en humanité et en travail, ô mes concitoyens, quel brouhaha, lorsque Slackbridge déplia ce qu'il nommait « ce document infernal, » et l'exposa aux regards et à l'exécration de la communauté ouvrière !

O mes frères en humanité, voyez de quoi est capable un traître qui déserte le camp des grands cœurs enrôlés sous la sainte bannière de la justice et de l'union ! O mes amis, chers compagnons d'humiliation, qui portez au cou le joug superbe de la tyrannie, vous dont le despotisme foule sous ses pieds de fer les corps renversés dans la poussière où on voudrait vous forcer à vous traîner sur le ventre jusqu'à la fin de vos jours, comme le serpent du paradis terrestre ; ô mes frères, et n'ajouterai-je pas, en ma qualité d'homme : ô mes sœurs, que pensez-vous, *maintenant*, d'Étienne Blackpool, avec ses épaules légèrement voûtées et sa taille d'environ cinq pieds sept pouces, tel que nous le représente ce dégradant et ignoble document, cette feuille flétrissante, cette pernicieuse affiche, cette abominable annonce ? avec quel majestueux ensemble d'indignation vous écraserez la vipère, qui voudrait jeter cette tache et cette honte sur la race sacrée qui, heureusement, a exilé l'infâme et l'a repoussé à tout jamais de son sein! Car vous vous souvenez du soir où il s'est présenté à vous sur cette estrade : vous savez comment, face à face et pied à pied, je l'ai poursuivi à travers tous les dédales compliqués de ses réponses tortueuses; vous savez comment il a baissé la tête, se retournant, cherchant à me glisser entre les doigts et à épiloguer sur les mots, jusqu'au moment où, ne sachant plus sur quel pied danser, il s'est vu, par moi, précipité loin de cette enceinte, pour être dorénavant montré au doigt éternel du mépris, marqué, brûlé au fer chaud de tout esprit libre et sérieux. Et maintenant, mes amis, mes amis les travailleurs (car je me réjouis et je m'enorgueillis de ce stigmate), vous tous, amis, qui vous êtes fait votre lit, dur mais honnête, dans le labeur, et non dans le crime, vous dont le pot-au-feu insuffisant, mais indépendant, est gagné à la sueur de votre front ; quel nom a **mérité**, selon vous, ce **lâche poltron, qui, jetant le masque,** se dresse devant nous dans toute sa laideur naturelle?... Un quoi?... un voleur! un brigand! un fugitif! un proscrit, dont la tête est mise à prix; une plaie, un ulcère sur le noble caractère du tisserand de Cokeville! Aussi, vous tous, ô mes frères, associés pour une œuvre sacrée, à laquelle vos fils et les fils de vos fils encore à naître ont apposé leurs signatures et leurs sceaux enfantins, je vous propose au nom de l'Agrégation du Tribunal Réuni, qui a toujours les yeux ouverts pour votre bien, qui est toujours plein de zèle pour vos intérêts, je vous propose que ce meeting déclare: qu'Étienne Blackpool, tisserand, désigné dans cette affiche, ayant déjà été solennellement renié par la communauté des ouvriers de Cokeville, elle n'a rien à voir dans la honte de ses méfaits, et n'est point responsable, comme classe sociale, de ses actions malhonnêtes.

Ainsi parla Slackbridge, grinçant des dents et suant comme un bœuf. Quelques voix sévères crièrent: « Non! » et une quarantaine d'autres appuyèrent cette opposition par des cris de: « Écoutez! écoutez! » Un ouvrier adressa même à l'orateur cette admonestation: « Slackbridge, vous allez trop loin! modérez-vous! » Mais c'étaient quelques pygmées contre une armée de géants; la masse de l'assemblée souscrivit à l'évangile selon saint Slackbridge, et poussa trois acclamations en son honneur, tandis qu'il se tenait debout devant eux, haletant et gesticulant.

Les ouvriers et les ouvrières qui composaient la réunion étaient à peine dans la rue, regagnant tranquillement leurs domiciles, lorsque Sissy, qu'on avait appelée quelques minutes auparavant, retourna auprès de Louise.

« Qui est-ce? demanda Louise.

— C'est M. Bounderby, répliqua Sissy, prononçant ce nom avec timidité, avec votre frère M. Tom, et une jeune femme qui dit qu'elle se nomme Rachel et que vous la connaissez.

— Qu'est-ce qu'ils veulent, chère Sissy?

— Ils veulent vous voir. Rachel a les yeux rouges et paraît en colère.

— Père, dit Louise (car M. Gradgrind était là), je ne puis refuser de les voir, pour une raison qui s'expliquera d'elle-même. Peut-on les faire entrer ici? »

M. Gradgrind n'y voyant aucun inconvénient, Sissy alla

chercher les visiteurs. Elle revint presque immédiatement avec eux. Tom entra le dernier, et se tint dans la partie la plus obscure de la chambre, auprès de la porte.

« Madame Bounderby, dit le mari, qui se présenta avec un petit salut très-froid, j'espère que je ne vous dérange pas L'heure est mal choisie, peut-être, mais voici une jeune femme qui articule des faits qui rendent ma visite nécessaire. Tom Gradgrind, comme votre fils, le jeune Tom, s'obstine, je ne sais pourquoi, à ne rien dire, je suis obligé d'en arriver à cette confrontation.

— Vous m'avez déjà vue une fois, madame, » dit Rachel se posant en face de Louise.

Tom toussa.

« Vous m'avez déjà vue une fois, madame, » répéta Rachel, voyant que Louise ne répondait pas.

Tom toussa de nouveau.

« C'est vrai. »

Rachel regarda fièrement M. Bounderby, et reprit :

« Voulez-vous faire connaître, madame, où vous m'avez vue, et quelles étaient les personnes présentes?

— Je suis allée à la maison où logeait Étienne Blackpool, la nuit qu'il a été renvoyé de la fabrique, et c'est là que je vous ai vue. Il y était aussi, avec une vieille femme qui n'a pas parlé, que j'ai à peine entrevue, car elle se tenait dans l'obscurité. Mon frère m'accompagnait.

— Eh bien! vous ne pouviez pas nous dire ça plus tôt, jeune Tom? demanda Bounderby.

— J'avais promis à ma sœur de n'en rien dire.... Louise se hâta de confirmer cette assertion.... Et d'ailleurs, ajouta le roquet avec amertume, elle vous raconte ça si bien, avec tant de détails.... que ç'aurait été grand dommage de la priver de ce plaisir-là !

— Dites-nous, madame, s'il vous plaît, poursuivit Rachel, pourquoi, dans ce jour de malheur, vous êtes venue chez Étienne Blackpool, la nuit en question.

— Je le plaignais, répliqua Louise en rougissant beaucoup, et je désirais savoir ce qu'il allait faire pour lui offrir mon assistance.

— Merci, madame ! dit M. Bounderby. Très-obligé, très-flatté !

— Lui avez-vous offert, demanda Rachel, un billet de banque?

— Oui ; mais il l'a refusé, et je n'ai pu lui faire accepter que cinquante francs en or. »

Rachel tourna de nouveau les yeux vers M. Bounderby.

« Oh ! certainement ! dit Bounderby. Si vous voulez me demander si le conte que vous m'avez fait, tout ridicule et tout invraisemblable qu'il m'a semblé d'abord, est vrai ou non, je suis bien obligé de reconnaître qu'il se trouve confirmé de tous points.

— Madame, dit Rachel, Étienne Blackpool est traité aujourd'hui de voleur dans des imprimés publiquement affichés par toute cette ville, et ailleurs, peut-être ! On a tenu ce soir un meeting où on a parlé de lui d'une façon aussi déshonorante. Étienne ! le garçon le plus honnête, le plus franc, le meilleur qu'il y ait au monde ! »

L'indignation fit place à la douleur et elle s'arrêta en sanglotant.

« J'en suis bien, bien fâchée, dit Louise.

— Oh ! madame, madame, répliqua Rachel, je l'espère ; mais je n'en sais rien ! Je ne sais pas ce que vous pouvez avoir fait ! Les gens comme vous ne nous connaissent pas, ne se soucient pas de nous, ne se croient pas de la même espèce que nous. Je ne suis pas sûre du motif qui vous a amenée chez Étienne. Je ne puis pas dire que vous n'êtes pas venue avec quelque intention secrète à vous connue, sans vous inquiéter de la peine que vous pourriez causer à ce pauvre garçon. Je vous ai dit alors : « Dieu vous bénisse d'être venue ! » et je l'ai dit du fond du cœur ; vous paraissiez avoir tant de commisération pour ses peines ! mais, aujourd'hui, je ne sais pas, je ne sais pas ! »

En la voyant si fidèle à son estime pour le pauvre Étienne, et si profondément affligée, Louise n'eut pas le courage de lui reprocher ses injustes soupçons.

« Et quand je pense, dit Rachel à travers ses sanglots, que le pauvre garçon était si reconnaissant, en vous croyant si bonne pour lui, quand je songe qu'il a porté la main à son visage fatigué, pour cacher les larmes que vous y aviez fait venir.... Oh ! oui, j'espère que vous en êtes fâchée, comme vous le dites, et que vous n'avez aucun motif caché de l'être ; mais je ne sais pas, je ne sais pas ! »

— Eh bien, voilà du propre ! aboya le roquet, s'agitant avec inquiétude dans son coin obscur, c'est donc pour insulter les gens que vous venez ici ? Vous mériteriez qu'on vous flanquât à la porte, pour vous apprendre ; vous n'auriez que ce que vous méritez ! »

Elle ne répondit rien, et ses sanglots étouffés furent le seul bruit qu'on entendit jusqu'au moment où M. Bounderby prit la parole.

« Allons, dit-il, vous savez ce que vous avez promis. Vous ferez mieux de penser à ça, au lieu de pleurer.

— Je suis honteuse, répondit Rachel, essuyant ses larmes, de m'être laissé voir dans un pareil état, mais c'est fini. Madame, quand j'ai lu ce qu'on a imprimé sur le compte d'Étienne (un tas de mensonges qui ne sont pas plus vrais que si on les avait imprimés sur votre compte, à vous-même), je suis allée tout droit à la banque, pour dire que je sais où est Étienne, et pour donner la promesse certaine qu'il serait ici dans deux jours. Je n'ai pas rencontré M. Bounderby, et votre frère m'a renvoyée ; alors j'ai cherché à vous voir, mais, ne pouvant y réussir, je suis retournée à mon ouvrage. Aussitôt que je suis sortie de la fabrique ce soir, j'ai couru entendre ce qu'on disait d'Étienne, car je sais bien, et je le dis avec orgueil, qu'il reviendra leur faire honte ! Je suis donc allée de nouveau chez M. Bounderby, et cette fois je l'ai trouvé ; je lui ai dit tout ce que je savais ; il n'en a pas voulu croire un mot, et c'est pour cela qu'il m'a amenée ici.

— Jusque-là tout est parfaitement exact, convint M. Bounderby, les mains dans les poches et le chapeau sur la tête. Mais ce n'est pas d'hier que je vous connais vous autres, remarquez-le bien, et je sais que vous n'avez pas votre langue dans votre poche ; mais il ne s'agit pas ici de parler ; pour le quart d'heure il faut agir. Vous avez promis de faire quelque chose : eh bien ! faites-le. Voilà tout.

— J'ai écrit à Étienne par la poste de ce soir, comme je lui avais écrit une fois déjà depuis son départ, dit Rachel ; et il sera ici, au plus tard, dans deux jours !

— Eh bien ! moi, je vais vous dire une chose. Vous ignorez peut-être, riposta M. Bounderby, que vous-même, vous avez été surveillée de temps à autre, n'étant pas affranchie de tout soupçon de complicité dans cette affaire, d'après le principe que *qui se ressemble s'assemble*. On n'a pas non plus oublié la poste. J'ai donc à vous dire qu'il n'est pas vrai qu'il y ait eu une lettre mise dans la boîte à l'adresse d'Étienne Blackpool. Faites-moi le plaisir alors de me dire où les vôtres ont pu passer. A moins que vous ne vous trompiez, et que réellement vous ne lui ayez jamais écrit.

— Il n'y avait pas huit jours, madame, dit Rachel se tournant vers Louise, comme pour en appeler à elle, qu'il était parti, lorsque j'ai reçu la seule lettre qu'il m'ait écrite, me disant qu'il était obligé de chercher de l'ouvrage sous un autre nom.

— Ah! par saint Georges! s'écria Bounderby en sifflant, il change de nom! Diable! c'est bien désagréable pour un personnage aussi immaculé. Les tribunaux, vous savez, trouvent toujours un peu louche qu'un innocent s'avise d'avoir plusieurs noms.

— Que vouliez-vous, madame, dit Rachel les larmes aux yeux, que vouliez-vous, au nom du ciel, que fît le pauvre garçon? Les maîtres étaient contre lui d'un côté, les ouvriers de l'autre, bien qu'il ne demandât qu'à travailler en paix et à vivre honnêtement. Un ouvrier ne peut donc pas avoir une âme à lui, une volonté à lui? Il faut donc qu'il agisse mal envers les uns, ou qu'il agisse mal envers les autres, s'il ne veut pas être traqué comme un lièvre?

— Certainement, certainement, je le plains de tout mon cœur, répondit Louise, et j'espère qu'il se justifiera.

— Pour ça, n'ayez pas peur, madame. Vous pouvez en être sûre.

— Nous pouvons en être d'autant plus sûrs, je suppose, dit M. Bounderby, que vous refusez de nous dire où il est? n'est-ce pas?

— Je ne ferai rien qui puisse le ramener ici avec le reproche immérité d'y être revenu malgré lui. Il reviendra librement, de son propre gré, pour se justifier et faire honte à tous ceux qui ont voulu porter atteinte à sa bonne réputation, lorsqu'il n'était pas là pour se défendre. Je lui ai dit ce qu'on a fait contre lui, continua Rachel, ferme comme un roc contre les insinuations de M. Bounderby, et il sera ici, au plus tard, dans deux jours.

— Malgré quoi, ajouta M. Bounderby, si on peut mettre la main sur lui plus tôt, on lui fournira tout de suite l'occasion de se disculper. Pour ce qui est de vous, je n'ai rien à dire contre vous ; ce que vous êtes venue me raconter se trouve être vrai ; je vous ai donné les moyens de le prouver, voilà tout. Je vous souhaite le bonsoir ! Il faut que j'aille examiner cette affaire un peu plus à fond. »

Tom sortit de son coin, lorsque M. Bounderby se mit en mouvement, le suivit, se tint à ses côtés et s'éloigna avec lui. La seule phrase de politesse qu'il prononça avant de sortir fut un maussade : « Bonsoir, père ! » Après ce discours laconique et un regard hargneux à l'adresse de sa sœur, il quitta la maison.

Depuis que son ancre de salut était de retour dans sa maison, M. Gradgrind n'avait pas beaucoup parlé. Il ne rompit pas encore le silence, lorsque Louise dit doucement :

« Rachel, lorsque vous me connaîtrez mieux, vous ne vous méfierez pas de moi.

— Il n'est pas dans ma nature, répondit Rachel d'un ton plus amical, de me méfier de qui que ce soit; mais, lorsqu'on se méfie tant de moi.... de nous tous.... je ne peux pas chasser ces idées-là. Je vous demande pardon de vous avoir blessée. Je ne pense plus ce que je disais tout à l'heure. Et pourtant ça peut me revenir, en voyant l'injustice avec laquelle on traite le pauvre Étienne.

— Lui avez-vous dit dans votre lettre, demanda Sissy, qu'on le soupçonne, à ce qu'il semble, parce qu'on l'a vu rôder le soir autour de la banque ? c'est un renseignement qui peut lui servir à préparer les explications qu'il aura à donner à son retour; comme cela, il ne sera pas pris au dépourvu.

— Oui, ma chère dame, répondit Rachel, quoique je ne puisse pas deviner ce qui a pu lui faire faire ça. Il n'allait jamais par là. Ce n'était pas son chemin, bien au contraire. Son chemin est le même que le mien et ne mène pas du tout par là. »

Sissy s'était déjà rapprochée de Rachel, lui demandant où elle demeurait, et si elle ne pourrait pas aller chez elle le lendemain pour savoir des nouvelles d'Étienne.

« Je doute, dit Rachel, qu'il puisse être ici avant deux jours.

— Alors, j'y retournerai encore après-demain soir, » dit Sissy.

Lorsque Rachel se fut éloignée après avoir consenti à cette visite, M. Gradgrind leva la tête et dit à sa fille :

« Louise, ma chère, je n'ai jamais vu cet homme, que je sache. Croyez-vous qu'il soit vraiment compromis dans cette affaire ?

— Je crois que j'avais fini par le croire, père, quoique avec bien de la peine, mais à présent je ne le crois plus.

— C'est-à-dire que vous avez fait tout votre possible pour le croire coupable, en voyant les soupçons qu'on faisait peser sur lui. Qu'est-ce que vous dites de sa tenue et de ses manières? A-t-il l'air honnête?

— Très-honnête.

— Et cette Rachel, dont rien ne peut ébranler la confiance! Je me demande, dit M. Gradgrind soucieux, si le vrai coupable ne connaît pas ces accusations. Où est-il? Qui peut-il être? »

Les cheveux de M. Gradgrind avaient commencé depuis peu à changer de couleur. Comme il appuyait de nouveau sur sa main sa tête grisonnante et sa figure vieillie, Louise, le visage plein d'effroi et de pitié, s'empressa d'aller s'asseoir à son côté. A ce moment, ses yeux rencontrèrent par hasard ceux de Sissy. Sissy rougit et tressaillit, et Louise porta un doigt à ses lèvres.

La nuit suivante, lorsque Sissy rentra dire à Louise qu'Étienne n'était pas de retour, elle le lui dit à voix basse. La nuit d'après, lorsqu'elle revint avec la même nouvelle, elle parla avec la même intonation mystérieuse et effrayée. A partir de ce regard qu'elles avaient échangé, elles ne prononcèrent plus le nom du tisserand, et n'y firent pas même allusion, du moins à haute voix; elles semblaient plutôt chercher à changer de conversation, lorsque M. Gradgrind parlait du vol.

Les deux jours stipulés s'écoulèrent; trois jours et trois nuits s'écoulèrent sans qu'Étienne se montrât, sans qu'on entendît parler de lui. Le quatrième jour, Rachel, dont la confiance n'était pas ébranlée, mais qui pensait que sa lettre avait été égarée, se rendit à la banque pour montrer les quelques lignes qu'elle avait reçues d'Étienne; l'ouvrier y donnait son adresse, dans une des nombreuses colonies ouvrières qui s'écartaient de la grande route, à la distance d'une vingtaine de lieues environ. On expédia des messagers à l'endroit indiqué, et toute la ville s'attendait à voir ramener Étienne le lendemain.

Pendant ce temps-là, le roquet ne quittait pas plus M. Bounderby que son ombre, l'accompagnant dans toutes ses démarches. Il était fort agité, horriblement fiévreux, se mordait les ongles jusqu'au vif, parlait d'un ton saccadé ; il avait une sorte de râle dans la voix et ses lèvres étaient noircies comme si elles avaient passé au feu. A l'heure où l'on attendait le voleur supposé, le roquet se trouva au débarcadère, offrant de parier que l'ouvrier avait disparu avant l'arrivée des messagers envoyés à sa recherche, et qu'on n'allait pas le voir.

Le roquet avait raison. Les agents revinrent seuls. La lettre de Rachel était partie, la lettre de Rachel avait été réclamée là-bas au bureau, Étienne Blackpool avait décampé sur l'heure ; personne n'en savait davantage. Il n'y avait plus qu'un doute dans l'esprit des Cokebourgeois ; on se demandait si Rachel avait réellement écrit à Étienne pour le faire revenir, ou si ce n'était pas plutôt pour l'avertir de prendre la fuite. Sur ce point, les opinions étaient partagées.

Six jours, sept jours se passèrent ; une autre semaine va son train. Le misérable roquet recommence à montrer un triste courage et à braver les gens.

« Ah ! l'individu soupçonné n'était peut-être pas le vrai voleur ? Jolie question, ma foi ! En ce cas, où était-il donc, et pourquoi ne revenait-il pas ? »

Où était-il ? Pourquoi ne revenait-il pas ? Au milieu de la sombre nuit, les échos de ses propres paroles, qui durant la journée s'étaient envolées Dieu sait où, revinrent, à défaut d'Étienne, résonner aux oreilles de Tom jusqu'au lendemain matin.

CHAPITRE XXXIII.

Retrouvé.

Encore un jour et une nuit, puis encore un autre jour et une autre nuit; pas d'Étienne Blackpool. Où était-il donc et pourquoi ne revenait-il pas ?

Chaque soir, Sissy allait au logis de Rachel s'asseoir auprès d'elle dans sa petite chambre si proprette. Toute la journée, Rachel travaillait comme il faut bien que ces gens-là travaillent, d'arrache-pied, n'importent leurs soucis. Les serpents de fumée s'inquiétaient bien de savoir s'il y avait quelqu'un de perdu ou de retrouvé, un coupable ou un innocent; les éléphants atteints de mélancolie, pas plus que les partisans des faits positifs, ne variaient leur routine, quoi qu'il arrivât. Encore un jour et une nuit, puis un autre jour et une autre nuit, et rien de nouveau ne vint interrompre la monotonie cokebourgeoise. La disparition d'Étienne Blackpool commençait même à prendre la tournure de tout le reste dans Cokeville, et à devenir un fait aussi monotone que n'importe quelle machine de ses usines.

« Je parierais, dit Rachel, qu'il n'y a pas aujourd'hui dans la ville vingt personnes qui croient encore à l'innocence de ce pauvre cher garçon. »

Toutes deux étaient assises dans cette chambre qui n'était éclairée que par la lampe allumée au coin de la rue. Sissy étant arrivée la première, lorsqu'il faisait déjà nuit, afin d'attendre que l'ouvrière revînt de son travail, Rachel l'avait trouvée auprès de la croisée, et elles y étaient restées depuis, n'ayant pas besoin d'autre lumière pour éclairer leur triste conversation.

« Si par malheur je ne vous avais pas eue pour causer avec moi tous les soirs, dit Rachel, il y a des moments où je crois que j'aurais perdu l'esprit. Mais vous me rendez l'espoir et le courage. Vous êtes toujours convaincue, n'est-il pas vrai, que, bien que les apparences soient contre lui, il réussira à se disculper?

— Je le crois, Rachel, répondit Sissy, je le crois de tout mon cœur. Je suis tellement persuadée, Rachel, que la confiance avec laquelle vous repoussez tout découragement ne saurait vous tromper, que je la partage : je ne doute pas plus de lui que si je l'avais connu à l'épreuve aussi longtemps que vous

— Et moi, ma chère, dit Rachel d'une voix tremblante, je l'ai connu pendant de longues années, et toujours si résigné, si fidèle à tout ce qui est bon et honnête, que, dût-on ne plus jamais entendre parler de lui, et dussé-je vivre cent ans à l'attendre, je dirais de mon dernier souffle : « Dieu connaît mon cœur. Je n'ai jamais cessé d'avoir confiance dans Étienne Blackpool! »

— Nous sommes tous convaincus, à la maison, Rachel, que, tôt ou tard, son innocence sera reconnue.

— Plus je sais que l'on est convaincu de cela chez vous, ma chère, dit Rachel, plus je sens combien vous êtes bonne de quitter exprès la maison pour venir me consoler, me tenir compagnie et vous montrer avec moi, lorsque moi-même je ne suis pas exempte de tout soupçon, et plus aussi je suis fâchée des paroles de méfiance que j'ai dites à la jeune dame Et pourtant....

— Vous ne vous méfiez plus d'elle, maintenant, Rachel?

— Maintenant que vous m'avez mise à même de la voir souvent, non. Mais je ne puis pas toujours m'empêcher.... »

Elle murmurait si bas, comme quelqu'un qui se parle à lui-même, que Sissy, assise à côté d'elle, fut obligée d'écouter avec attention.

« Je ne puis pas toujours m'empêcher de me méfier de quelqu'un. Je ne puis pas deviner qui c'est, ni comment ni pourquoi on aurait agi comme ça ; mais j'ai peur que quelqu'un n'ait fait disparaître Étienne. Je m'imagine que, s'il était revenu de son plein gré se disculper devant tout le monde, il y aurait eu quelqu'un de compromis, et que c'est pour empêcher cela que ce quelqu'un aura arrêté Étienne et l'aura fait disparaître.

— C'est horrible à penser, dit Sissy en pâlissant.

— Oh! oui, c'est horrible à penser. Songez donc, si on l'avait assassiné! »

Sissy frissonna et devint plus pâle encore.

« Quand cette idée me vient, ma chère, dit Rachel, et elle me vient quelquefois, quoique je fasse tout ce que je peux pour la chasser, en comptant jusqu'à mille pendant que je travaille et en récitant plusieurs fois de suite des leçons que j'ai apprises du temps que j'étais toute petite, quand cette idée me vient, j'ai comme la fièvre, je sens le besoin de marcher vite pendant des heures. Je ne pourrais pas me coucher avant. Tenez! je vais vous reconduire jusqu'à votre porte.

— Il a pu tomber malade en revenant, dit Sissy offrant timidement un lambeau d'espérance déjà usé jusqu'à la corde. Dans ce cas, il y a sur la route bien des endroits où il aurait pu s'arrêter.

— Mais il n'y en a aucun où il puisse être. On l'y a cherché partout, et on ne l'a pas trouvé.

— C'est vrai, répondit Sissy à contre-cœur.

— Il ne lui fallait que deux jours pour faire le voyage à pied. Quand il aurait eu trop mal aux pieds pour marcher jusqu'ici, cela ne l'aurait pas arrêté, car, dans la lettre qu'il a reçue, je lui ai envoyé de l'argent pour prendre la diligence, dans le cas où il ne lui resterait pas assez pour payer sa place.

— Espérons que la journée de demain nous apportera de meilleures nouvelles. Allons prendre un peu l'air, Rachel. »

Elle arrangea doucement le châle sur les cheveux noirs et luisants de Rachel, ainsi que l'ouvrière avait l'habitude de le faire. La nuit était belle, et quelques petits groupes de « Bras » causaient çà et là au coin des rues; mais, pour la plupart d'entre eux, c'était l'heure du souper, et il y avait peu de monde dehors.

« Vous n'êtes plus aussi agitée, Rachel, et votre main est moins brûlante.

— Je vais toujours mieux dès que je peux marcher; mais, quand je ne peux pas, mes idées se brouillent et je suis prête à me trouver mal.

— Mais il ne faut pas vous laisser abattre, Rachel; car on peut avoir besoin de vous d'un moment à l'autre pour prendre la défense d'Étienne. C'est demain samedi; s'il n'y a pas de nouvelles demain, voulez-vous que nous allions nous promener ensemble dans la campagne dimanche matin? Cela vous donnera des forces pour la semaine suivante. Cela vous convient-il?

— Oui, ma chère. »

En ce moment, elles se trouvaient dans la rue de M. Bounderby. Sissy, pour rentrer chez elle, devait passer devant sa maison ; elles se dirigèrent donc tout droit de ce côté. Il venait d'arriver à Cokeville un train qui avait mis en mouvement un grand nombre de véhicules, et les voyageurs, en s'éparpillant, avaient produit dans la ville une certaine émotion. Plusieurs fiacres les pressaient par devant et par derrière: l'un d'eux s'arrêta si subitement à la porte de M. Bounderby, au moment où Sissy et Rachel passaient par là, qu'elles se retournèrent instinctivement. A la lueur flamboyante du bec de gaz, au-dessus des marches qui conduisaient chez le banquier, elles aperçurent Mme Sparsit, en proie à une agitation violente, se démenant pour ouvrir la portière ; et, en les voyant, elle leur cria de s'arrêter :

« Quelle étrange coïncidence! s'écria Mme Sparsit lorsque le cocher fut venu la délivrer. Quelle coïncidence providentielle!... Sortez, madame! ajouta-t-elle ensuite, s'adressant à quelqu'un qui était resté dans le fiacre. Sortez, si vous ne voulez pas que nous vous fassions sortir de force! »

A ces mots, on vit descendre la mystérieuse vieille en personne, sur laquelle Mme Sparsit s'empressa de mettre la main.

« Que personne ne touche à cette femme! cria Mme Sparsit avec beaucoup d'énergie. Que personne n'y touche! Elle m'appartient. Entrez, madame! ajouta-t-elle ensuite, tout comme elle lui avait dit « sortez » tout à l'heure. Entrez, madame, si vous ne voulez pas que nous vous fassions entrer de force! »

La vue d'une matrone de tournure classique en train de saisir une dame âgée à la gorge et pour l'entraîner de force dans une maison, aurait suffi en tout temps pour éveiller la curiosité des flâneurs britanniques assez heureux pour assister à une pareille scène, et les aurait poussés à envahir cette maison, afin de voir comment se terminerait l'affaire ; mais quand l'attrait d'un tel phénomène était encore augmenté par le bruit qu'avait fait par toute la ville le vol de la banque, à la fois si notoire et si mystérieux, il est clair que les curieux ne pouvaient pas raisonnablement résister à l'envie de pénétrer jusque dans la maison, dût le toit s'écrouler sur eux. Par conséquent, le groupe de spectateurs que le hasard avait rassemblés, composé de vingt-cinq voisins des plus officieux, se pressèrent derrière Sissy et Rachel, qui se pressaient elles-mêmes derrière Mme Sparsit et sa captive. Tout ce monde-là fit irruption pêle-mêle dans la salle à manger de M. Bounderby, où les derniers arrivés ne perdirent pas un moment à monter sur les chaises pour dominer les autres.

« Qu'on fasse descendre M. Bounderby! cria Mme Sparsit. Rachel, vous connaissez cette femme?

— C'est Mme Pegler, dit Rachel.

— Je crois bien que c'est elle! cria Mme Sparsit d'un ton de triomphe. Qu'on fasse descendre M. Bounderby. Allons, un peu de place, tout le monde! »

A ce moment, la vieille Mme Pegler, s'enveloppant dans son châle et cherchant à éviter les regards, murmura quelques paroles de supplication.

« C'est bon, c'est bon! répliqua Mme Sparsit à haute voix. Je vous ai déjà dit vingt fois, le long de la route, que je ne vous laisserais pas aller avant de vous avoir livrée à lui-même en personne. »

M. Bounderby se montra, sur ces entrefaites, en compagnie de M. Gradgrind et du roquet, avec lesquels il était en train de tenir conférence à l'étage supérieur. Le regard de M. Bounderby témoigna des sentiments de surprise plutôt que d'hospitalité à la vue des convives non invités qui remplissaient sa salle à manger.

« Ah çà! qu'est-ce que cela signifie? demanda-t-il. Mme Sparsit, qu'est-ce que cela veut dire?

— Monsieur, commença à dire la digne gouvernante, je remercie ma bonne étoile de m'avoir procuré l'avantage de vous amener une personne que vous cherchez depuis longtemps. Stimulée par mon désir de vous délivrer de l'anxiété qui vous mine, monsieur, et n'ayant pour me guider que des renseignements assez vagues sur la localité où l'on pouvait supposer qu'habitait cette vieille, et ces renseignements m'ont été fournis par cette jeune ouvrière, Rachel, qui se trouve fort heureusement là pour reconnaître l'identité de la coupable, j'ai eu le bonheur de réussir, monsieur, à ramener avec moi la personne en question.... bien malgré elle, cela va sans dire. Ce n'est pas sans beaucoup de peine, monsieur, que j'ai accompli cette mission délicate ; mais, lorsqu'il s'agit de vous rendre service, on ne regarde pas à sa peine ; la faim, la soif et le froid deviennent de vrais plaisirs dans ce but. »

Mme Sparsit se tut ; car elle put lire sur le visage de M. Bounderby un bizarre mélange de toutes les variétés et de toutes les nuances de déconvenue, lorsque la vieille Mme Pegler se montra à ses yeux.

« Ah çà ! madame, est-ce que vous vous moquez de moi ? fut la réponse inattendue mais vigoureuse de M. Bounderby. Je vous demande encore une fois, madame Sparsit, si c'est pour vous moquer de moi, madame ?

— Monsieur ! s'écria Mme Sparsit d'une voix faible.

— Pourquoi diable allez-vous vous mêler de ce qui ne vous regarde pas, madame ? beugla Bounderby. Vous n'avez donc pas assez de vos affaires, sans aller fourrer votre nez officieux dans celles de ma famille ? »

Cette allusion malicieuse au trait favori de son visage accabla Mme Sparsit. Elle en tomba toute roide sur une chaise, comme pétrifiée ; et, fixant sur M. Bounderby un regard stupéfait, elle se mit à râper lentement l'une contre l'autre ses mitaines pétrifiées comme elle.

« Mon cher Josué ! s'écria Mme Pegler, qui tremblait beaucoup. Mon enfant chéri ! il ne faut pas m'en vouloir. Ce n'est pas ma faute, Josué. J'ai dit et redit à cette dame que je savais que ce qu'elle faisait ne vous serait pas agréable, mais elle n'a pas voulu m'écouter.

— Pourquoi l'avez-vous laissée vous amener ici ? Ne pouviez-vous pas lui arracher son bonnet ou une dent, ou l'égratigner ou lui faire n'importe quoi ? demanda Bounderby.

— Mon cher fils ! Elle m'a menacée de me faire emmener par les constables, si je résistais ; ne valait-il pas encore mieux la suivre tranquillement que de faire du vacarme dans une si.... (Mme Pegler jeta autour de la chambre un coup d'œil timide mais fier).... dans une si belle maison ? Vraiment, je vous assure que ce n'est pas ma faute, mon cher, noble et digne enfant ! Je me suis toujours tenue coite et discrète, Josué, mon cher fils. Je n'ai jamais manqué à ma promesse.

Je n'ai jamais dit à personne que j'étais ta mère. Je t'ai admiré de loin, et si je suis venue de temps en temps à la ville, à de longs intervalles, pour te regarder à la dérobée, mais avec orgueil, je l'ai toujours fait incognito, mon enfant chéri, et je suis repartie de même. »

M. Bounderby, les mains dans ses poches, se promena avec impatience, tout décontenancé, le long de la table de la salle à manger, tandis que les spectateurs recueillaient avec avidité chaque syllabe des tendres prières de Mme Pegler et ouvraient, à chaque syllabe, des yeux de plus en plus étonnés. M. Bounderby continuait sa promenade, lorsque Mme Pegler eut terminé son allocution. M. Gradgrind, à son tour, s'adressa en ces termes à cette vieille dame, dont on lui avait dit tant de mal :

« Je m'étonne, madame, dit-il d'un ton sévère, que vous osiez, dans vos vieux jours, réclamer M. Bounderby pour votre fils, après les traitements dénaturés et inhumains que vous lui avez fait subir.

— *Moi*, dénaturée ! s'écria la pauvre vieille Mme Pegler *Moi*, inhumaine ! Et envers mon cher fils ?

— Votre cher fils ! répéta M. Gradgrind. Oui, oui, il vous est très-cher, maintenant qu'il s'est enrichi par ses propres efforts, madame, je n'en doute pas; mais il ne vous était pas si cher, lorsque vous l'avez abandonné dans sa jeunesse à la brutalité de son ivrognesse de grand'mère.

— *Moi*, j'ai abandonné mon Josué ! s'écria Mme Pegler en joignant les mains. Que le bon Dieu vous pardonne, monsieur, vos méchantes inventions, et vos calomnies contre la mémoire de ma pauvre bonne mère, qui est morte dans mes bras avant que Josué fût seulement de ce monde ! Puissiez-vous vous repentir, monsieur, et que Dieu vous fasse la grâce de vivre assez longtemps pour revenir à de meilleurs sentiments ! »

Elle était si sérieuse et si indignée, que M. Gradgrind, effrayé par la supposition qui lui vint à l'esprit, lui demanda d'un ton plus doux :

« Niez-vous donc, madame, que votre fils.... abandonné par sa mère à sa naissance, ait été.... ramassé dans le ruisseau?

— Josué dans le ruisseau ! s'écria Mme Pegler. Comment!

monsieur! Jamais! Vous devriez rougir, monsieur, de ce que vous dites là! Mon cher fils sait bien, et il vous dira lui-même que, s'il est né de parents pauvres, il est né de parents qui l'ont aimé aussi tendrement qu'auraient pu le faire les plus huppés, et qu'ils n'ont pas eu peur de s'imposer des privations pour lui faire apprendre à écrire et à chiffrer comme il faut, à preuve que j'ai encore ses cahiers à la maison! Ah! mais oui, je les ai! dit Mme Pegler avec une fierté révoltée. Et mon fils sait bien, et il vous le dira lui-même, monsieur, que, lorsque son cher homme de père est mort (Josué n'avait alors que huit ans), la pauvre veuve aussi a su se sacrifier, comme c'était son devoir, son plaisir et son orgueil, pour lui faire faire son chemin et le mettre en apprentissage. Et, si c'était un apprenti bien rangé, il a trouvé aussi un bon maître qui l'a aidé à s'établir. C'est comme cela qu'il est arrivé à devenir riche, très-riche. Et je vous ferai savoir, monsieur.... car mon cher enfant ne vous le dirait pas.... que, bien que sa mère ne tienne qu'une petite boutique de village, il ne l'a jamais oubliée, car il me sert une pension de huit cents francs (c'est plus qu'il ne me faut, et je mets encore là-dessus quelque chose de côté), à la seule condition que je resterai dans mon village, que je ne me vanterai pas d'être sa mère, et que je ne viendrai pas l'ennuyer. C'est bien aussi ce que je fais, sauf que je viens le regarder de loin une fois par an, sans qu'il s'en doute. Et il a bien raison, ajouta la pauvre vieille Mme Pegler l'excusant du ton le plus affectueux, de vouloir que je reste dans mon village; car, si je demeurais ici, je ne manquerais pas de faire une foule de choses déplacées, tandis que je suis heureuse comme ça : personne ne m'empêche de garder pour moi mon orgueil d'avoir un fils comme mon Josué, et je puis l'aimer là tout mon soûl! Aussi je rougis pour vous, monsieur, continua Mme Pegler en terminant, de vos calomnies et de vos soupçons. C'est la première fois que j'entre ici, et je ne voulais pas y entrer, puisque mon cher enfant m'avait dit qu'il ne fallait pas. Non certainement, je n'y serais pas entrée, si on ne m'y avait pas amenée. Et, allez! vous devriez rougir; oui, vous devriez rougir de m'accuser d'avoir été une mauvaise mère, quand mon fils est là pour vous démentir! »

Les spectateurs, ceux qui se trouvaient montés sur les chaises, comme les autres, firent entendre un murmure sympathique en faveur de Mme Pegler, et M. Gradgrind sentit qu'il s'était fort innocemment fourré dans une assez vilaine passe, lorsque M. Bounderby, qui n'avait pas interrompu sa promenade, et dont le visage à chaque instant se gonflait davantage et devenait de plus en plus rouge, s'arrêta brusquement.

« Je ne sais pas au juste, dit M. Bounderby, pourquoi les personnes ici présentes ont cru devoir m'honorer de leur visite, mais je ne demande pas d'explication. Quand elles seront complétement satisfaites, j'espère qu'elles auront la bonté de se disperser ; ou plutôt qu'elles soient satisfaites ou non, j'espère qu'elles vont avoir la bonté de décamper au plus vite. Je ne suis pas tenu d'ouvrir ce soir un cours public sur mes affaires de famille. Je n'ai pas du tout cette intention, et je ne le ferai pas. Ceux qui s'attendraient à me voir leur donner des explications sur ce sujet seront donc trompés dans leur espoir, surtout Tom Gradgrind, qui ne saurait trop tôt se le tenir pour dit. En ce qui concerne le vol de la banque, on a commis une erreur à propos de ma mère. S'il n'y avait pas eu excès de zèle, on n'aurait pas commis cette erreur, et j'abhorre tout excès de zèle, quand même. Bonsoir ! »

Bien que M. Bounderby prît ainsi la chose et s'exprimât avec son aplomb habituel, tout en tenant la porte ouverte pour laisser sortir la société, il avait cette fois dans ses airs d'ouragan quelque chose de penaud qui lui donnait une mine piteuse on ne peut plus ridicule. Convaincu de n'être qu'un fanfaron d'humilité, d'avoir bâti sur des mensonges sa frêle réputation, et de n'avoir pas plus respecté la vérité, dans ses vanteries, que s'il eût eu l'abjecte prétention, la plus abjecte de toutes, de raccrocher son origine à quelque noble généalogie, il jouait le plus sot personnage du monde, pendant qu'il regardait défiler par la porte, qu'il tenait toute grande ouverte pour leur commodité, ces visiteurs qui n'allaient pas manquer, il le savait, de répandre l'histoire par toute la ville ; il n'aurait pas fait plus triste figure, pauvre fanfaron déconfit, quand bien même on lui aurait coupé les deux oreilles. Mme Sparsit elle-même, bien que tombée du faîte de la joie dans le bourbier du désespoir, n'était pas encore si bas que cet homme peu ordinaire, le soi-disant enfant de ses œuvres, Josué Bounderby de Cokeville.

Rachel et Sissy, laissant Mme Pegler prendre possession d'un lit chez son fils pour cette nuit seulement, se dirigèrent ensemble du côté de Pierre-Loge et se séparèrent à la porte. M. Gradgrind les avait rejointes bientôt sur la route, et leur avait parlé avec intérêt d'Étienne Blackpool, disant que l'injustice évidente des soupçons qu'avait encourus Mme Pegler devrait naturellement exercer aussi sur l'opinion publique une influence favorable à l'ouvrier.

Quant au roquet, pendant toute cette scène, il ne s'était pas éloigné de Bounderby que, du reste, il ne quittait plus depuis quelque temps. Tom avait l'air de croire que, tant que Bounderby ne pourrait faire aucune découverte à son insu, il n'avait rien à craindre. Du reste, il n'allait jamais chez sa sœur et ne l'avait vue qu'une seule fois depuis qu'elle était de retour, c'est-à-dire la nuit où il avait suivi Bounderby comme son ombre, ainsi que nous l'avons déjà raconté.

L'esprit de Louise nourrissait une crainte obscure et vague dont elle ne parlait jamais, mais qui enveloppait d'un horrible mystère ce jeune homme ingrat et pervers. La même pensée triste et sombre s'était présentée à Sissy, sous la même forme indécise, lorsque Rachel avait parlé de quelqu'un qui devait se trouver compromis par le retour d'Étienne, et qui peut-être l'avait fait disparaître. Louise n'avait jamais avoué qu'elle soupçonnât son frère du vol ; Sissy et elle ne s'étaient fait aucune confidence à ce sujet, sauf ce regard qu'elles avaient échangé le jour où M. Gradgrind rêvait, sa tête grise appuyée sur sa main ; mais elles se comprenaient toutes deux, chacune d'elles lisait dans la pensée de l'autre. Cette nouvelle crainte était si terrible, qu'elle planait au-dessus d'elles comme l'ombre d'un fantôme ; Louise n'osait pas songer que ce fantôme fût près d'elle, et encore moins qu'il fût près de son amie. Il en était de même de Sissy.

Et néanmoins le courage forcené que le roquet avait appelé à son aide ne l'abandonnait pas. Si Étienne Blackpool n'est pas le voleur, qu'il se montre, alors. Pourquoi ne se montre-t-il pas ?

Encore une nuit. Encore un jour et une nuit. Pas d'Étienne Blackpool. Où donc est-il et pourquoi ne revient-il pas ?

CHAPITRE XXXIV.

Clair de lune.

Le dimanche suivant, Sissy et Rachel se rejoignirent de bonne heure pour aller se promener dans la campagne. C'était une belle journée d'automne, claire et fraîche.

Comme Cokeville ne se contentait pas de couvrir de cendres sa propre tête, mais en couvrait aussi celle de tout le voisinage, à l'instar de ces braves dévots qui font pénitence de leurs propres fautes en faisant porter aux autres un cilice, ceux qui désiraient respirer de temps en temps quelques bouffées d'air pur (ce qui n'est pas précisément la plus criminelle des vanités mondaines) avaient coutume de se faire transporter par le chemin de fer à plusieurs milles des fabriques, avant de commencer leur promenade ou leur flânerie champêtre. Sissy et Rachel firent comme tout le monde pour échapper à la fumée cokebourgeoise et descendirent à une station qui se trouvait à mi-chemin entre la ville et la maison de campagne de M. Bounderby.

Bien que le paysage verdoyant soit taché çà et là par des amas de charbon, il est vert partout ailleurs ; il y a des arbres à voir ; il y a même des alouettes qui chantent (elles ne savent pas que c'est défendu le dimanche) ; il y a aussi de douces senteurs dans l'air, et le tout est couronné par la voûte bleue que forme le brillant azur du ciel. D'un côté, dans le lointain, Cokeville apparaît comme un brouillard noir ; là-bas, les collines commencent à se dresser ; un troisième point de vue montre un léger changement dans la lumière de l'horizon qui brille sur une mer lointaine ; à leur pied l'herbe fraîche, on voit s'y jouer les ombres gracieuses des branches qui l'assombrissent çà et là ; les haies sont en pleine feuille ; tout repose. Les locomotives à l'entrée des mines sont aussi tranquilles que, dans l'hermage, les vieux chevaux maigres qui ont creusé dans le sol le cercle de leur travail journalier; pour quelques heures les roues ont cessé de tourner; il n'y a plus que la grande roue du monde qui continue sa révolution, mais sans à-coup et sans bruit, ce n'est pas comme les roues de nos manivelles.

Elles se promenaient donc au travers des champs et le long des allées ombragées, escaladant parfois un débris de barrière tellement pourri qu'il se brisait au contact de leur pied, passant parfois auprès de décombres de briques et de poutres, à moitié cachées sous l'herbe, qui marquaient l'emplacement d'une exploitation abandonnée. Elles suivaient de préférence les chemins tracés et les sentiers, évitant toujours les remblais où l'herbe était épaisse et haute, où croissaient pêle-mêle les ronces, la patience et le chiendent, car on racontait dans le pays de lugubres histoires sur les vieux puits des carrières cachés sous ces indices trompeurs.

Il était près de midi lorsqu'elles songèrent à se reposer. Elles n'avaient aperçu personne, de près ni de loin, depuis bien longtemps; il n'y avait rien qui vînt troubler leur solitude.

« Cet endroit est si tranquille, Rachel, et le chemin que nous avons pris paraît avoir été si peu fréquenté, que nous pourrions bien être les seules qui y fussions venues cet été. »

Tout en parlant, Sissy aperçut encore à terre un de ces morceaux de bois, débris vermoulu de quelque ancien gardefou. Elle se leva pour l'examiner.

« Pourtant, je ne sais pas trop, ajouta-t-elle; il n'y a pas longtemps que ceci a été brisé. Le bois en est encore tout blanc à l'endroit où il a cédé.... Oh! Rachel!...»

Elle courut vers l'ouvrière et lui jeta les bras autour du cou. Rachel s'était déjà levée d'un bond.

« Qu'y a-t-il?

— Je ne sais pas. Vois-tu un chapeau abandonné sur l'herbe? »

Elles s'avancèrent ensemble. Rachel ramassa le chapeau toute tremblante des pieds à la tête. Elle éclata en larmes et en sanglots : Étienne Blackpool y avait lui-même tracé son nom sur la coiffe.

« Oh! le pauvre garçon, le pauvre garçon! On l'aura assassiné; son cadavre ne peut pas être loin.

— Y a-t-il…. Voyez-vous du sang sur le chapeau ? » balbutia Sissy.

Elles furent quelque temps sans oser regarder, mais enfin elles l'examinèrent et n'y trouvèrent aucune trace de violence, soit à l'intérieur soit à l'extérieur. Le chapeau était là depuis quelques jours, car la pluie et la rosée l'avaient taché et on voyait l'empreinte de sa forme sur l'herbe où il était tombé. Les deux femmes jetèrent autour d'elles un regard terrifié, sans changer de place, mais elles n'aperçurent aucune autre trace d'Étienne.

« Rachel, murmura Sissy, je vais avancer un peu toute seule. »

Elle avait dégagé sa main et allait faire un pas en avant, lorsque Rachel la saisit dans ses bras avec un cri qui résonna au loin à travers le paysage. Devant eux, à leurs pieds, se trouvait le bord d'un abîme noir et raboteux, caché par les hautes herbes. Elles firent un bond en arrière et tombèrent à genoux, chacune d'elles se cachant le visage sur l'épaule de l'autre.

« Oh ! Seigneur, mon Dieu ! Il est là dedans ! Il est là dedans ! »

Ces paroles, accompagnées de cris terribles, furent les seules que Sissy put d'abord obtenir de Rachel. Les larmes, les prières, les reproches, rien n'y fit. Impossible de la faire taire. Il fallut à toute force la retenir, car autrement elle se serait jetée dans le puits.

« Rachel ! chère Rachel ! ma bonne Rachel, au nom du ciel ! cessez ces cris effrayants ! Songez à Étienne, songez à Étienne, songez à Étienne ! »

A force de répéter cette prière avec ferveur, avec angoisse, Sissy obtint enfin de Rachel qu'elle cessât ses cris ; mais alors la pauvre fille la regarda avec un visage sec et pétrifié comme une statue.

« Rachel, peut-être Étienne est-il encore vivant. Vous ne voudriez pas, n'est-ce pas, le laisser là mutilé au fond de ce gouffre affreux, si vous pouviez lui venir en aide ?

— Non, non, non !

— Ne bougez pas, pour l'amour de lui ! Laissez-moi aller écouter. »

Elle frissonna en approchant de l'abîme ; mais elle se

traîna jusqu'au bord sur les mains et les genoux; et là elle appela Étienne, élevant la voix aussi haut qu'elle put. Elle attendit, mais aucun bruit ne répondit à son appel. Elle appela de nouveau et attendit encore; pas de réponse non plus. Elle recommença vingt, trente fois. Elle prit une petite motte de terre sur le tertre où Étienne avait trébuché et la jeta dans l'abîme. Elle ne l'entendit pas tomber.

Le vaste paysage, dont le calme aspect l'avait ravie quelques instants auparavant, répandit presque le désespoir dans l'âme courageuse de Sissy, lorsqu'en se relevant elle regarda autour d'elle sans voir aucun secours à portée.

« Rachel, il n'y a pas un instant à perdre. Il faut que nous allions chacune de notre côté appeler à son aide. Prenez le chemin par lequel nous sommes venues; moi, j'irai en avant par le sentier. Dites à tous ceux que vous rencontrerez ce qui est arrivé. Songez à Étienne, songez à Étienne! »

Elle lut dans le visage de sa compagne qu'on pouvait maintenant se fier à elle. Et après s'être arrêtée un instant à la regarder courir en se tordant les mains, Sissy se retourna pour aller à la recherche de son côté. Elle s'arrêta encore pour attacher son châle à une haie afin de retrouver la place; puis jetant son chapeau, elle courut comme elle n'avait jamais couru de sa vie.

« Cours, Sissy, cours, au nom du ciel! Ne t'arrête pas pour reprendre haleine. Cours, cours! » Animant sa course déjà rapide par ces prières qu'elle s'adressait en elle-même, elle courut de prairie en prairie, de chemin en chemin, de place en place, comme elle n'avait jamais couru de sa vie, jusqu'à ce qu'enfin elle atteignit, auprès d'un bâtiment d'exploitation, un hangar sous lequel deux hommes étaient étendus à l'ombre, dormant sur la paille.

Les réveiller d'abord, puis leur raconter, émue et haletante comme elle était, le sujet de sa course, ce n'était pas facile; mais ils ne l'eurent pas plutôt comprise, qu'ils se montrèrent aussi empressés qu'elle. L'un de ces hommes dormait d'un sommeil d'ivresse; mais, dès que son camarade lui eut crié qu'il était tombé quelqu'un dans le vieux puits de l'Enfer, il se leva précipitamment, se dirigea vers une flaque d'eau, y plongea la tête et revint dégrisé.

Accompagnée de ces deux recrues, Sissy courut un demi-mille plus loin, puis elle fit encore un demi-mille toute seule, tandis qu'ils prenaient chacun une direction différente. Enfin on trouva un cheval, et elle chargea un messager d'aller, bride abattue, au chemin de fer, et d'envoyer à Louise un mot qu'elle se chargea de lui écrire et qu'elle donna au cavalier. Déjà tout le village était en émoi; chacun cherchait et réunissait à la hâte, afin de les transporter au vieux puits de l'Enfer, des cabestans, des cordes, des perches, des chandelles, des lanternes et tous les autres objets nécessaires.

Il semblait à Sissy qu'il s'était écoulé bien, bien des heures depuis qu'elle avait laissé Étienne étendu dans la tombe où il était enterré vivant. Elle ne put se résoudre à rester loin de lui plus longtemps; il lui semblait que c'était une désertion; elle revint donc rapidement sur ses pas, accompagnée d'une demi-douzaine d'ouvriers, y compris l'ivrogne auquel la fatale nouvelle avait rendu son sang-froid et qui maintenant était le plus serviable de tous. Lorsqu'on arriva auprès du vieux puits de l'Enfer, il était dans le même état d'abandon où elle l'avait laissé. Les ouvriers appelèrent et écoutèrent comme Sissy avait fait déjà; ils examinèrent les bords de l'abîme et raisonnèrent sur la manière dont l'accident était arrivé, puis ils s'assirent en attendant les instruments dont ils avaient besoin.

Le moindre bourdonnement d'insecte dans l'air, le moindre frôlement de feuilles, le moindre mot murmuré à voix basse par les ouvriers, faisait tressaillir Sissy; car elle s'imaginait chaque fois entendre un cri parti du fond du puits. Mais le vent soufflait tranquillement au-dessus de l'abîme, aucun bruit ne montait à la surface, et ils restèrent assis sur l'herbe à attendre toujours, toujours. Lorsqu'ils eurent attendu comme cela quelque temps, des flâneurs, instruits de l'accident, commencèrent à les rejoindre, puis arrivèrent, un à un, les gens et les instruments vraiment utiles. Au milieu de tout cela, Rachel revint de son côté, et, parmi ceux qu'elle ramenait avec elle, se trouvait un médecin, qui avait apporté du vin et des remèdes, quoique presque personne n'eût le moindre espoir de retrouver Étienne vivant.

A présent qu'il y avait assez de curieux pour gêner les travaux de sauvetage, l'ouvrier dégrisé, soit qu'il se fût mis de lui-même à la tête des autres, soit qu'il y fût placé par le consentement unanime de ses camarades, forma un grand cercle autour du vieux puits de l'Enfer, et posa des sentinelles alentour pour le garder. Sauf les volontaires qu'il avait acceptés comme travailleurs, il n'admit d'abord dans l'intérieur du cercle que Sissy et Rachel. Mais, à une heure plus avancée de la journée, lorsque le billet de Sissy eut amené de Cokeville un train express, M. Gradgrind et Louise, M. Bounderby et le roquet purent aussi y pénétrer.

Il y avait déjà quatre heures que le soleil descendait, depuis le moment où Sissy et Rachel s'étaient assises sur l'herbe pour la première fois, avant qu'on eût disposé avec des perches et des cordes un appareil qui permît à deux hommes de descendre sans danger dans le puits. L'érection de cette machine, quelque simple qu'elle fût, avait présenté des difficultés; on avait oublié divers objets indispensables, et il avait fallu le temps d'aller au village pour les chercher et de revenir. Il était cinq heures de l'après-midi de ce beau dimanche d'automne, avant qu'on descendît une chandelle allumée dans le puits, afin de juger si l'atmosphère n'était pas trop viciée. Trois ou quatre de ces rudes visages se pressaient l'un contre l'autre au bord de l'abîme, observant attentivement la lumière que l'homme chargé de dérouler la corde du cabestan laissait descendre ou arrêtait selon leurs indications. Lorsqu'on fit remonter la chandelle, elle brûlait toujours, bien qu'elle ne donnât qu'une faible clarté. On jeta alors un peu d'eau dans le puits, on accrocha le seau, et l'ouvrier dégrisé, en compagnie d'un de ses camarades, s'y installa avec des lanternes et donna l'ordre de descendre : « Allez! »

Tant que la corde se déroula roide et tendue, tant que le cabestan cria sous l'effort, il n'y eut pas un homme, pas une femme parmi les cent ou deux cents personnes rassemblées, qui respirât librement comme à l'ordinaire. Enfin, un signal monte d'en bas et le cabestan cesse de virer. Il y avait beaucoup plus de corde qu'il n'en fallait. L'intervalle pendant lequel les hommes chargés du cabestan restèrent les bras croisés parut si long, que plusieurs femmes criaient déjà qu'il était sans doute arrivé un autre accident! Mais le médecin, qui tenait sa montre à la main, déclara qu'il ne s'était pas encore écoulé cinq minutes et leur commanda de se taire. Il avait à peine achevé de parler, que le cabestan fut retourné et remis en mouvement. Les yeux exercés reconnurent qu'il ne virait pas aussi lourdement que s'il eût ramené les deux ouvriers; il fallait que l'un d'eux fût resté au fond du puits.

La corde remonta roide et tendue; anneaux sur anneaux s'enroulèrent autour du cylindre et tous les regards restèrent fixés sur l'ouverture du puits. L'ouvrier dégrisé sauta lestement sur l'herbe. Il y eut un cri général : « Mort ou vivant? » demanda-t-on; puis il se fit un silence de mort.

Lorsqu'il eut répondu : « Vivant! » la foule poussa une grande acclamation, et il y eut des larmes dans bien des yeux.

« Mais il s'est fait beaucoup de mal, ajouta l'ouvrier dès qu'il put se faire entendre de nouveau. Où est le docteur? Il s'est fait tant de mal, monsieur, que nous ne savons pas comment le remonter. »

Ils tinrent conseil, observant avec inquiétude le visage du médecin, qui leur faisait quelques questions et secouait la tête en entendant les réponses. Le soleil commençait à baisser, la lueur rouge qui précède le crépuscule éclairait et montrait distinctement la profonde anxiété de chaque visage.

L'issue de la consultation fut que les ouvriers retournèrent au cabestan et le mineur redescendit dans le puits, emportant avec lui le vin et quelques menus objets. Alors son camarade remonta. Pendant l'intervalle, d'après les ordres du médecin, les uns apportèrent une claie sur laquelle les autres formèrent un lit épais avec des vêtements recouverts de paille, tandis que le médecin façonnait lui-même des bandages et des sautoirs avec des châles et des mouchoirs qu'il suspendait, au fur et à mesure, sur le bras du mineur, en lui indiquant la manière de s'en servir. Ce brave ouvrier, l'oreille attentive, le visage éclairé par la lumière qu'il tenait d'une main, appuyant son autre main robuste sur une pièce de charpente et dirigeant parfois un rapide regard au fond du puits, n'était pas le personnage le moins remarquable de cette scène émouvante.

Cependant la nuit était venue; on avait allumé des torches.

Il paraît, d'après le peu de mots que cet homme dit à ceux qui l'entouraient (car on eut bientôt fait un cercle autour de lui), que l'artisan disparu était tombé sur un amas de décombres tombés en poussière qui bouchaient à moitié le fond du puits, et qu'en outre, sa chute avait été un peu adoucie par la terre éboulée le long des parois. Il était couché sur le dos, une main derrière lui, et, autant qu'il pouvait se le rappeler, il ne croyait pas avoir bougé depuis qu'il était tombé, si ce n'est pour introduire sa main libre dans une poche de côté où il se souvenait d'avoir mis du pain et de la viande (il en avait mangé quelques miettes) ou pour y prendre aussi un peu d'eau de temps à autre.

Il avait laissé là son ouvrage dès qu'on lui avait écrit, et il avait fait toute la route à pied, se rendant à la maison de campagne de M. Bounderby, au milieu de la nuit, lorsqu'il était tombé. S'il avait traversé cette partie dangereuse du pays, à une heure si peu propice, c'est que, se sentant innocent du crime qu'on lui reprochait, il avait hâte de prendre le chemin le plus court pour se livrer à la justice. Le vieux puits de l'Enfer, dit le mineur avec une malédiction, veut mériter jusqu'à la fin son mauvais nom; car, si Étienne pouvait encore parler, il était à craindre néanmoins qu'on ne s'aperçût bientôt qu'il avait le corps trop moulu pour vivre longtemps.

Quand tout fut prêt, le mineur, écoutant encore les dernières recommandations que lui firent à la hâte ses camarades et le médecin, avant que le cabestan se fût mis en mouvement, disparut dans le puits. La corde se déroula comme elle avait déjà fait; le signal fut donné d'en bas et le cabestan cessa de virer. Aucun d'eux ne se croisa les bras cette fois. Chacun se tint le corps penché, étreignant la manivelle, prêt à tourner le cabestan en sens inverse pour ramener le seau. Enfin, le signal fut donné, et le cercle entier des travailleurs se pencha en avant.

Car la corde remontait si roide et si tendue, qu'ils avaient bien du mal à tourner et que le cabestan geignait et se plaignait comme un damné. On osait à peine regarder la corde, en songeant qu'elle pouvait venir à manquer. Mais anneaux sur anneaux s'enroulèrent sans accident autour du cylindre, et la chaîne apparut à son tour, et enfin le seau, de chaque côté duquel se tenaient accrochés les deux ouvriers (c'était un spectacle à donner le vertige et à serrer le cœur), soutenant entre leurs bras, avec tendresse, une pauvre créature humaine dont le corps brisé était tout entortillé comme dans un maillot.

Un sourd murmure de pitié parcourut la foule, et les femmes se mirent à pleurer tout haut, lorsque cette forme humaine, qui n'avait presque plus de forme, fut retirée lentement du baquet de fer et couchée sur le lit de paille. D'abord le médecin seul s'approcha du malheureux. Il fit ce qu'il put pour arranger le corps sur son brancard, mais ce qu'il put faire de mieux, ce fut de le recouvrir bien doucement. Après quoi il appela Rachel et Sissy. Alors on vit un visage pâle, défait, patient, qui regardait le ciel, et une main brisée qui reposait sur les vêtements qui couvraient le reste du corps, comme pour demander l'étreinte d'une autre main.

Elles lui donnèrent à boire, lui rafraîchirent la face avec de l'eau et lui firent prendre quelques gouttes de cordial avec un peu de vin. Quoiqu'il continuât à regarder le ciel dans une immobilité complète, il sourit et dit : « Rachel ! »

Elle s'agenouilla sur l'herbe à ses côtés, et se pencha sur lui jusqu'à ce que son visage se trouvât entre le ciel et les yeux de l'ouvrier, qui n'avait pas même la force de les tourner pour regarder son amie.

« Rachel ! ma chère ! »

Elle lui prit la main. Il sourit de nouveau et dit :

« Ne la lâche pas.

— Tu souffres beaucoup, mon cher, cher Étienne ?

— J'ai souffert, mais je ne souffre plus. Oui, j'ai eu des souffrances horribles, atroces, et si longues, ma chère.... mais c'est fini. Ah ! Rachel ! quel gâchis ! c'est toujours le même gâchis jusqu'au bout. »

Le spectre de son regard d'autrefois sembla passer sur son visage quand il répéta ce mot.

« Le puits où je suis tombé, ma chère, a coûté, à la connaissance des vieilles gens des environs, la vie à des centaines d'hommes.... à des pères, des fils, des frères, chers à des milliers d'êtres, qu'ils soutenaient et dont ils apaisaient la faim. Le puits où je suis tombé est un puits que le feu grisou a rendu plus meurtrier qu'une bataille. J'ai lu ça dans la pétition des mineurs, où tout le monde peut le lire encore; ils y prient et supplient, au nom du Christ, les faiseurs de lois de ne pas permettre que leur travail les assassine, mais de les sauver au contraire de ces accidents, de les conserver pour leurs femmes et leurs enfants, qu'ils aiment tout autant que les gentlemen peuvent aimer les leurs. Du temps qu'on exploitait la mine, elle tuait les gens sans nécessité; depuis qu'on l'a abandonnée, elle les tue encore sans nécessité. Vous voyez bien qu'il faut toujours que nous mourions sans nécessité, d'une façon ou d'une autre.... dans ce gâchis-là, tous les jours ! »

Il dit cela d'une voix douce, sans colère contre personne, seulement comme un simple témoignage en faveur de la vérité.

« Ta petite sœur, Rachel, tu ne l'as pas oubliée ? Il n'est pas probable que tu l'oublies maintenant, ni que tu m'oublies moi qui vais être près d'elle. Tu sais, ma pauvre, patiente, infortunée chère fille, comment tu as travaillé pour elle, quand elle restait assise toute la journée à ta croisée dans sa petite chaise, et comment elle est morte, jeune et difforme, tuée par cet air malsain qu'on pourait bien corriger et qu'on laisse empester les tristes logements d'ouvriers. Un gâchis, je te dis ! Partout un vrai gâchis ! »

Louise s'approcha de lui; mais il ne put la voir, son visage étant toujours tourné vers le ciel étoilé.

« Si tout ce qui nous touche, nous autres pauvres gens, n'était pas un vrai gâchis, ma chère, est-ce que j'aurais eu besoin de venir ici ? Sans le gâchis où nous nous mettons nous-mêmes, est-ce que mes camarades et mes frères nous ne nous serions pas mieux compris ? Si M. Bounderby m'avait mieux connu.... s'il m'avait connu le moins du monde.... il ne se serait pas fâché contre moi. Mais regarde là-haut, Rachel ! regarde là-haut ! »

Suivant la direction des yeux d'Étienne, elle vit qu'il contemplait une étoile.

« Elle a brillé sur moi, dit-il avec respect, dans toutes mes douleurs et dans tous mes chagrins depuis ma chute. Elle m'a éclairé jusqu'au fond de l'âme. A force de la regarder, Rachel, et de penser à toi, j'ai presque fini par ne plus penser au gâchis ; car, si tout le monde ne m'a pas bien compris, je n'avais pas non plus bien compris tout le monde. Lorsque j'ai reçu ta lettre, j'ai cru un peu trop vite que la jeune dame, en venant me voir, était d'accord avec son frère et que c'était un méchant complot. Quand je suis tombé, j'étais en colère contre elle, et peu s'en faut que je ne fusse aussi injuste pour elle que d'autres l'ont été pour moi. Tandis que, dans nos jugements comme dans nos actions, il faut savoir souffrir avec résignation. Dans ma douleur et ma peine, les yeux fixés là-haut.... avec l'étoile brillant au-dessus de moi.... j'y ai vu plus clair, et mon dernier vœu maintenant, c'est que les gens puissent se rapprocher davantage et réussir à mieux se comprendre les uns les autres que lorsque j'étais de ce monde, pour ma pauvre petite part. »

Louise, à ces paroles de douce patience, se pencha sur lui, en face de Rachel, de façon qu'Étienne pût la voir.

« Vous m'avez entendu? dit Étienne après un silence de quelques instants. Je ne vous ai pas oubliée, madame.

— Oui, Étienne, je vous ai entendu. Et votre vœu est aussi le mien.

— Vous avez un père? Voulez-vous lui dire quelque chose de ma part?

— Il est ici, dit Louise avec terreur. Voulez-vous que je vous l'amène?

— S'il vous plaît. »

Louise revint avec son père. Se tenant par la main, ils contemplèrent ensemble le visage solennel du tisserand.

« Monsieur, vous me disculperez et me rendrez ma bonne réputation aux yeux de tous les hommes. Je vous lègue cette tâche. »

M. Gradgrind se troubla et demanda comment.

« Monsieur, répondit Étienne, votre fils vous le dira. Demandez-le-lui. Je n'accuse personne : je ne veux laisser aucune accusation derrière moi : pas un mot. J'ai vu votre fils et je lui ai parlé un certain soir. Je vous demande seulement de me disculper, et je compte que vous le ferez. »

Les porteurs étant prêts maintenant à transporter le blessé et le médecin désirant le voir emmener, ceux qui avaient des torches ou des lanternes se préparèrent à marcher à la tête du brancard. Avant qu'on eût soulevé la claie et tandis qu'on terminait les préparatifs du départ, Étienne, qui regardait toujours l'étoile, dit à Rachel :

« Chaque fois que j'ai rouvert les yeux et que je l'ai vue briller au-dessus de moi au milieu de ma peine, je me suis dit que c'était l'étoile miraculeuse de la crèche de notre Sauveur. Je parierais bien, va, que c'est elle ! »

On souleva le brancard, et Étienne fut ravi de voir qu'on allait le porter dans la direction où l'étoile paraissait le conduire.

« Rachel, ma bien-aimée ! ne lâche pas ma main. Nous pouvons nous promener ensemble ce soir, ma chère, sans que personne y trouve à redire !

— Je te tiendrai par la main, et je resterai auprès de toi tout le long de la route.

— Dieu te bénisse ? Quelqu'un serait-il assez bon pour me couvrir le visage ! »

On l'emporta doucement par les champs et le long des allées, à travers le vaste paysage ; Rachel tenant toujours la main d'Étienne dans la sienne. C'est à peine si quelques rares paroles murmurées à voix basse vinrent interrompre le silence attristé de la foule. Bientôt ce fut une procession funèbre. L'étoile avait montré à Étienne où il trouverait le Dieu des pauvres ; il avait passé par l'humilité, la douleur et le pardon, pour aller rejoindre son Rédempteur dans l'asile du repos.

CHAPITRE XXXV.

Chasse au roquet.

Avant que le cercle formé autour du vieux puits de l'Enfer eût été rompu, un des personnages admis à l'intérieur avait déjà disparu. M. Bounderby et son ombre ne s'étaient pas tenus auprès de Louise qui donnait le bras à son père, mais ils étaient restés tout seuls à l'écart. Lorsque M. Gradgrind fut appelé près du brancard, Sissy, attentive à tout ce qui se passait, se glissa derrière cette ombre perverse, dont le visage terrifié eût attiré tous les regards, si le blessé n'avait pas eu ce privilége, et murmura quelques mots à son oreille. Il causa un instant avec elle sans retourner la tête et disparut. C'est ainsi que le roquet était sorti du cercle avant que la foule se mît en marche.

Dès que le père fut rentré chez lui, il envoya quelqu'un chez M. Bounderby pour dire à son fils de se rendre immédiatement à Pierre-Loge. On répondit que M. Bounderby avait perdu M. Tom dans la foule, et que ne l'ayant pas revu depuis, il avait supposé qu'il était chez son père.

« Je crois, père, dit Louise, qu'il ne reviendra pas à Cokeville ce soir. »

M. Gradgrind détourna la tête et ne dit plus rien.

Le lendemain matin, il se rendit lui-même à la Banque, dès l'ouverture des bureaux, et voyant que la place de son fils était vide (il n'avait pas eu le courage d'entrer tout de suite), il remonta la rue à la rencontre de M. Bounderby, qui ne devait pas tarder à arriver. M. Gradgrind prévint le banquier que, pour des motifs qu'il lui expliquerait bientôt, mais qu'il le priait de ne pas lui demander en ce moment, il avait trouvé nécessaire d'occuper son fils ailleurs pendant quelque temps. Il le prévint en même temps qu'il était chargé de la tâche de réhabiliter la mémoire d'Étienne Blackpool et de déclarer le nom du voleur. M. Bounderby demeura tout ébahi au beau milieu de la rue, aussi immobile qu'une borne, lorsque son beau-père l'eut quitté, et se gonfla comme une bulle de savon, si ce n'est qu'il était loin d'être aussi beau : c'est en cela que la comparaison cloche.

M. Gradgrind rentra chez lui, s'enferma dans sa chambre et y passa toute la journée. Lorsque Sissy et Louise frappèrent à sa porte, il répondit, sans l'ouvrir :

« Pas maintenant, mes chères enfants; ce soir. »

Lorsqu'elles revinrent dans la soirée, il répondit :

« Je ne puis vous voir encore demain. »

Il ne mangea rien de toute la journée, et ne demanda pas de lumière, lorsque le jour eut disparu; elles l'entendirent seulement marcher de long en large à une heure avancée de la nuit.

Mais le lendemain matin, il descendit déjeuner à l'heure

habituelle, et prit à table sa place accoutumée. Il était vieilli, courbé, abattu; et néanmoins il avait l'air plus tranquille et plus heureux que du temps où il déclarait ne vouloir reconnaître dans cette vie que des faits, rien que des faits. Avant de quitter la salle à manger, il fixa l'heure à laquelle Louise et Sissy devaient venir le trouver et s'éloigna en penchant sa tête grise.

« Cher père, dit Louise, lorsqu'elles furent venues le rejoindre, fidèles au rendez-vous, il vous reste trois jeunes enfants. Ils ne ressemblent pas aux deux autres : *moi-même*, je finirai par ne plus me ressembler, avec l'aide du ciel. »

Elle tendit la main à Sissy, comme pour dire : et avec votre aide aussi, chère Sissy.

« Votre infortuné frère, dit M. Gradgrind, pensez-vous qu'il eût déjà prémédité ce vol, lorsqu'il vous a accompagnée au logis du pauvre ouvrier?

— Je le crains, père. Je sais qu'il avait eu besoin d'argent et qu'il en avait déjà dépensé beaucoup.

— En voyant Blackpool sur le point de quitter la ville, son mauvais génie lui aura suggéré la pensée de détourner les soupçons sur ce malheureux.

— Je crois que c'est une pensée qui lui est venue dans la tête, tandis qu'il était là, assis à m'attendre, père; car c'est moi qui lui avais demandé de m'accompagner; l'idée de cette visite ne venait pas de lui.

— Il a causé avec ce pauvre homme. L'a-t-il pris à part pour lui parler?

— Il l'a emmené de la chambre. Plus tard, quand je lui ai demandé pourquoi, il m'a donné je ne sais quel prétexte plus ou moins spécieux; mais depuis hier soir, père, en me rappelant les circonstances avec les lumières nouvelles que cette nuit de réflexion a jetées dans mon esprit, je ne devine que trop, je le crains, tout ce qui a dû se passer entre eux.

— Voyons, dit M. Gradgrind, si vos craintes vous présentent votre frère sous un jour aussi sombre que les miennes.

— J'ai peur, dit Louise en hésitant, qu'il n'ait fait à Étienne Blackpool, peut-être en son propre nom, peut-être au mien, certaines propositions qui auront engagé ce dernier à faire, dans toute l'innocence et l'honnêteté de son âme ce qu'il n'avait jamais fait auparavant, c'est-à-dire à venir l'attendre autour de la Banque les deux ou trois nuits qui ont précédé son départ.

— C'est évident, dit M. Gradgrind, trop évident. »

Il se cacha le visage et resta quelques minutes sans parler. Enfin il maîtrisa son émotion.

« Maintenant, dit-il, comment le retrouver? Comment l'arracher des mains de la justice? Comment, durant les quelques heures que je puis laisser écouler encore sans faire connaître la vérité, comment retrouver votre frère et le retrouver nous-mêmes plutôt que de le laisser rattraper par d'autres? Je donnerais bien deux cent mille francs pour pouvoir le faire.

— Sissy l'a fait à moins, père. »

Il leva les yeux vers l'endroit où Sissy se tenait, comme la bonne fée de la maison, et lui dit d'un ton de douce gratitude et de bonté reconnaissante :

« Toujours vous, mon enfant !

— Nos craintes, répondit Sissy en regardant Louise, ne datent pas d'hier ; et quand j'ai vu qu'on vous amenait auprès du brancard, quand j'ai tout entendu, à côté de Rachel où je suis restée tout le temps, je suis allée me placer auprès de lui, sans que personne s'en aperçût et je lui ai dit :

« Ne me regardez pas : regardez plutôt du côté de votre père. Sauvez-vous tout de suite, pour lui et pour vous-même ! »

Il tremblait déjà bien, avant que je lui eusse glissé ce conseil, mais il tressaillit et trembla bien plus fort encore, et me dit :

« Où voulez-vous que j'aille? J'ai très-peu d'argent, et je ne connais personne qui voulût me cacher ! »

Alors, j'ai pensé au vieux cirque de père. Je n'ai pas oublié l'endroit où M. Sleary donne des représentations à cette époque de l'année, et, d'ailleurs, il n'y a pas plus de deux ou trois jours que je l'ai vu dans les annonces d'un journal. J'ai donc conseillé à M. Tom d'aller sur-le-champ au cirque, de dire son nom à M. Sleary en le priant de le cacher jusqu'à mon arrivée.

« J'y serai avant le jour, » m'a-t-il répondu.

Et je l'ai vu se glisser au milieu de la foule.

« Dieu soit béni! s'écria le père. Il sera peut-être encore temps de le faire passer à l'étranger. »

Il y avait d'autant plus d'espoir, que la ville où Sissy avait envoyé Tom se trouvait à trois heures du port de Liverpool, qui fournirait au fugitif les moyens de s'embarquer pour n'importe quel pays du monde. Mais il fallait agir avec prudence en cherchant à le rejoindre, car, à chaque instant, les soupçons pouvaient être éveillés sur son compte et personne ne pouvait jurer que M. Bounderby lui-même, dans un accès de zèle fanfaron pour le bien public, ne s'aviserait pas de jouer un rôle de Brutus. Il fut donc décidé que Sissy et Louise partiraient seules pour se rendre à la ville en question par une route déterminée, tandis que l'infortuné père, prenant une direction opposée, ferait un détour plus long encore pour arriver au même but. On convint en outre qu'il ne se présenterait pas directement chez M. Sleary, dans la crainte qu'on ne se méfiât de la sincérité de ses bonnes intentions, ou que la nouvelle de son arrivée ne poussât son fils à prendre de nouveau la fuite; mais que Sissy et Louise seraient chargées d'ouvrir les négociations, et d'annoncer à l'auteur de cette honteuse aventure la présence de M. Gradgrind et le motif qui les amenait. Lorsque ce projet eut été discuté et parfaitement compris par les trois acteurs qui devaient y jouer un rôle, il fallut passer à l'exécution. M. Gradgrind sortit de fort bonne heure dans l'après-midi et se dirigea tout de suite vers la campagne pour prendre le chemin de fer sur lequel il devait voyager; la nuit venue, les deux jeunes femmes partirent pour la même expédition par une route différente, se félicitant de n'avoir rencontré sur leur chemin pas un visage de connaissance.

Elles voyagèrent toute la nuit, sauf quelques minutes d'attente dans des embranchements perchés au sommet d'une quantité illimitée de marches ou plongés au fond d'un puits, ce qui constitue les deux seules variétés d'embranchements connues pour les chemins de fer, et le lendemain matin, de bonne heure, elles opérèrent leur débarquement au milieu d'une sorte de marais, à un mille ou deux de la ville où elles avaient affaire. Elles furent tirées de ce triste débarcadère par un vieux postillon brutal, qui par bonheur s'était levé assez matin pour atteler à coups de pied un cheval de cabriolet. Ce fut ainsi qu'elles pénétrèrent à la dérobée dans la ville par une foule de ruelles, résidence particulière des cochons de l'endroit, et, bien que le chemin n'eût rien de magnifique, ni même d'agréable, c'était pourtant la grande route, la route royale du pays.

La première chose qu'elles virent en arrivant dans la ville fut le squelette du cirque Sleary. La troupe était partie pour une autre localité, à une vingtaine de milles plus loin, où les écuyers avaient dû commencer à donner leurs représentations la veille au soir. La seule voie de communication qu'il y eût entre les deux villes était une route montueuse, entravée par de nombreuses barrières de péage; elles ne purent pas faire beaucoup de chemin. Quoiqu'elles ne se fussent arrêtées qu'un instant pour déjeuner à la hâte, sans prendre le moindre repos (et d'ailleurs leur inquiétude ne leur aurait pas permis d'essayer de se livrer au sommeil), midi sonna avant qu'elles eussent encore aperçu sur les murs et les hangars les affiches du cirque Sleary, et il était une heure, lorsqu'elles s'arrêtèrent sur la place du marché.

Au moment où elles mettaient pied à terre sur le pavé de la rue, le crieur public, armé de sa sonnette, annonçait une grande représentation nationale donnée par les écuyers et qui allait commencer. Sissy fut d'avis, pour éviter de faire des questions et d'éveiller l'attention publique, qu'elles feraient bien de passer au bureau et de payer leurs places. Si M. Sleary était là pour recevoir l'argent, il ne manquerait pas de la reconnaître et d'agir avec discrétion. S'il n'y était pas, c'est qu'il serait dans l'intérieur du cirque, où il ne manquerait pas non plus de les apercevoir et de les instruire, encore avec discrétion, de ce qu'il avait fait du fugitif.

Elles se dirigèrent donc, le cœur tout palpitant, vers la baraque si bien connue de Sissy. On y voyait le drapeau, orné de son inscription « Cirque Sleary »; on y voyait aussi la guérite; mais pas de M. Sleary. Maître Kidderminster, qui avait maintenant atteint une maturité trop terrestre pour que l'imagination la plus crédule pût désormais le prendre pour Cupidon, avait cédé devant la force invincible des circonstances (et de sa barbe), et prenant dès lors un rôle à toutes fins, pour s'accommoder à toutes les exigences du service, il était en ce moment préposé à la caisse, avec un tambour en réserve pour utiliser ses loisirs et le superflu de ses forces. Il était trop occupé d'examiner de près l'argent qu'il recevait et de faire la chasse aux pièces de fausse monnaie, pour rien voir autre chose. Sissy passa donc sans avoir été reconnue, et les voilà toutes deux dans le cirque.

L'empereur du Japon, monté sur un vieux cheval bien pacifique, dont la robe blanche avait été enjolivée de taches noires, était en train de faire tournoyer cinq cuvettes à la fois. (C'est là, comme on sait, le divertissement favori de ce monarque.) Sissy, bien que familiarisée de bonne heure avec cette royale famille, ne connaissait pas personnellement l'empereur actuel, dont le règne fut des plus paisibles. Mlle Joséphine Sleary, qui devait paraître dans son gracieux exercice équestre des Fleurs du Tyrol, fut annoncée par le clown (qui fit la bonne plaisanterie de se tromper, en disant l'exercice des choux-fleurs), et M. Sleary parut, donnant la main à Mlle Joséphine.

M. Sleary avait à peine détaché au clown un coup de sa chambrière, et le clown avait à peine crié : « Si vous recommencez, je vous jette le cheval à la tête ! » que le père et la fille avaient déjà reconnu Sissy. On n'en acheva pas moins l'exercice équestre avec le plus grand sang-froid ; et M. Sleary, sauf le premier regard, ne mit pas plus d'expression dans son œil mobile qu'il n'y en avait dans son œil fixe. L'exercice parut un peu long à Sissy et à Louise, surtout pendant le petit entr'acte ménagé pour fournir au clown l'occasion de raconter à M. Sleary, qui, l'œil fixé sur le public en général, répondait avec beaucoup de calme : Vraiment, monsieur ? à toutes les observations de son pensionnaire, l'histoire suivante :

« Deux pieds, assis sur trois pieds, étaient occupés à regarder un pied, lorsque survinrent quatre pieds qui s'emparèrent d'un pied ; sur ce, les deux pieds se levèrent, saisirent les trois pieds et les lancèrent à la tête des quatre pieds, qui s'enfuirent avec un pied. »

Car, bien que cette histoire drolatique ne fût qu'une façon ingénieuse de représenter, sous la forme de l'allégorie, un boucher assis sur un escabeau à trois pieds et auquel un chien vient voler un pied de mouton, le récit et les explications exigèrent un temps qui pesa bien à l'inquiétude de Sissy et de Louise

Cependant la blonde petite Joséphine fit enfin sa révérence au milieu des applaudissements, et le clown, resté seul dans l'arène, venait de se réchauffer et de dire : « Ah, ah! je vais faire un tour, à mon tour! » lorsque quelqu'un donna à Sissy une petite tape sur l'épaule et lui fit signe de sortir.

Elle emmena Louise avec elle : elles furent reçues par M. Sleary dans un très-petit appartement interdit au public, composé de murs de toile, d'un parquet d'herbe et d'un plafond de bois incliné, sur lequel les spectateurs des loges du premier étage témoignaient leur approbation en trépignant avec ardeur comme s'ils avaient résolu de passer au travers.

« Zézile, dit M. Sleary, qui avait à portée de sa main un grog à l'eau-de-vie, zela me fait du bien de vous revoir. Vous avez toujours été aimée parmi nous, et vous nous avez fait honneur depuis que vous nous avez quittés, j'en zuis zûr. Il faut voir vos camarades, ma chère, avant que nous commenzions à parler d'affaires; zans zela, vous les ferez mourir de chagrin, zurtout les femmes. Voilà Joz'phine qui est allée épouzer E. W. B. Childerz, et ils ont un garzon, et quoiqu'il n'ait que trois ans, il ze tient zur le plus méchant poney qu'on puizze lui amener. Il z'appelle *la petite merveille de l'équitation zcolaztique;* et, zi vous n'entendez pas parler de zet enfant-là au zirque d'Aztley, z'est que vous en entendrez parler chez Franconi. Vous vous zouvenez bien de Kidderminzter, qu'on zuppozait un peu amoureux de vous, ma chère? Eh bien! il est marié, lui auzzi, à une veuve, qui pourrait être za mère. Elle danzait zur la corde roide dans le temps, et maintenant elle ne danze plus du tout, parze qu'elle est trop grazze. Ils ont deux enfants, de zorte que nous zommes bien montés pour les féeries et pour les petits prodiges. Zi vous pouviez voir nos *Enfants perdus dans le bois,* avec leur père et leur mère mourant tous deux zur un cheval, leur méchant oncle les prenant en tutelle zur un cheval, eux-mêmes allant cueillir des mûres zur un cheval, et le rouge-gorge venant les couvrir de feuilles, quand ils zont morts de faim, zur un cheval, vous diriez que z'est la pièze la plus complète que vous ayez jamais vue! Vous vous rappelez auzzi Emma Gordon, ma chère, qui a été prezque une mère pour vous? Parbleu! je n'avais pas bezoin de vous le demander. Eh bien! Emma, elle a perdu zon mari. Il est tombé à la renverze du haut d'un éléphant, en faizant le zultan des Indes dans une zorte de pagode, et il n'en est jamais revenu. Emma Gordon s'est remariée à un marchand de fromages, qui est devenu amoureux d'elle aux premières loges ; et il est perzepteur de la taxe des pauvres, auzzi est-il en train de faire fortune. »

M. Sleary, qui respirait moins facilement que jamais, raconta tous ces changements domestiques avec beaucoup d'animation et surtout avec une espèce d'innocence vraiment merveilleuse, qu'on ne se serait pas attendu à trouver chez un vétéran de cavalerie et un vieux buveur de grog comme lui. Il amena ensuite Joséphine et E. W. B. Childers (dont les mâchoires paraissaient fièrement ridées au grand jour), et la petite merveille de l'équitation scolastique ; en un mot, il amena toute la troupe. Louise ne pouvait pas en revenir de voir ces étranges personnages, ces acrobates si roses et blancs de teint, si chiches de jupes, si prodigues de jambes ; mais c'était plaisir aussi de les voir s'empresser autour de Sissy, comme il était aussi bien naturel de la part de Sissy de fondre en larmes malgré elle.

« Là ! maintenant que Zézile a embrazé tous les enfants et zerré toutes les femmes dans zes bras et donné des poignées de main à tous les hommes, débarrazzez le plancher tous tant que vous êtes, et zonnez les muziziens pour le zecond tableau ! »

Dès que ses pensionnaires se furent éloignés, il continua à voix basse :

« Maintenant, Zézile, je ne demande pas à zavoir aucun zecret ; mais je zuppoze que je puis deviner que zette demoizelle est....

— C'est sa sœur ; vous ne vous trompez pas.

— Et la fille de l'autre. Z'est ze que je voulais dire. J'ezpère que le vieux gentleman va bien ?

— Mon père ne tardera pas à nous rejoindre, dit Louise inquiète et pressée d'en venir au fait. Mon frère est-il en sûreté ?

— Zain et zauf ! répondit Sleary. Voulez-vous zeulement jeter un coup d'œil dans le zirque, mamzelle, à travers ze trou ? Zézile, vous zavez comment za ze pratique ; vous trouverez bien quelque part une fente pour vous toute zeule. »

Les deux jeunes femmes se mirent à regarder dans la salle à travers les crevasses des planches mal jointes.

« Z'est *Jacques le pourfendeur de géants*, pantomime comique et enfantine, continua Sleary : zet azzezzoire que vous voyez est la maizon où Jacques doit ze réfugier ; et voilà mon clown, armé d'une cazzerole et d'une broche, qui fait le domeztique de Jacques ; voilà le petit Jacques lui-même, revêtu d'une armure zplendide, avec deux nègres comiques, deux fois grands comme la maizon, qui zont zeulement là pour apporter et emporter zet azzezzoire ; le géant (il est en ozier et m'a coûté un prix fou) n'a pas encore paru. Maintenant les voyez-vous tous ?

— Oui, répondirent Louise et Sissy.

— Regardez encore, dit Sleary, regardez bien. Vous les voyez tous ? Très-bien. Maintenant, mamzelle.... »

Il approcha un banc pour qu'elles pussent s'asseoir....

« J'ai mes opinions et votre père a les ziennes. Je ne veux pas zavoir ze que votre frère a fait ; il vaut mieux que je ne le zache pas. Tout ze que je puis dire, z'est que votre père n'a pas abandonné Zézile et que je n'oublie pas zes chozes-là.... C'est votre frère qui fait un de zes deux nègres. »

Louise, moitié honte et moitié satisfaction, laissa échapper un cri.

« Z'est un fait, poursuivit Sleary, et malgré za, vous n'auriez pas pu le deviner. Votre père peut venir. Je garderai votre frère izi après la représentazion. Je ne le dézhabillerai pas ; je ne le blanchirai même pas. Que votre père vienne izi après la représentazion, ou venez-y vous-même, et vous trouverez là votre frère, avec lequel vous pourrez cauzer à votre aize, vous avez à vous le zirque tout entier. Ne faites pas attenzion à za phyzionomie, l'important z'est qu'il zoit caché. »

Louise, après bien des remercîments, se sentant le cœur plus léger, ne voulut pas retenir M. Sleary plus longtemps. Elle le chargea d'une commission affectueuse pour Tom, et s'éloigna les yeux pleins de larmes. Il avait été convenu qu'elle reviendrait plus tard avec Sissy, dans l'après-midi.

M. Gradgrind arriva une heure après. Il n'avait pas non plus rencontré un seul visage de connaissance; et il était persuadé maintenant qu'avec le concours de M. Sleary, son fils déshonoré pourrait gagner Liverpool cette nuit même. Comme aucun d'eux ne pouvait accompagner le fugitif sans risque de le faire reconnaître, quelque habilement déguisé qu'il pût être, M. Gradgrind écrivit d'avance à un correspondant sur lequel il pouvait compter pour le prier d'embarquer le porteur, coûte que coûte, à bord d'un bâtiment en partance pour l'Amérique du Nord ou du Sud, ou pour tout autre pays éloigné où on pourrait l'expédier tout de suite et en secret.

Ces préparatifs terminés, ils se promenèrent dans la ville en attendant que le cirque fût complétement vide, et que non-seulement les spectateurs, mais les chevaux et la troupe l'eussent évacué. Après bien des allées et venues, ils virent M. Sleary sortir une chaise et s'asseoir devant une porte de côté, fumant sa pipe, comme pour leur annoncer qu'ils pouvaient venir à présent.

« Votre zerviteur, mon gentilhomme, dit-il par précaution, pour dérouter les gens, en saluant M. Gradgrind, lorsque les visiteurs pénétraient dans le cirque. Zi vous avez bezoin de moi, vous me retrouverez izi. Votre fils a endozzé la livrée comique, mais faut pas que za vous chagrine, mozieur. »

Ils entrèrent; et M. Gradgrind s'assit, désolé, au milieu du cirque, sur la chaise qui servait aux tours de force du clown. Sur un des bancs du fond, qui paraissait plus éloigné encore, grâce au demi-jour de ce lieu étrange, se tenait le misérable roquet, maussade comme à son ordinaire, qu'il avait le malheur d'avoir pour fils.

Il portait un habit moyen âge, qui ressemblait assez à celui d'un Suisse, avec des parements et des revers d'une exagération indicible, un gilet immense, une culotte courte, des souliers à boucles et un tricorne impossible. Rien de tout cela ne lui allait et le tout était fait d'étoffes communes mangées aux vers et pleines de trous. On voyait sur son visage des cicatrices blanches aux endroits où la crainte et la chaleur avaient percé l'enduit graisseux dont on avait barbouillé tous ses traits. Jamais M. Gradgrind, avant de le voir de ses yeux, n'aurait pu croire qu'il existât rien de si tristement, si détestablement, si ridiculement honteux que ce roquet dans sa livrée comique; et cependant, c'était un fait bien visible s'il en fut jamais. Et dire que c'était là qu'en était venu un de ses enfants modèles.

D'abord, le roquet ne voulait pas s'approcher ; il s'obstinait à rester perché tout seul sur son juchoir. Cédant enfin, si on peut s'exprimer ainsi en parlant d'une concession faite de si mauvaise grâce, aux instances de Sissy (car pour Louise, il la reniait absolument), il descendit par degrés de banc en banc jusqu'à ce qu'il se trouvât debout sur la sciure de bois du manége, au bord du cirque, aussi loin que possible de l'endroit où M. Gradgrind était assis.

« Comment cela s'est-il passé ? demanda le père.

— Comment quoi s'est-il passé ? répondit le fils d'un ton de mauvaise humeur.

— Ce vol, dit le père, élevant la voix.

— J'ai forcé moi-même la caisse le soir, avant de quitter mon bureau, et je l'ai laissée entr'ouverte. J'avais fait faire depuis très-longtemps la clef qu'on a trouvée. Je l'ai jetée dans la rue le lendemain matin, afin qu'on crût que c'était elle qui avait servi. Je n'ai pas pris tout l'argent d'une seule fois. Je faisais semblant d'établir tous les soirs ma balance ; mais c'était une frime. A présent vous savez toute l'histoire.

— Si la foudre était tombée sur moi, dit le père, un coup de tonnerre ne m'aurait pas causé plus de saisissement.

— Je ne vois pourtant pas ce qu'il y a de si étonnant, grommela le fils. Soient donnés tant de gens qui occupent des places de confiance, sur ces tant de gens, il y en a tant qui en abusent. Voilà le problème et la solution que je vous ai entendu répéter vingt fois comme un principe établi. Est-ce que je peux rien contre les principes ? C'est avec le raisonnement que vous consoliez les gens, père ? Eh bien ! c'est à votre tour de vous consoler vous-même de la même façon. »

Le père se cacha le visage dans les mains, et le fils resta debout, dans sa honteuse mascarade, à mordiller un brin de paille : ses mains, en partie déteintes à la paume, ressemblaient à des pattes de singe. Le jour disparaissait rapidement ; de temps en temps, le roquet tournait le blanc des yeux du côté de son père avec une expression d'ennui et d'impatience. C'était la seule partie de son visage qui conservât quelque expression, tant était épaisse la couche de peinture qui couvrait le reste de sa figure.

« Il faut que vous alliez à Liverpool vous embarquer pour l'étranger.

— Je sais bien que je n'ai pas autre chose à faire. D'ailleurs, je ne peux toujours pas mener où que ce soit une vie plus misérable que celle que j'ai menée dans ce pays-ci, depuis que je suis en âge de me connaître, pleurnicha le roquet. C'est déjà quelque chose. »

M. Gradgrind alla à la porte et revint avec Sleary, à qui il demanda :

« Comment faire partir ce déplorable sujet?

— J'y ai penzé, mozieur. Il n'y a pas beaucoup de temps à perdre, de zorte qu'il faudra dire *oui* ou *non* de zuite. Il y a zix lieues d'izi au chemin de fer ; il part une voiture dans une demi-heure ; zette voiture va à la ztation pour zervir le train de la malle ; ze train le conduira tout droit à Liverpool.

— Mais regardez-le, gémit M. Gradgrind. Quelle voiture voudrait....

— Je ne veux pas du tout le faire voyager dans la livrée comique, interrompit Sleary. Dites un mot, et, grâze à mon magazin de coztumes, je le tranzforme en Jeannot en moins de zinq minutes.

— Je ne comprends pas, dit M. Gradgrind.

— En roulier, zi vous aimez mieux. Dézidez-vous, mozieur. Il va falloir envoyer chercher de la bière. Je ne connais rien comme la bière pour blanchir un nègre comique. »

M. Gradgrind s'empressa d'accepter ; M. Sleary s'empressa de choisir dans une malle une blouse, un chapeau de feutre et les autres accessoires du costume ; le roquet s'empressa de changer de vêtements derrière un rideau de serge ; M. Sleary s'empressa d'aller chercher de la bière et de blanchir son nègre.

« Maintenant, dit-il, venez à la voiture et grimpez leztement sur l'impériale. Je vous accompagnerai jusqu'au bureau ; on croira que vous faites partie de ma troupe. Dites adieu à votre famille, et vivement! »

Là-dessus, M. Sleary, par délicatesse, se retira.

« Voici votre lettre, dit M. Gradgrind. On vous fournira tout ce dont vous pourrez avoir besoin. Rachetez, par le repentir et par une conduite meilleure, l'horrible action que

vous avez commise et qui a eu de si fatales conséquences!
Donnez-moi la main, mon pauvre enfant, et puisse Dieu vous
pardonner comme je vous pardonne! »

Le coupable, touché par les paroles et le ton ému de son
père, fut tenté de verser quelques chétives larmes. Mais,
lorsque Louise lui ouvrit les bras, il la repoussa de nouveau.

« Pas toi ; je n'ai plus rien de commun avec toi!

— Oh! Tom, Tom! est-ce donc ainsi que tu me quittes,
après tout mon amour?

— Après tout ton amour! répliqua-t-il durement. Il est
joli, ton amour! Laisser là le vieux Bounderby et renvoyer
M. Harthouse, mon meilleur ami, pour t'en retourner chez
père, juste au moment où je courais les plus grands dangers.
En voilà un joli amour! Raconter que nous étions allés là-
bas, lorsque tu me voyais dans le pétrin. En voilà un joli
amour! Dis plutôt que tu m'as trahi, tout bonnement. D'ailleurs, tu n'as jamais eu d'affection pour moi.

— Vivement! » dit Sleary de la porte.

Ils sortirent tous en se pressant les uns contre les autres :
Louise criant à Tom qu'elle lui pardonnait et qu'elle l'aimait
toujours ; qu'il regretterait de l'avoir quittée comme cela, et
qu'il serait heureux, plus tard et loin d'elle, de se rappeler
ce qu'elle venait de lui dire. M. Gradgrind et Sissy, qui se
trouvaient devant Tom, tandis que la sœur cherchait encore à
l'attendrir, s'arrêtèrent et reculèrent tout à coup.

Car devant eux était Bitzer, hors d'haleine, ses minces lèvres entr'ouvertes, ses minces narines dilatées, ses blancs
cils tremblotants, son pâle visage plus pâle que jamais,
comme si la course, qui donnait des couleurs aux autres,
avait pour effet de lui ôter les siennes. Il était là, haletant et
pantelant, comme s'il ne s'était jamais arrêté depuis la soirée, déjà lointaine, où il avait poursuivi Sissy.

« Je suis bien fâché de déranger vos plans, dit Bitzer secouant la tête ; mais je ne puis pas me laisser mettre dedans
par des écuyers ; le voilà en blouse, et il me le faut! »

Et il se crut même obligé, à ce qu'il paraît, de prendre Tom
à la gorge pour plus de sûreté, car c'est par là qu'il commença.

CHAPITRE XXXVI.

Philosophique.

Quand ils furent rentrés dans la baraque, Sleary commença par fermer la porte pour empêcher les intrus d'y pénétrer. Bitzer, tenant toujours à la gorge son prisonnier que la peur paralysait, restait au milieu du cirque, regardant d'un œil clignotant son ancien patron à moitié perdu dans l'obscurité du crépuscule.

« Bitzer, dit M. Gradgrind complétement abattu et d'un ton de soumission très-humble, avez-vous un cœur?

— La circulation, monsieur, répliqua Bitzer, qui ne put s'empêcher de sourire à cette question, tant il la trouvait bizarre, la circulation ne pourrait pas se faire sans cela. Il n'y a personne, monsieur, pour peu qu'on soit familiarisé avec les faits établis par Harvey concernant la circulation du sang, qui puisse douter que j'aie un cœur.

— Est-il accessible, dit M. Gradgrind d'une voix suppliante, aux sentiments de la compassion?

— Il est accessible à la raison, monsieur, répondit le disciple des faits, et pas à autre chose. »

Les deux interlocuteurs se regardèrent : le visage de M. Gradgrind était aussi blanc que celui de l'espion.

« Quel motif.... je dirai même quel motif raisonnable pouvez-vous avoir pour empêcher la fuite de ce malheureux garçon, dit M. Gradgrind, et pour accabler son malheur ux père? Voyez sa sœur. Ayez pitié de nous!

— Monsieur, répondit Bitzer d'un ton décidé et logique, puisque vous me demandez pourquoi je veux ramener le jeune M. Tom à Cokeville, je suis trop raisonnable pour ne pas vous le dire. Dès le début, j'ai soupçonné le jeune M. Tom du vol de la banque. J'avais déjà l'œil sur lui, même auparavant, car je voyais bien sa conduite. J'ai gardé mes observations pour moi ; mais cela ne m'a pas empêché de les continuer, et aujourd'hui j'ai une ample collection de preuves contre lui, sans compter sa fuite et son propre aveu, que je suis arrivé juste à temps pour entendre. J'ai eu le plaisir de surveiller votre maison hier matin, et je vous ai suivi jusqu'ici. Je vais ramener le jeune M. Tom à Cokeville, afin de le remettre entre les mains de M. Bounderby. Je suis persuadé, monsieur, que M. Bounderby me fera monter en grade et me donnera la place du jeune M. Tom. Et je désire avoir cette place, monsieur, car elle m'avancera dans le monde et me fera du bien.

— Si ce n'est pour vous qu'une question d'intérêt personnel.... commença M. Gradgrind.

— Pardon de vous interrompre, monsieur, répliqua Bitzer; mais vous ne pouvez ignorer que le système social tout entier se résume dans une question d'intérêt personnel. C'est toujours l'intérêt personnel qu'il faut bien que l'on consulte. Ce n'est que par là qu'on tient les gens. L'homme est ainsi fait. J'étais encore bien jeune lorsque j'ai été nourri de ce catéchisme-là, monsieur, vous savez?

— Quelle somme, dit M. Gradgrind, accepteriez-vous en échange de la promotion sur laquelle vous comptez?

— Je vous remercie bien, monsieur, répliqua Bitzer, de la proposition détournée que vous voulez bien m'adresser; mais je suis décidé à n'accepter aucune indemnité semblable. Comme je connais vos principes pratiques, j'avais prévu que vous m'offririez une alternative de ce genre : j'ai fait mes petits calculs, et j'ai trouvé plus sûr et plus avantageux pour moi de monter en grade à la banque que de vendre mon silence à un voleur, quelque somme qu'il puisse m'offrir.

— Bitzer, dit M. Gradgrind, étendant les bras comme pour dire *voyez combien je suis misérable!*... Bitzer, il ne me reste plus qu'un moyen de vous attendrir. Vous avez été bien des années à l'école que j'ai fondée. Si en souvenir des soins qu'on vous y a prodigués, vous pouvez oublier un instant votre intérêt personnel et relâcher mon fils, je vous prie et vous supplie de lui acquitter ce souvenir reconnaissant.

— Je m'étonne vraiment, monsieur, répliqua l'ex-élève, habile à la riposte, de vous voir prendre dans la controverse une position qui ne peut se défendre. Mon éducation a été payée ; c'était un marché passé, et lorsque j'ai quitté l'école, le marché finissait là. »

C'était un principe fondamental de la philosophie Gradgrind que toute peine mérite salaire. Personne ne doit, sous aucun prétexte, donner quoi que ce soit, ni aider qui que ce soit pour le roi de Prusse. La reconnaissance doit être abolie avec les vertus qui en découlent. Chaque centimètre de l'existence des hommes, depuis leur naissance jusqu'à leur mort, doit être un marché débattu et conclu sur le comptoir. Et si nous n'arrivons pas au ciel par ce chemin-là, c'est que le ciel n'est pas un endroit politico-économique, et alors nous n'y avons que faire.

« Je vous accorde, ajouta Bitzer, que mon éducation ne m'a pas coûté grand'chose. Qu'est-ce que cela prouve ? Si j'ai été fabriqué à bon marché, ce n'est pas une raison pour que je ne cherche pas à me placer le plus cher possible. »

Bitzer fut un peu dérangé, à cet endroit de son discours, par les pleurs de Louise et de Sissy.

« Ne pleurez donc pas comme cela, je vous prie, dit-il, ça ne sert qu'à agacer. Vous avez l'air de croire que j'en veux au jeune M. Tom. Mais pas du tout. C'est seulement par suite des motifs raisonnables que je viens de vous exposer, que je veux le ramener à Cokeville. Qu'il s'avise de résister, et je me mettrais à crier : Au voleur ! Mais il ne résistera pas, soyez-en bien convaincues. »

M. Sleary qui, la bouche béante et les deux yeux aussi fixes l'un que l'autre, avait écouté ces doctrines avec la plus profonde attention, s'avança à son tour.

« Mozieur, dit-il en s'adressant à M. Gradgrind, vous zavez parfaitement bien, et votre fille zait auzzi bien que vous ou même mieux que vous, puisque je le lui ai dit, que j'ignorais ze que votre fils avait fait, et que je ne tenais pas à le zavoir, car je me figurais qu'il ne z'agizzait que de quelque fredaine. Mais ze jeune homme ayant déclaré qu'il est queztion du vol d'une banque, ma foi, za devient zérieux, beaucoup trop zérieux pour que je puizze traiter avec vous, comme a très-bien dit ze jeune blond. Par conzéquent, mozieur, il ne faut pas m'en vouloir, zi je prends le parti de ze jeune blond, et zi je dis qu'il a raizon et qu'il n'y a pas moyen de zortir de là. Mais je vais vous dire ze que je puis faire pour vous, mozieur ; j'attellerai un cabriolet et je conduirai votre fils et ze jeune blond jusqu'à la station, de fazon à empêcher un ezclandre izi. Je ne puis conzentir à faire davantage, mais je ferai za. »

Cette désertion du dernier ami qui leur restât, provoqua de nouvelles lamentations de la part de Louise, et causa une affliction plus profonde encore à M. Gradgrind. Mais Sissy, en regardant attentivement M. Sleary, ne s'était pas méprise sur les intentions véritables du directeur. Comme tout le monde se dirigeait vers la porte, ce dernier honora la jeune fille d'un léger roulement de son œil mobile : c'était une manière d'inviter Sissy à rester un instant en arrière. Fermant alors la porte à clef, il lui dit avec beaucoup d'animation :

« Votre patron est rezté votre ami, Zézile, et je rezterai le zien. D'ailleurs, le jeune blond est une fameuze canaille, et il appartient à zette brute orgueilleuze que mes penzionnaires ont manqué de jeter par la croizée. La nuit zera très-noire ; j'ai un cheval qui fait tout ze qu'on veut, exzepté de parler ; j'ai un poney qui trotte quinze milles à l'heure quand z'est Childers qui le mène ; j'ai un chien qui tiendra un homme cloué à la même plaze pendant vingt-quatre heures de zuite. Dites deux mots à l'oreille du jeune mozieur. Dites-lui de ne pas avoir peur de verzer, lorzque notre cheval commenzera à danzer, mais de guetter l'arrivée d'un tilbury attelé d'un poney. Dites-lui de zauter à terre, auzzitôt qu'il verra approcher ze tilbury, car ze poney-là lui fera joliment rattraper le temps perdu. Zi mon chien permet au jeune blond de mettre seulement pied à terre, je lui permets d'aller à Rome. Et zi mon cheval bouge avant demain matin de l'endroit où il aura commenzé à danzer, z'est que je ne le connais pas !... Allons, vivement ! »

On agit si vivement, en effet, qu'au bout de dix minutes, M. Childers, qui flânait en pantoufles sur la place du marché, avait déjà reçu le mot d'ordre, et l'équipage de M. Sleary était déjà prêt. C'était un beau spectacle de voir le chien savant aboyant autour du véhicule, tandis que M. Sleary, par un simple mouvement de son œil mobile, recommandait Bitzer à l'attention particulière de l'intelligent quadrupède. La nuit venue, les trois voyageurs montèrent dans la voiture et se mirent en route; le chien savant (animal d'une taille formidable) tenait déjà Bitzer fasciné sur son siége et ne s'éloignait pas de la roue près de laquelle il était assis, afin d'être tout prêt à l'empoigner, dans le cas où il témoignerait la moindre velléité de mettre pied à terre.

M. Gradgrind et les deux jeunes filles veillèrent toute la nuit à l'auberge. Le lendemain, à huit heures du matin, M. Sleary et le chien se présentèrent ensemble, aussi joyeux l'un que l'autre.

« Tout va bien, mozieur, dit M. Sleary; votre fils est zans doute déjà embarqué. Childerz l'a pris en route à une heure et demie d'izi. Le cheval a danzé la polka à ne plus pouvoir tenir zur zes jambes (il aurait valzé, z'il n'avait pas été attelé), et alors je lui ai dit un mot dans l'oreille, et il z'est mis à dormir comme un bienheureux. Lorzque zette fameuze canaille de jeune blond a voulu continuer la route à pied, le chien z'est accroché à za cravate, les quatre pattes en l'air; il l'a renverzé et roulé zur le macadam. Alorz il est remonté, et il n'a plus bougé jusqu'au moment où j'ai tourné la tête de mon cheval, ze matin à zix heures et demie. »

M. Gradgrind, cela va sans dire, l'accabla de remercîments, et donna à entendre, avec infiniment de délicatesse, qu'il était tout disposé à reconnaître ce service par le don d'une jolie somme en argent.

« Je n'ai pas besoin d'argent pour moi, mozieur; mais Childerz est père de famille, et zi vous teniez à lui offrir un billet de cent vingt-cinq francs, peut-être trouverait-il l'offre azzeptable. Et puis, moi, zi vous teniez à présenter un collier au chien ou une coiffure de clochettes au cheval, je les prendrais bien volontiers.... Du grog, j'en prends toujours!.... »

Il en avait déjà demandé un verre et il en demanda un second.

« Zi ze n'était pas aller trop loin, mozieur, que de vous propozer de donner un petit feztin à la troupe, à environ quatre francs par tête (zans compter le chien), za leur ferait grand plaizir à tous. »

M. Gradgrind déclara qu'il était tout prêt à donner ces petits témoignages de sa reconnaissance; il les trouvait bien légers, dit-il, en échange d'un pareil service.

« Très-bien, mozieur; dans ze cas, zi vous voulez zeulement commander un zpectacle, chaque fois que vous le pourrez, aux écuyers que vous rencontrerez, z'est nous qui deviendrons vos débiteurs. Maintenant, mozieur, zi votre fille veut bien le permettre, j'aurais un mot à vous dire avant de vous quitter. »

Louise et Sissy se retirèrent dans la chambre voisine; M. Sleary, remuant et buvant son grog, continua en ces termes :

« Mozieur, je n'ai pas bezoin de vous dire que le chien est un animal étonnant.

— Son instinct, dit M. Gradgrind, est quelque chose de merveilleux.

— Appelez la chose comme vous voudrez.... et je veux être pendu zi je zais quel nom lui donner, dit Sleary, z'est zurprenant ! la fazon dont un chien vous retrouvera.... le chemin qu'il fera pour vous rejoindre....

— Son flair, dit M. Gradgrind, est si sûr.

— Je veux être pendu zi ze zais comment appeler za, répéta Sleary secouant la tête; mais j'ai vu un chien me retrouver d'une manière qui m'a fait croire qu'il zera allé trouver un ami et lui aura demandé : « Vous ne connaîtriez pas, par hazard, un individu du nom de Zleary, hein? Un individu du nom de Zleary, qui tient un manége... un peu gros.... l'œil éveillé ? » et que cet ami lui aura répondu : « Ma foi, je ne puis pas me vanter de le connaître perzonnellement, mais ze zais un chien qui est bien capable de l'avoir rencontré, » et que zet autre chien, conzulté, aura réfléchi un moment avant de lui dire : « Zleary? Zleary? Attendez donc.... Eh oui, parbleu! Quelqu'un m'a parlé de lui, il n'y a pas longtemps. Je puis vous avoir son adrezze en un clin d'œil. Comme je me montre zi zouvent en public et que je vois tant de pays, il y a énormément de chiens qui me connaizzent, monzieur.... je zais za, un peu ! »

Ces réflexions paraissaient causer un profond ébahissement à M. Gradgrind.

« Dans tous les cas, continua Sleary, après avoir trempé ses lèvres dans le grog, il y a quatorze mois, nous donnions des reprézentazions à Chezter. Nous montions un matin nos *Enfants perdus dans les bois*, lorsqu'arrive dans le zirque, par l'entrée des artiztes, un chien. Il venait de loin, il était dans un triste état, il boitait et voyait à peine. Il alla d'abord à chacun de nos enfants, qu'il flaira l'un après l'autre, comme z'il cherchait un enfant qu'il connaizzait; il vint ensuite à moi, fit un effort, et se drezza zur zes pattes de derrière, tout faible qu'il était, puis il remua la queue et mourut.... Mozieur, ze chien-là, z'était Patte-alerte!

— Le chien du père de Cécile!

— Le vieux chien du père de Zézile. Or, mozieur, connaizzant ze chien comme je le connais, je puis jurer que zi zon maître n'avait pas été mort.... et enterré.... il ne zerait pas revenu me trouver. Zoz'phine et Childerz et moi, nous avons cauzé longtemps de la choze, nous demandant z'il fallait ou non vous écrire. Mais nous nous sommes dit *non*. Il n'y a rien de bon à dire; pourquoi troubler l'ezprit de Zézile et la rendre malheureuse? De zorte qu'on ne zaura jamais zi Jupe a lâchement abandonné za fille ou z'il a préféré mourir tout zeul de chagrin, plutôt que de l'azzozier à za mizère.... nous ne zaurons za, mozieur, que lorzque nous zaurons comment les chiens font pour nous retrouver!

— Elle a gardé jusqu'à ce jour la bouteille que son père lui a envoyé chercher pour la perdre; et tant qu'elle vivra, elle croira qu'il l'a abandonnée par pure affection, dit M. Gradgrind.

— Za nous apprend deux chozes, à ze qu'il me zemble, n'est-ze pas, mozieur? dit Sleary d'un ton rêveur, tout en sondant du regard les profondeurs de son grog; d'abord qu'il y a dans le monde un amour qui n'est pas, après tout, de l'intérêt perzonnel, mais quelque choze de bien différent; l'autre, que ze quelque choze a une manière de calculer ou de ne pas calculer, qui, d'une fazon ou d'une autre, est auzzi diffizile à expliquer que l'ezprit des chiens! »

M. Gradgrind regarda par la fenêtre, sans répliquer. M. Sleary vida son verre et appela les dames.

« Zézile, ma chère, embrazzez-moi et adieu! Mamzelle, vous voir traiter Zézile comme une zœur, et une zœur en qui vous avez confianze et que vous honorez de tout votre cœur, z'est un très-joli zpectacle pour moi. J'ezpère que votre frère vivra pour devenir plus digne de vous, et pour vous rendre plus heureuze. Mozieur, une poignée de main, pour la première et la dernière fois! Ne zoyez pas dur envers nous autres, pauvres vagabonds. Il faut bien que l'on z'amuze. On ne peut pas toujours apprendre et on ne peut pas toujours travailler. Le monde n'est pas fait pour zela. Vous êtes *obligés* de nous azzepter, mozieur. Agizzez donc à la fois zagement et charitablement, et tâchez de tirer parti de nous au lieu de nous pouzzer à mal par le mépris.

« Et je n'aurais jamais cru, ajouta M. Sleary, montrant de nouveau la tête à la porte pour lancer cette péroraison, je n'aurais jamais cru que je puzze faire un zi bon pître ! »

CHAPITRE XXXVII.

Final.

Il n'est pas sans danger, quand on vit dans la sphère d'un homme vain et violent, de se permettre de voir avant lui quelque chose qui l'intéresse. M. Bounderby ne sut pas gré à Mme Sparsit d'avoir eu l'audace de prendre ainsi les devants, et d'avoir eu la sotte présomption de vouloir en savoir plus long que son maître. Indigné, sans rémission, de la découverte triomphale qu'elle avait faite en mettant la main sur Mme Pegler, il songea tant et tant à cette outrecuidance, incroyable de la part d'une personne placée dans la position dépendante de Mme Sparsit, que les torts de sa gouvernante grossirent de plus en plus à ses yeux et firent la boule de neige. Enfin, M. Bounderby s'avisa que le renvoi de cette femme bien née lui donnerait le droit de dire : « C'était une dame alliée à de nobles familles, et elle voulait s'accrocher à moi; mais je n'ai pas voulu et je l'ai mise à la porte; » il trouvait à cela tout profit : il s'en débarrasserait d'abord, il en tirait vanité après, et de plus il punissait Mme Sparsit selon ses mérites.

Tout fier de cette grande idée, M. Bounderby rentra goûter, et s'assit dans la salle à manger d'autrefois, où se trouvait son portrait. Mme Sparsit était assise au coin du feu, le pied dans son étrier de coton, se doutant peu du sort vers lequel elle chevauchait.

Depuis l'affaire Pegler, cette dame distinguée avait recouvert d'un voile de mélancolie et de repentir la pitié que lui inspirait M. Bounderby. Par suite de ce changement d'humeur, elle avait coutume de prendre un air attristé dès qu'elle apercevait M. Bounderby, et elle n'y manqua pas en ce moment pour mieux faire accueil à son patron.

« Eh bien ! quoi, madame ? demanda M. Bounderby d'un ton rude et sec.

— Mon Dieu, monsieur, répondit Mme Sparsit, vous n'allez pas me manger le nez, peut-être ?

— Vous manger le nez, madame ! répéta M. Bounderby. *Votre* nez ! »

Il donnait à entendre, à ce que présuma Mme Sparsit, que c'était un nez trop développé pour cela. Après avoir fait cette réponse insultante, M. Bounderby se coupa un morceau de pain, et jeta à grand bruit son couteau sur la table.

Mme Sparsit retira son pied de l'étrier en disant :

« Monsieur Bounderby !

— Eh bien, madame ? riposta M. Bounderby. Qu'avez-vous à me regarder comme ça ?

— Oserai-je vous demander, monsieur, dit Mme Sparsit, si vous avez eu quelque chose qui vous ait agacé ce matin ?

— Oui, madame.

— Oserai-je alors vous prier de me dire, poursuivit cette femme offensée, si c'est moi qui suis assez malheureuse pour avoir causé votre mauvaise humeur ?

— Ah çà ! je vais vous dire une chose, madame, dit Bounderby, je ne suis pas venu ici pour être votre pâtira. Une femme a beau être bien née, ce n'est pas une raison pour qu'on lui permette de tourmenter et d'embêter un homme comme moi, et je ne le souffrirai pas. »

M. Bounderby avait cru nécessaire d'y aller rondement, prévoyant bien que, s'il laissait entamer la discussion sur les détails, il ne manquerait pas de perdre la partie.

Mme Sparsit commença par soulever ses sourcils coriolanesques, puis elle les fronça, rassembla son ouvrage dans son panier et se leva.

« Monsieur, dit-elle avec majesté, je vois clairement que

ma société ne vous est point agréable en ce moment. Je vais me retirer dans mon appartement.

— Permettez-moi de vous ouvrir la porte, madame.

— Merci, je saurai bien l'ouvrir moi-même, monsieur.

— Permettez, je vous en prie, madame, dit Bounderby passant devant elle et posant la main sur la serrure; parce que je profiterai de l'occasion pour vous dire encore un mot, avant que vous vous en alliez.... Madame Sparsit, je crains que vous ne soyez un peu à l'étroit ici : il me semble que mon humble toit n'est pas un assez grand théâtre pour une femme qui déploie autant de génie que vous dans les affaires d'autrui. »

Mme Sparsit lui lança un regard qui respirait le plus profond mépris, ce qui ne l'empêcha pas de lui répondre avec beaucoup de politesse :

« En vérité, monsieur ?

— J'ai songé à cela, voyez-vous, depuis ces derniers événements, madame, répondit Bounderby; et, dans mon pauvre jugement....

— Oh! je vous en prie, monsieur, interrompit Mme Sparsit avec une vivacité enjouée, n'allez pas déprécier votre jugement. Tout le monde sait que le jugement de M. Bounderby est infaillible. Tout le monde en a assez de preuves. C'est devenu le sujet de toutes les conversations. Dépréciez vos autres qualités, si vous voulez, monsieur, mais je demande grâce pour votre jugement, » dit Mme Sparsit en riant.

M. Bounderby, très-rouge et fort peu à son aise, reprit :

« Je disais donc, madame, qu'il faudrait un train de maison tout différent pour faire briller les moyens d'une femme de votre mérite. Un train de maison comme celui de votre parente lady Scadgers, par exemple. Ne pensez-vous pas, madame, que vous trouveriez là assez d'affaires pour occuper votre activité officieuse ?

— Cette idée ne m'était jamais venue, monsieur, riposta Mme Sparsit; mais à présent que vous m'y faites songer, la chose me paraît en effet très-probable.

— Eh bien! si vous essayiez, madame? dit Bounderby, posant sur le petit panier de la dame une enveloppe renfermant un billet à vue. Vous partirez quand il vous plaira; rien ne presse; mais, en attendant, il sera peut-être plus agréable à une dame de votre mérite de prendre ses repas dans sa chambre, où elle ne sera pas dérangée. Il ne me reste plus qu'à vous demander pardon en vérité, moi, pauvre Josué Bounderby de Cokeville, de vous avoir tenue si longtemps sous le boisseau.

— Ne vous donnez pas cette peine, monsieur, répliqua Mme Sparsit. Si ce portrait pouvait parler.... mais, plus heureux que l'original, il a l'avantage de ne pouvoir se donner en risée à personne et de ne pas dégoûter les gens.... il pourrait me rendre ce témoignage qu'il y a déjà bien des années que j'ai pris l'habitude de l'apostropher comme le portrait d'un *imbécile*. Vous savez que rien de ce que peut faire un *imbécile* ne saurait causer la moindre surprise ni la moindre indignation ; un *imbécile*, quoi qu'il fasse, ne peut inspirer d'autre sentiment que le mépris. »

Là-dessus, Mme Sparsit, dont les traits romains ressemblaient en ce moment à une médaille frappée en commémoration du profond mépris que lui inspirait M. Bounderby, regarda fixement son patron des pieds à la tête, passa devant lui avec un majestueux dédain et remonta chez elle. M. Bounderby referma la porte, se posa devant la cheminée et plongea, à plein regard, avec ses airs de matamore, dans son portrait.... et dans l'avenir.

Regarda-t-il bien loin dans l'avenir? Il aperçut, il est vrai, Mme Sparsit soutenant un combat quotidien à la pointe de toutes les armes dont se compose l'arsenal féminin, avec l'avare, méchante, hargneuse, acariâtre lady Scadgers, qui, toujours retenue au lit par sa jambe mystérieuse, dévorait en six semaines son trimestre insuffisant, dans un petit logement mal aéré, une espèce de cabinet pour un, ou de niche trop petite pour deux : mais vit-il encore autre chose? Se vit-il lui-même devenu le cornac de Bitzer, et, dès qu'il arrivait un étranger à la banque, le montrant comme un jeune homme plein d'avenir, dévoué aux mérites éminents de son maître, qui avait bien gagné la place du jeune Tom, qui avait même manqué de prendre le jeune Tom en personne, si quelques drôles n'avaient pas aidé ce sacripant à s'évader? Vit-il un reflet de sa propre image, faisant un testament vaniteux, d'après lequel vingt-cinq farceurs, ayant dépassé l'âge de cinquante-cinq ans, et portant sur les boutons de leur livrée le nom de Josué Bounderby de Cokeville, devaient désormais dîner dans *Bounderby-Hall*, loger dans des bâtiments Bounderbiens, assister au service divin dans une chapelle Bounderbienne, s'endormir aux sermons d'un aumônier Bounderbien, être entretenu aux frais d'une propriété Bounderbienne, et donner des nausées à tous les estomacs bien constitués par cet énorme amas de stupidité et d'orgueil Bounderbiens? Prévit-il le jour où, cinq années plus tard, Josué Bounderby de Cokeville devait mourir d'une attaque d'apoplexie foudroyante dans une rue de Cokeville, et où cet admirable testament devait commencer sa longue carrière de chicane, de vol, de faux-fuyants, de bassesses, pour ne profiter qu'aux hommes de loi? Cela n'est guère probable.... Que faisait donc le portrait, s'il ne lui révélait pas tout cela?

Voilà, de son côté, M. Gradgrind, le même jour et à la même heure, qui reste aussi dans son cabinet de travail. Il plonge aussi dans l'avenir, et qu'y voit-il? Se voit-il lui-même, vieillard décrépit et aux cheveux blancs, sachant enfin faire plier, selon les circonstances, ses théories naguère inflexibles; mettant les faits et les chiffres bien au-dessous de la Foi, de l'Espérance et de la Charité, et n'essayant plus de passer cette céleste trinité au moulin de ses petites mécaniques rouillées! Se voit-il, par suite de ce changement, en butte au mépris de ses ex-associés politiques? Les voit-il, tout prêts à décider que les *boueurs* nationaux forment un corps *sui generis* qui n'a aucune espèce de devoir à remplir envers cette abstraction qu'on appelle le *peuple*, relançant l'*honorable préopinant*, sans relâche, cinq nuits par semaine, dans des discours qui durent jusqu'aux premières heures du matin? Il est probable qu'il lut tout cela dans l'avenir, car il connaissait ses collègues.

Voilà Louise, la nuit du même jour, regardant le feu comme au temps jadis, mais avec un visage plus doux et plus humble. Quelles scènes l'avenir offre-t-il aux regards de la jeune femme? Des affiches collées sur les murs de la ville, signées du nom de son père, pour réhabiliter feu Etienne Blackpool, tisserand, et publier le crime de son propre fils, en faisant valoir, autant que possible, comme circonstances atténuantes, la jeunesse et les tentations (il ne put se décider à ajouter *et l'éducation*) du coupable ; ces affiches appartenaient déjà au présent. La pierre tombale d'Etienne Blackpool, avec l'épitaphe où M. Gradgrind racontait la mort de l'ouvrier, appartenait aussi, pour ainsi dire, au présent, car Louise savait que cela devait être. Ces choses-là, elle les voyait aussi clair qu'avec ses yeux. Mais qu'apercevait-elle dans l'avenir ?

Une ouvrière, Rachel, de son nom de baptême, qui, après une longue maladie, retourne, à l'appel de la cloche des fabriques, qui va et vient, à heures fixes, au milieu des tisserands cokebourgeois ; une femme d'une beauté rêveuse, toujours vêtue de noir, mais douce et sereine et même gaie par occasion ; la seule âme de toute cette ville qui semble avoir pitié d'une créature dégradée et toujours plongée dans l'ivresse, qu'on rencontre quelquefois dans la ville demandant l'aumône à l'ouvrière et pleurant auprès d'elle ; une femme qui travaille du matin au soir, qui travaille toujours, mais qui travaille par goût, sans demander rien de plus, parce qu'elle regarde le travail comme son lot ici-bas, jusqu'au moment où elle ne pourra plus : Louise vit-elle cela ? En ce cas, elle ne se trompait pas.

Un frère solitaire, à plusieurs milliers de lieues de distance, écrivant sur une feuille tachée de larmes, que les dernières paroles de Louise avaient été prophétiques, et que ce ne serait pas pour lui un sacrifice de céder tous les trésors du monde pour revoir un seul instant son cher visage ? Enfin, ce frère se rapprochant de sa patrie, dans l'espoir de revoir sa sœur, et tombant malade en route ; puis une lettre d'une écriture inconnue, annonçant qu'il est mort de la fièvre typhoïde à l'hôpital, tel jour ; et qu'il y est mort repentant, « vous regrettant et vous aimant : votre nom est le dernier mot qu'il a prononcé ? » Louise vit-elle ces choses ? En ce cas, elle ne se trompait pas.

Se vit-elle remariée, mère, élevant ses enfants avec un amour plein de sollicitude, veillant toujours à ce qu'ils restassent jeunes d'esprit comme de corps, car elle savait que c'est là la plus belle jeunesse des deux, un vrai trésor dont le moindre souvenir devient une bénédiction et un bonheur même pour les plus sages ? Louise vit-elle cela ? Hélas ! elle se serait trompée.

Mais se vit-elle entourée et aimée par les heureux enfants de Sissy; se vit-elle devenue savante dans la littérature des contes de fées, persuadée qu'aucune de ces jolies petites imaginations innocentes n'était à dédaigner, ne négligeant rien pour apprendre à connaître ses semblables, même les plus humbles, pour embellir leur existence mécanique et réelle, à l'aide de ces grâces et de ces jouissances imaginatives sans lesquelles le cœur de l'enfance se flétrit, sans lesquelles la maturité physique la plus robuste n'est moralement qu'une mort absolue, sans lesquelles la prospérité nationale la plus apparente, la mieux démontrée par des chiffres, ne ressemble, au bout du compte, qu'aux prophéties menaçantes écrites sur la muraille pour les convives du festin de Balthazar? se vit-elle exerçant ainsi la charité, non par suite d'un vœu romanesque, ni d'une obligation téméraire, ni d'une association de Frères ou de Sœurs, ni d'une promesse, ni d'une convention, ni d'un costume de fantaisie, ni d'un désir vaniteux; mais simplement pour accomplir un devoir qu'elle croyait avoir à remplir? Louise se vit-elle ainsi? Alors elle ne se trompait pas.

Cher lecteur! il dépend de vous ou de moi que ces choses-là arrivent ou n'arrivent pas dans la limite respective de nos deux sphères d'action. Eh bien! alors, qu'elles arrivent! Nous en aurons le cœur plus léger, lorsque, rêvant au coin du feu, nous regarderons un jour les cendres de notre foyer blanchir et s'éteindre.

FIN.

TABLE DES CHAPITRES.

I.	La seule chose nécessaire................... Pages	1
II.	Le massacre des innocents...................	2
III.	Une crevasse................................	9
IV.	Monsieur Bounderby.........................	14
V.	La tonique..................................	23
VI.	Le cirque de Sleary.........................	30
VII.	Madame Sparsit.............................	45
VIII.	Il ne faut jamais s'étonner..................	53
IX.	Les progrès de Sissy........................	60
X.	Étienne Blackpool...........................	69
XI.	Pas moyen d'en sortir.......................	75
XII.	La vieille..................................	84
XIII.	Rachel.....................................	90
XIV.	Le grand manufacturier.....................	99
XV.	Père et fille...............................	105
XVI.	Mari et femme.............................	114
XVII.	Effets dans la banque......................	120
XVIII.	M. James Harthouse........................	135
XIX.	Le roquet..................................	145
XX.	Les frères et amis..........................	150
XXI.	Ouvriers et maîtres.........................	159
XXII.	La disparition..............................	167
XXIII.	Poudre à canon.............................	181
XXIV.	Explosion..................................	196
XXV.	Pour en finir...............................	210
XXVI.	L'escalier de Mme Sparsit...................	220
XXVII.	Plus bas, toujours plus bas.................	225
XXVIII.	La culbute.................................	236

XXIX.	Il fallait encore autre chose............ Pages	241
XXX.	Très-ridicule...............................	248
XXXI.	Très-décisif................................	258
XXXII.	Perdu......................................	268
XXXIII.	Retrouvé...................................	279
XXXIV.	Clair de lune..............................	289
XXXV.	Chasse au roquet..........................	300
XXXVI.	Philosophique..............................	314
XXXVII.	Final.......................................	321

FIN DE LA TABLE DES CHAPITRES.

COULOMMIERS. — TYPOGRAPHIE PAUL BRODARD

www.ingramcontent.com/pod-product-compliance
Lightning Source LLC
Chambersburg PA
CBHW060630170426
43199CB00012B/1502